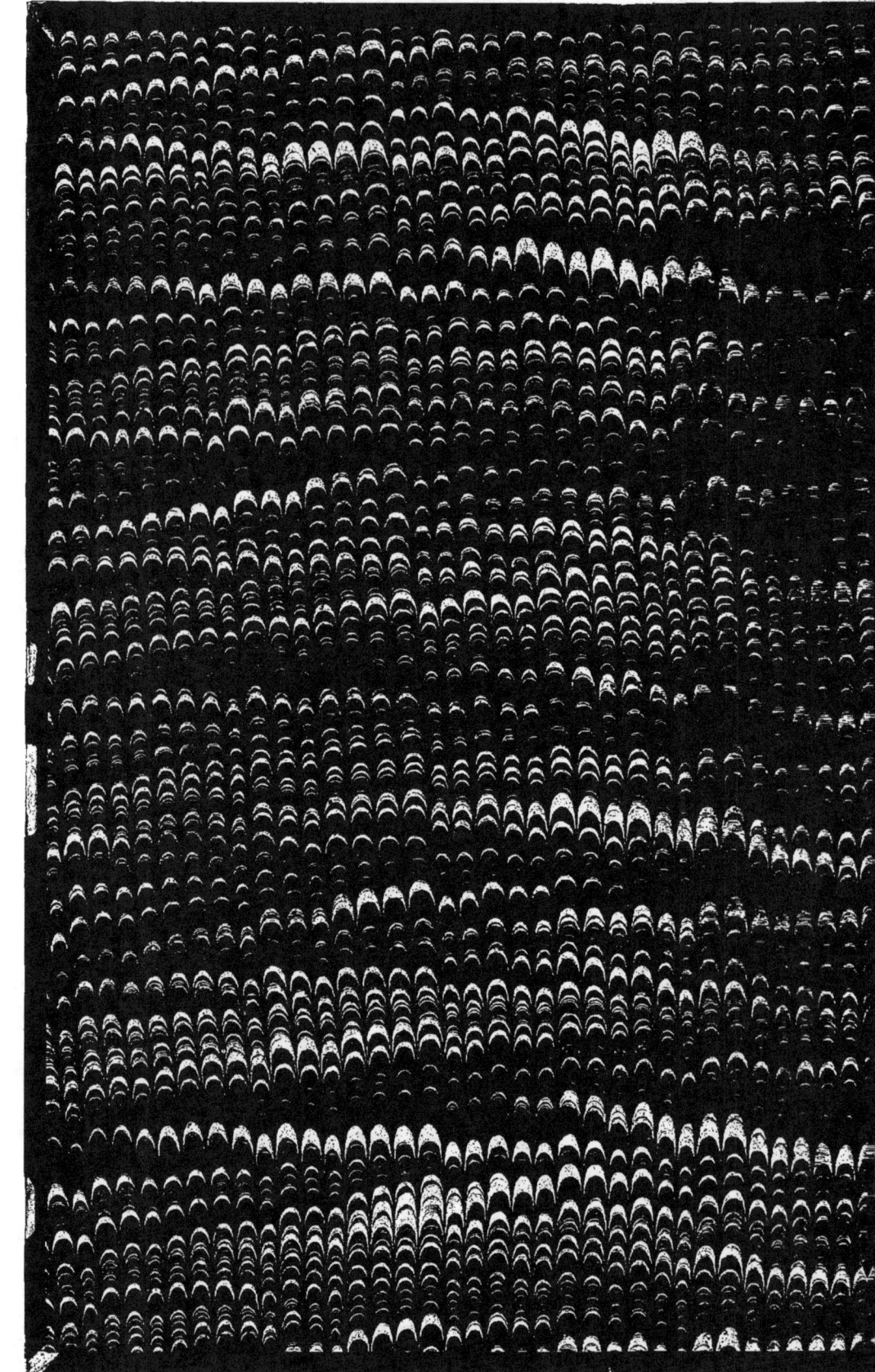

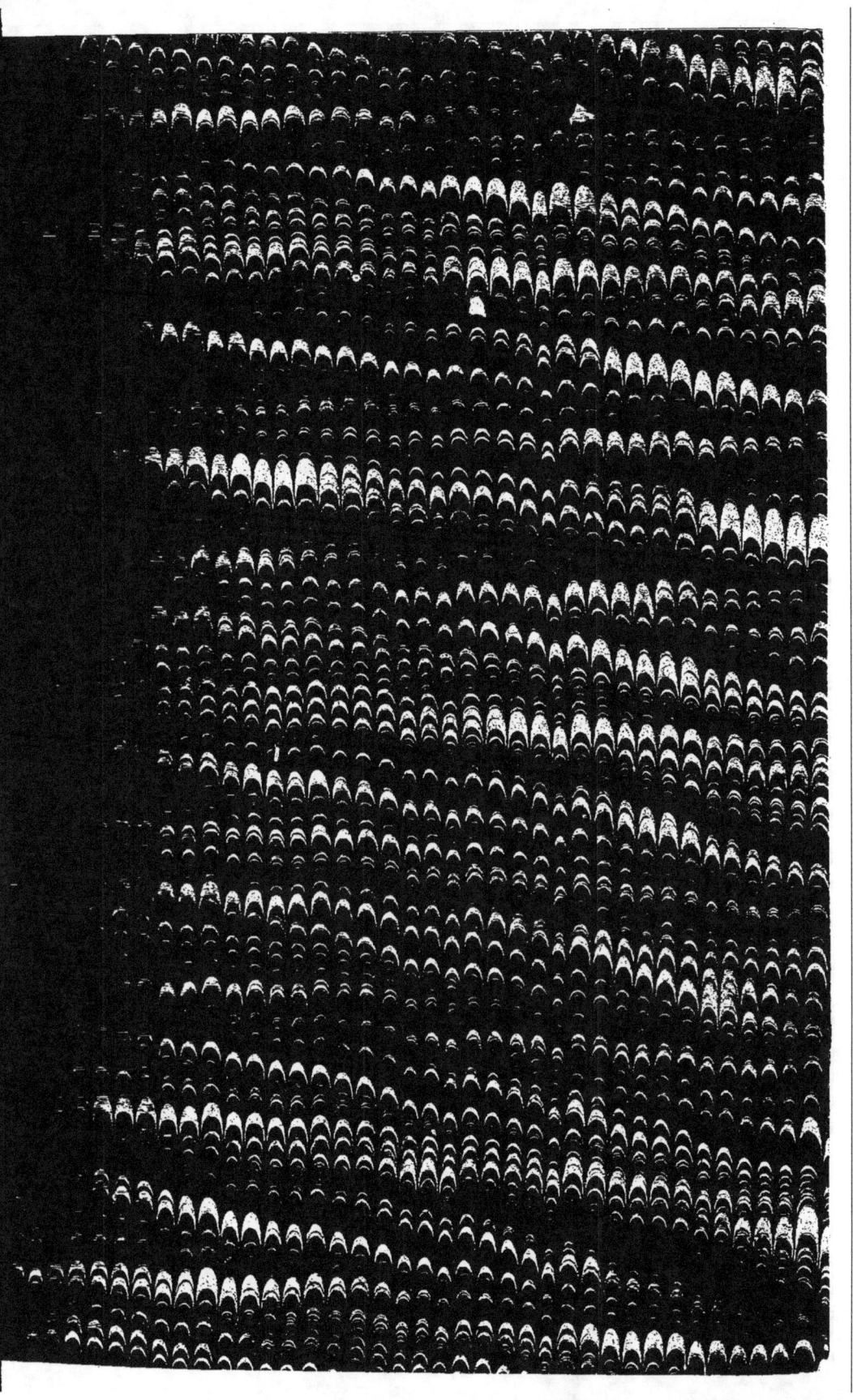

LES
ÉGLISES
DE PARIS
ILLUSTRÉES DE 20 GRAVURES SUR ACIER.

CURMER, ÉDITEUR.

EN VENTE :
CHEZ Mme Ve DESBLEDS,
QUAI DES AUGUSTINS, 49,
PARIS.

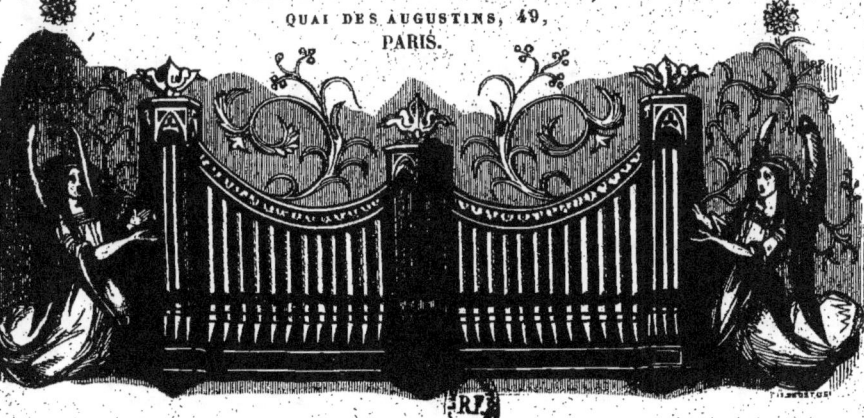

LES ÉGLISES

DE

PARIS.

VINGT BELLES GRAVURES SUR ACIER.

LES
ÉGLISES
DE
PARIS,

SOUS LE PATRONAGE ET AVEC L'APPROBATION DE MONSEIGNEUR
L'ARCHEVÊQUE DE PARIS;

Précédées d'une introduction de M. L'ABBÉ PASCAL, membre correspondant du comité historique des arts et monuments près le ministère de l'instruction publique.

PARIS,
CHEZ LES ÉDITEURS,

J. MARTINET et G. MATHIEU, | L. CURMER,
RUE SAINT-GERMAIN-DES-PRÉS, 15. | RUE RICHELIEU, 49.

1843

Imprimerie de Worms boulevart Pigale, 46.

INTRODUCTION.

Une réaction, que ne pouvait faire présumer le mouvement politique de 1830, s'est opérée dans les intelligences. Plus on voit de l'agitation dans les choses d'ici bas, plus le sol paraît s'ébranler sous les pieds, et plus on est enclin naturellement à chercher un appui solide. On a fait beaucoup de science humaine, mais l'on a reconnu qu'en s'isolant du principe qui la vivifie on n'avait fait qu'élargir la triste solitude que la sagesse simplement humaine crée indéfiniment autour d'elle. Le moment où l'illusion devait se dissiper semble arrivé. On a parcouru le cercle et l'on se trouve revenu au point du départ. C'était de ce point unique que la somme des vérités accessibles à l'homme pouvait être saisie et aperçue, et les regards trop long-temps courbés vers la matière inerte se sont encore levés vers les régions supérieures où brille ce point régulateur. Il s'est manifesté aux yeux des hommes comme une nouvelle vision de l'échelle mystérieuse de Jacob. On a cru voir encore les anges montant et descendant, sublime symbole de ce commerce mystique des intelligences créées avec l'intelligence créatrice; et le premier échelon qu'on avait si long-temps dédaigné de considérer, quoiqu'il fût constamment sous l'œil, s'est trouvé, au milieu du 19e siècle, le même qu'au siècle de St-Louis, l'église... l'église avec ses portiques, ses tours, ses rosaces, ses colonnes, ses arceaux et ses voûtes. Les ÉGLISES... on a interrogé ces vieux témoins, et tous ont répondu que leur génération remontait à la pierre que le patriarche, petit-fils d'Abraham et fils d'Isaac, érigea comme un monument, arrosa d'huiles parfumées et dédia, en s'écriant : « C'est ici la maison de Dieu, la porte du Ciel, vraiment le Seigneur » est en ce lieu. » Et semblable à Jacob, l'homme du siècle qui avait cherché, partout ailleurs que dans ce sacré foyer, les lumières dont son esprit était avide, s'est écrié : « C'est ici la porte du Ciel et je ne le savais pas. »

Aux siècles de foi, l'église de paroisse était le point central autour duquel, si l'on peut parler ainsi, gravitaient les habitations dont elle était environnée. Elle justifiait pleinement son origine hellénique, car la paroisse, *parochia* ou plutôt *parœcia*, est l'édifice auquel correspondent et convergent les maisons qui se pressent autour d'elle : Παρα οικια, *auprès du foyer domestique*. La paroisse était le berceau de la vie spirituelle par le baptême, et même, en quelque sorte, de la vie civile : car la naissance y était enregistrée. L'union matrimoniale y recevait la double consécration de la religion et de la société légalement constituée. Elle constatait la mort du citoyen, de même qu'elle célébrait ses chrétiennes funérailles. La paroisse liait l'homme à l'état et à la religion. L'homme ne vivait en corps et en âme que par la paroisse. Après sa mort ses dépouilles étaient confiées à la garde de la paroisse. Il n'était plus et la paroisse le protégeait encore. Ce que nous rappelons comme un souvenir dans notre patrie, est l'état présent de tous les pays de la catholicité. La France, fille aînée de l'église, n'y fait exception que depuis un demi-siècle. Mais on fait beaucoup plus aisément des lois administratives qu'on ne change le génie d'un peuple, surtout quand ce peuple doit sa civilisation aux lumières évangéliques. On peut bien placer des voiles autour de cette lampe mystique, mais on ne peut l'éteindre, car son huile découle du ciel et ne s'épuise jamais. La paroisse possède encore le secret d'une attraction que n'obtiendra jamais une démarcation de hiérarchie temporelle et séculière. La gradation des pouvoirs est-elle même astreinte, pour se définir, à emprunter le langage de la constitution catholique, car la *hiérarchie* n'est que la puissance sacrée.

Un mot sur l'origine des paroisses trouvera, pensons-nous, une place opportune dans cette introduction. Dans les premiers siècles, la paroisse n'était autre chose que l'arrondissement de la juridiction épiscopale. L'évêque était le curé paroissial. Les prêtres étaient les coadjuteurs de son ministère. Le nom de paroisse même était synonyme de diocèse. Au fond de son abside le pontife assis était entouré de son presbytère, c'est-à-dire du collège de ses prêtres, et présidait l'assemblée des fidèles. A l'autel, pendant qu'il célébrait, les prêtres étaient ses assistans. De là, il résultait que le nombre des évêques était infiniment plus grand que de nos jours, et chaque agglomération un peu considérable d'habitans composait cette primitive paroisse épiscopale. Cependant le nombre des fidèles s'étant accru par les conquêtes incessantes et pacifiques du christianisme, on chargea quelques prêtres de présider aux assemblées dans les villages dont la population n'était pas assez grande pour y établir un pontife. Au siècle de Constantin-le-Grand, il y avait déjà à la campagne un grand nombre de ces églises subsidiaires auxquelles on finit par donner le nom de paroisses, tout comme à celles qui étaient présidées par les évêques. Les grandes villes se virent aussi en peu de temps divisées en circonscriptions déterminées dont les chefs prirent comme l'évêque le nom de *Parochus*, et la circonscription celui de *parochia*, paroisse. Mais la ville d'Alexandrie, qui fournit un des premiers exemples de cette subdivision, donnait le nom de *laures* à ces arrondissemens paroissiaux. Long-temps encore les chefs des paroisses ou *laures* n'eurent d'autre titre que celui de *presbyter* prêtre, et c'est particulièrement en France qu'existait cette dernière coutume. Le caractère distinctif de la paroisse était la possession d'un baptistère. C'est ce qui la faisait participer au privilége de l'Église-mère, ainsi nommée, disent plusieurs écrivains canonistes, parce qu'elle enfantait à la foi par le sacrement de la régénération. La ville de Rome fut ainsi partagée en plusieurs *titres*, et le chef de chacune de ces divisions presbytérales ou paroissiales reçut le nom de cardinal, parce que, selon quelques étymologistes, c'est sur eux que roulait le gouvernement de cette église comme une porte sur ses gonds, *à cardine*, qui a cette signification. De ce soin paternel, en d'autres lieux, le prêtre titulaire prit la qualité de *curator, curatus*, curé, du latin *cura*, qui, en effet, signifie soin, sollicitude, surveillance. Et quel nom, plus propre à désigner la fonction du pasteur des ames, pouvait être donné au prêtre chargé de veiller sur son troupeau? Tout se tient dans les choses de la foi, et une religion qui prêche l'humilité ne pouvait qu'inspirer une qualification aussi peu prétentieuse, tandis que le monde a des termes beaucoup plus vaniteux pour le simple chef de l'autorité civile dans le plus modeste village.... le maire, *major*, c'est-à-dire celui qui prime et qui est plus grand que les autres...La paroisse, le curé, voilà l'administration spirituelle dans sa plus infime délimitation, et l'évêque, c'est-à-dire le surveillant qui tient la houlette pastorale et qui exerce la vigilance sur les brebis et les pasteurs secondaires, voilà le diocèse.

A l'exemple de la ville qui est le siège du Pape, c'est-à-dire du père commun de la catholicité, les cités importantes virent, comme nous l'avons déjà dit, se former dans leur sein des réductions paroissiales en faveur des habitans trop éloignés, par leur domicile, de l'église-mère ou cathédrale. Et telle fut la sollicitude des évêques pour le bien de leur troupeau que le secours spirituel vint, pour ainsi parler, en chercher les membres jusqu'au foyer domestique. Ainsi Paris, circonscrit pendant quelques siècles dans l'enceinte de la Cité, possédait plusieurs paroisses. A mesure que la ville s'épanouissait autour de cette île si humble sous le nom de Lutèce, les paroisses s'élevaient comme des asiles que la religion offrait aux peuples qui venaient y puiser ses doctrines consolantes pour le temps et pour l'éternité. A côté de la fragilité humaine se présentait le sanctuaire réparateur ; à côté de l'humanité souffrante, le refuge et le remède de l'infortune. Ainsi un grand philosophe n'a pas hésité à dire : « Chose étrange ! » la religion, qui semble n'avoir d'autre but que la félicité d'une autre vie, » fait encore notre bonheur dans celle-ci. » Et ces paroles simples et grandes comme la vérité n'étonneront que l'ame assez malheureuse pour ne pas comprendre la salutaire influence de la paroisse.

Les faubourgs de la grande ville avaient reculé leurs limites au fur et à mesure que les faubourgs primitifs en étaient devenus une partie intégrante. Ces habitations isolées autour des remparts ne pouvaient, en temps de guerre, participer aux bienfaits de la paroisse dont la clôture stratégique les avait séparées. Les monastères épars hors de cette enceinte leur ménagèrent les avantages spirituels. Mais comme l'église conventuelle exclusivement réservée aux religieux ne pouvait s'ouvrir qu'avec ménagement aux populations qui en occupaient les abords, une église paroissiale était édifiée très fréquemment par le soin des moines, et jamais la religion, tendre mère, ne perdait de vue ses enfans, et elle les abritait sous ses ailes. Les preuves en sont abondamment fournies dans le cours de cet ouvrage qui s'est proposé ce but spécial.

Assez de ces publications frivoles dont l'époque actuelle est inondée. Les ÉGLISES... ce titre seul annonce un recueil sérieux, une histoire grave et consciencieuse, qui instruit par ses profondes recherches, édifie par l'esprit qui le caractérise, plaît par les tableaux, les détails, les faits dont il est riche. Le siècle présent s'y rattache aux siècles écoulés, la chaîne des traditions est renouée. Et qui sommes-nous donc pour répudier nos pères ? Ne soyons pas si fiers et n'oublions pas que nos successeurs nous apprécieront d'après la mesure dont nous aurons usé envers ceux qui nous précédèrent. Si nous sommes trop sévères et même injustes à leur égard, dans un ou deux siècles, car le temps marche vite, nous serons jugés, et cette fois légitimement, avec usure. L'époque à laquelle une existence humaine se rattache a toujours paru aux esprits superficiels et irréfléchis le faîte de la civilisation et des lumières. Sous Charlemagne, il y a plus de mille ans, on se croyait au point culminant de la triple gloire guerrière, artistique et littéraire. Ceci donne à penser à ceux qui en prennent la peine. Respectons donc nos aïeux et ne dédaignons pas leurs œuvres, leur goût et surtout leurs mœurs religieuses, leur attrait pour le sanctuaire paroissial qui était le centre de leurs plus chères affections, parce qu'il était le lien sacré de la famille.

A l'église paroissiale dont il fallait rechercher l'origine, signaler les phases architecturales, décrire l'ornementation, interroger les annales, annoter les événemens, il fallait associer les églises conventuelles les plus remarquables, et pour elles se livrer aux mêmes travaux. L'église du monastère devait exciter une sympathie presqu'égale à celle qu'éveille le souvenir de la paroisse. En effet, nos pères professaient pour le moûtier une vénération aussi tendre que pour celui-ci. L'église du monastère était assez fréquemment la cure primitive et les moines avaient sur les paroisses proprement dites une suprématie qui les en faisait considérer comme les pasteurs suzerains, puisque la nomination de plusieurs cures leur était dévolue : c'est parce qu'ils en avaient anciennement rempli la charge. Quelques-unes de ces églises sont devenues paroisses effectives et plusieurs autres, sans jamais avoir joui d'une juridiction curiale, ont été changées en titres paroissiaux. Il n'était pas, au surplus, dans l'intention des éditeurs des ÉGLISES DE PARIS de faire revivre dans leur travail ces anciennes institutions monastiques dont la capitale était si amplement pourvue. On voulait s'imposer des bornes et faire un choix de ce qui pouvait stimuler le plus généralement la curiosité de la génération présente. L'œuvre s'adresse à toutes les classes, sans doute, mais le grand nombre de lecteurs se compose de personnes auxquelles leurs occupations ne permettent pas d'embrasser un ensemble considérable de notions historiques et monumentales. Celles qui, par leurs goûts et leurs habitudes, s'appliquent à des explorations de cette nature, sauront suppléer à l'insuffisance de ces documens dans la lecture des ouvrages qui épuisent cette matière se rattachant à toutes les branches de la science humaine et de l'histoire ecclésiastique.

Outre le but moral qui doit être celui de toute œuvre littéraire, et surtout d'un livre qui est intitulé : LES ÉGLISES, il est permis d'envisager encore une autre fin qui s'unit plus intimement qu'on ne pense à l'esprit religieux que le titre fait pressentir. C'est l'art chrétien auquel enfin le goût du siècle présent semble revenir avec amour. Trop long-temps un engoûment immodéré pour l'architecture classique du paganisme avait fait reléguer dans un obscur dédain les productions architectoniques du moyen-âge. On leur jetait comme une injure l'épithète de *gothiques*,

c'est-à-dire barbares. « Pendant plus de trois siècles, si l'on était forcé d'admirer les cathédrales de Reims, Chartres, Bourges et Paris, on parais-
» sait s'apitoyer sur un malheur qui semblait à jamais déplorable, c'est
» que ces églises étaient gothiques. Et cependant on admirait, et com-
» ment admirer ce qu'on dédaigne? c'est qu'une injure ne saurait faire
» perdre à la vérité les charmes qu'elle possède, parce qu'elle ne les tient pas
» de l'homme. Ainsi on a pu injurier sur l'autel de son sacrifice, au Cal-
» vaire, celui qui dit : Je suis la vérité. Mais à peine eut-il rendu le der-
» nier soupir que les témoins de son agonie, ceux-là même qui l'avaient
» accablé de leurs sarcasmes, se frappaient la poitrine et disaient : Celui-
» ci était véritablement le fils de Dieu. L'erreur n'a qu'un temps, la vérité
» demeure. Le *gothique* fut une injure. L'injure s'est glorifiée, que la vérité
» éternelle en soit bénie. » C'est ainsi que nous parlions naguère au sein d'une société littéraire très nombreuse, et une approbation non équivoque accueillait nos paroles. Les esprits semblent donc tous préparés à une réaction artistique dans le genre d'architecture applicable à nos temples chrétiens. La louange décernée aux œuvres des treizième, quatorzième et quinzième siècles trouvera donc un écho dans tous les esprits. On conviendra enfin que le temple catholique ne doit point ressembler aux habitations profanes, encore moins ne doit point retracer la forme des temples de l'idolâtrie. Nos pères n'allaient point demander à Vitruve payen la coupe de leurs ogives, de leurs rosaces, de leurs clochetons. L'architecte chrétien interrogeait sa foi et traduisait la réponse en ce que nous avons réappris à goûter. Bientôt l'affection s'y attachera et l'on ne peut aimer un type symbolique sans vouer son amour au dogme qui en a été l'inspirateur. Toutefois ne soyons pas trop exclusifs et surtout intolérans en ce qui regarde l'architecture chrétienne, sous peine d'identifier avec la pierre une religion qui par dessus tout est esprit, et sous peine de stigmatiser aussi le génie architectonique d'une contrée, et surtout d'une ville où l'on doit connaitre l'esprit qui doit présider aux constructions religieuses. Le vrai n'est jamais dans les extrêmes. La foi, dès lors qu'elle est catholique, n'est bornée ni par les temps ni par les lieux. Elle ne subit aucune phase dans ses dogmes, mais elle en reconnait dans sa discipline et dans les objets matériels du culte. Ne soyons donc pas plus exigeans qu'elle-même ; mais cela ne nous empêchera pas de proclamer le goût inné de la nation française pour la forme architecturale que nous a léguée le siècle de St-Louis.

Ces réflexions préliminaires expliquent, nous osons le croire, le plan que les éditeurs des ÉGLISES DE PARIS se sont proposé, l'objet de leurs recherches, l'esprit qui les a vivifiées. Ils se plaisent à compter sur la sympathie de leurs lecteurs. C'est là toute l'ambition des hommes spéciaux qui ont consacré leur temps et leurs veilles à conquérir la bienveillance publique, en échange des notions qu'ils mettent au jour.

Deux tableaux où nous faisons figurer le double état des paroisses de Paris, sous l'ancien régime et sous le nouveau, nous semble devoir intéresser la curiosité de nos lecteurs. Le premier nous montre les paroisses de la capitale en 1789. Le second, les églises paroissiales en 1842.

Quand la révolution des dernières années du siècle passé éclata, la ville de Paris divisait ses paroisses en cinq catégories. Néanmoins chacune de ses cures était titulaire. La classification était ainsi établie : 1º La Cité. 2º la Ville; 3º l'Université; 4º les Faubourgs; 5º les lieux exceptés de l'ordinaire. Notre-Dame, la métropole, n'était point une paroisse proprement dite, quoiqu'elle fut, en sa qualité de cathédrale, l'église-mère et par excellence l'ÉGLISE DE PARIS.

La Cité avait huit paroisses, savoir : La Madeleine, St-Germain-le-Vieux, ou plutôt l'Aivieux, St-Pierre-aux-Bœufs, St-Landri, Ste-Croix, St-Pierre-des-Arcis, St-Barthélemi, sainte Marine.

La Ville, c'est-à-dire la partie de Paris située au nord de la Seine, moins les faubourgs, possédait seize paroisses : St-Germain-l'Auxerrois, St-Eustache, St-Roch, Notre-Dame-de-Bonne-Nouvelle, St-Leu, Ste-Opportune, St-Jacques-des-Boucheries et les saints Innocens réunis, St-Merri, St-Josse, St-Jacques-de-l'Hôpital, St-Nicolas-des-Champs, St-Sauveur, St-Jean-en-Grève, St-Gervais, St-Paul, St-Louis-en-l'Ile.

L'Université, ou la partie de Paris au sud de la Seine, moins les faubourgs, comptait neuf paroisses : St-Séverin, St-Nicolas-du-Chardonnet, St-Étienne-du-Mont, St-Benoît, St-Hilaire, St-Côme, St-André, St-Jean-du-Cardinal-le-Moine, St-Victor.

Aux faubourgs étaient douze paroisses : St-Marcel, St-Médard, St-Hippolyte, St-Jacques-du-Haut-Pas, St-Sulpice, St-Laurent, Ste-Marguerite, la Madeleine-de-la-Villévêque, St-Philippe-du-Roule, St-Pierre-de-Chaillot, St-Louis-des-Invalides, St-Pierre-du-Gros-Caillou.

Enfin, six paroisses n'avaient pour circonscription territoriale que des cloîtres ou enclos et ne dépendaient pas de la juridiction ordinaire des archevêques de Paris. C'étaient : St-Jean-Baptiste et St-Denis réunis, la Sainte-Chapelle, le Temple, St-Jean-de-Latran, les Quinze-Vingts, St-Symphorien, près de l'abbaye St-Germain-des-Prés.

Quand, après la tempête révolutionnaire, la ville de Paris eut été organisée en douze mairies, et que la paix eut été rendue au culte catholique, on ne tint aucun compte de l'ancienne division paroissiale. Douze églises furent érigées en cures titulaires ou paroisses de première classe, nombre égal à celui des arrondissemens municipaux. Un nombre déterminé d'autres églises reçurent le nom de succursales, dont les titulaires amovibles furent nommés desservans. A partir du 1er janvier 1830, six de ces dernières reçurent le titre de cures de 2e classe. L'état présent des paroisses de Paris est organisé comme il suit :

1er Arrondissement. *La Madeleine*, cure de 1re classe.—*St-Pierre-de-Chaillot*, cure de 2e classe. — *St-Louis-d'Antin*, *St-Philippe-du-Roule*, succursales.

2e Arrondissement. *St-Roch*, cure de 1re classe. — *Notre-Dame-de-Lorette*, succursale.

3e Arrondissement. *St-Eustache*, cure de 1re classe.—*Notre-Dame-des-Victoires*, *Notre-Dame-de-Bonne-Nouvelle*, succursales.

4e Arrondissement. *St-Germain-l'Auxerrois*, cure de 1re classe.— Point de succursale.

5e Arrondissement. *St-Laurent*, cure de 1re classe. — *St-Vincent-de-Paul*, succursale.

6e Arrondissement. *St-Nicolas-des-Champs*, cure de 1re classe — *St-Leu*, cure de 2e classe. — *Ste-Elisabeth*, succursale.

7e Arrondissement. *St-Merri* ou plutôt *Médéric*, cure de 1re classe. — *Notre-Dame-des-Blancs-Manteaux*, *St-Jean*, *St-François*, *St-Denis-au-Marais*, succursales.

8e Arrondissement. *Ste-Marguerite*, cure de 1re classe. — *St-Antoine-des-Quinze-Vingts*, cure de 2e classe. — *St-Ambroise*, succursale.

9ᵉ Arrondissement. *Notre-Dame*, église métropolitaine, archiprêtré, cure de 1ʳᵉ classe. — *St-Gervais*, cure de 2ᵉ classe. — *St-Louis-en-l'Ile*, *St-Paul-St-Louis*, succursales.

10ᵉ Arrondissement. *St-Thomas-d'Aquin*, cure de 1ʳᵉ classe. — *Notre-Dame-de-l'Abbaye-aux-Bois, les Missions-Etrangères, Ste-Valère*, succursales. — *St-Louis-des-Invalides* a le rang de cure titulaire.

11ᵉ Arrondissement. *St-Sulpice*, cure de 1ʳᵉ classe. — *St-Séverin*, cure de 2ᵉ classe. — *St-Germain-des-Prés*, succursale.

12ᵉ Arrondissement. *St-Etienne-du-Mont*, cure de 1ʳᵉ classe. — *St-Médard*, cure de 2ᵉ classe. — *St-Nicolas-du-Chardonnet*, *St-Jaques-du-Haut-Pas*, succursales.

Un coup-d'œil jeté sur ces deux tableaux fera comprendre que plusieurs des anciennes paroisses ont complètement disparu, tandis que plusieurs églises conventuelles sont devenues paroissiales et ne remontent qu'à l'année 1802. Dans cette dernière catégorie sont renfermées celles de St-Louis-d'Antin, ancien couvent des Capucins ; Notre-Dame-des-Victoires, primitivement aux Augustins ; Ste-Elisabeth, au tiers-ordre de St-François ; Notre-Dame-des-Blancs-Manteaux, aux Bénédictins ; St-Jean-St-François, aux Capucins ; St-Denis-au-Marais, aux Filles du St-Sacrement ; St-Ambroise, aux Dames de l'Annonciation ; St-Paul-St-Louis, aux Jésuites ; St-Thomas-d'Aquin, aux Dominicains ; Notre-Dame-de-l'Abbaye-aux-Bois, à l'abbaye des Bénédictins de l'ordre des Citeaux ; les Missions-Etrangères, au séminaire de nom ; St-Germain-des-Prés, aux Bénédictins.

Beaucoup d'anciennes églises paroissiales ont totalement péri. Quelques-unes ont été récemment édifiées par l'administration municipale, telles que la Madeleine, Notre-Dame-de-Lorette, Notre-Dame-de-Bonne-Nouvelle, St-Vincent-de-Paul, non encore terminée, St-Denis-au-Marais. Plusieurs autres ont été agrandies, telles que Ste-Elisabeth, ou considérablement réparées et embellies.

En terminant ces documens que nous ne croyons pas oiseux dans une introduction au livre des ÉGLISES DE PARIS, nous prierons qu'on nous pardonne une observation. Quand la population de la capitale était de moitié moindre que celle de nos jours, le nombre de ses paroisses était supérieur à celui qui existe en ce moment. En outre, cette ville possédait un grand nombre de communautés et plusieurs chapitres. Ces derniers établissemens ouvraient, pour la plupart, leurs temples à un peuple nombreux qui s'y pressait. Les secours religieux ont évidemment diminué, tandis que les besoins se sont accrus. Il est donc permis de désirer et d'espérer que le nombre des monumens sacrés sera mis en harmonie avec l'exigence des temps présens. N'est-ce point un vœu conforme au progrès de la civilisation, s'il est vrai, comme c'est incontestable, que le progrès ne soit possible que par le dogme et la morale de l'Evangile?

L'ABBÉ PASCAL,
Membre correspondant du comité historique des arts et monumens près le ministère de l'instruction publique.

NOTRE-DAME.

Comme l'histoire des peuples, l'histoire des monumens a ses lacunes : l'une et l'autre se lient d'une manière trop intime pour qu'il en soit autrement. Si nous remontons jusqu'au premier feuillet de nos chroniques, nous y trouvons un nom, à demi-effacé, que les siècles nous ont religieusement transmis, une date à peine indiquée, cent fois mise en question par les savans, cent fois controversée, mais toujours victorieuse : ce nom et cette date sont trop loin de nous pour qu'il nous soit permis de les faire disparaître sans retour.

Il arrive aussi que ces profondes ténèbres, jetées sur un événement que plusieurs siècles nous dérobent, semblent parfois se dissiper pour faire place à une lumière éblouissante. L'amour du merveilleux, dédaigneux des choses connues, ennemi du grand jour, et d'ailleurs trop à l'étroit dans les sentiers battus, s'élance d'un seul bond dans l'abîme béant que les temps ont laissé derrière eux, s'y attache, s'y arrête pour édifier, à grands efforts d'imagination, mais sous le manteau de l'histoire, quelques récits nouveaux tout aussi surprenans, et non moins vraisemblables que les contes des *Mille et une Nuits*. Au fond de tout cela, rarement il y a quelque chose : c'est un conte, le temps en fait toujours bonne justice. A côté de ces prétendues chroniques, ou plutôt bien au-dessus d'elles, d'autres chroniques, celles que le frottement perpétuel des siècles n'a point effacées, se montrent çà et là à l'historien pour le guider, l'intéresser et captiver son intelligence. Sans doute, ces couleurs sont bien riches et ces merveilles bien grandes pour que l'immense poésie des temps ne les ait pas enfantées ou tout au moins revêtues ; sans doute, les longues veillées d'hiver et les ineffables joies du coin du feu se révèlent tout au long dans ces traditions ; sans doute, elles se sont augmentées, enrichies, brillantées, de foyer en foyer, de génération en génération ; mais par cela seul qu'elles sont arrivées jusqu'à nous, parées de tous leurs charmes, de toute leur fraîcheur, de tout le pittoresque de leur origine, n'est-il pas raisonnable de penser qu'il y avait en elles un principe de vie, c'est-à-dire un rayon de lumière ou de vérité ? Par cela seul qu'elles ne sont pas mortes, ne peut-on pas hardiment conclure qu'elles ne doivent jamais mourir ?

Ce voile mystérieux, ces traditions incomplètes entourent le berceau de *Notre-Dame*. On sait que vers 375 ou 380, sous l'épiscopat de Prudent ou Prudence, cette Basilique existait déjà ; quelques auteurs prétendent même qu'en 252 ou 253, se creusaient, à la pointe Est de l'île, par les soins de saint Denis, les fondemens de cette Cathédrale. Là, s'arrête l'histoire de cette période, là aussi commencent les traditions qui, de miracle en miracle, nous conduisent au règne du successeur de Clovis.

Il est à peu près démontré que ce fut en 555, sous l'épiscopat de saint Germain et par ses conseils, que Childebert Ier entreprit de rebâtir l'église cathédrale de Paris. La nouvelle Basilique, élevée sur les débris d'un temple dédié à Jupiter, fut vouée en *l'honneur de sainte Marie*, et dès lors, on ne l'appela plus, comme l'annoncent quelques pièces authentiques, que l'*Église-Mère de Paris*.

Les largesses de Childebert Ier, qui fit en faveur de l'église la cession de plusieurs terres importantes, contribuèrent beaucoup sans doute à la prompte édification de ce monument : car le service divin y fut célébré longtemps avant la mort du fondateur.

« Il ne paraît pas, dit l'abbé Le Beuf, dans son histoire du Diocèse de Paris, que cette église ait subsisté au delà de trois siècles ; car les Normands y mirent le feu en 857. » Jusqu'à cette époque malheureuse, la Basilique s'était enrichie des legs nombreux que la piété des fidèles et la magnificence des rois et des évêques lui avaient à l'envi concédés. Depuis l'invasion jusqu'en 907, c'est-à-dire pendant un demi-siècle, l'église ne présenta plus que des ruines au milieu desquelles, cependant, le service divin ne cessa jamais d'être célébré. En cette année, sous le règne de Charles-le-Simple, Anchérie, évêque de Paris, exposa à ce prince l'état de délabrement de la Cathédrale, et obtint pour les premières réparations les revenus de l'abbaye de Rebais. Plus tard, en 1123, Louis VI accorda à Bernier, Doyen de l'Eglise de Paris, une pension de dix livres qui devait être consacrée à la réparation de la toiture de Notre-Dame. Un des articles de cette charte mentionne que les bois, les poutres et autres matériaux seront fournis par l'évêque lui-même. Ce fut vers cette époque, dit Gérard du Bois, qu'elle prit le titre de *Nova Ecclesia*, pour la distinguer de celle de Saint-Etienne (longtemps sa rivale), que l'on avait surnommé *le Vieux*. Enfin l'archidiacre Garlande fit faire à l'église des réparations nombreuses sous lesquelles disparurent les traces de vandalisme que trois siècles n'avaient pu complètement effacer.

« On doit, dit M. Gilbert, à la piété d'Etienne de Garlande la fondation d'une petite chapelle dédiée à saint Aignan et construite vers les années 1110 ou 1120, dans l'enclos de sa maison, située au cloître Notre-Dame, et formant l'angle des rues Chanoinesse et de la Calandre... On y célébrait autrefois l'office tous les ans, le 17 novembre, jour de la fête du patron. Cette chapelle est solidement bâtie en pierres; les arcs de la voûte sont en plein cintre. On s'aperçoit que le sol a été exhaussé, car les bases des piliers sont enterrées. On a cessé d'y faire l'office depuis 1790. * »

D'autres chapelles nombreuses, et plus anciennes que celle de Saint-Aignan, entouraient la basilique de Notre-Dame; celles de Saint-Etienne, de Saint-Jean-Baptiste, surnommée *le Rond* et qui renfermait le baptistère de la ville, de Saint-Denis *du Pas*, ainsi nommée parce qu'elle était séparée de l'église par un étroit sentier, étaient les plus remarquables. Presque tous ces petits oratoires furent détruits ou abandonnés au moment de la réédification; quelques-uns, parmi lesquels nous devons citer *le Rond* et Saint-Denis, traversèrent presque toute notre histoire : le premier fut démoli en 1748 et le second en 1813.

* Description de la basilique de Notre-Dame.

Tel est, en quelques lignes, le récit succinct mais complet des événemens de ces deux périodes. La première commença cinquante ans avant notre monarchie et finit en 555, sous le règne de Childebert Ier; la seconde nous conduit jusqu'à Philippe-Auguste. Les documens historiques ne nous en apprennent pas davantage.

Cette église, dont l'origine remonte aux premiers siècles du christianisme, et qui fut tant de fois dévastée, brilla sous la troisième race de tout l'éclat d'une haute faveur. Le palais des rois de France, situé à l'Ouest de l'île, n'était séparé de la Cathédrale que par une très courte distance que les princes franchissaient souvent pour assister, en compagnie du clergé, au service divin. Sous le règne de Henri Ier, ces cérémonies étaient déjà entourées d'une grande pompe; mais sous celui de Louis VII, elles prirent un tel caractère de solennité, que l'église ne se trouva bientôt plus assez grande pour recevoir la foule qui s'y rendait de toute part. Il est probable que cette circonstance dut faire songer sérieusement à la reconstruction totale de l'édifice que l'on entreprit bientôt après.

Le siége de la monarchie s'étant fixé à Paris, la Cathédrale se trouva donc trop petite, et l'on s'occupa de sa reconstruction. Quoique bien moins éloignée de nous que les deux premières, l'époque de cette troisième fondation est encore si pleine d'obscurité, que les plus anciens historiens eux-mêmes ont reculé devant une date. Il est certain, cependant, que vers 1163, l'évêque Maurice de Sully, homme supérieur à son siècle, et que sa grande intelligence seule avait élevé au siége épiscopal, entreprit la construction du majestueux édifice que nous voyons encore aujourd'hui *. Le pape Alexandre III, réfugié en France, posa la première pierre, et en 1182, le grand autel fut consacré par Henry, légat apostolique, le jour de la quatrième fête de la Pentecôte, ce qui porte à croire que le chœur était déjà terminé.

« En 1185, dit M. Gilbert, un an avant la mort de Maurice de Sully, la construction de l'église était assez avancée pour qu'on pût y célébrer l'office divin. Héraclius, patriarche de Jérusalem,

---

* Maurice de Sully fut un de ces écoliers qui demandaient l'aumône à Paris, et auxquels l'espoir d'obtenir un bénéfice faisait supporter les rigueurs extrêmes de l'étude. Il fut chanoine à Bourges. Le siége épiscopal de Paris devint vacant; les électeurs, partagés d'opinions, remirent leur choix à la décision de Maurice, qui, lui-même se nomma évêque. *Gallia christiana*, t. VII, p. 70.

venu à Paris pour y prêcher la croisade, célébra la messe dans cette église, le 17 janvier, en présence de Maurice de Sully et de son clergé. »

Et plus loin :

« Geoffroy, duc de Bretagne, fils de Henri II, roi d'Angleterre, décédé à Paris en 1186, fut inhumé dans Notre-Dame, devant le grand-autel, ainsi que la reine Elisabeth de Hainault, épouse de Philippe-Auguste, morte en 1189. »

Vers la même époque, le corps de l'archidiacre Philippe, fils de Louis-le-Gros, qui avait refusé l'évêché de Paris, fut transféré de l'église Saint-Etienne dans Notre-Dame, et déposé derrière le grand-autel. L'église de Saint-Etienne fut abattue en 1218. « On trouva en creusant la terre, dit Le Beuf, les reliques suivantes, données par Philippe-Auguste : trois dents de saint Jean-Baptiste, un bras de saint-André, des pierres dont saint Etienne avait été lapidé, et une partie du chef de saint Denis, martyr. »

Ces travaux étaient conçus sur une trop grande échelle pour qu'il fût possible de les mener de front ; aussi voyons-nous que chaque partie importante de l'édifice ne fut entreprise qu'après l'entier achèvement d'une autre partie. En 1257, le *maître maçon* Jean de Chelles commença le portail méridional, et ce ne fut que cinquante ans plus tard, c'est-à-dire vers 1312, que le portail septentrional fut bâti avec les biens confisqués aux Templiers, dont Philippe-le-Bel venait de supprimer l'ordre. Les bas-côtés ou *courtines*, les chapelles du chœur et la charmante porte du cloître, sont les dernières parties qui vinrent compléter l'imposant édifice. Enfin, en 1447, Charles VII consacra des sommes considérables à l'achèvement de Notre-Dame.

Il a donc fallu plus de deux cents ans pour élever l'église cathédrale de Paris, et quelques unes de ses merveilles s'étaient déjà assombries sous la puissance du temps, lorsque d'autres merveilles, fraîches et pures, mais vierges de cette harmonie que les siècles seuls donnent aux monumens, naissaient encore à profusion sous le ciseau de l'artiste. Image bien fidèle du christianisme, le temple saint traversa comme lui et avec lui des époques terribles qui tracèrent sur son front des cicatrices nombreuses et profondes : invasion de barbares, guerres intérieures, persécutions et pauvreté, ont tour à tour, quelquefois en même temps, essayé d'ébranler les fondemens de l'Eglise. Le fer, le feu et la misère lui ont livré une triple bataille; et, aujourd'hui, après des siècles d'une lutte incessante, l'Eglise se montre à nous majestueuse, riche de ses inestimables trésors de souvenirs, glorieuse de son passé et rayonnante de ses destinées futures.

Autour d'elle s'épanouirent ces fleurs précieuses qui naissent de la Charité pour consoler le pauvre et adoucir ses douleurs : une maison de secours, un asile pour les enfans trouvés et un hôpital s'élevèrent sur la place du Parvis.

Le Parvis, qui fut témoin de tant d'événemens, écrits dans notre histoire en caractères ineffaçables, a été successivement agrandi, et l'église s'est lentement débarrassée de ces ignobles masures qui s'attachent encore si disgracieusement à la plupart de nos anciens édifices.

On sait que c'était sur le Parvis de Notre-Dame que les condamnés à mort faisaient amende honorable avant d'être conduits en place de Grève. Les cardinaux Etienne et Béranger firent élever, devant le portail principal de l'église, le 11 mars 1314, un échafaud où montèrent Jacques de Molay, Hugues de Récalde, Guy et un autre chevalier du Temple, pour entendre la sentence qui les condamnait à une détention perpétuelle. Ce fut aussi sur la place du Parvis que, quatre siècles plus tard, Robert-François Damiens, condamné au supplice pour avoir attenté à la vie de Louis XV, fit amende honorable le 28 mars 1757, jour de son exécution.

La cathédrale de Paris n'a jamais été dédiée. Comme dans toutes les églises de France, on y célèbre tous les ans son aniversaire, le deuxième dimanche après la fête de la Toussaint, selon les prescriptions du concordat de 1802.

Tout a été dit sur l'architecture de Notre-Dame. Elle offre un résumé fidèle des transformations de l'art au moyen-âge. Cependant, quelques remarquables que soient certaines de ses parties, on est bien forcé de reconnaître que d'autres basiliques, de la même époque, présentent un ensemble plus parfait, une finesse de détails plus grande, et peuvent lui disputer la royauté que lui ont accordée quelques écrivains. Solidement assise sur ses bases, l'église de Notre-Dame a traversé les siècles qui n'ont pu que noircir ses murailles et user ses sculptures. Les élémens eux-mêmes lui livrèrent souvent de terribles batailles. Le lundi,

1ᵉʳ juillet 1709, le tonnerre entra dans la basilique par la tour septentrionale, effleura le grand-autel, et vint s'abattre dans la chapelle de la vierge, pendant qu'on y célébrait la messe. La foudre, après avoir fait le tour de l'abside, sortit par la porte méridionale et alla frapper la sœur du chefcier ou chevechier de l'église. Ce fut la seule victime. Mais, comme on le pense, les dégradations causées par les intempéries des saisons sont bien légères à côté de celles dont la main des hommes s'est rendue coupable. 1793, cette époque terrible, qui mutila tout ce que la France possédait de noble et de grand, laissa sur toutes les parties de Notre-Dame des traces ineffaçables. La *Galerie des Rois*, celle qui se trouve immédiatement au-dessus de l'ordonnance inférieure, renfermait 28 statues, hautes de 14 pieds et représentant les rois de France depuis Childebert 1ᵉʳ jusqu'à Philippe Auguste. Ces statues, exécutées au commencement du XIIIᵉ siècle, ont été impitoyablement brisées en 1793, et les entrecolonnemens sont restés vides depuis cette époque. Dans la même année, l'autorité municipale de Paris ordonna la destruction d'une flèche en aiguille, haute de cent quatre pieds, qui s'élevait sur la plate-forme octogone. Ce campanille était surmonté d'une croix de fer supportée par une boule de cuivre doré dans laquelle on trouva quelques reliques inconnues.

La longueur de l'église, dans œuvre, est de trois cent quatre-vingt-dix pieds; sa plus grande largeur de cent quarante-quatre; et sa hauteur, depuis la dalle jusqu'à la partie la plus élevée de la voûte, de cent quatre pieds. La façade en a cent vingt de développement. Les tours occupent les deux tiers de la façade, elles sont carrées et n'ont pas moins de deux cent quatre pieds d'élévation; on arrive à leur sommet en gravissant trois cent quatre-vingt-neuf marches. On lisait autrefois sur une plaque de cuivre, scellée dans le mur, à côté de la porte d'entrée :

Si tu veux savoir comme est ample
De Notre-Dame le grand temple,
Il y a dans œuvre pour le sur
Dix et sept toises de hauteur;
Sur la largeur de vingt-quatre
Et soixante-cinq sans rabattre
A de long; aux tours haut montées
Trente-quatre sont bien comptées;
Le tout fondé sans pilotis
Aussi vray que je te le dis.

L'aspect de la façade principale est imposant et sévère. Les trois portiques, de formes irrégulières, mais enrichis d'une foule de statues et d'ornemens admirablement travaillés, ont aussi beaucoup souffert pendant la révolution. Le portail du Nord est remarquable par son Zodiaque : au 12e signe, à la place de Cérès, a été sculptée la vierge Marie.

Autrefois, il fallait monter treize degrés pour arriver jusqu'à l'église. « Le degré, dit un auteur moderne, c'est le temps qui l'a fait disparaître en élevant d'un progrès irrésistible et lent le niveau du sol de la Cité, mais tout en faisant dévorer une à une, par cette marée montante du pavé de Paris, les marches qui ajoutaient à la hauteur majestueuse de l'édifice, le temps a rendu à l'église plus peut-être qu'il ne lui a ôté, car c'est le temps qui a répandu sur la façade cette sombre couleur des siècles, qui fait de la vieillesse des monumens l'âge de leur beauté. »

Les ferrures des portes, exécutées par le serrurier Biscornet, parurent d'un travail si merveilleux, que la crédulité du peuple et son amour pour le surnaturel, s'empressèrent d'y voir la coopération du diable.

« Les quatre portes ferrées des deux côtés du grand portail, dit M. de Montjoye, méritent l'attention des curieux. Les plus habiles dans l'art de la serrurerie croient que le fer a été fondu. On y remarque, dans plusieurs bandes, des têtes ayant des cornes, ce qui fait croire à bien des gens que c'est l'ouvrage du démon. Ils disent qu'un garçon serrurier, s'étant présenté pour être reçu maître, on lui donna, pour son chef-d'œuvre, les portes de Notre-Dame à ferrer ; un pareil ouvrage étant hors de sa portée, et cherchant le moyen de l'exécuter, le démon se présenta à lui sous la figure d'un homme, et s'offrit à faire son chef-d'œuvre s'il voulait se donner à lui dans un certain temps, ce que l'ouvrier ne manqua pas d'accepter. Le lendemain, les quatre portes se trouvèrent ferrées, à l'exception des deux du milieu, que le démon ne put faire, parce que le Saint-Sacrement passe par là. Le serrurier se trouva dégagé par ce moyen de la promesse qu'il avait faite au démon, et fut reçu maître.

» Voilà ce que pensent les personnes crédules : n'est-ce pas une erreur bien grande de croire aussi aveuglément à l'industrie du démon ? Ne doit-on pas plutôt présumer que le nom de

Biscornet était celui d'un habile serrurier, qui avait le secret d'employer le fer différemment que ses confrères, et que pour conserver à la postérité la mémoire de son nom dans son propre ouvrage, il aura mis dans les ornemens plusieurs têtes d'animaux ayant des cornes, comme armes parlantes et faisant l'anagrame de son nom ? »

Trois galeries, celle des Rois, celle de la Vierge et celle des colonnes, se déploient sur la façade. La galerie de la Vierge, était ornée autrefois d'une grande statue de la Vierge et de deux anges en adoration : la révolution a brisé ces images. Le péristyle de la troisième galerie est enrichi de trente-quatre colonnes d'une seule pierre, remarquables par leur hauteur et la ténuité de leur diamètre. Entre la galerie des Rois et celle de la Vierge, se trouve une des trois grandes fenêtres ou *roses*, formées de vitraux éclatans; ces fenêtres, qui ont été souvent réparées, n'ont pas moins de quarante pieds de diamètre. L'église est éclairée par cent treize vitraux représentant des symboles et des sujets religieux. Ce fut, disent quelques historiens, Suger, abbé de Saint-Denis, qui fit présent à la basilique de Notre-Dame de ses plus anciens vitraux.

Une grande quantité d'arcs-boutans partent des bas-côtés de l'église, et viennent s'appuyer sur tous les points de la voûte. Des gargouilles nombreuses et admirablement travaillées, en formes d'animaux fantastiques, surgissent de tout l'édifice. Du côté droit, on pénètre dans l'église par le portail Saint-Marcel; le portail Septentrional s'ouvre sur le côté gauche. Ces deux entrées principales sont surmontées d'une rose pareille à celle de la façade. On remarque encore, à droite et à gauche de l'église, les vestiges d'anciens bas-reliefs représentant la vie de Jésus-Christ et quelques autres sujets de la même époque.

En entrant dans le temple, on se sent pénétré de respect, d'admiration et d'étonnement. La pensée s'élargit, devient chaste et recueillie sous ces voûtes colossales, rendues si légères par leurs fines nervures. La hardiesse des lignes, la richesse des ogives, les teintes mystérieuses que projettent çà et là les vitraux, réveillent l'âme que le tumulte avait endormie, et la plongent dans l'océan sans limites de l'infini. On est à la fois petit et grand,

---

* *Description des curiosités de l'Église de Paris.*

faible et fort, en présence de cette grandeur, de cette force et de cette majesté. Si l'église est muette, ce silence a une voix qui vous parle éloquemment, remue jusqu'à vos fibres les plus intimes ; si l'orgue se fait entendre, les notes descendent, tantôt douces et suaves comme des chants de vierges, tantôt violentes et fortes comme les voix de l'orage ; tout s'anime à ces séraphiques accens ; les lumières vacilent sur les lampes d'argent ; les vitraux frémissent ; les échos de toutes les chapelles répondent, et la foule s'incline : Dieu se révèle à vous !

Les voûtes ogives sont soutenues par cent vingt piliers de formes différentes, qui datent pour la plupart de la seconde construction. Le chœur, entièrement pavé en marbre, n'a pas moins de cent quinze pieds de long sur trente-cinq de large ; au-dessus des bas-côtés, et tout autour de la nef et du chœur, se déploie une fort belle galerie ornée de cent huit colonnes d'une seule pierre. L'intérieur de Notre-Dame a la forme d'une croix latine.

On voyait autrefois, à droite en entrant dans l'église, une statue colossale représentant saint Christophe. En face de cette statue on lisait ces mots, gravés sur une colonne que supportait un homme à genoux : « *C'est la représentation de noble homme, Messire Antoine des Essarts Chevalier, jadis sieur de Thierre et de Glatigny au val de Galice, conseiller et chambellan du Roy notre sire Charles VI de ce nom, lequel chevalier fit faire cette grande image et remembrance de monsieur St-Christophe, en l'an 1413. Priez Dieu pour son âme.* » La statue de saint Christophe, haute de vingt-huit pieds, fut abattue en 1785.

La première pierre du grand-autel fut solennellement posée, en 1699, par le cardinal de Noailles, archevêque de Paris, qui en fit la bénédiction. L'on déposa sous cette pierre une lame de métal qui portait ces mots :

LOVIS-le-Grand,
fils de Lovis-le-Juste et petit fils de Henri-le-Grand ;
après avoir dompté l'hérésie,
rétabli la vraie religion dans tout son royaume,
terminé glorieusement plusieurs grandes guerres
par terre et par mer,
voulant accomplir le vœu du roi son père
et y ajouter des marques de sa piété,

a fait faire dans l'église cathédrale de Paris,
un autel avec ses ornements d'une magnificence
au-dessus du 1er projet,
et l'a dédié au dieu des armées, maître de
la paix et de la victoire,
sous l'invocation de la sainte Vierge, patrone
et protectrice de ses états,
l'an de N. S. 1699.

A cette même époque, en 1699, le chœur fut recommencé sur les dessins de Hardouin Mansard ; il ne fut terminé qu'en 1714, par de Cotte. Le sanctuaire est élevé sur sept marches de marbre. Le devant du grand-autel, représentant le Christ au tombeau, était en marbre, en bronze doré et en or moulu, et les côtés en porphyre. Les bas-reliefs qui décorent l'autel principal, tel que nous le voyons aujourd'hui, sont l'œuvre de M. Deseine. Six anges, de Chavannes, en bronze, supportés par des socles de marbre blanc, complètent, avec les magnifiques boiseries sculptées des stalles, et quelques tableaux de Philippe-de-Champagne, Louis-de-Boulogne, Lafosse, Jouvenet et Hallé, la décoration du chœur.

Parmi les richesses monumentales et artistiques qui se dressaient en foule dans le chœur, les chapelles et les bas-côtés de l'église, nous ne devons pas oublier la statue de Louis XIII par Coustoux, celle de Louis XIV par Coysevox, une magnifique descente de croix par Coustoux l'aîné ; le caveau de marbre blanc, placé au bas du sanctuaire, qui renfermait les entrailles de Louis XIII et de Louis XIV ; les chaires sculptées, un magnifique candelabre d'argent du poids de 320 marcs, donné en 1639 par Anne d'Autriche, femme de Louis XIV ; la statue en albâtre de la Vierge par Raggi ; les tombeaux de Philippe-de-France, archidiacre de Paris, fils de Louis-le-Gros ; de Geoffroy, duc de Bretagne, fils de Henry II, roi d'Angleterre ; de la reine Isabelle, première femme de Philippe II; de Philippe-de-France, comte de Boulogne, fils de Louis VIII ; de Louis-de-France, duc de Guyenne, fils de Charles VI ; de Denis du Moulin, évêque de Paris ; de Juvénal des Ursins ; de Henry Claude, comte d'Harcourt, etc., etc.

Le temps et 93 ne nous ont conservé que quelques-unes de ces pages.

Extérieurement, les bas-côtés du chœur étaient entourés de bas-reliefs représentant les scènes de la vie de Jésus-Christ, sculptés par Jean Ravy et maître le Bouteiller. Ces sculptures remontent au milieu du xive siècle; on en voit encore quelques parties dans un état de conservation remarquable.

A gauche, dans l'église, à côté de l'escalier de la tour, se trouve une pierre sculptée d'environ huit pieds de haut sur quatre de large, représentant le jugement dernier; sur le premier plan, on aperçoit un cadavre rongé de vers, sous lequel on lit :

« *Preoccupaverunt me dolores mortis; torrentes iniquitatis conturbaverunt me; nam sum vermis, et non homo. Induta est caro mea putredine et sordibus pulveris; cutis mea aruit et contracta est : Deus, Deus meus, respice in me et miserere mei, quia tibi peccavi et malum coram te feci.* »

Cette terrible image est la première qui se présente en entrant dans Notre-Dame par la tour septentrionale.

L'église cathédrale renfermait des reliques nombreuses et d'une authenticité incontestable. Les principales étaient : le chef de saint Philippe, apôtre, donné à Notre-Dame, en 1406, par Jean duc de Berry; le chef de saint Denys; un doigt de saint Jean-Baptiste; une partie considérable de la vraie croix, envoyée de Jérusalem à Paris dans le xiie siècle; la châsse de la sainte Vierge, celles de saint Come, Damien, etc., etc.

Les malheureuses et trop fréquentes réparations que l'église Notre-Dame a subies, la démolition de ses plus anciennes chapelles, (elle en comptait autrefois quarante-cinq et n'en a plus que trente-une aujourd'hui), le badigeonnage des voûtes et des piliers, des mutilations sans nombre, ont porté de rudes atteintes à la beauté du monument, et lui ont laissé des traces à jamais ineffaçables.

Il faut monter, avons-nous dit, 389 marches pour arriver au sommet des tours. De la terrasse supérieure, la vue s'étend sur tout Paris, et embrasse un des plus merveilleux spectacles du monde. La charpente des voûtes, appelée la *forêt*, est entièrement construite en bois de chêne; sa hardiesse et sa solidité font encore l'admiration de tous les hommes de l'art.

Le *bourdon*, la plus grosse cloche de France, se trouve dans la tour méridionale, cette énorme cloche fut refondue en 1685, et baptisée en présence de Louis XIV et de la reine, sous les nom de *Emmanuel-Louise-Thérèze*. Jusqu'à cette époque, elle avait conservé le nom de *Jacqueline*. Quand on la sonne, sa grande voix traverse tous les bruits de Paris, et se répand en sons lugubres dans les campagnes environnantes. Cette cloche est la seule qui soit échappée à la fonderie révolutionnaire. On la démonta en 1794 dans la crainte qu'on ne s'en servît pour donner l'alarme, et ce ne fut que huit ans après, à l'occasion du concordat, qu'on la remit en place. Son poids est de 31 milliers et celui du battant de 976 livres. Elle avait pour sœur et pour voisine, *Marie*, le deuxième bourdon, qui pesait 25 mille livres. Cette cloche, dont la première fonte remontait à 1472, fut brisée en 1792.

On lisait sur le mouton d'*Emmanuel-Louise-Thérèze* :

*Laudo Deum verum, plebem voco; congrego clerum,
Defunctos ploro; pestem fugo, festa decoro.*

La tour septentrionale renfermait huit cloches, toutes ont été détruites en 1792; en voici les noms : *Gabriel*, fondue en 1641, pesait 10,500 livres; *Guillaume*, refondue en 1790, pesait 7,002 livres; *Pasquier*, refondue en 1765, pesait 5,400 livres; *Henriette-Thibault*, refondue en 1764, pesait 4,185 livres; *Jean*, refondue en 1769, pesait 3,127 livres; *Claude*, refondue en 1714, pesait 2,000 livres; *Nicolas*, refondue en 1714, pesait 1,510 livres; *Françoise*, fondue en 1769, pesait 1,200 livres. Toutes ces cloches portaient les noms de leurs donateurs.

Ce fut dans la basilique de Notre-Dame que se célébrèrent jusqu'à la révolution toutes les grandes solennités nationales*. Après leurs victoires, les rois de France venaient au pied de son grand-autel pour adresser à Dieu leurs actions de grâce; ils y venaient aussi chercher des espérances et du courage avant le combat. Les tribunes, tendues des étendards pris à l'ennemi, se remplissaient alors de tout ce que la France comptait d'illustrations. L'église était trop petite pour recevoir la foule, qui encombrait la place du Parvis et circulait à grand'peine dans les rues environnantes. Chaque jour amena pendant longtemps une nouvelle victoire et une nouvelle solennité.

Le 22 décembre 1627, quarante-quatre drapeaux enlevés aux Anglais dans l'île de Ré furent déposés à Notre-Dame.

En 1693, un *Te Deum* fut chanté dans Notre-Dame à l'occasion

---

* On sait que ce fut dans l'église Notre-Dame que, le 2 décembre 1804, Napoléon, revêtu du manteau impérial, fut oint par le pape Pie VII.

de la victoire de Marseille, remportée par le maréchal de Luxembourg. La nef et une grande partie de la voûte étaient tendues des drapeaux pris à Fleurus, à Stenckerke et à Norwinde. « *Place, place,* » dit Conti en écartant la foule qui se pressait devant le maréchal, « *laissez passer le tapissier de Notre-Dame!* »

Ces cérémonies ne se célébrèrent pas toujours au milieu du silence et du recueillement. On rapporte que le jour de Pâques de l'année 1728, une troupe de larrons profita de cette solennité pour tenter un hardi coup de main et dévaliser les assistans. L'office touchait à sa fin, et la foule serrée dans l'église répondait pieusement aux dernières prières des prêtres : tout-à-coup, des cris déchirans, qui se firent entendre de divers points, répandirent la plus grande confusion et remplirent tous les cœurs d'effroi. *La voûte s'écroule! la voûte s'écroule!...* D'où partaient ces cris? personne ne songea à se le demander. Les portes cédèrent sous le flot mouvant qui se ruait contre elles; l'office fut suspendu; des vieillards, des femmes, et des enfans furent étouffés et horriblement mutilés sous les pieds de trois mille personnes. Pendant le tumulte, les voleurs, qui avaient donné la fausse alarme, firent une abondante moisson d'argent, de bijoux et d'objets précieux : la peur était trop grande pour qu'on pût les apercevoir. On ne connut que le lendemain les véritables causes de cet événement.

En parlant de quelques-unes des anciennes cérémonies qui se célébraient à Notre-Dame, M. de Monjoye s'exprime ainsi dans sa *Description des curiosités de l'église de Paris* :

« Lorsque le roi et la reine viennent à Notre-Dame, on sonne la veille les deux bourdons, *Emmanuel* et *Marie*, depuis cinq heures jusqu'à cinq heures et demie ; le matin on bourdonne à sept heures. Lorsque le roi et la reine sont près d'arriver, on sonne toutes les cloches de l'église. Tout le chapitre, précédé de ses suisses, huissiers, du Spé, portant la grande croix, se rend en chappes à la grande porte de l'église, suivi de M. l'archevêque en habits pontificaux. Le roi et la reine étant entrés dans l'église, M. l'archevêque leur présente de l'eau bénite et ensuite les encense, puis le roi et la reine s'étant mis à genoux sur des carreaux qui leur sont présentés par les deux chanoines intendans de la fabrique, M. l'archevêque leur donne la vraie croix à baiser, après quoi tout le chapitre précède le roi et la reine que M. l'archevêque accompagne et conduit dans le chœur sous un dais qui leur est préparé. Le roi et la reine, après avoir entendu la messe, viennent faire leur prière à la chapelle de la sainte Vierge, et le chapitre avec M. l'archevêque les accompagnent jusqu'à la grande porte de l'église, au son des orgues et de toutes les cloches. Ce jour-là l'église est gardée par les cent-suisses du roi et le chœur par les gardes-du-corps.

» On fait à Notre-Dame, tous les trois ans, la bénédiction des drapeaux des gardes-françaises et des gardes-suisses, des étendards et guidons des mousquetaires et des gendarmes.

» La veille de la bénédiction, on bourdonne à cinq heures du soir, *Emmanuel* et *Marie*; le jour, à sept heures du matin, à l'arrivée et à la sortie de la troupe. Toute la troupe étant arrivée, l'état-major va chercher M. l'archevêque pour le conduire à la sacristie où il prend ses habits pontificaux. M. l'archevêque étant arrivé au bas de l'autel et s'étant assis sur un fauteuil, bénit les drapeaux et les étendards et ensuite monte dans son trône, pendant qu'on chante le *Sub tuum*, etc. *Domine salvum*, etc., après quoi il donne la bénédiction, et l'état-major le reconduit dans la sacristie pour quitter ses habits pontificaux, et ensuite dans son palais archiépiscopal, le tout au son des tambours et instrumens *. »

Parmi les personnages distingués par leur naissance, leur piété, leurs bienfaits envers l'église et leur érudition, qui ont illustré le clergé de Paris, nous devons nommer : Adam de Petit-Pont, d'abord chanoine de cette église, en 1145, ensuite évêque de Saint-Asaph, en Angleterre; Hugues de Champfleury, d'abord chanoine, puis évêque de Soissons, et enfin chancelier de France, sous le règne de Louis-le-Jeune; Pierre, chantre de l'église de Paris, un des plus célèbres érudits du xiie siècle, auteur de plusieurs ouvrages de théologie, mort en 1199; Pierre de Poitiers, chancelier de l'église, un des plus grands scholastiques de son temps; Pierre de Corbeil, qui devint évêque de Cambrai et archevêque de Sens; Pierre-le-Mangeur, chancelier de l'église de Paris, auteur d'une histoire scholastique; Pierre Lescot, abbé de Cluny et chanoine de Notre-Dame, mort en 1578, et une foule d'autres ecclésiastiques dont les vertus, les lumières et les bienfaits ont honoré les premières places de l'église et de l'état.

* *Description des curiosités de l'Église de Paris.* 1763.

Nous n'avons eu que trop souvent déjà l'occasion de le dire, la révolution n'épargna pas l'antique basilique de Paris. Comme sur toutes les églises de France, la tourmente laissa sur Notre-Dame les déplorables traces de son passage. La cathédrale resta longtemps fermée et son sanctuaire fut profané. Cette fatale époque est trop connue, elle est encore trop près de nous pour que nous puissions en parler davantage. Si le monument tout entier ne s'est pas écroulé sous les leviers froids et aveugles des démolisseurs, c'est parce qu'il eut fallu des années entières pour renverser ses bases solidement assises : le pays avait besoin de tous les bras et de toutes les volontés.

La restauration fit disparaître, autant qu'elle le put, les dégradations que l'église avait souffertes. En 1822, on vota une somme annuelle de cinquante mille francs qui devait être continuée jusqu'à l'entier achèvement des travaux. Les réparations les plus urgentes furent entreprises ; mais la *Galerie des Rois* est encore veuve de ses statues, et le monument offre de toute part des stigmates que vingt ans de paix n'ont pu faire disparaître, et qui ne s'effaceront sans doute jamais.

Contre la partie méridionale de l'église, s'élevait l'ancien archevêché ; ce monument, construit en 1409, a été en partie détruit pendant les journées des 14 et 15 février 1831. Dans son aveuglement et sa fièvre coupable, le peuple ne songeait pas sans doute qu'une heureuse pensée germerait bientôt de cet acte de vandalisme. Les ruines de l'archevêché sont enlevées depuis quelques années, à leur place, des allées de maronniers ont été plantées, et aujourd'hui, grâce à ces travaux, la vue peut embrasser l'ensemble de la Basilique sans être blessée par les constructions misérables qui étouffent presque toutes nos anciennes églises.

L'ABBÉ MOREAU,
Premier Vicaire à Notre-Dame.

S.-GERMAIN-L'AUXERROIS.

L'origine de cette Église, comme celle de Saint-Germain-des-Prés, remonte au milieu du sixième siècle, c'est-à-dire au règne de Childebert 1er, fils de Clovis. Ce prince, sur l'invitation de saint Germain, évêque de Paris, fonda la première pour que les objets précieux qu'il avait apportés d'Espagne, et qui consistaient en un fragment de la vraie croix, une étole ou tunique du martyr saint-Vincent, et quelques autres reliques de divers saints, y fussent religieusement conservés. En même temps, et pour satisfaire au vœu de sa femme, la reine Ultrogothe, il ordonna la construction d'une seconde Basilique sur la rive droite de la Seine, sous le vocable du même saint Vincent et de saint Germain, évêque d'Auxerre. Les actes de la dernière de ces fondations ne nous sont point parvenus, il est vrai, mais elle est attestée par une tradition constante, par tous nos anciens historiens, en un mot, par une foule de documens qu'il serait trop long d'énumérer, et qui tous font coïncider cette fondation avec celle de la précédente. Nous savons, en outre, avec certitude, qu'on mit environ trente ans à bâtir l'Église, et qu'elle fut terminée en 581, du temps de Chilpéric [*]. Cependant, Félibien conteste la dédicace sous le nom de saint Germain; il croit qu'elle n'eut lieu que sous celui de saint Vincent. Sauval, lui,

---

[*] *Gallia christiana nova*, t. VIII, p. 232.

ne se prononce ni pour l'un ni pour l'autre des deux patrons, et, à l'égard de l'époque de fondation, il dit qu'elle est incertaine. Toussaint Duplessis et l'abbé Le Beuf rejettent la titularité de saint Vincent, et admettent celle de Saint-Germain-l'Auxerrois. Jaillot, Saint-Victor, et Dulaure veulent que l'Église ait été uniquement érigée à Saint-Germain-des-Prés par Chilpéric et non par Childebert, attendu, disent-ils, qu'elle a porté la désignation de Saint-Germain-le-Rond jusqu'au neuvième siècle, sans que jamais on y associât celui de Saint-Vincent. Ils invoquent, à l'appui de leur opinion, 1° : le testament de saint Bertrand, évêque du Mans, en date de l'an 606, le XXII° du règne de Clotaire, fils de Chilpéric, par lequel il lègue une terre qu'il possédait dans le territoire d'Étampes, à la basilique nouvelle (*Basilica nova*), érigée par ce dernier, à la condition que le corps de saint Germain y serait transféré ; 2° : le poème latin d'Abbon, relatif au siège de Paris par les Normands en l'an 886 ; plus, deux bulles, l'une du pape Benoit VII, et l'autre d'Alexandre III, où en effet on lit tantôt *S. Germanum teretem* ou *rotundum**, tantôt *abbatia* ou *monasterium S. Germani rotundi***.

Telle est la base fragile sur laquelle les critiques dénommés ont assis leurs argumens spécieux. Et d'abord, saint Bertrand ne devait pas ignorer que saint Germain, mort en l'an 576, avait été inhumé dans la chapelle de Saint-Symphorien, presque contigue à la *basilique neuve* de Sainte-Croix et de Saint-Vincent ; comment donc aurait-il pu concevoir l'étrange pensée de vouloir que le corps du saint évêque de Paris fût transféré à celle de la rive opposée de la Seine ? Quant au nom de Chilpéric, consigné dans l'acte de donation, le P. Dubois a fort bien prouvé qu'il y a eu erreur sur la copie de cet acte, où il faut lire celui de Childebert ***, puisqu'au moyen de cette rectification, toutes les obscurités sont éclaircies, toutes les contradictions conciliées. La difficulté que l'on fait résulter de la désignation de Saint-Germain-le-Rond est facile à lever. Elle s'explique par la forme circulaire qu'affectait soit l'Église ou même l'ancien clocher, soit le vaste cloître qui l'environnait. Il s'en suit que cette désignation ne saurait nullement impliquer l'exclusion de la titularité

---

* Abbon, *De bellis Parisiacœ*, lib. I, v. 173 ; — lib. II, v. 35.
** Texte des bulles citées.
*** *Hist. eccl. Parisiensis*, t. I, p. 129.

patronale de Saint-Germain-d'Auxerre. En ce qui concerne l'omission du nom de Saint-Vincent dans les titres dont les critiques se prévalent, elle est en quelque sorte naturelle, il faut bien en convenir. Car, d'une part, on connaissait peu alors en France ce saint martyr espagnol, tandis que de l'autre, saint Germain avait acquis, même de son vivant, une immense popularité. De là l'usage de ne mentionner l'Église, placée sous leur vocable commun, que par la dénomination moins compliquée de Saint-Germain-le-Rond, notoirement désignative de Saint-Germain-l'Auxerrois. L'objection tirée du défaut de reliques de ce dernier saint a, en apparence, plus de valeur, sans être plus solide, et en voici la raison : c'est que le cas échéant du manque de reliques, comme dans celui-ci, on pouvait ériger des autels aux saints, qu'on voulait honorer, sur les lieux où quelque acte remarquable de leur vie s'était accompli. Le cinquième concile de Carthage (canon XIV), tenu l'an 401, a formellement légitimé, en la régularisant, cette coutume de l'Église primitive. Celui de Francfort (canon XLII), de l'an 794, en a de même reconnu et confirmé le principe. Or, l'abbé Le Beuf, tout en rejetant la titularité de Saint-Vincent, fournit du moins une preuve très plausible en faveur de celle de Saint-Germain. Il croit que peu de temps après la mort du grand prélat d'Auxerre, survenue en l'an 448, une chapelle fut bâtie non loin de l'emplacement où se trouve l'Église actuelle, en mémoire de quelque miracle opéré par lui de ce côté de la Seine, qu'il traversait pour aller de la Cité visiter sainte Geneviève à Nanterre, lors de ses voyages dans la Grande-Bretagne, où il eut la gloire d'extirper l'hérésie de Pélage *. Jaillot, dont le témoignage n'est pas suspect, incline indirectement vers cette opinion. « Je sais, dit-il, que la sainteté de l'évêque d'Auxerre et les miracles sans nombre opérés à sa prière, sont constatés par les historiens les plus dignes de foi, et qu'au rapport d'Héric, on avait planté des croix ou des mémoriaux, ou bâti des oratoires dans les différens endroits où le passage de saint Germain avait été signalé par ses prédications ou par quelque miracle **. » On peut d'autant moins contester ces faits, qu'il en a existé des exemples en Angleterre, où le Saint n'avait que passagèrement séjourné. Une chapelle *mémoriale* lui

* Dissertat., t. II, p. 12 à 14.
** Recherches historiques sur la ville de Paris, t. IV, p. 29.

fut érigée en un lieu où il prêcha plusieurs fois, près de Vérulam, à vinq-cinq kilomètres de Londres. Sa réputation de sainteté y eut tant de retentissement, que beaucoup d'églises où il avait défendu avec éclat les divines vérités que l'hérésie cherchait à altérer, l'adoptèrent pour patron titulaire : celle, entre autres, de la célèbre abbaye de Selby, dans le comté d'Yorck. Aussi, la prétendue réforme d'Henri VIII n'a-t-elle point entièrement effacé le souvenir du missionnaire français. Un vaste champ dans le comté de Flint est encore appelé en dialecte gallois *maes Garmon*, et dans la province de Cornouailles, on trouve un bourg nommé en anglais *San Germans*. En France, il n'y avait presque pas de diocèses, avant la révolution de 89, où il n'existât d'église sous son invocation; et de nos jours, cent trente-deux villages ou petites villes portent son nom. Il est par conséquent plus que probable que l'ancien oratoire élevé à saint Germain d'Auxerre, au milieu d'une localité qu'il avait illustrée par quelque fait miraculeux, a été remplacé par l'église qui reconnait Ultrogothe et Childebert pour fondateurs. La plupart des anciennes églises, non seulement de Paris, mais de la chrétienté, ont une origine semblable ou analogue.

Nous concédons qu'au neuvième siècle seulement, on a commencé à désigner l'église Saint-Germain-l'Auxerrois sous cette dénomination. Ce changement dont Malingre, Dubreul, Félibien et Piganiol-de-Laforce avouent ignorer la cause, en avait une pourtant, car il n'a pas été arbitrairement imposé; c'est qu'on s'aperçut que la désignation antérieure pouvait faire ou faisait confondre cette église avec celle de Saint-Germain de Paris dite des Prés, dont le nom avait aussi absorbé celui de saint Vincent, depuis l'an 754, époque à laquelle le cercueil du premier y fut transféré de la chapelle voisine de Saint-Symphorien. Le diplôme de Charles-le-Chauve, de l'an 870, que Jaillot cite[*] pour s'en faire une arme contre la tradition, loin de lui être contraire, la corrobore et résout péremptoirement la question en sa faveur. Il porte que dès les temps anciens, le titulaire de l'église de Saint-Germain a été appelé du surnom d'Auxerrois : *Quod à priscis temporibus Autossiodorensis dicitur*[**]. Laissons donc

---

[*] *Rech. hist. sur la ville de Paris*, t. IV, p. 52.
[**] Baluze, *Capitul. des rois de France*, t. II, col. 1491.

les adversaires de cette tradition se retrancher, en désespoir de cause, derrière l'hypothèse que le texte, qui renverse leur système de critique, a été ultérieurement introduit dans le diplôme, qu'il n'était pas possible de passer sous silence, et dont ils ne dénient pas autrement l'authenticité.

L'origine de l'église de Saint-Germain-l'Auxerrois n'est pas le seul point sur lequel les opinions se soient divisées ; la controverse s'est étendue à la question de savoir si *ce noble et illustre temple*, ainsi que Sauval le qualifie*, était ou n'était pas annexé à une abbaye ou monastère. Ceux qui se sont prononcés pour l'affirmative, outre les deux bulles plus haut citées, en allèguent plusieurs autres d'une date postérieure, qui font mention de l'abbaye de *Saint-Germain-le-Rond* ou *Saint-Germain-l'Auxerrois*, comme dépendant de l'évêché de Paris, et qui paraissent considérer ces deux expressions comme parfaitement synonymiques. Ils joignent à ces imposantes autorités celle d'Helgaud, moine de Fleury-sur-Loire qui, dans sa biographie du roi Robert-le-Pieux, fils de Hugues Capet, dit en propres termes que ce prince, dont il était contemporain, fit rebâtir le monastère de Saint-Germain-d'Auxerre ; et Sauval affirme avoir *vu et lu trois chartes et divers autres titres du cartulaire de l'archevêché qui font foi*, dit-il, *que c'était une abbaye jusqu'en 1165* **. Ceux qui le nient opposent qu'au moyen-âge, des cathédrales, même des paroisses étaient qualifiées de monastère, et qu'en conséquence, l'argument qui s'appuie sur le texte de bulles et de chartes de l'époque, ne renferme pas le sens absolu qu'on lui prête. Cela est juste, mais cela ne rend point raison du motif pour lequel ces mots avaient alors une plus large acception que de nos jours. On ne peut néanmoins se dissimuler que si l'église de Saint-Germain-l'Auxerrois avait appartenu à des moines, proprement dits, elle aurait eu une place moins équivoque dans l'histoire des ordres monastiques, car on ne la trouve classée dans aucun ; on ne sait rien des abbés qui l'auraient gouvernée, ni de toutes autres circonstances inhérentes au régime conventuel. Ce manque de renseignemens positifs a d'autant plus lieu de surprendre, qu'il y avait des monastères au Mans, à Laon et à Metz, dont saint Vincent était le

---

* *Hist. des Antiq. de la ville de Paris*, t. I, p. 299.
** Le même, ibid. p. 301.

titulaire, et l'abbaye de Saint-Germain-d'Auxerre, à Auxerre même, est célèbre dans les annales bénédictines. Essayons de découvrir la vérité, au milieu des nuages dont, à ce point de vue spécial, elle est enveloppée.

Dans la primitive église, les clercs ou prêtres qui desservaient les cathédrales étaient aussi appelés chanoines, du mot grec κανων, *règle*, ce qui fit transporter le nom de canon aux décisions des conciles par ce double motif qu'elles servent de règle, en matière de croyance et en matière de discipline ecclésiastique. On en fit l'application à ces clercs, parce que leurs noms étaient inscrits dans un catalogue régulateur; et en second lieu, parce que habitant dans les cloîtres de ces mêmes cathédrales, ils y vivaient en commun, sous l'observance d'une règle qui se rapprochait à certains égards de celles des moines : de là la distinction qui eut lieu au onzième siècle des chanoines réguliers et des chanoines séculiers; en d'autres termes, de ceux qui continuèrent la vie commune et de ceux qui la quittèrent; les premiers conservèrent à leurs maisons la dénomination de *monasteria* ou de *cænobia*; les corps de chanoines séculiers s'appelèrent chapitres, et les églises, cathédrales ou collégiales*, selon qu'ils appartenaient à une église épiscopale ou à une paroisse. De là le latin *canonicus*, les vieux mots français de *kanoine* et de *moustier* ou *moutier* donné aux cathédrales dans le moyen-âge.

Une remarque est à faire ici, relativement aux chanoines des cathédrales. Ces chanoines, dès la primitive église, composaient le *presbyterium* ou clergé, dont il est parlé dans la première épître de saint Paul à Timothée, et dont chaque évêque était environné; ils étaient son conseil et il ne prenait aucune décision sans l'avis préalable de ce conseil; il y a mieux, c'est que l'obligation d'en user ainsi fut expressément ordonnée par le quatrième concile de Carthage, tenu en l'an 397, auquel assistèrent deux cent quatorze évêques, parmi lesquels on trouve le grand saint Augustin. De nos jours encore, et bien que la plupart des prérogatives canoniales aient disparu, le chapitre cathédral, par ses vicaires capitulaires, gouverne le diocèse pendant la vacance du siège.

Les règles données par saint Augustin aux clercs de l'église

---

*Du Molinet, *Origine des chanoines réguliers*, p. 7.

d'Hippone, ont fait considérer ce grand prélat comme le premier fondateur des chanoines réguliers. Saint Paulin, en lui écrivant pour lui recommander deux de ses amis qui se rendaient en Afrique, le prie de *saluer les saints avec lesquels il est uni* * ; et, dans sa correspondance avec saint Sévère Sulpice, il appelle sa maison de Nola *une communauté de moines* **. Les chanoines des églises collégiales vivaient de même en cénobites, et avaient leur doyen pour supérieur immédiat; les uns et les autres exerçaient les fonctions du saint ministère, avec charge d'ames : voilà les chanoines réguliers. Il est à croire que la condition sociale des peuples, qui se modifiait par la civilisation, œuvre du christianisme, développa des obstacles matériels et fit naître même des besoins spirituels qu'il fallait satisfaire, et qui, en certains diocèses, en certaines localités, ne permirent point aux chanoines de s'astreindre à la vie claustrale : de là les chanoines séculiers. Nous en avons un exemple dans saint Chrodegand qui, après avoir pris possession de son évêché de Metz, en 743, exigea que ses clercs vinssent habiter le cloître de sa cathédrale, pour y vivre en commun. Ces chanoines réguliers ne doivent pas être confondus avec ceux de l'ordre purement monastique de Prémontré, institué en 1120, par saint Norbert, dont la règle avait été calquée sur celle de saint Benoit. Le concile de Meaux, convoqué par Charles-le-Chauve, en 845, prescrivit également la vie cénobiale aux chanoines, dans leur maison (canon XXIX), où il ne pouvait exister qu'un dortoir et un réfectoire ; or, il résulte de l'ensemble des notions, souvent contradictoires, qu'on trouve éparses dans une foule d'auteurs anciens et modernes, que l'église de Saint-Germain-l'Auxerrois était desservie et administrée par un collége ou chapitre de chanoines réguliers, qui relevait de l'ordinaire diocésain.

Un de ces auteurs, dignitaire et chanoine de l'église métropolitaine de Notre-Dame, dont la compétence en pareille matière ne saurait être sérieusement contestée, s'exprime dans les termes suivans sur la question, objet du débat entre les critiques : « Il est constant que les anciens évesques de Paris et les chanoines de leur église vivoient en commun, ainsi qu'il estoit usité quasi partout en ces temps-là. Tout leur bien temporel estoit donc en

* Epît. VI.
** Epît. V et XXIII.

communauté, dont on voit encore les chartes dans les pastoraux de l'église de Paris, où les évesques appellent perpétuellement les chanoines leurs frères. Les chanoines jouissoient aussi de plusieurs droits spirituels conjointement avec leurs évesques, comme ès autres églises cathédrales..... La séparation de cette communauté de biens semble avoir esté faite par Elysiard, évesque de Paris, qui abandonna partie des biens de son église au chapitre, en l'an 973, sous le roy Lothaire, par une charte du pape Benoit VI, qui se trouve au petit pastoral de ladite église *. »

Maintenant, si nous rapprochons ces paroles positives de celles de Sauval, qui déclare avoir compulsé les pièces dont parle Joly, nous n'en conclurons pas qu'il y eut une abbaye de moines à Saint-Germain-l'Auxerrois, mais nous reconnaîtrons que l'existence d'un chapitre de chanoines réguliers, établi à cette église, justifie suffisamment l'appellation *d'abbatia* et de *monasterium* que lui donnent extensionnellement les bulles pontificales et les anciennes chartes.

Les églises de Paris éprouvèrent en général les funestes effets des *pilleries, saccagemens* et *bruslemens* que les Normands *exercitèrent en nostre terre françoise*, ainsi que s'expriment les vieux chroniqueurs; mais celles de Sainte-Geneviève, de Saint-Germain-des-Prés et de Saint-Germain-l'Auxerrois, furent les plus maltraitées. Les Normands se montrèrent pour la première fois sur les côtes de France en l'an 800, et aux embouchures de la Seine en 820. A dater de là jusqu'en 890, Paris devient le théâtre des cruels et cupides exploits de ces peuples, dont les mœurs barbares n'avaient pas encore été adoucies par les enseignemens civilisateurs de l'Évangile. L'espèce d'anarchie dans laquelle les descendans de Charlemagne laissèrent tomber leur gouvernement, autant par faiblesse que par incapacité, explique la fréquence de leurs irruptions sur la capitale même. Peu s'en fallut qu'ils ne s'en rendissent entièrement maîtres, dans celle qui eut lieu sous Charles-le-Gros. Ils y abordèrent avec une armée de trente ou quarante mille hommes **, commandés par quatre de leurs rois ou généraux, et sept cents grandes barques, sans compter un nombre immense de bateaux. Tout cet armement

---

* Joly, *Histoire des Ecoles épiscopales*, p. 208 et 209.
** Abbon, *De bellis Parisiacæ urbis*, lib. I, v. 115.

couvrait plus de deux lieues de la rivière au-dessus de la ville, entourée d'une forte muraille, composée 1° de l'île Notre-Dame, dont le terrain, appartenant au chapitre de cette cathédrale, était séparé de l'île *aux Vaches* *, par un canal que l'on combla au commencement du dix-septième siècle, époque à laquelle elle prit le nom de Saint-Louis, de l'église qui fut bâtie sur le sol même de la dernière de ces îles**; 2° de l'île de la Cité ; 3° des quartiers Saint-André-des-Arts, Saint-Jacques, place Maubert, mais beaucoup moins étendus qu'aujourd'hui ; 4° de quelques faubourgs peu considérables et de groupes d'habitations éparses sur les terres comprises ensuite dans l'enceinte nouvelle où Philippe-Auguste renferma Paris au douzième siècle. Ils en ouvrirent le siége au mois de novembre de l'an 885, et ne le levèrent que dans le même mois de l'année 886. Ils établirent un camp de retranchement dans le faubourg Saint-Germain-l'Auxerrois, ils entourèrent le cloître de l'église d'un fossé dont une rue a depuis conservé le nom, et firent de ce point le centre de leurs opérations, contre les tours qui défendaient l'approche des deux ponts en bois, par lesquels on communiquait à la ville. Les parisiens, dans cette lutte aussi longue qu'acharnée, se signalèrent par des prodiges de valeur. La conduite de l'évêque Goslin ou Gauzelin et du comte de Paris, Eudes, fils de Robert-le-Fort, bisaïeul de Hugues-Capet, fut admirable : l'un exhortait, encourageait, priait Dieu, invoquait les saints patrons de la ville sur la brèche et au milieu des périls ; l'autre, présent partout, observait, dirigeait, combattait avec intrépidité ; aussi, les huit assauts successifs que tentèrent les Normands furent-ils victorieusement repoussés, quoique protégés par le jeu simultané d'énormes machines (béliers), marchant de front sur seize roues et portant chacune deux cents hommes, en même temps qu'elles lançaient des grêles de pierres et de carreaux.

Mais les barbares, en se retirant, laissèrent les églises, celle de Saint-Germain-l'Auxerrois, surtout, dans un état de ruine presque complet. Deux siècles environ s'étaient écoulés, lorsque sa reconstruction fut ordonnée par le prince qui *composa moult beaux dictez et proses en latin, qui se chantent en toute la chres-*

---

* Félibien, *Hist. de Paris*, t. I, p. 95.
** Dom Duplessis, *Nouv. ann. de Paris*, p. 134.

tienté, qui *aima et honora gens clercs et lettrez* *, par l'élève du célèbre Gerbert, devenu pape sous le nom de Sylvestre II, par Robert-le-Pieux enfin ** ; et comme ce roi savait fort bien que le titulaire de Saint-Germain-le-Rond n'était autre que Saint-Germain-d'Auxerre, il eut soin de ne faire admettre, dorénavant, que cette dernière dénomination dans les actes publics de son règne, ayant trait à son œuvre de réédification. C'est là la cause de l'erreur dans laquelle sont tombés ceux qui en reculent l'emploi jusqu'au onzième et même au douzième siècle : nous avons vu plus haut ce qu'il faut en penser. Par un hasard quasi miraculeux, le tombeau de saint Landri, qui avait été inhumé dans cette église en 654, et, selon quelques antiquaires, en 657 ou 660, fut retrouvé intact sous un amas de décombres. L'évêque Maurice de Sully, en 1171, fit mettre les reliques du saint dans une châsse de bois doré, et l'un de ses successeurs, Pierre d'Orgemont, les transféra dans une autre d'argent, en 1408. Certes, il méritait bien ces honneurs, le digne prélat parisien qui, dans la famine de 651, vendit tout ce qu'il possédait, jusqu'à ses meubles, pour en consacrer le produit au soulagement des pauvres de son diocèse, et fonda pour eux l'hôpital qui prit le nom d'Hôtel-Dieu.

On croit que c'est Robert qui fit placer au-dessus du grand portail l'inscription gravée en lettres d'or sur un marbre noir, qu'on y voit encore, et qui porte : *C'est Childebert,* 2me *roi chrétien et Ultrogothe sa femme, qui fondèrent cette église.* Les statues sculptées à chacun des côtés du portail, sont celles de ces deux personnages, d'un ange, de sainte Geneviève, de saint Marcel et de saint Vincent ***. Refait au treizième siècle, règne de Philippe-le-Bel, il était partagé par un gros pilier qu'on enleva en 1700, pour rendre l'entrée plus commode. On enterra, sous la première arcade de la nef de droite, la statue de saint Germain, qui était dressée contre le pilier, et ce, conformément à une ancienne coutume, qui veut que les images des saints qu'on ôte des églises, soient mises en terre sainte ****. Puis, au temps

---

* Belleforest, *Ann. et Chron. de France,* in-f°, p. 103, v°.
** Il est auteur de quelques proses et répons qui ont été admis dans la liturgie de nos églises; entre autres de la prose sur le Saint-Esprit, qui commence par ces mots : *Sancti spiritus ad sit nobis gratia* ; autre sur la nativité de notre Seigneur : *Judæa Hierusalem;* sur les martyrs : *O constantia martyrum laudabilis,* etc.
*** Sauval, t. I, p. 502.
**** Le même, *ibid.*

de Charles VII, au commencement du quinzième siècle, on rebâtit une partie de l'édifice qui, dans son état actuel, se compose par conséquent de constructions de trois époques différentes. Il paraît qu'ayant pris le titre d'église royale vers le milieu de ce dernier siècle, on le lui confirma lorsque le Louvre devint le palais de nos rois, en 1564, et que Catherine de Médicis vint l'habiter. On lit dans les historiens qu'un vicaire, exerçant les fonctions curiales, y était attaché sous l'épiscopat d'Eudes de Sully, mort en 1208, et on en infère logiquement, que c'est vers ce temps qu'elle fut érigée en cure séculière; mais ce n'est qu'en 1744 qu'eut lieu la réunion de son chapitre à celui de la cathédrale. Jusque-là, les offices paroissiaux s'étaient célébrés dans une chapelle particulière appelée *chapelle de la paroisse*. Aussitôt après cette réunion, c'est-à-dire en 1745, les marguilliers, pour rendre l'église plus propre encore à sa destination spéciale désormais, y firent opérer des travaux considérables. Le chœur, auparavant fermé à la hauteur des arcades des bas-côtés, et n'ayant qu'une porte principale, plus deux latérales, fut entièrement ouvert tel qu'on le voit aujourd'hui. Des colonnes lourdes et de mauvais goût remplacèrent les piliers gothiques; le jubé, l'un des plus beaux de France, après ceux de la Madeleine de Troye, et de St-Étienne de Brou, disparut à son tour. La perte de ce jubé, œuvre du célèbre Pierre Lescot, est d'autant plus regrettable, que c'était le seul qui restât des églises de Paris, avec celui de St-Etienne-du-Mont.

Après celle de la cathédrale, l'école de Saint-Germain-l'Auxerrois passait pour la plus ancienne qu'ait eue la capitale. Elle était très florissante sous le règne de Charlemagne, et quand bien même l'histoire n'aurait pas constaté sa célébrité, elle nous serait révélée par un fait remarquable : c'est que le nom d'*école* est resté à une section de son territoire capitulaire, qui comprenait alors presque tout le côté occidental de la ville jusqu'au grand Châtelet. D'autre part, ses chanoines jouissaient de plusieurs importantes prérogatives, parmi lesquelles le droit de nommer à tous les bénéfices, fondés sur toute l'étendue de ce même territoire. L'évêque Imbert ou Humbert ajouta à leurs immunités; il leur attribua, en 1030, la disposition des prébendes canoniales de Sainte-Opportune, quoique celle-ci eut également un chapitre et fut par conséquent église collégiale. Galon, en

1108, et Maurice de Sully, en 1192, confirmèrent la décision de leur prédécesseur.

Les revenus du chapitre étaient loin, cependant, de suffire à ses charges, vers la fin du quinzième siècle, à ce point qu'il se trouva dans l'impuissance de faire entièrement face aux frais de nourriture et d'entretien des enfans de chœur; il n'aurait pas même pu payer les émolumens des maîtres de l'école de plain-chant, si l'évêque Louis de Beaumont n'y avait pourvu par de nouvelles concessions, au moyen desquelles le nombre des élèves de cette école fut augmenté. Mais la chûte du pont *aux meuniers*, aujourd'hui pont Notre-Dame, où les chanoines possédaient un moulin, ayant causé un déficit, relativement considérable dans leurs ressources, Henri de Gondy les autorisa, en 1603, à unir à la mense capitulaire la première chapellenie qui viendrait à vaquer, par décès ou par résignation du titulaire. Le roi confirma cet acte du prélat, qui reçut aussi la ratification approbative de la cour du parlement.

On a vu plus haut que les Normands ayant établi leur quartier-général dans le cloître de Saint-Germain-l'Auxerrois, en avaient fait une forteresse. Cinq siècles plus tard, ce même cloître devint un lieu non moins redoutable. Le fameux Etienne Marcel, prévôt des marchands et chef de la faction si connue dans notre histoire sous le nom de *la Jacquerie*, y occupait une maison, située entre la rue de l'Arbre-Sec et le quai de l'Ecole. C'était chez lui que ses principaux adhérens tenaient leurs assemblées secrètes; c'était là que l'on fomentait, que l'on dirigeait tous les mouvemens insurrectionnels qui ensanglantèrent le pays à cette époque désastreuse. Marcel, esprit médiocre, mais audacieux et dévoré d'ambition, est parmi nous le type des flatteurs des peuples, plus dangereux encore que les flatteurs des rois; aussi ne se cachait-il pas derrière le rideau, il avait le courage du crime; car il assassina lui-même Robert, maréchal de Normandie et Jean de Conflans, maréchal de Champagne, en présence et dans la chambre du Dauphin, régent du royaume pendant la captivité du roi Jean en Angleterre. C'est là qu'ayant été prié, en 1356, d'user de son influence et de son autorité pour faire cesser l'opposition que trouvait partout le cours de la nouvelle monnaie qui venait d'être frappée, il répondit insolemment aux députés du prince qu'il n'en ferait rien, que telle était sa volonté : il excita même, à cette occasion une émeute violente qu'on eut de la peine à réprimer. *Ce flambeau de la sédition*, sous le masque alors nouveau des intérêts populaires, *était si peu français*, dit Sauval, qu'il se fit l'agent de Charles de Navarre, surnommé le Mauvais, quoiqu'il *fût le plus capital ennemi de la France* ; puis celui des Anglais auxquels il voulait livrer Paris.

C'est à cette église qu'ont été baptisés, en 1316, Jean 1er, fils posthume de Louis-le-Hutin, lequel, n'ayant vécu que huit jours, n'a pas été compté au rang de nos rois *. — En 1389, Isabelle de France, fille de Charles VI. — En 1573, Marie de France, fille de Charles IX. — Parmi les personnages illustres qui y ont été inhumés, nous trouvons le président Fauchet, auteur d'un livre estimé sur les antiquités gauloises et françaises, et Malsherbe, le premier qui ait revêtu notre langue poétique des formes propres à son véritable génie.

Que si l'on veut faire apprécier l'importance de Saint-Germain-l'Auxerrois, en tant que paroisse, il suffit de rappeler que son clergé, vers la fin du règne de Louis XIV, était composé d'un curé, d'un chanoine prébendé de l'ordre de Saint-Victor, de quatorze chanoines, y compris le doyen et le chantre, de deux vicaires principaux, de douze chapelains, et de cinquante prêtres habitués.

On ignore, au reste, quelle a pu être la forme de l'église bâtie par Childebert, puisque la désignation de Saint-Germain-le-Rond pouvait provenir, comme on l'a dit, de la forme du cloître ou de celle du clocher. On sait toutefois que les anciennes églises des Gaules affectaient différentes figures : il y en avait de rondes, de quadrilatères ; d'autres en croix, qui étaient lambrissées ou voûtées, mais presque toujours avec galeries latérales ou triple nef, et avec façade généralement tournée à l'Orient **. On sait très bien, que quelle que fût la forme extérieure des églises, elles accusaient toutes un symbolisme mystique qu'il est impossible de méconnaître, et que la basilique payenne ne pouvait pas avoir. La grande nef, disposée en croix comme souvenir de celle de Jésus-Christ, les bras de cette croix prolongés jusqu'aux murs latéraux qui entouraient l'édifice lorsqu'il

---

* Hénault, *Abrégé chronol. de l'Histoire de France*, p. 187 de l'édition in-4°.
** Grégoire de Tours, *Hist. Franc.*, liv. II, chap. 14 et 16.

y avait double bas-côtés ou nefs latérales. Ainsi, qu'elles eussent une nef seule ou trois, la forme cruciale était constamment observée, de même qu'elles avaient, dans tous les cas, une triple porte d'entrée, dont la signification trinitaire est de toute évidence. Nous allons en fournir une preuve, que nous n'avons vu citée nulle part, car nous l'avons découverte dans les écrits de saint Paulin, évêque de Nola ; il parle des deux églises qu'il fit bâtir, dont l'une sous l'invocation de saint Félix, son patron : « L'autel est placé au milieu de *trois* voûtes ; les deux plus petites sont latéralement jointes à la grande, et ces voûtes représentent l'ineffable mystère de la Trinité : *Pleno coruscat trinitas mysterio* * ; la seconde, sous le nom des apôtres et martyrs Pierre et Paul, n'est séparée de la première que par une galerie soutenue de *trois* arcades au moyen de laquelle on communique de l'une à l'autre, et elles aboutissent de deux côtés, à *trois* différentes portes, dont le sens mystérieux est expliqué par l'inscription suivante : ces trois grandes entrées en arc du temple saint, marquent le nombre sacré des personnes divines :

> *Alma domus triplici patet ingredientibus arca*
> *Testaturque piam janua trina fidem* **. »

Or, saint Paulin florissait dans la dernière moitié du quatrième siècle ; et pourtant, il faut remonter plus haut encore pour découvrir la pensée-mère du symbolisme chrétien, car il est né dans les cryptes de Rome, où les premiers fidèles se réfugiaient en temps de persécutions, ou bien s'y réunissaient en secret pour y célébrer les saints mystères. C'est en effet dans les catacombes de la ville éternelle, que *tous les arts du christianisme se retrouvent dans leur berceau, rempli de la poussière des martyrs;* c'est là qu'existent aussi une foule *de petits temples, modèles primitifs des églises chrétiennes* ***.

Lorsque, vers le milieu du moyen-âge, l'architecture dite gothique ou ogivale vint modifier le style lombard, qui lui-même avait son principe dans le style bysantin, ce symbolisme reçut un plus grand développement. Le transept inclina un peu à gauche, en

---

* Epître XXXII, p. 206 de l'édit. latine in-4o de 1645.
** La même, p. 208.
*** Raoul-Rochette, *Tableau des catacombes de Rome*, p. 16 et 43.

signe de l'inclinaison de la tête de Notre-Seigneur de ce côté, avant d'expirer; l'arc aigu si multiplié, tant à l'intérieur qu'à l'extérieur, les colonnettes isolées ou en groupes adhérant aux piliers, les lignes pyramidales, les flèches aériennes plus ou moins nombreuses placées sur les toitures, les clochers coniques ou quadrangulaires, terminés en aiguille, tout cela représente visiblement le sacrifice, les vœux, les prières, qui montent, qui s'élancent vers le ciel. Il n'y a pas jusqu'à cette multitude d'animaux, de satyres, de nains, de figures bizarres qu'on trouve sculptées autour des portes de la plupart des cathédrales, et y font contraste avec les statues d'anges et de saints, qui n'aient une signification symbolique. C'est l'opposition des bons et des mauvais esprits, c'est l'antagonisme qui existe entre le bien et le mal, la vertu et le vice ou le péché : « Voilà pourquoi, dit un savant archéologue, les sujets grotesques paraissent à côté de sujets nobles, les figures féroces ou monstrueuses à côté de figures pacifiques, et le profane à côté du sacré [*]. » A l'église de Saint-Germain-l'Auxerrrois, toutes ces idées profondément chrétiennes ne sont pas exprimées d'une manière aussi complète qu'à Notre-Dame, par exemple, parce que, lors des divers remaniemens qu'elle a subis, on a négligé d'assortir les reconstructions partielles au caractère d'unité primitive qu'elle avait quand elle fut entièrement rebâtie par le roi Robert. Cependant, il est aisé de les y reconnaître encore en partie, car cet édifice, sous le rapport de l'art comme sous celui des souvenirs qui s'y rattachent, n'en est pas moins un des plus intéressans et des plus majestueux de Paris. Nous venons de parler de souvenirs : ce mot en réveille en nous de bien tristes et de bien douloureux; les journées des 14 et 15 février 1831 seront à jamais mémorables par les actes de vandalisme et de stupide fureur auxquels se livra le peuple égaré par des passions que l'on n'a que trop suscitées en lui. Les iconoclastes orientaux du viiie siècle brisaient les images vénérées des temples catholiques, mais ils ne s'attaquaient ni aux autres objets du culte, ni aux tombeaux, ni surtout aux édifices eux-mêmes. Toutes ces profanations, toutes ces impiétés ont été commises au sein de la capitale d'un pays qui passe pour porter le sceptre de l'intelligence et de la civilisation ! les cheveux se

---

[*] Guignaut, notes et additions à l'ouvrage de Creuzer sur les *Religions de l'Antiquité*, t. I, p. 848.

dressent, en songeant que même le signe glorieux de la régénération, à la fois spirituelle et terrestre de l'humanité, qui couronnait le faîte de la sainte basilique, ne trouva point grâce et fut abattu, foulé aux pieds par des chrétiens, des catholiques! et si le magnifique portail du XIIIe siècle qui en décore la façade échappa aux mutilations, aux outrages de ces insensés, il le doit, suivant M. Ernest Breton, au porche du vestibule qui lui sert d'avant-corps. Les niches vides de ce même porche viennent de recevoir les statues en pierre, exécutées dans un bon style par M. Després, des saints Vincent, Germain, Denis, Cloud, Marcel, Ceran, Aglibert et Landri; des saintes Geneviève, Clotilde, Radegonde, Isabelle de France et de Jeanne de Valois : celles de saint Charlemagne et de saint Louis ont repris leur place dans les deux niches supérieures de la façade. Bientôt tous les désastres seront réparés. Les grands travaux intérieurs sont très avancés, ainsi que ceux qu'on pratique aux vingt-une chapelles qui occupent les deux nefs latérales et le chevet. Les peintures des vitraux sont remarquables par la pureté du dessin, par la beauté des couleurs moyen-âge qui ont été employées. A l'extérieur, les vieilles masures qui encombraient les approches du monument auquel elles étaient adossées, ont disparu. M. Godde a mis le sceau à la réputation de savant architecte dont il jouit par l'habileté avec laquelle il a dirigé l'œuvre de sa restauration artistique. Il s'est particulièrement attaché à lui restituer le caractère d'unité architectonique qu'il ne possède pas, comme nous l'avons dit, dans toute sa plénitude. Pour atteindre à ce but rien n'a été négligé, car il y a fait concourir les plus petits objets, en les raccordant avec harmonie d'abord entre eux, puis avec le style général de l'édifice. La dépense faite, sans compter celle qui reste à faire, dépasse le chiffre de 400,000 francs : les fonds en ont été réalisés par la fabrique, la ville et le gouvernement. Ajoutons peut-être indiscrètement que M. Demerson, curé de la paroisse dont le dévouement égale les lumières, a voulu y contribuer de ses propres deniers pour une forte somme. Nous devrons à cette réunion d'efforts et de sacrifices de voir renaître, pour ainsi dire de ses cendres, l'antique église de Childebert et de Robert-le-Pieux, plus digne que jamais de ses saints patrons : Germain d'Auxerre et Vincent.

P. TRÉMOLIÈRE.

S.-ÉTIENNE-DU-MONT.

Il est remarquable que tous les anciens auteurs, historiens ou archéologues s'accordent à déclarer qu'on ne sait rien de certain sur l'église de Saint-Etienne-du-Mont, et pourtant, en y regardant de près, en étudiant avec soin ce qu'ils en ont écrit, en rassemblant, en coordonnant les renseignemens qu'ils en fournissent pour ainsi dire à leur insu, on parvient à reconnaître que cette origine est d'autant plus glorieuse et vénérable qu'elle se rattache, d'une part au berceau de la monarchie française, et de l'autre à l'histoire de la célèbre patronne de Paris. Il nous a donc paru convenable, même nécessaire, de jeter d'abord un rapide coup-d'œil sur ces temps mémorables ; ils nous aideront peut-être à soulever l'espèce de voile qui semble couvrir l'époque positive de la fondation de Saint-Etienne-du-Mont, en tant qu'église paroissiale, sous son titre actuel.

Par la conversion de Clovis, le christianisme eut raison de l'idolâtrie des Francs, et des erreurs plus dangereuses encore, sous certains rapports, de l'arianisme, implanté dans les Gaules par les Visigoths. Ce double triomphe de la foi marque le point de départ de notre nationalité, assise dès lors sur le principe impérissable de l'unité catholique, source féconde où notre moderne civilisation a puisé ses plus purs élémens. Un auteur fameux du dernier siècle, Gibbon, tout hostile qu'il est au catho-

licisme, n'a pu s'empêcher de constater ce fait remarquable *.
Aussi, malgré les fractionnemens passagers qui eurent lieu sous les rois de la première et de la seconde dynastie, malgré les usurpations de la grande féodalité, la France a-t-elle toujours vu heureusement prévaloir son unité fondamentale, favorisée qu'elle est d'ailleurs par sa position géographique et par d'autres circonstances, qu'il n'entre pas dans notre sujet d'examiner.

On sait que c'est particulièrement aux efforts réunis de saint Remi, évêque de Reims, de sainte Geneviève et de sainte Clotilde, épouse de Clovis, que l'honneur de la conversion de ce prince est due. C'est là un des plus éminens services que ces illustres personnages aient rendus au pays... Il est vrai que le pays, *alors reconnaissant,* à justes titres, leur a élevé des autels. Nous venons de nommer sainte Geneviève : que de choses admirables, même au point de vue purement humain, nous aurions à rappeler si notre cadre comportait le développement de tous les actes de sa vie ; car elle aussi se trouve mêlée aux événemens de son siècle; elle aussi exerce sur eux sa part de salutaire influence, à ce point que cette influence s'étend jusqu'aux délibérations du *conventicula civium*, ou assemblée des citoyens de Lutèce**. On voit, en effet, Geneviève figurer sur le premier plan du tableau animé que présentait alors la cité parisienne, émue par les craintes que produit l'approche d'Attila. Seule, calme et confiante, au milieu de l'agitation générale, elle annonce hautement que celui qui ose se dire *la terreur de l'univers et le fléau de Dieu : metus orbis et flagellum Dei*, ne pénétrera point dans la future capitale du royaume très chrétien. Mais Clovis, non encore soumis à la loi du Christ, bloque la ville, espérant la réduire par la famine. La disette commence à se faire sentir, la population murmure, Geneviève devient l'objet de ses aveugles préventions, des cris de mort se font entendre contre elle, elle est menacée d'être jetée dans la Seine... Dans ce péril imminent, à quoi va-t-elle se résoudre? Elle sait que les Francs n'occupent point les cités champenoises, baignées par les eaux de la Seine ; elle s'y rend en toute hâte avec douze grosses barques, dont elle dirige

* Hist. de la décad. de l'emp. rom., chap. XXXVIII.
** Pouvoir municipal organisé en l'absence des magistrats romains qui avaient pris la fuite et dont le principe politique était fondé sur le célèbre *Traitatus-armorico-catholique* des cités du centre des Gaules, confédérées dans le but de se délivrer de la domination oppressive du gouvernement des empereurs d'Occident et de repousser l'invasion des nouveaux conquérans, celle surtout des peuples infectés de l'hérésie arienne.

la marche avec autant de résolution que d'habileté, et elle les ramène chargées de blé qu'elle distribue libéralement à tous ceux de ses concitoyens qui en ont besoin, et surtout aux classes les plus nécessiteuses. Ainsi fut réalisée la parole prophétique de saint Germain d'Auxerre, qui visita Geneviève, encore enfant, chez ses parens à Nanterre : *Cette jeune fille*, dit-il après l'avoir interrogée, *sera grande devant Dieu et devant les hommes*.

Geneviève, que la tradition qualifie du modeste titre de bergère, parce qu'elle était occupée dans son enfance à faire paître les troupeaux de son père, possédait des biens assez considérables, car son plus ancien biographe, auteur contemporain, qu'on croit être le prêtre Genesius, assure qu'elle fit bâtir une église en l'honneur de saint Denis, premier évêque de Paris, que de plus, elle pourvoyait aux besoins d'une congrégation de vierges, fondée par elle ; que par ses soins, les malades indigens et les pauvres, infirmes ou non, étaient secourus, le tout avec ses propres ressources *.

La noble conduite de Geneviève, que rehaussait la pratique des plus éminentes vertus chrétiennes, lui acquirent la profonde vénération de Clovis, devenu catholique. Ce prince lui en donna une preuve éclatante en l'an 507. Il venait de décider que Paris serait la capitale du royaume des Francs, et il se disposait à partir pour aller combattre les Visigoths en Aquitaine, lorsque Geneviève l'ayant engagé à élever un temple sur le mont *Lucoticius*, sous l'invocation de saint Pierre et saint Paul, il s'empressa de déférer à sa demande. Sainte Clotilde, pendant l'absence de son royal époux, en fit commencer les constructions, sur cette haute colline, au sud-est de la ville, tout près d'un ancien cimetière. Elles furent continuées par ses ordres, et, quoiqu'elles ne fussent point encore terminées à la mort de Clovis, survenue le 26 novembre de l'an 511, c'est-à-dire peu après son retour du concile d'Orléans, on l'inhuma dans l'ancien caveau placé un peu au-dessous du chœur de la nouvelle église. La tradition considérait ce souterrain comme un lieu où les premiers chrétiens s'assemblaient secrètement pendant les persécutions, pour vaquer en sûreté aux saints exercices du culte **.

Il paraît même qu'il y avait là une chapelle dédiée aux deux

---

* Apud Bollandus, t. 1, sous le 3 Janvier ; — Voy. aussi l'édition publiée en 1697 par le P. Charpentier.

** Rabel, chroniq. et antiq. de Paris, p. 11 ;—Dom Dubreul, hist. des antiq. de Paris, p. 120.

grands apôtres, avant qu'il fut question de leur ériger une basilique. Geneviève, elle-même, étant décédée le 3 janvier suivant de l'an 512, âgée de quatre-vingt-neuf ans, on mit son cercueil au pied de celui de Clovis. L'auteur précité de sa vie, l'ayant visité en 530, dit qu'il était en pierre, et qu'une grille de bois l'entourait. Les Parisiens, objets de sa sollicitude tant spirituelle que temporelle, durant le cours de sa longue carrière, accouraient en foule au tombeau de leur protectrice, et *plusieurs guérisons miraculeuses prouvèrent qu'elle veillait toujours à leur bonheur* *. D'autres saints ou illustres personnages eurent également leur sépulture en ce même lieu : sainte Clotilde, la femme d'Amalaric, roi visigoth d'Espagne, sa fille ; sainte Aude, vierge, compagne de sainte Geneviève ; Thibaud, fils de Theodebert, roi d'Austrasie ; Gontran, fils de Clodomir, roi d'Orléans et de Bourgogne en partie ; saint Prudent et saint Céran, évêques de Paris. La basilique, terminée en 520, fut solennellement dédiée par saint Rémi, et, dès les premières années du neuvième siècle, on la voit connue et désignée sous le nom de Sainte-Geneviève**, quoique saint Pierre et saint Paul en soient toujours restés les titulaires ***. A cette époque commencent les incursions des Normands ; ils avaient paru aux embouchures de la Seine, en l'an 820, mais ce n'est qu'en 841 qu'ils entrèrent à Paris. Aux premiers bruits de leur approche, le tombeau de la vierge de Nanterre fut ouvert, et ses précieuses reliques déposées dans un coffre de bois, recouvert de quelques feuilles d'argent ****, que l'on transporta à Athis, et de là à Draveil. On rapporta ce coffre à l'église de la sainte en 846. Brûlée par ces barbares, en 857*****, ainsi que presque toutes les églises des faubourgs, la châsse de bois n'y fut réintégrée qu'en 891, après avoir demeuré cachée pendant environ quarante-cinq ans. Le sentiment de terreur qu'ils avaient inspiré, prit un caractère pour ainsi dire traditionnel ; car, s'il faut en croire un auteur

* Viallon (chan. régul. de Ste-Geneviève), hist. de Clovis, p. 485.
** Sauval. hist. des antiq. de Paris, t. I, p. 262 ; — Dom Toussaint Duplessis, nouv. ann. de Paris, p. 132.
*** Viallon, p. 485.
**** Ce n'est qu'au XIIIe siècle que fut construite la grande et magnifique châsse de vermeil, d'un travail gothique et couverte de pierreries dues à la libéralité de nos rois. Plusieurs historiens l'attribuent faussement à St. Eloi. Ce saint avait seulement orné le tombeau de Ste Geneviève d'ouvrages d'orfèvrerie, c'est-à-dire de rinceaux d'or et d'argent qui formaient au dessus de ce monument une espèce de petit édifice qu'on a pris pour une châsse. St. Victor, tabl. pittoresque de Paris, t. III de l'éd. in-4°, p. 304.
***** Duplessis, p. 146 ; — Dom Félibien, hist. de la ville de Paris, t. I, p. 87.

du seizième siècle, *les religieux de saincte Geneviefve*, de son temps étaient encore dans l'usage *d'intercaler entre leurs prières ecclésiastiques ceste-cy* : *A furore* NORMANORUM LIBERA NOS DOMINE *. Les Parisiens alors délivrés pour toujours de la crainte ou du moins des insultes *de ces brigands trop formidables, jouirent enfin de la paix***. Alors aussi le clos sainte Geneviève commençant à se peupler, le service paroissial pour les laïques, qui vinrent y demeurer, se fit à l'autel de Notre-Dame, dans la crypte ou chapelle souterraine***.

Robert-le-Pieux répara et fit couvrir la basilique délabrée en l'an 1000****, mais il ne toucha point aux murs ; en sorte que vers la fin du douzième siècle, elle menaçait ruine. « Etienne de Tournay, abbé de cette maison, en 1170, entreprit de la reconstruire et de la voûter. Comme elle était au plein pied de la basse église, enterrée et par conséquent malsaine, il en éleva le terrain et la nef en la voûtant, et fit une église basse du chevet de l'ancienne. C'est alors qu'on transporta le tombeau de Clovis dans la haute église, pour le placer au milieu du chœur, de même que la châsse de sainte Geneviève; on laissa le premier cercueil de celle-ci dans l'église basse*****. » Ainsi, l'antique caveau qui avait reçu les dépouilles mortelles de la grande sainte et qui prit ultérieurement le nom de chapelle de Notre-Dame, ayant été agrandi par la voussure de l'ancien édifice auquel il était contigu, s'appela désormais église basse. Or, il est évident que St-Étienne-du-Mont doit son origine à cette même basse église. Mais aucun historien ne fait connaître les époques pas plus que les motifs qui déterminèrent l'adoption des divers vocables, sous lesquels on l'a successivement désignée. Il est probable que lorsqu'on exécuta les réparations ordonnées par le roi Robert, outre l'autel élevé à la sainte Vierge, dans la chapelle basse qui y existait déjà, on en consacra un autre à saint Jean l'évangéliste, c'est-à-dire au *disciple bien-aimé*, à celui des apôtres à qui Jésus-Christ, du haut de la croix, recommanda sa mère, en lui disant qu'elle serait aussi la sienne, et qu'il devait, lui, en être le fils******. L'as-

---

* Corrozet, antiq. et singul. de Paris, p. 46.
** Duplessis, p. 186.
*** Sauval, ouv. cité, t. I, p. 387 ; — Piganiol de la Force, descrip. historiq. de Paris, t. VI, p. 106 ; — St. Victor, ouv. cité, t. III, p. 509., etc., etc.
**** Viallon, p. 485.
***** Le même, p. 486.
****** St. Jean, évang. chap. XIX, v. 26-27.

sociation de leur culte en un même lieu aura donc paru toute naturelle et parfaitement logique. Cette circonstance expliquerait très bien le vocable de saint Jean du Mont qu'on voit donner à l'église basse, concurremment avec celui de Notre-Dame, jusqu'au temps d'Étienne de Tournay, dont il vient d'être parlé, temps auquel il faut rapporter son érection en église paroissiale. La preuve s'en déduit d'un fait inaperçu de tous ceux qui, après dom Félibien, se sont occupés de cette question : c'est que sous l'épiscopat de Maurice de Sully, environ l'an 1180, le curé de la nouvelle paroisse, qualifié de chapelain de sainte Geneviève, *capellanus s. Genovefæ,* se nommait Barthélemy ; ce titulaire de la cure est le plus ancien que l'on connaisse*». Cette paroisse acquit en peu de temps une très grande importance par le mouvement de la population qui se portait sur son territoire, surtout depuis qu'en l'an 1190, la nouvelle enceinte ordonnée par le roi Philippe Auguste en eut renfermé une partie dans la ville : c'est alors que l'évêque, Eudes de Sully, voulut la soumettre à la juridiction de l'ordinaire diocésain. L'abbé de sainte Geneviève lui contestait ce droit, en alléguant la possession immémoriale de celui de sa maison sur l'église, qui d'ailleurs n'était qu'une dépendance de l'église canoniale. L'intervention du pape Innocent III fit cesser le conflit, qui se termina par une transaction du mois de juin 1202. Il fut convenu entre les parties, qu'à l'avenir les droits épiscopaux seraient exercés par l'évêque, qu'il nommerait à la cure les sujets que l'abbé lui présenterait, lesquels, fussent-ils chanoines réguliers, auraient charge d'âmes ; mais qu'il ne pourrait bâtir aucune église ou chapelle dans le bourg sans le consentement des chanoines, et ceux-ci, de leur côté, sans celui de l'évêque.

L'évêque annexa par donation, à la nouvelle paroisse, le terrain d'une vigne qu'il possédait dans le Clos-Bruneau, où l'on commençait à bâtir. De son côté, l'abbé, pour cimenter cet accord et prévenir tout litige ultérieur, céda au prélat la cure de l'église Sainte-Geneviève-la-Petite, dite aussi des Ardens, représentée plus tard par celle de Saint-Germain-le-Vieux, dans la Cité, ainsi que la prébende ou vicairie, dont jouissait sa maison à la Cathédrale. A la même époque, les chanoines donnèrent à Mathieu de Montmorency le fief du Clos-Mauvoisin, dont ils

* Félibien, t. 1, p, 234.

étaient propriétaires, à condition que ceux qui viendraient l'habiter feraient partie de la paroisse. C'est sur le premier de ces clos que furent ouvertes les rues Saint-Jean-de-Latran, Saint-Jean-de-Beauvais, Saint-Hilaire, Chartière; et sur l'autre, les rues Saint-Julien-le-Pauvre, du Fouare, des Rats, des Trois-Portes, de la Bûcherie, Galande, etc.

L'érection en paroisse de l'église basse, lors de la reconstruction de la vieille basilique de Saint-Pierre et Saint-Paul, appelée ensuite Sainte-Geneviève, nous semble donc assez bien constatée par ce qui précède. Il reste à établir que le vocable de Saint-Etienne-du-Mont date de la même époque.

Personne n'ignore qu'Etienne, dont le nom hébreu *Cheliel* a sa synonymie dans le mot *Stephanos*, qui signifie triomphe et couronne, est en effet le premier qui ait triomphé des ennemis de la foi, en recevant la couronne immortelle de la sainteté, par le martyre, neuf mois après la Passion du Sauveur. Elu premier diacre, quoique le plus jeune parmi les sept, qui, à la seconde assemblée (ou deuxième concile) des apôtres, tenue à Jérusalem, en l'an XXXIII de l'ère chrétienne, furent préposés à la surveillance des distributions aux pauvres, à peine eût-il reçu l'imposition des mains, qu'il s'appliqua avec un zèle aussi ardent que sincère, à publier le grand fait de la rédemption spirituelle et sociale du genre humain, par l'incarnation, la mort et la résurrection du fils de Dieu. Les scribes de la synagogue, irrités de ce qu'en discutant avec Étienne *ils ne pouvaient résister à la sagesse et à l'esprit qui parlaient en lui*, subornèrent *des témoins pour l'accuser d'avoir blasphémé contre Dieu et Moïse, contre la loi et le saint lieu*. Traduit devant le Sanhédrin, tribunal suprême des Israélites, le grand-prêtre, après lecture de son réquisitoire, lui permit de présenter ses moyens de défense. Étienne commença par exposer la doctrine de son divin maître; il chercha ensuite à dissiper les préventions de ses adversaires. Mais les murmures sourds qui avaient accueilli la première partie de son discours, éclatèrent avec une violence qui lui fit comprendre que c'était un parti pris d'opprimer la manifestation des vérités qu'il voulait faire entendre. Il n'insista plus, il se tut un instant pour se recueillir, les yeux tournés vers le ciel; puis, sortant tout-à-coup de l'extase à laquelle il avait été livré, il lance sur ses juges ces paroles courageuses autant qu'incisives : *Têtes dures, oreilles et cœurs incirconcis, vous repoussez obstinément l'esprit saint ! ainsi ont fait vos pères... Est-il un prophète qu'ils n'aient persécuté ? n'ont-ils pas mis à mort tous ceux qui prédisaient l'avènement du Juste, et jusqu'à son précurseur ?... Quant à vous, vous avez dépassé vos pères ; oui, vous les avez dépassés en iniquité, vous avez été les meurtriers du Christ lui-même, vous avez trempé vos mains homicides dans son sang innocent*[*] !* L'effet de cette vigoureuse péroraison ne pouvait être douteux. Etienne fut condamné à être lapidé. On l'inhuma pieusement par les soins du docteur Gamaliel, celui-là même qui avait instruit saint Paul, dans un champ qu'il possédait au territoire de la petite ville de Caphargamala, non loin de Jérusalem. Le tombeau du saint martyr fut découvert en 415, et ses reliques transférées dans une église du mont de Sion. Transportées ensuite dans un temple que l'impératrice Eudoxie, femme de Théodose le jeune, fit bâtir sous son invocation, en 445, sur le chemin du Cédar, où il avait été lapidé, et qui fut dédiée en 460 ; ces reliques se répandirent bientôt, ainsi que son culte, dans toute la chrétienté. A la fin de ce même siècle, neuf basiliques ou églises étaient déjà érigées sous son vocable, à Constantinople. L'une de ces basiliques, celle que fit construire sainte Pulquerie, sœur de Théodose et femme de l'empereur Arcadius, devint célèbre par le privilége qu'elle obtint de servir au couronnement des empereurs et des impératrices d'Orient. Le culte de saint Etienne était établi en France dès le milieu du sixième siècle, et c'est par saint Grégoire de Tours que nous l'apprenons, car il y avait dans sa ville épiscopale une chapelle qui en portait le nom et qui passait pour ancienne ; enfin, avant 89, douze cathédrales, un nombre considérable de collégiales, succursales, monastiques ou autres, étaient dédiées de même. Il y en avait deux à Paris, dès le septième siècle : celle de Saint-Étienne-*le-Vieux*, et celle de Saint-Étienne-des-Grecs, *vulgò des grés.*

Si l'on considère maintenant qu'Étienne de Tournay avait l'illustre martyr pour patron particulier, on comprendra l'importance qu'il dût attacher à l'introduction de son culte, dans une église dont il pouvait se regarder en quelque sorte comme le second fondateur. Il existe au surplus un témoignage historique

[*] Act. des apôtres, chap. VI, v. 10, 11, 15, 51, 52, 53.

qui lève tous les doutes à cet égard ; c'est celui d'un auteur contemporain d'Étienne de Tournay ; nous allons le reproduire. Guillaume Lebreton, chapelain de Philippe-Auguste, qui écrivait en 1220, la continuation de l'histoire de ce prince, commencée par son médecin, nommé Ricord, dit en termes exprès : la maison de l'aumônerie est située devant l'église de Saint-Étienne-du-Mont : *Domus eleemosynæ ante ecclesiam sancti Stephani de Monte* *. Or, cette dénomination n'a pu être notoirement connue et consacrée dans l'usage que par un certain laps de temps qui, évidemment, nous reporte à celui plus haut assigné, c'est-à-dire entre 1170 et 1180. Mais, pourrait-on objecter, pour qu'Étienne de Tournay pût canoniquement imposer à son église le vocable de son patron, il fallait y déposer une portion quelconque des reliques du saint; nous en convenons. Aussi, l'abbé Le Bœuf (*Histoire du diocèse de Paris* **), dont nous avons adopté l'opinion dans notre notice sur cette paroisse et sur les monumens anciens et modernes que renferme son territoire, pense-t-il, avec raison, que l'évêque de Paris *dût donner quelques fragmens des reliques du premier martyr, quand on démolit* (vers l'époque dont il s'agit) *l'ancienne basilique de St-Étienne-le-Vieux*, dans l'île de la Cité, *alors église métropolitaine*, ou qu'on y transféra ceux que possédait l'abbaye de Sainte-Geneviève ***.

Nous avons dit que la nouvelle enceinte de Paris, ordonnée par Philippe-Auguste, fit affluer la population au bourg du Mont, qui prit alors le nom de Sainte-Geneviève ; ce fut au point que bientôt l'église basse ne suffisant plus pour contenir les fidèles de la paroisse de Saint-Étienne, il y eut nécessité d'en faire bâtir une autre. On la construisit en 1222 ou 1223, mais tellement adhérente à l'église de l'abbaye et dans une telle dépendance, qu'on ne pouvait y communiquer que par une porte percée dans le mur méridional de la maison. Cette communication intérieure existait là où se trouve la chapelle de Jésus-Christ au tombeau.

Les proportions de l'édifice furent établies, moins sur les be-

---

* Dom Bouquet, rec. des hist. de Fr., t. XVII, p. 776 ; — Dulaure, hist. de Paris, t. II, ed. de 1837, p. 106.
** T. II, p. 295.
*** Prem. part. p. 12.

soins d'un avenir prochain, qui en auraient exigé de plus grandes, que sur les ressources actuelles du chapitre qui en fit les frais. Aussi, arriva t-il qu'il fallut s'occuper de son agrandissement en 1494, époque à laquelle le curé et les marguilliers de la paroisse demandèrent à l'abbé Philippe Cousin et aux chanoines de leur céder le vieux bâtiment situé derrière le chevet de l'église, et qui avait autrefois servi d'infirmerie; cette demande ayant été accueillie, l'acte de cession fut signé le 9 février de la même année. Mais comme les travaux ne commencèrent qu'en 1517, le même abbé concéda spontanément une seconde portion de terrain, sous l'*innocente* condition que la paroisse lui présenterait tous les ans, le 26 décembre, jour de la fête de saint Étienne, *une livre de bougie rouge* [*]. L'aîle de la nef, parallèle à l'ancienne église de Sainte-Geneviève, démolie en 1807, et dont l'emplacement est occupé par la rue Clovis, fut terminée en 1538, et la chapelle de la Communion ou des Charniers en 1606 seulement. On jeta les fondemens du grand portail en 1610; le 2 août, la reine Marguerite de Valois, première femme de Henri IV, en posa la première pierre sur laquelle on avait gravé ses armes, avec l'inscription suivante : *Deo favente S. Stephano deprecante ; et auspiciis Margaretæ Valesiæ reginæ. Anno Domini* 1610, *2 augusti*. En 1624, les fonts baptismaux qui étaient restés jusques-là dans la grande église, y furent transférés, et enfin, le 15 février 1626, François de Gondy, archevêque de Paris, consacra avec solennité l'église paroissiale de Saint-Etienne-du-Mont, considérablement agrandie, et telle qu'elle est aujourd'hui.

L'église de Saint-Étienne-du-Mont, considérée dans son ensemble, tant à l'extérieur qu'à l'intérieur, accuse une époque de transition, un mouvement de rénovation, une ère nouvelle, car son style foncièrement formé de l'élément gothique, le rejette dans les détails, pour revêtir l'ornementation architecturale de la renaissance. Cette combinaison peut être critiquée au point de vue de l'art, mais ici, les deux genres, loin d'y être en lutte, comme on l'a écrit quelque part, s'y harmonisent avec un rare bonheur et impriment à l'édifice un caractère d'agréable originalité qui le rend digne d'attention, autant par ses heureux défauts que par ses incontestables beautés. « L'intérieur sur-

[*] Dom Félibien, t. I, p. 234.

tout est remarquable par la hardiesse des voûtes ogivales de la nef et des bas-côtés. L'architecte a remplacé les piliers massifs qui supportent ces voûtes par des colonnes qui paraîtraient trop grêles si elles n'étaient enveloppées vers le milieu par la belle galerie qui règne autour d'elles. Du sommet des colonnes naissent en faisceaux les arêtes de la voûte. Au milieu du transept, ces arêtes forment une clef pendante ou fleuron de deux toises de saillie qu'on cite comme un des travaux les plus difficiles de ce genre, par la hardiesse de la pose et par l'exécution de ses sculptures. On s'accorde à regarder les orgues de Saint-Étienne comme les plus belles et les meilleures de Paris. L'autel, d'une grande richesse, formé entièrement de marbres choisis, à coûté 25,000 francs, que le zèle de la fabrique et la piété des fidèles eurent bientôt réunis. Il fut consacré le 27 mars 1806. Au-dessus de l'autel et de la gloire, qui le surmonte, est une grande châsse peu ancienne, qui renferme diverses reliques *. »

Le jubé, qui date de 1600, et que supporte une voûte très surbaissée, est une œuvre non moins hardie ; ses deux escaliers à jour s'élèvent, en contournant par encorbellement, le fût d'une colonne, avec tant de légèreté, qu'ils semblent portés en l'air et sans point d'appui jusqu'à la galerie dont il vient d'être parlé.

La belle chaire qu'on voit à droite de la grande nef et au-dessous du jubé, a été exécutée par Claude Lestocard, vers le milieu du XVIIe siècle, sur les dessins de Lahire. C'est un travail irréprochable, par le soin avec lequel il est traité dans toutes ses parties : il est à panneaux séparés par des encadremens de très bon goût, et dans lesquels sont figurées les Vertus chrétiennes ; celui du centre représente Samson, symbole de la force morale de l'éloquence évangélique ; l'abat-voix ou dais qui couronne la chaire est surmonté d'un ange, embouchant deux trompettes, comme pour appeler les fidèles à venir écouter la puissante parole des enseignemens divins.

Cette église possède l'admirable groupe du célèbre sculpteur Germain Pilon, représentant Jésus-Christ au tombeau, les trois Marie, Nicodème et Joseph d'Arimathie. Elle conserve une partie des beaux vitraux qui, avant la révolution, décoraient toutes ses fenêtres, et dont la plupart avaient été peints par Jean Cou-

* Not. hist. sur St-Étienne-du-Mont, p. 52.

sin et Nicolas Pinaigrier : « Les débris de ces vitraux ont été placés en 1834 dans les chapelles des bas-côtés; les fragmens les plus considérables se trouvent dans celle de Sainte-Geneviève. Le premier, vers l'autel, représente d'un côté la Cène de Jésus-Christ et la Pâque des juifs; de l'autre côté, le sacrilège qui amena la fondation du couvent nommé depuis les Carmes des Billettes *, et au-dessus l'ange exterminant les premiers-nés en Égypte. Le second vitrail représente : 1° l'apparition des anges à Abraham; 2° le sacrifice d'Élie sur lequel vient de descendre le feu du ciel; et à côté, celui des prêtres de Baal qui priaient vainement leur Dieu de consumer la victime; 3° le saint Sacrement entouré des symboles de l'ancien et du nouveau sacrifice; 4° le temple des juifs et une église chrétienne; 5° Jésus-Christ lavant les pieds à ses apôtres et les prêtres de l'ancienne loi faisant des ablutions dans le bassin d'airain, suivant l'usage constant de mettre en rapport les enseignemens de l'ancien et du nouveau testament. Enfin, dans le troisième, qui est un peu confus par suite des restaurations qu'on y a faites, on voit l'arche d'alliance, la pluie de la manne, et au bas Jésus-Christ apparaissant au souverain pontife. Dans la partie du vitrail caché par le tombeau de sainte Geneviève (dont il va être parlé), on reconnaît un fragment représentant le Sauveur adoré sur la croix, sous la forme du serpent d'airain, *grand sujet d'un goût exquis de dessin et d'un merveilleux détail*, dessiné par le célèbre Jean Cousin, ou par un de ses meilleurs élèves sur ses cartons **. » L'espace dans lequel nous sommes obligés de nous circonscrire, ne nous permet pas de donner ici la description des autres vitraux, tous fort curieux et fort beaux. Elle possède de plus deux tableaux votifs, que les échevins de Paris offrirent à l'ancienne église de Sainte-Geneviève : l'un pour la cessation du grand froid de 1709, par Detroy père; et l'autre à l'occasion de la disette qui affligea la capitale, en 1725, par Detroy fils, selon nous et selon Dulaure, par Largilière.

* En 1291, le juif Jonathas ayant exercé d'horribles profanations sur une hostie consacrée qu'il s'était fait remettre par une femme, en échange gratuit de divers objets qu'il tenait en gage, fut brûlé par ordre de Philippe-le-Bel. On confisqua ses biens et une partie de sa maison, située dans la rue des Billettes, devint une chapelle expiatoire. Peu de temps après, cette chapelle fut convertie en monastère des *hospitaliers de la charité de Notre-Dame*, remplacés au XVIII° siècle par les Carmes réformés de l'observance de Rennes : la femme, nommée Bécaine, se convertit; on la baptisa, ainsi que ses deux enfans; sa fille entra dans le couvent des Filles-Dieu.
** Not. hist. sur Saint-Étienne-du-Mont, p. 57, 58 et 59.

Parmi les tableaux modernes, qui ont été donnés par la ville, on distingue *Une prédication de saint Etienne*, par M. Abel de Pujol; *Sainte Geneviève en prières pour détourner un orage*, *la Charité*, par M. Laitié; *la Mort de la sainte Vierge*, par M. Caminade.

Mais le monument le plus précieux dont l'église de Saint-Etienne-du-Mont se glorifie à juste titre d'être dépositaire, est l'antique tombeau en pierre où la grande patronne de Paris fut inhumée en l'an 512. Il est placé dans une chapelle consacrée à son culte, à droite du chœur. C'est par les soins du respectable De Voisins, qui en était curé, en 1802, que l'on y transféra le vénérable monument. Voici l'acte qui en constate l'authenticité.

« Nous, Claude ROUSSELET, ancien abbé de Sainte-Geneviève, supérieur-général de la Congrégation de France, et Nous, anciens chanoines réguliers desdites abbaye et congrégation;

» En considération du dessein à Nous manifesté par François-Amable de VOISINS, curé de la paroisse de Saint-Étienne-du-Mont, à Paris, de rétablir dans l'église paroissiale de Saint-Étienne le culte solennel qu'on rendait dans notre abbatiale à sainte Geneviève, patronne de la ville de Paris; du désir qu'il aurait pour ranimer la dévotion des fidèles envers cette sainte, de transférer dans ladite église paroissiale et exposer de nouveau à la vénération publique le tombeau de sainte Geneviève; et sur la demande qu'il Nous a faite de donner par notre témoignage le degré d'authenticité nécessaire à ce monument, afin d'en perpétuer la mémoire; voulant seconder autant qu'il est en Nous ses pieux desseins, certifions, attestons et déclarons à qui il appartient:

» Que le tombeau qu'on voyait autrefois dans la chapelle souterraine de l'église abbatiale, était, depuis un temps immémorial, l'objet de la vénération des fidèles; que ce monument n'était pas une simple désignation de l'endroit où sainte Geneviève avait été inhumée, puisqu'il est constant qu'elle le fut dans un autre lieu, quoique peu éloigné; mais que la pièce principale dont il était composé était une pierre qui fermait la partie inférieure de la tombe dans laquelle ses ossemens avaient été renfermés, avant que d'être déposés dans la châsse, qui se voyait encore à la révolution; que cette pierre, exposée à découvert pendant des siècles, courant risque d'être entièrement détruite par la dévotion des fidèles qui en détachaient des morceaux avec des outils pour les conserver comme de précieuses reliques, on fit une construction plus élevée qu'on revêtit de marbres, et elle se trouva ainsi à couvert; enfin, que cette pierre et autres objets réunis dans le même massif, méritant la même vénération, doivent être tenus pour aussi précieux que par le passé, puisqu'il résulte du procès-verbal de la reconnaissance et de la démolition de ce monument, en date du 8 novembre 1803, que les marbres seuls en ont été enlevés.

» En foi de quoi Nous avons signé le présent certificat. A Paris, 15 décembre 1803.

»Signé : Claude Rousselet, ancien abbé de Sainte-Geneviève, Montmarthin, Champion, Bizet, Hémin et Viallon, anciens chanoines réguliers.

» Collationné, certifié conforme à l'original déposé aux archives de l'archevêché de Paris, et délivré par moi, soussigné secrétaire dudit archevêché, sous le sceau de son Éminence Monseigneur l'archevêque de Paris.

» Paris, le 20 décembre 1803 (28 frimaire an XII de la République).

» Signé BUÉE, secrétaire. »

Le résumé de cet acte est gravé sur une table de marbre noir, fixée contre l'un des piliers de la chapelle de Sainte-Geneviève. Une seconde inscription atteste que saint Éloi avait orné le tombeau de la sainte, avant que ses reliques en eussent été retirées, pour être mises dans une châsse (au IXe siècle), et que ce fut par les soins du cardinal de Larochefoucauld, abbé de la congrégation, sous Louis XIII, que ce monument avait été restauré.

Parmi les personnages illustres qui ont été inhumés dans l'église, on remarque Eustache Lesueur, à bon droit surnommé le *Raphaël français*; le célèbre botaniste Tournefort; Claude Perrault, auteur de la façade du Louvre; Antoine Lemaistre et Isaac Lemaistre de Sacy, dont les restes mortels y furent transportés, ainsi que ceux de Racine, lors de la suppression du monastère de Port-Royal, en 1710; et Pascal. Quelques autres paroissiens beaucoup moins notables y ont également leur sépulture. On trouve au nombre de ces derniers un chirurgien qui paraît avoir eu une certaine réputation de son temps, nommé Nicolas Thognet, mort en 1642, dont le mérite n'est aujourd'hui connu, dit Piganiol de La Force, que par l'inscription emphatique qui avait été gravée sur son tombeau, derrière la chaire. Voici cette pièce aussi curieuse par son objet que par sa forme :

« Passant, qui que tu sois, arrête et considère,
 Qui gist sous ce tombeau :
Tu sauras que THOGNET par un secret mystère,
Ce monde abandonna pour en prendre un plus beau.
Son art et son savoir garantissaient les hommes
 Bien souvent de mourir.
Mortels, pensez à vous, dans le siècle ou nous sommes ;
Puisque THOGNET n'est plus, qui pourra vous guérir? »

Décidément, notre époque n'a pas inventé, comme on le voit, la légende mortuaire, confectionnée à grand renfort de rimes boursouflées ; mais il faut lui rendre justice, elle imite avec habileté, et c'est quelque chose.

L'église de Saint-Etienne du-Mont, outre son vocable spécial, est aujourd'hui honorée de celui de Sainte-Geneviève. La raison, tout le monde la connaît, elle est des plus déplorables..... la *patrie*, oubliant les immenses services que la Jeanne-d'Arc lutécienne, l'immortelle vierge de Nanterre, lui a rendus, a consacré son temple *aux grands hommes*, par la *reconnaissance*, alors qu'elle commettait ainsi un acte d'épouvantable ingratitude. Ce temple magnifique a reçu l'appellation mythologique de Panthéon... Quelle étrange anomalie ! chez des peuples polythéistes, cette dédicace nominalement collective se conçoit : A Rome, le Panthéon d'Agrippa avait une destination réelle, un but positif, mal dirigé, il est vrai, mais il en avait un. On y sacrifiait à Jupiter, au plus grand des dieux, dont, après tout, le nom même rappelait par dérivation le sublime quadrilataire JeHoVaH *. On y sacrifiait aussi aux divinités subalternes, on y pratiquait des cérémonies plus ou moins pompeuses... Et que se passe-t-il à celui de Paris? Quel culte y exerce-t-on? Où sont les ministres de ce culte imaginaire de la reconnaissance qui n'existe que dans une phrase superbement clouée au-dessous d'un bas-relief dont nous ne dirons rien, et pour cause?... Solitude pavée de marbre, ornée de portiques, de colonnades, de pilastres corinthiens, où règne le morne silence de la tombe; où rien ne dit qu'au delà il y a quelque chose à espérer... la véritable et éter-

---

* St. Jérôme, épit. XIII, à Marcelle ; —Theodoret, quest. XV sur l'Exode ; — Le P. Souciet, dissert. sur les pas. diffic. de l'Ecriture, passim ; — Le P. Lamy, app. de la Bible, liv. III, chap. I ; — L'abbé Mignot, mém. de l'Académie des Inscript., t. XXXVI et C.

nelle vie! voilà ce qu'on en a fait. « Napoléon avait une pensée autrement élevée, quand il décrétait, en 1806, que le monument recevrait toujours les cendres des grands hommes, qu'il serait dédié comme église, et qu'un chapitre y célébrerait perpétuellement l'office, ainsi que le pratiquait le chapitre qu'il avait créé à Saint-Denis pour prier auprès des tombeaux des rois*. » Il semble qu'on ait voulu réaliser les tristes pressentimens d'un poète qui, à l'époque où l'architecte Soufflot travaillait à la construction de l'édifice, fit circuler les vers suivans dans Paris :

Templum augustum, ingens, regina assurgit in urbe,
Urbe et patrona virgine digna domus.
Tarda nimis pietas, vanos moliris honores !
Non sunt hæc cœptis tempora digna tuis;
Ante Deo in summa quam templum erexeris urbe,
Impietas templis, tollet et urbe Deum.

« La reine des cités, qui se glorifie d'avoir Geneviève pour patronne, lui élève un temple auguste, une basilique digne enfin de cette vierge célèbre... Piété tardive, vains honneurs d'un siècle indigne de les décerner... Hélas ! peut-être avant que l'œuvre soit terminée, l'impiété aura exclu Dieu lui-même du temple et de la cité. »

* Not. hist. p. 79.

L'ABBÉ FAUDET,

Curé de la paroisse de Saint-Etienne-du-Mont.

LA SAINTE-CHAPELLE.

C'est à saint Louis qu'est due la fondation de la Sainte-Chapelle, et parmi les nombreux monumens que ce pieux roi fit élever, il n'en est pas de plus beau et de plus magnifique que celui dont nous nous occupons. De nos jours encore, Paris n'a point de chefs-d'œuvre qui puissent être comparés à ce chef-d'œuvre presque improvisé au milieu du treizième siècle et destiné à la conservation des plus précieuses reliques.

« A cette époque de foi, vive et religieuse, dit le marquis de Villeneuve-Trans, rien ne paraissait ajouter plus d'éclat à la dignité suprême que la possession d'un grand nombre de ces objets révérés, consacrés par de pieuses traditions. Aussi les souverains orientaux, comme ceux de l'Europe et les républiques d'Italie, surtout Venise, ne négligeaient aucun moyen de s'en procurer. » En 1239, Baudouin, investi à la fois par Vatace et par les Bulgares, sans ressource et sans argent pour repousser cette invasion, vint solliciter des secours de Louis IX. Afin d'exciter sa piété, il lui représente que les seigneurs enfermés dans Constantinople étaient réduits à une telle extrémité qu'ils allaient engager aux Vénitiens les plus précieux des trésors de Constantinople, la sainte couronne d'épines longtemps au pouvoir des Musulmans, enfin recouvrée et conservée dans la chapelle impériale depuis que sainte Hélène l'avait découverte en allant visiter le Calvaire, à l'âge de 84 ans. Baudouin supplia donc le roi de ne pas permettre que la couronne restât entre les mains des Barbares, « pourquoi, dit-il, je désire ardemment de vous faire passer cette précieuse relique à vous, mon cousin, mon seigneur et mon bienfaiteur, et au royaume de France, ma patrie. »

Louis écouta avec joie une proposition si flatteuse pour sa piété, et les ordres furent aussitôt donnés pour acquérir ce saint vestige de la passion. Le frère Jacques et le père André, de l'ordre des Prêcheurs, précédés par un message de Baudouin, partirent avec un comte de la suite de l'empereur, pour aller chercher la couronne d'épines. Le dernier de ces religieux avait déjà parcouru la terre sainte en 1228, et, supérieur du couvent de son ordre, à Constantinople, il connaissait assez la sainte relique pour qu'on ne pût lui en imposer.

Arrivés à Constantinople, les envoyés trouvèrent effectivement la couronne d'épines engagée, mais ils n'abandonnèrent pas pour cela leur mission. Ils accompagnèrent les reliques jusqu'à Venise, et après avoir reçu de nouvelles instructions du roi, ainsi que l'argent nécessaire pour s'approprier ce précieux butin, ils rentrèrent en France. Dès que Louis fut informé de leur arrivée à Troyes, il partit de Vincennes avec la reine; les comtes d'Artois, de Poitiers et d'Anjou, ses frères Gautier Cornut, archevêque de Sens; Bernard de Montaigu, évêque du Puy; et les principaux seigneurs de sa cour.

Les deux cortéges se rencontrèrent près de Villeneuve-l'Archevêque, à cinq lieues de Sens, le 10 août. Le père André présenta aussitôt au roi la relique enfermée dans une triple cassette. Vérification faite des sceaux des seigneurs français et du doge de Venise, on fit l'ouverture du coffre. Le premier était en bois, et le second en argent renfermait un vase d'or contenant la sainte couronne. A la vue de ce diadême dérisoire, devenu l'objet d'un si grand culte, les assistans fondirent en larmes, puis, après quelques prières à Dieu, le roi posa son scel sur la cassette.

Le lendemain, la relique fut portée à Sens avec un grand appareil. A l'entrée de la ville, le roi et le comte d'Artois, revêtus d'un habit de bure et pieds nus, la prirent sur leurs épaules, suivis des prélats et de toute la cour. Tout concourut à cette fête, les principaux de la ville, le clergé, les pèlerins et les villageois ; les rues étaient tendues de tapisseries, et les cloches de toutes les églises ne cessèrent de sonner que lorsque cet honorable fardeau eût été déposé dans l'église métropolitaine de Saint-Étienne. Après ces solennités, le roi se mit en route pour Paris, afin de faire ses préparatifs pour la réception de l'inestimable trésor qui allait désormais appartenir à la France.

Dès que saint Louis s'était vu possesseur de la Sainte-Couronne, il avait conçu le projet d'élever auprès de son palais une chapelle digne de renfermer le trésor qu'il venait d'acquérir, et un événement nouveau, qui le rendit maître de presque toutes les reliques de la chapelle impériale de Constantinople, le confirma dans cette pensée. L'empereur Baudouin, de retour à Constantinople, pour remplir le vide occasionné dans son trésor par une longue suite de guerres, fut réduit à la triste nécessité d'engager les restes sacrés. Louis, instruit de cette résolution, lui députa des personnes de confiance pour obtenir ces précieux objets, et les reliques ayant été cédées, elles furent apportées en France et reçues avec la même solennité que la couronne d'épines, auprès de laquelle on les plaça, le 14 septembre de l'an 1241.

Il y avait alors au palais, outre la chapelle de Saint-Nicolas, fondée depuis deux siècles environ, par Louis-le-Gros, sur les ruines de celle de Saint-Barthélemy, un oratoire sous le titre de la Vierge, institué par Louis-le-Jeune, en 1154, mais ces deux chapelles s'effacent à dater de la construction de celle que fonda saint Louis, sans que l'on puisse savoir où furent déposées les reliques, depuis le jour où l'on jeta les fondemens de la Sainte-Chapelle à la place de Saint-Nicolas.

Un célèbre architecte, nommé Pierre de Montreuil *, artiste plein de foi et de génie, comprit dignement la pensée du religieux monarque. Libre de suivre son inspiration, il déploya, dans la construction de la Sainte-Chapelle, toute l'élégance du style, toute la légèreté de formes, tout le luxe d'ornemens que l'architecture, appelée gothique, avait empruntée des Arabes.

* Pierre de Montreuil construisit aussi la belle chapelle de Notre-Dame-du-Cloître-de-Saint-Germain-des-Prés et le réfectoire du prieuré de Saint-Martin-des-Champs. La chapelle a disparu. Le réfectoire existe, mais dans un triste état de délabrement.

La Sainte-Chapelle a trente-six mètres ou cent dix pieds de longueur, et neuf mètres ou vingt-sept pieds de largeur; sa hauteur, depuis le sol jusqu'au sommet de l'angle du fronton, est égale à sa longueur. Elle est double et formée d'une seule nef; la chapelle haute, à laquelle on monte par un escalier de quarante-quatre degrés, et qui était destinée au roi et à ses officiers, est précédée d'un vestibule en forme d'ogives que couronne une plate-forme. Le portail de la chapelle supérieure, dont l'arcade est aussi en forme d'ogives, est dépouillé de tous les ornemens de sculpture dont il se trouvait décoré. Ces sculptures représentaient le jugement dernier: sur le pilier qui sépare les deux battans de la porte, était une statue de Notre-Seigneur, bénissant de la main droite, et tenant un globe de la gauche. Dans le support on voyait les prophètes, des deux côtés des hiéroglyphes et quelques traits de l'Ecriture-Sainte, et au-dessous, un écusson montrait la fleur de lys mêlée aux armes de Castilles, en souvenir de la reine Blanche, mère du fondateur.

L'intérieur de l'église n'est pas moins curieux: elle est éclairée de vitraux, qui sont un monument précieux de ce qu'était la peinture sur verre au xiiie siècle. Séparés par des trumeaux de trois à quatre pieds, ils sont remarquables par la hauteur, la variété et la vivacité de leurs teintes. Le dessin en est incorrect et grossier, mais ces vitres sont si fortes qu'elles ont résisté aux injures de plusieurs siècles; cet éclat, cette vivacité des couleurs que le temps n'a pu altérer, font encore l'étonnement et l'admiration des connaisseurs. Rien jusqu'à ce jour n'a pu surpasser ni même égaler cette fraîcheur de coloris, qui a donné naissance à un proverbe assez commun, il n'y pas encore un siècle*. Ces délicieux vitraux représentant, dans des espèces de cartouches en châssis de différentes formes, divers traits d'histoire de l'*Ancien* et du *Nouveau-Testament*, sont tous du temps de la construction de l'église, à l'exception de l'immense rose qui remplit toute la largeur du vaisseau au-dessus de la porte d'entrée et sur laquelle sont représentées les visions de l'Apocalypse. On la croit de la fin du quatorzième siècle.

---

* Pour désigner une belle couleur de vin, on disait: c'est du vin de la couleur des vitres de la Sainte-Chapelle.

La nef est entourée d'un banc de pierre faisant partie de l'édifice même, car jadis nos pères ne mettaient pas de siéges dans les églises. On voyait encore, avant la révolution, les figures des apôtres, sur les trumeaux autour de la chapelle, mais elles furent en partie détruites pour placer la galerie où étaient classées les archives, et nous craignons bien que tous les efforts pour parvenir à les rétablir ne soient inutiles.

La basse Sainte-Chapelle était destinée aux habitans de la cour du Palais, aux domestiques des chanoines, des chapelains, et à toutes les personnes attachées à la Sainte-Chapelle. On y entrait par une porte latérale, longtemps obstruée par des échoppes que l'on vient de faire disparaître. Sur le portail était une image de la Vierge qui a été renversée et détruite, ainsi que toutes les figures placées dans les niches extérieures. Autour des murs intérieurs règne un rang de colonnes extrêmement déliées, qui sont les seuls supports de l'édifice supérieur.

Cette église basse servait autrefois de sépulture aux chanoines et autres dignitaires, et le corps du célèbre Boileau fut déposé dans ses caveaux sous la place même, dit-on, du *lutrin* qu'il avait chanté. Jacques Boileau, docteur de Sorbonne, chanoine de la Sainte-Chapelle, annonçant la mort de son frère à Brossette, s'exprime ainsi : « Il est passé en l'autre vie à dix heures du soir, le 11 de ce mois (mars 1711), âgé de 74 ans, quatre mois, étant né le 1er novembre 1636. Il avait été baptisé dans la Sainte-Chapelle du Palais, où il est enterré. » Sous la république, les restes de Boileau furent exhumés et transportés au Museum des Monumens français, où M. Lenoir, voulant les réunir aux dépouilles de Molière et de Lafontaine, fit ériger un monument simple, mais digne de la célébrité de ce poète. A la restauration, ils furent encore déplacés, et ils sont aujourd'hui déposés dans une chapelle de l'église de Saint-Étienne-du-Mont.

La Sainte-Chapelle n'était pas encore bâtie que Louis IX avait déjà obtenu quatre bulles du pape Innocent IV en faveur de cette église, et qu'en 1245, il avait fait expédier les premières lettres de fondation, par lesquelles il instituait dix-sept ecclésiastiques chargés du service divin et de la garde des précieuses reliques.

En 1247, l'empereur Baudouin étant à Saint-Germain-en-Laye, confirma à saint Louis, par lettres de cession authentiques, datées du mois de juin, le don qu'il lui avait fait des reliques, ainsi que le rachat fait de sa volonté et de son consentement. Ces lettres, signées de l'empereur et scellées de son sceau, ont toujours été conservées dans les archives de la Sainte-Chapelle. Enfin, le 25 avril 1248, saint Louis fit faire la cérémonie de la consécration de la Sainte-Chapelle avec une grande pompe et un grand appareil. Celle d'en haut fut dédiée en l'honneur de la Sainte-Couronne et de la Sainte-Croix de Notre-Seigneur, par Eudes ou Odon, évêque de Tusculum et légat du Saint-Siége, et Philippe Berruyer, archevêque de Bourges, dédia la chapelle basse sous le titre de la Sainte-Vierge.

La même année, saint Louis, étant à Aigues-Mortes, fit expédier de nouvelles lettres de fondation par lesquelles, en confirmant les premières de l'an 1245, il augmenta le personnel de quatre ecclésiastiques et assigna à chacun la part de revenu qu'il devait avoir.

Il serait trop long d'énumérer ici les divers changemens qui eurent lieu dans le personnel et l'administration du collége canonial de la Sainte-Chapelle. Tous les rois, successeurs de saint Louis, conformément aux pieuses intentions du fondateur, s'occupèrent de régler ses offices et de maintenir ses priviléges. Et à l'époque de la suppression de la Sainte-Chapelle, le collége était composé de treize chanoines, dont un trésorier, seul dignitaire, d'un chantre en titre d'office, de six chapelains-perpétuels, de vingt chapelains ou clercs, dont trois marguilliers et un sonneur, huit enfans de chœur, deux maîtres et quatre huissiers *.

Dire tous les droits et les priviléges de la Sainte-Chapelle, ce serait raconter toute son histoire avec des détails que notre cadre ne peut comporter. Bulles de pape, lettres, ordonnances et chartes des rois, rien n'y manque. Tout fut souvent attaqué, toujours confirmé et quelquefois augmenté. Ainsi, elle était exempte de la juridiction de l'évêque de Paris, de l'archevêque de Sens et soumise immédiatement au Saint-Siége ; messieurs de la Sainte-Chapelle étaient exempts des décimes et de la prestation des décimes à l'exception de celles qui seraient dans le cas d'être payées par les légats *a latere* ; le 13 août 1587, Henri III leur accorda l'exemption de ban et arrière-ban ; ils jouissaient en

* *Constitutions des trésorier, chanoines et collége de la Sainte-Chapelle royale du Palais.* — Paris, 1779.

outre du droit de franc salé, de celui de *committimus*, en qualité de commensaux de la maison du roi, et jusqu'en 1733, ils purent tenir et posséder plusieurs bénéfices sans être forcés d'y résider.

Le trésorier de la Sainte-Chapelle, ainsi nommé depuis 1319 *, époque à laquelle Philippe-le-Long institua également les chanoines, obtint de Clément VII le privilége de porter la mître et l'anneau pastoral; il avait la surintendance du collége d'Hubaut, et le droit de visite dans le chapitre de Vincennes. Mais une des plus belles et des plus remarquables prérogatives attachées à la dignité de trésorier, était le pouvoir de conférer toutes les chapelles royales dans l'étendue de la ville, prévôté et vicomté de Paris, aux chapelains, clercs **, enfans de chœur et maîtres desdits enfans.

Il faudrait des volumes pour faire connaître tous les priviléges accordés ou confirmés aux officiers de la Sainte-Chapelle, aux huissiers et même aux enfans de chœur. Cependant ce n'était pas aux hommes que nos rois accordaient de semblables faveurs, elles étaient la récompense de la garde des plus précieuses reliques, du plus beau trésor.

Sous les orgues, on voyait le modèle en terre cuite de la Notre-Dame-de-Pitié-de-Germain-Pilon, aujourd'hui déposé au musée des Petits-Augustins. Du côté de l'épître et dans une petite chapelle appelée oratoire de saint Louis, où ce monarque se retirait pour entendre l'office, on remarquait un grand tableau représentant l'intérieur de la grande châsse, avec les reliques telles qu'elles y sont rangées, et saint Louis à genoux devant ces reliques. Sur deux petits autels, séparés par la porte du chœur, il y avait deux tableaux émaillés où étaient représentés avec divers sujets de la passion de Notre-Seigneur, à droite, Henri II et Catherine de Médicis; à gauche, François Ier et la reine Éléonore. « Si le dessin de ces pièces, dit Germain Brice, n'est pas d'une correction parfaite, et comme on le demande à présent, au moins peut-on assurer que le coloris a tout ce que l'on peut désirer de plus beau et de plus vif en ce genre de tra-

---

* Le chef du chapitre était appelé maître-chapelain; le premier qui porta ce titre fut M. Matthieu, chapelain de l'ancienne chapelle de Saint-Nicolas

** Conformément aux lettres de fondation de la Sainte-Chapelle, les clercs des trésoriers et chanoines devaient être diacres ou sous-diacres.

vail, et ces pièces sont d'autant plus à estimer qu'il n'y a plus à présent d'ouvriers qui en puissent faire de pareilles pour la grandeur et pour la composition générale qui s'y trouve. » Ces deux tableaux furent exécutés en 1553, par Léonard de Limoges, émailleur et peintre de la chapelle du roi. Enfin, au-dessus du maître-autel, on apercevait l'édifice de la Sainte-Chapelle en vermeil et dans la proportion de trois à quatre pieds. Plusieurs auteurs ont cru que ce travail, exécuté avec une délicatesse et un goût admirables, était aussi ancien que l'édifice auquel il avait servi de modèle ; d'autres l'ont attribué à Raoul, orfèvre annobli par Philippe-le-Hardi. Aujourd'hui, d'après les registres de la Sainte-Chapelle, on est certain que ce petit chef-d'œuvre fut un don de Louis XIII, et qu'il fut exécuté en 1630, par Pijard, orfèvre, garde des reliques de la Sainte-Chapelle. En 1791, ce monument fut enlevé de sa place, et nous pensons qu'il a été fondu.

Mais parmi les antiquités que les savans admirent, et qui nous viennent de la Sainte-Chapelle, nous ne pouvons passer sous silence les deux objets appartenant actuellement au cabinet des médailles et antiques de la bibliothèque du roi : l'un est un buste de Valentinien III, et l'autre représente l'apothéose d'Auguste.

Le buste est en agate-onyx, et il servait d'ornement au bâton cantoral dans les grandes solennités. Il a trois pouces neuf lignes de haut sur cinq pouces de circonférence. On y avait adapté une draperie en vermeil et deux bras en argent, qui portaient de la main droite une couronne d'épines, de la gauche une croix grecque, sans doute pour rappeler saint Louis, premier fondateur de cet oratoire de nos rois. Longtemps on a cru que ce buste représentait l'empereur Titus, auquel saint Louis ressembla beaucoup dans l'administration de son règne ; mais on a reconnu depuis qu'il offrait l'image de Valentinien III.

Quant à l'apothéose d'Auguste, c'est une agate-onyx, unique dans le monde par sa beauté et par son volume ; les lapidaires disent que jamais la nature n'a produit de pierre d'une si prodigieuse grandeur, et les antiquaires assurent que Rome n'a rien fait d'aussi beau en ce genre ; c'est un miracle de la nature et de l'art.

On ne sait comment ce camée fut apporté en France ; les uns pensent qu'il fut donné à saint Louis, par Baudouin II, les autres, au contraire, sont portés à croire qu'il nous est venu de quelque prince chrétien de la Grèce. Quoiqu'il en soit, il fut placé dans la Sainte-Chapelle par Charles V, l'un des rois qui enrichirent le plus cette église ; il était monté sur un socle, revêtu de plusieurs reliquaires, sur lequel on lisait : *Ce camaïeu bailla à la Sainte-Chapelle du palais, Charles V^e de ce nom, roi de France, qui fut fils du roi Jean, l'an* 1379.

C'est à l'ignorance de ce temps que nous devons la conservation de ce morceau d'antiquité qui, s'il eut été reconnu, eût été probablement pillé, avec le trésor des rois, sous Charles VI. En effet, à cette époque tout le monde croyait voir dans cette pierre le triomphe de Joseph, porté glorieusement dans un char par tout le royaume d'Egypte, et ce qui entretenait cette erreur, c'est que l'on avait peint en émail les quatre évangélistes aux quatre coins de la plaque qui l'entourait.

L'ignorance ayant fait de cet objet un sujet de piété, il était d'usage de l'exposer aux bonnes fêtes, où le peuple allait religieusement le baiser. Quelquefois on le portait processionnellement, ainsi que l'attestent les comptes de la Chévecerie, où l'on voit que, le 30 mai 1484, on fit une procession à la Sainte-Chapelle pour le sacre du roi Charles VII, et que l'on y porta le *grand camaïeu*. Cet état de choses dura longtemps, et le monument restait enfoui parmi les reliques, sans que personne s'occupât d'en rechercher le sujet, lorsqu'en 1619, M. de Peirose, conseiller au parlement de Provence, regarda cette agate avec des yeux d'antiquaire, et reconnut l'erreur. Aussitôt il fit part de sa découverte à l'Europe savante, et tout le monde voulut voir l'apothéose d'Auguste. Aujourd'hui elle est exposée à la Bibliothèque royale, où l'on peut remarquer la fracture qu'elle éprouva en 1630, lors de l'incendie du palais *.

Dans cette description que nous venons de donner des curiosités et des richesses de la Sainte-Chapelle, on peut voir que les successeurs de Louis IX s'efforcèrent de suivre ses pieuses intentions. Toutefois, le zèle religieux de ce saint roi ne se borna point à ces actes d'une magnificence toute royale. Le père de La

---

* Dans la nuit du 26 au 27 pluviôse, l'agate dite de la Sainte-Chapelle fut volée dans le cabinet des antiques avec plusieurs objets d'un prix inestimable, et c'est à M. Gohier, commissaire-général des relations commerciales à Amsterdam, qu'on doit la découverte et la saisie de ce fameux camée au moment où un nommé Giraud allait le vendre 300,000 francs à un orfèvre d'Amsterdam.

Chaise dit que sa vénération pour les sacrés monumens de la Passion était telle, que tous les ans, pendant sa vie, il ne manquait jamais de se rendre, le Vendredi-Saint, à la Sainte-Chapelle, et là, revêtu, de ses habits royaux, il exposait lui-même les précieuses reliques à l'adoration des fidèles. Non content des exemples de dévotion qu'il donnait à son peuple, il voulut éterniser la mémoire des saintes reliques, et pour cela il institua trois solennités. La première devait être célébrée par les religieux jacobins, à l'anniversaire de la susception de la sainte couronne; la seconde, par les cordeliers, à la susception des saintes reliques; et la troisième, par les religieux de l'ordre de la merci et de sainte Geneviève, le jour de l'exaltation de la croix.

Après la canonisation de saint Louis (1297), Philippe-le-Bel, son petit-fils, fit faire la translation du chef de ce grand roi dans la Sainte-Chapelle, espérant que sa présence au palais, où il venait d'établir le parlement sédentaire, animerait les juges à maintenir les lois, à protéger les gens de bien, et à rendre la justice à ses sujets.

Nous venons de dire que Philippe-le-Bel rendit le parlement sédentaire à Paris. Personne n'ignore que les rois allaient entendre la messe à la Sainte-Chapelle avant d'aller au parlement tenir leur lit de justice, que les princes y allaient dans certaines occasions, que les régens devaient y prêter serment sur les saintes reliques, et les rois y accepter l'acte de leur majorité. Or, voici comment on recevait les princes.

Le 18 janvier 1633, Louis XIII vint à la Sainte-Chapelle entendre la messe avant d'aller au parlement; il fut reçu par le collège, *comme de coutume;* après quoi, le trésorier lui présenta une requête pour les nécessités de l'église, occasionnées par l'incendie.

Ici rien n'est expliqué; aussi nous allons donner l'acte de réception de Louis XIV, beaucoup plus détaillé, et nous verrons ce qu'on entendait par ces mots : comme de coutume :

Le 7 septembre 1651, le roi se rendit au palais, accompagné du duc d'Anjou son frère, du duc d'Orléans son oncle et de plusieurs autres princes et seigneurs. Il monta, avec la reine Anne d'Autriche sa mère et sa suite, à la Sainte-Chapelle, où il fut reçu à la porte de l'église, par le trésorier *in pontificalibus* à la tête de tout le collège. Le trésorier présenta de l'eau bénite à Sa

Majesté et la complimenta en peu de mots : le roi fut ensuite conduit dans le chœur, où il se plaça dans la seconde stalle d'en haut, du côté de l'épître, ayant son capitaine des gardes dans la première. Le trésorier, après avoir quitté ses habits pontificaux, se plaça dans la seconde stalle d'en bas, au-dessous et vis-à-vis du roi. L'archevêque de Paris, en qualité de maître de la chapelle du roi, se mit à la droite du trésorier dans la troisième stalle d'en bas, et les chanoines se rangèrent à sa suite jusqu'aux marches de l'autel. Pendant la messe, qui fut dite par un chapelain du roi, les chantres de la chapelle de Sa Majesté et de la Sainte-Chapelle exécutèrent des motets en musique. La messe finie, le trésorier, revêtu d'une étole, alla prendre la croix de Bourbon * qui était sur l'autel et la porta à baiser au roi. Ensuite Sa Majesté fut conduite à la grande chambre du parlement par les présidens à mortier et conseillers qui s'étaient rendus, pour cet effet, à la Sainte-Chapelle pendant la messe, comme de coutume.

Les registres de la Sainte-Chapelle contiennent encore un grand nombre d'actes qui consacrent l'usage observé en pareilles circonstances, seulement il est à remarquer que, conformément aux ordres du roi, les princes étaient toujours reçus en habits de chœur et non en habits pontificaux.

Les fastes de la Sainte-Chapelle ne se bornent pas à l'enregistrement des messes dites pour l'ouverture des parlemens, ils contiennent encore d'autres faits non moins curieux que nous allons faire connaître en partie.

Le 23 juin 1275, veille de la fête de la Nativité de Saint-Jean, la princesse Marie, fille de Henri et sœur de Jean, duc de Brabant, après avoir épousé en secondes noces Philippe-le-Hardi, fut sacrée et couronnée dans la Sainte-Chapelle par Pierre le Barbet, archevêque de Reims, choisi par le roi pour faire cette cérémonie.

Le 15 juin 1292, la nièce de cette même reine, Marguerite de Brabant, épousa l'empereur Henri de Luxembourg VIIe du nom. La célébration de ce mariage fut faite dans la Sainte-Chapelle en présence du roi, par Simon de Bucy, évêque de Paris, qui officia pontificalement et reconnut après, par acte signé et scellé de ses armes, que la bénédiction nuptiale qu'il venait de

---

* On présentait cette croix à adorer au roi toutes les fois qu'il venait à la Sainte-Chapelle elle servait aussi à l'office du matin le vendredi saint.

donner ne pourrait préjudicier à l'exemption de cette église qu'il reconnaissait libre de sa juridiction.

En 1323, Marie de Luxembourg, épouse en secondes noces de Charles-le-Bel, fut sacrée et couronnée dans la Sainte-Chapelle, par Guillaume de Melun, archevêque de Sens, en présence du roi, et trois ans plus tard, Jeanne d'Évreux, fille de Louis de France, comte d'Évreux et de Marguerite d'Artois, fut aussi couronnée reine de France. Enfin, le 21 juin 1389, Charles VI assista au couronnement de la reine Isabelle de Bavière, son épouse. Cette cérémonie se fit avec la plus grande pompe, non à Saint-Denis, comme le dit Mezeray, mais à la Sainte-Chapelle. Ce fut Jean de Vienne, archevêque de Rouen, qui célébra la messe, et l'on remarqua que de tous les prélats du royaume les seuls qui y assistèrent furent les évêques de Noyon et de Langres et l'abbé de Saint-Denis.

A cette suite de couronnemens faits à la Sainte-Chapelle, nous pouvons ajouter d'autres cérémonies, telles que la réception de l'empereur Charles IV et de son fils Venceslas, roi des Romains, par Charles V ; les fiançailles d'Isabeau de France avec Richard II, roi d'Angleterre, en présence de Charles VI, et les diverses assemblées tenues dans cette église, en 1332, pour le projet de croisade de Philippe de Valois, en 1395 et en 1408 pour éteindre le schisme qui s'éleva à ces deux époques.

Mais si l'histoire de la Sainte-Chapelle est riche en événemens de fête, elle eut aussi à déplorer un sacrilége commis dans son sanctuaire. Le 25 août 1503, un étudiant, âgé de 22 ans, nommé Edmond de Lafosse, arracha pendant la grand-messe la sainte hostie des mains du prêtre qui officiait et s'enfuit. Se voyant poursuivi, il la mit en pièces et la jeta dans la cour du palais devant la chambre des comptes ; presqu'aussitôt après il fut arrêté et mis à la conciergerie. La grand-messe finie, le prêtre, accompagné de tout le clergé de la Sainte-Chapelle, alla processionnellement recueillir sur le pavé les restes de l'hostie que personne n'avait osé toucher. Durant quelques jours on mit un drap d'or et deux cierges allumés à cette place, puis on leva le pavé qui fut réuni à l'hostie dans le trésor et honoré comme relique. Le dimanche suivant, le collége de la Sainte-Chapelle des quatre ordres mendiants et des religieux Mathurins fit une procession solennelle du Saint-Sacrement, tant pour la réparation du sacrilége que pour la conversion du coupable. Le procès d'Edmond de Lafosse ne fut pas long; malgré la déclaration des médecins qui le jugèrent maniaque et insensé, il eut le poing coupé à l'endroit où l'hostie avait été rompue, ensuite il fut traîné sur une claie jusqu'au Marché aux Pourceaux, et là il fut brûlé vif et réduit en cendres.

Le collége de la Sainte-Chapelle fit encore deux processions pour deux réparations d'impiétés commises : l'une en 1528, sur une image de la Vierge, rue des Rosiers; l'autre, en 1531, au coin de la rue Aubry-le-Boucher, sur trois images de la Vierge, de saint Fiacre et de saint Roch, auxquelles on avait crevé les yeux et défiguré la bouche.

C'est ici le lieu de mentionner quel rang la Sainte-Chapelle occupait dans les processions générales. Du Tillet, dans ses *Mémoires*, en parlant de l'ordre établi en tout temps dans ces cérémonies, lorsque le roi est présent, dit :

« En premier lieu, le clergé ira devant,

» Après, marcheront ceux de Notre-Dame et le recteur, savoir : ceux de Notre-Dame à main droite, deux à deux ; le recteur et l'Université à main senestre, aussi deux à deux ;

» Après, marcheront ceux de la Sainte-Chapelle du palais, avec ceux de la Chapelle du roi, les hautbois et sacquebutes devant ;

» Puis, les évêques, cardinaux et Sa Majesté seule. »

Dans la procession générale ordonnée par François Ier, en 1534, les historiens rapportent que le clergé de la Sainte-Chapelle avait le pas sur celui de la cathédrale. Enfin, dans les convois des rois et des reines, le collége se trouvait tantôt mêlé avec Notre-Dame, tantôt derrière, mais toujours ces deux chapitres seuls chantaient pendant la marche.

Ce ne fut que dans le commencement du XVIIe siècle que la Sainte-Chapelle adopta le bréviaire romain. Jusqu'en 1610 elle avait suivi les livres parisiens et l'on ignore la cause de ce changement auquel elle ne souscrivit qu'avec lenteur et difficulté, car ses cérémonies furent longtemps encore mêlées du rit romain et du rit parisien.

La Sainte-Chapelle, outre les services dont nous avons plus haut donné l'origine, et qui étaient célèbres par les ordres de religieux mendiants, avait encore quelques usages particuliers assez curieux à connaître. En voici quelques-uns :

Le dimanche de la Quinquagésime, les paroisses de la Cité se rendaient successivement le matin, dans la Cour du Palais, et faisaient une action de grâces vers le chevet de la Sainte-Chapelle, où se trouvait exposée la Vraie-Croix, pour obtenir la permission d'user de laitage et de beurre pendant le Carême. A onze heures, le trésorier donnait la bénédiction au peuple.

La veille du jour des Rameaux, MM. de la Chambre des Comptes allaient en corps adorer la Vraie-Croix ; le lendemain, à la messe, la passion était chantée et dialoguée, partie en plein-chant, et partie en musique. Le célébrant chantait la partie de Notre-Seigneur, le diacre celle de l'Évangéliste, et la musique du chœur celle du peuple. Morand dit que cet ancien usage attirait un grand concours de monde à cet office.

Le Mardi-Saint, à huit heures du matin, les trésoriers de France se rendaient en corps à la Sainte-Chapelle pour y entendre une basse-messe et adorer la Vraie-Croix.

Le jour de la Pentecôte et les deux jours de fêtes du Saint-Sacrement, le roi faisait servir dans l'ancienne chambre du gîte, au-dessus de la sacristie, un déjeûner pour le collége des trésoriers et chanoines, au retour de la procession.

La veille de la fête de la Nativité de Saint-Jean-Baptiste et de la fête de Saint-Pierre et Saint-Paul, à six heures du soir, on faisait un feu dans la cour du Palais, et les chapelains et clercs récitaient une prière devant l'image de la Vierge, placée au-dessus de la porte de la basse Sainte-Chapelle.

On célébrait encore d'autres coutumes moins importantes que nous nous abstiendrons de citer pour ne parler que de la cérémonie de l'Ange. Dans certaines églises, pendant la messe du jour de la Pentecôte, on jetait des voûtes quelques étoupes allumées en langues de feu, un ou plusieurs pigeons blancs et des fleurs pour représenter la descente du Saint-Esprit sur les apôtres ; mais à la Sainte-Chapelle on voyait descendre de la voûte la figure d'un ange tenant un biberon d'argent avec lequel il versait de l'eau sur les mains du célébrant. En 1484, le roi Charles VIII ayant entendu la messe à la Sainte-Chapelle, prit tant de plaisir à cette cérémonie, qu'il demanda à le revoir, ce qui fut exécuté de nouveau les 6 et 13 juillet.

Le collége de la Sainte-Chapelle, institué pour garder les précieuses reliques de Notre-Seigneur, eut toujours dans son sein des prélats et des magistrats remarquables, et parmi ces hommes illustres qui en furent trésoriers ou chanoines, on compte sept cardinaux : Pierre d'Ailly, Antoine Sanguin, Adrien de Boisy, Philibert Babou de la Bourdaisière, Adrien Gouffier, Odet de Coligny, de Châtillon, et Pierre de Gondy.

Beaucoup d'autres furent évêques ou archevêques, et dans le nombre de ceux qui se distinguèrent par leur mérite et leur savoir on peut nommer Jean Mortis, chantre, chanoine et conseiller au parlement; Pierre Bechebien, médecin de Charles VII ; Philippe des Portes, poète en faveur à la cour des rois Henri III et Henri IV; Jean Gillot, l'un des auteurs de la Satyre Menippée ; Charles de Tronchay et Gilles Dongois, savans antiquaires; enfin, Jacques Boileau doyen de la faculté de théologie et frère de Nicolas Boileau-Despréaux.

Le 12 mars 1787, un arrêt du conseil ayant ordonné la suppression des saintes chapelles de Paris et de Vincennes, les reliques furent, en 1791, transportées et placées au trésor de l'abbaye de Saint-Denis, à titre de dépôt, et jusqu'à ce qu'il eut été statué ultérieurement à cet égard. En 1793, elles furent transférées à la commission temporaire des arts, et quelque temps après, on les porta à l'hôtel des Monnaies, où on les dépouilla de l'or, de l'argent et des pierres dont elles étaient enrichies. La majeure partie des reliques fut détruite, le reste fut déposé au cabinet des médailles et antiques.

Et maintenant il ne reste plus rien de ce qui fut tant vénéré. Les hommes ont causé plus de ravages que les siècles. Depuis cinquante-cinq ans, la Sainte-Chapelle n'existe plus ; les pierres ne se sont point écroulées ; les voyageurs ne se sont point assis sur ses ruines ; mais ses murs, qui ont si souvent retenti des chants sacrés, sont froids et muets comme la tombe ; ses nombreuses chapelles sont abandonnées ; et si le lierre et les herbes touffues n'ont pas tapissé ses dalles et ses colonnes, c'est que quelques hommes laborieux sont venus fouiller dans ce *dépôt supplémentaire de la section judiciaire des archives nationales*, et ont pris soin de les arracher.

Voilà ce que deviennent les chants, les hymnes, la gloire ! L'agitation fait place au repos ; le silence succède au bruit. Les hommes oublient tout, les combats, les guerres, le choc retentissant des glaives et des armures; et après une tourmente, ils ne se rappellent plus les sons de l'orgue, l'asile de la prière, les autels de Dieu!

En ce moment on restaure la Sainte-Chapelle, que l'on veut rendre au culte, après un demi-siècle. Sans doute c'est une louable pensée de rendre un monument semblable à sa destination première; mais qui lui redonnera ses grands souvenirs et ses antiques fêtes; qui lui rendra ses saintes reliques, que les rois et les empereurs venaient visiter, que tout les peuples honoraient? Oui, l'on nous donnera un autel, on relèvera une église, on reconstruira un temple; l'homme pieux ira prier; mais celui qui, comme nous, aura gardé un souvenir des temps passés, celui qui songera aux travaux de saint Louis pour conserver les plus précieuses reliques, dira: Non, ce n'est pas la Sainte-Chapelle!

Eugène d'AURIAC.

S.-SULPICE.

L'origine de cette église est si humble, qu'elle est restée obscure. Bâtie un peu au sud de la puissante abbaye de Saint-Germain-des-Prés, placée sous sa juridiction, et indépendante de celle des évêques, elle servait de paroisse à ses serfs et aux rares habitans de ces campagnes alors presque désertes. Mais à quelle époque fut-elle construite ? L'histoire, à cet égard, ne nous laisse que des témoignages incertains. Selon les uns, la date de sa fondation peut être fixée au VIIIe siècle; mais cette opinion n'est pas probable, et deux tombeaux trouvés sous le parvis, abattu en 1724, seraient de cette antiquité une preuve insuffisante, quand bien même l'un d'eux appartiendrait, comme on l'a dit, à ce siècle. D'autres, sans paraître mieux fondés, lui assignent une date plus récente et la vérité semble être au milieu. Nous pensons donc que l'église de Saint-Sulpice fut élevée vers la fin du XIIe siècle, lorsque l'abbaye était sur le point d'affranchir ses serfs. Elle était destinée à remplacer la chapelle de St-Pierre qui, située au nord de l'abbaye, sur l'emplacement qu'occupe aujourd'hui l'hôpital de la Charité, contenait à peine douze personnes, et était demeurée insuffisante pour le service curial. Notre église avait pour patrons saint Pierre, saint Jean-Baptiste, saint Laurent et saint Sulpice, et peut-être fut-elle bâtie elle-même à la place d'une ancienne chapelle de St-Jean-Baptiste agrandie pour les besoins du quartier. Les accroissemens successifs de la paroisse nécessitèrent de nouvelles constructions ; une nef fut élevée sous François 1er ; trois chapelles furent encore ajoutées de chaque côté de l'église, de 1614 à 1631. Une gravure charmante, d'Israël Silvestre, a reproduit Saint-Sulpice en cet état. C'est une église petite et modeste, église de village, sans luxe, mais pieuse et recueillie, faite pour la prière et non pour le regard. Avons-nous beaucoup gagné au change? Nous en dirons notre avis.

Pendant quelques siècles nous ne trouvons que des faits peu nombreux, mal déterminés, sans suite et sans lien, des notes sur Saint-Sulpice en quelque façon.

Le premier curé dont le souvenir se soit conservé est Raoul ou Radulphe ; il dirigeait la paroisse en 1209, lorsque fut achevée l'enceinte de Philippe Auguste. Les murailles nouvelles entamaient les terres de l'indépendante abbaye ; l'abbé réclama contre l'évêque, Raoul réclama contre le curé de Saint-Séverin, qui prétendait joindre à la cure les terres récemment encloses. Une sentence intervint ; les paroisses de Saint-André-des-Arts et de Saint-Côme furent formées des débris de Saint-Sulpice, et Raoul obtint pour toute indemnité une rente de 40 sous que devait lui servir l'abbé et qui pouvait être remplacée par un pain blanc et une pinte de vin donnés chaque jour.

A quelque époque que l'on remonte dans l'histoire de Saint-Sulpice, on y trouve une dévotion particulière à la vierge Marie, sous la protection de laquelle la paroisse toute entière semblait s'être spécialement placée. Plusieurs communautés, de nombreuses confréries, l'avaient adoptée pour patronne, et cinq chapelles lui étaient dédiées dans ce temple. Chaque année, le mardi de la Pentecôte, le clergé de la paroisse et toute la paroisse après lui, partaient dès trois heures du matin, et accomplissaient un « pèlerinage long et fâcheux à la chair » dans l'église d'Aubervilliers, entre Saint-Denis et la Villette, devant une statue célèbre de la vierge, qui avait valu à ce lieu le nom de Notre-Dame-des-Vertus. On ignore l'origine de cette procession annuelle, qui peut remonter au milieu du xivme siècle: car c'est en 1338, et pendant une longue sécheresse, que la piété d'une jeune fille, en couronnant de fleurs la pauvre statue de village, obtint une pluie abondante et longtemps désirée.

En 1529, Paris tout entier, conduit par ses pasteurs, alla y implorer la conversion des nouveaux hérétiques et la pacification de l'Église, et les dévôts qui suivirent étaient si nombreux, que de Montlhéry, les cierges qu'ils portaient semblaient un vaste incendie. Ce pèlerinage fut supprimé en 1750.

Ces dévotions publiques, dont l'éclat laisse de plus longs souvenirs, n'étaient que de rares événemens dans la vie de la paroisse ; mais la piété trouvait un aliment plus constant dans les mille associations qui s'adressaient à tous les états, à tous les besoins, à tous les malheurs, qui offraient aux fidèles de pieuses pratiques, liens mystérieux entre la terre et le ciel, et qui, rappelant à chaque instant que Dieu ne nous'oublie pas, jettent un rayon lumineux dans la vie déshéritée du pauvre. Saint-Sulpice était, parmi toutes, l'église des congrégations et des confréries. Quelques-unes, qui existaient encore au dernier siècle, ont une origine inconnue et remontent au commencement du xvime.

Lorsque les discussions religieuses et les rancunes politiques d'une aristocratie depuis longtemps abaissée enfantèrent enfin la guerre civile, ces troubles funestes marquèrent dans l'histoire de Saint-Sulpice une période qui n'est pas sans gloire. Les princes s'étaient appuyés sur la masse catholique, le roi de France, repoussé vers les protestans, et impopulaire par cette alliance, avait été assassiné; son successeur était protestant lui-même, la France supérieure, les savans, les parlemens, les nobles même, inclinaient à la réforme, et le royaume peut-être l'aurait embrassée sans cette ligue, dont on peut blâmer les actes, mais dont il faut avouer les résultats. Paris, qui avait fermé ses portes, était tout entier ligueur. Trois curés seuls osèrent rester royalistes au péril de leur vie : Benoist de Saint-Méry, Morenne de Saint-Eustache, Aymart de Chavaignac de Saint-Sulpice, hommes d'action, de courage et d'honneur, de l'aveu même de leurs ennemis.

En 1593, Henri IV pensait enfin à embrasser le catholicisme, il était à Saint-Denis, il appelle Benoist, celui-ci hésite ; Chavaignac, plus courageux, sans mystère et en plein jour, en face des ligueurs et malgré leurs chefs, sort de Paris, le 13 juillet, étonne par son courage, rallie de nouveaux partisans à sa cause, et va ouvrir avec le roi de France, ses conférences qui devaient pacifier le royaume.

Après lui, M. Henri Lemaire, docteur en théologie, fut mis à la tête de la paroisse, il eut pour successeur M. Simon de Montereul, qui fut remplacé par M. Julien de Fiesque.

Nous touchons à l'époque la plus célèbre de Saint-Sulpice, voyons ce qu'était alors cette paroisse :

Elle était la plus importante et la plus vaste de Paris et peut-être du monde chrétien, et s'étendait sur tout le territoire que couvrent aujourd'hui avec elle les paroisses du Gros-Caillou, de Saint-Germain-des-Prés, de l'Abbaye-aux-Bois, des Missions-Étrangères, de Saint-Thomas-d'Aquin et de Sainte-Valère ; et sa population, plus nombreuse que celle de plusieurs diocèses, était la plus illustre de France. Indépendante, nous l'avons dit, de l'archevêque de Paris, elle était placée sous la juridiction ecclésiastique et civile de l'Abbaye ; mais située dans les faubourgs, prolongée au loin vers la campagne, elle conservait encore le caractère d'une cure de village, et il s'en fallait bien que la régularité de ses mœurs répondît à son importance et à son étendue. L'hérésie, la débauche, le crime, tous les malheurs et tous les déréglemens avaient sévi contre cette paroisse avec une incomparable audace. C'était elle que les Huguenots avaient choisi pour y établir leur premier temple, et réunis au nombre de près de quatre mille, ils étaient assez forts pour imposer et avaient laissé à cette partie de Paris le nom de *petite Genève*. La foi des catholiques même s'était affaiblie, la superstition avait pris sa place, les sciences occultes, la sorcellerie et la magie trouvaient là de nombreux prosélytes et n'avaient pas craint d'établir aux portes mêmes de l'église le siége de leur misérable trafic. Attirés par les plaisirs de la foire de Saint-Germain, encouragés par la faiblesse de la justice abbatiale, les voleurs et les débauchés envahissaient ce faubourg, et obligeaient la force publique aux abois, de recourir à l'assistance des bourgeois, auxquels il fut ordonné d'avoir des armes. Une mission tentée dans cette cure par saint Vincent-de-Paule, avait produit peu d'effet, et

M. Olier pouvait dire à cette époque : « Vous nommer le faubourg Saint-Germain, c'est vous dire tout d'un coup tous les monstres de vices à dévorer à la fois. »

Vers 1611, M. de Berulle fonde l'Oratoire, et la direction en est confiée d'abord au vénérable Charles de Condren, cet homme « fait pour instruire les anges. » M. Vincent-de-Paule et M. Bourdoise, tous deux disciples de ce dernier, instituent, l'un les Missions-Étrangères, l'autre la communauté des prêtres du Chardonnet. A côté de ces messieurs, Cæsar de Bus fonde l'institut des frères de la doctrine chrétienne, et un peu plus loin, avec un caractère plus décidément scientifique, apparaît la sombre et austère figure de M. Duvergier de Hauranne, abbé de Saint-Cyran, que la méditation devait jeter dans l'erreur.

Revenons à Saint-Sulpice. M. de Fiesque sentit que la réforme de cette paroisse était au-dessus de ses forces ; il pensa à résigner ses fonctions et jeta les yeux sur M. Olier.

Ce prêtre, qui s'était d'abord placé sous la direction de Charles de Condren, établit ensuite des rapports avec dom Tarisse, général des Bénédictins de Saint-Maur, avec M. Bourdoise, avec le baron de Renty, et se trouva ainsi dès le début de sa carrière au centre de ce mouvement réformateur que nous venons d'indiquer ; il avait refusé l'évêché de Chalons et la pairie, mais lorsque M. de Fiesque lui fit les premières ouvertures, il venait de fonder à Vaugirard (janvier 1642), une communauté de prêtres et un séminaire ; le premier séminaire de France, car les tentatives de saint Vincent-de-Paule et de M. Bourdoise, avaient dernièrement échoué. Cette paroisse, « qui n'était ni bornée, ni rétrécie par aucune juridiction, qui n'était d'aucun diocèse et ne relevait immédiatement que du pape, » semblait favorable à l'établissement d'un séminaire. Il traita enfin avec M. de Fiesque, le 25 juin 1642, prit possession le 10 août, et officia pour la première fois dans l'église de Saint-Sulpice le jour de l'Assomption.

On sait dans quel état il prenait cette église, on sait quelle était sa tâche. Les fonctions d'un curé, à cette époque, différaient bien de ce qu'elles sont aujourd'hui, et son influence dans le cercle de sa juridiction spirituelle était bien autrement importante. L'administration publique n'avait pas alors cette action puissante à laquelle rien n'échappe, et les pasteurs étaient obligés de suppléer par les voies de la persuasion et de la parole, à ce qui lui manquait. Sans doute l'ordre n'était pas aussi parfait, mais il était plus énergique. Les procédés d'aujourd'hui créent l'obéissance passive, ceux d'alors fondaient la vie, le zèle dans le devoir; et tandis qu'on ne considère que les actes, on agissait sur la volonté. Le premier soin de M. Olier fut d'établir au presbytère de Saint-Sulpice la communauté de Vaugirard.

Après la communauté, M. Olier agrandit son séminaire au milieu de difficultés de tous genres. Il réveille l'ancienne dévotion de la paroisse au Très-Saint-Sacrement et fonde une adoration perpétuelle. Il provoque les réunions fréquentes de la confrérie, active le zèle de ses membres, divise la paroisse en huit quartiers et commet un prêtre à chacun d'eux, confie aux prêtres de son séminaire la direction de 12 catéchismes fondés en divers points de cet immense quartier et où bientôt affluent quatre mille enfans. Les huguenots attirent son attention ; il établit avec eux des conférences; le terrible père Veron les dirige, mais cette logique hautaine ne savait que convaincre et ignorait l'art de persuader; deux hommes se présentent qui trouvaient le chemin des cœurs, deux hommes simples et ignorans, des laïcs, des artisans, un coutelier et un mercier, Jean Clément, *l'exterminateur des hérétiques*, et Beaumais. M. Olier profite de leur zèle pour l'amélioration de ses enfans spirituels. Les confréries des corps de métiers avaient embrassé des superstitions coupables, il réforme ces confréries, il abolit ces excès; il fait rechercher les pauvres honteux, ceux qui ne se plaignent pas et qui souffrent; il y en avait quinze cents dans la paroisse. Il répand ses bienfaits avec tant d'abondance, que dans sa foi ardente lui seul pouvait ne pas s'étonner de voir se remplir toujours ses mains qu'il vidait sans cesse.

Un zèle si persévérant et que l'on devait admirer, suscita pourtant à M. Olier de nombreux ennemis. M. de Fiesque, poussé par sa famille, réclama sa cure. Les gens de mauvaises mœurs, si sévèrement réprimés, cabalèrent de leur côté. L'irritation gagna les esprits. Le 8 juin 1645, le peuple s'ameute, envahit le presbytère, M. de Bretonvilliers veut apaiser la foule, une pierre est lancée contre lui, on s'empare de M. Olier, il est honteusement frappé et chassé de sa demeure. Vincent de Paule accourt, se jette au milieu de la mêlée en s'écriant : « Frappez hardiment Saint-Lazare et épargnez Saint-Sulpice. » Les factieux restèrent pendant trois jours maîtres du presbytère. M. Olier fut réintégré par arrêt du parlement, mais une nouvelle sédition se souleva, on fit le siége du presbytère. Il fallut y mettre garnison, des femmes envahirent le parlement, disposées à obtenir par la contrainte ce que la justice ne permettait pas d'accorder. A force de résignation et de bonté, M. Olier rétablit la paix après quarante jours de lutte, et ne tira d'autre vengeance de tout ces outrages que de solliciter en faveur de ceux qui avaient été compromis dans ces misérables désordres. Aussi disait-on de lui dans le faubourg « qu'un moyen d'en recevoir certainement des bienfaits, c'était de lui faire du mal. »

M. Olier profita de l'ordre rétabli dans sa cure pour continuer avec un zèle nouveau ses tentatives d'amélioration.

Le clergé de Saint-Sulpice fut bientôt pour tout le peuple un objet d'édification et pour les malfaiteurs même un corps si digne de leur respect, qu'ils épargnaient ses membres et leur offraient de les protéger. Cette bonne fortune, cependant, ne devait pas être sans mélange. Le 28 juillet, pendant la nuit, des voleurs s'introduisirent dans l'église en brisant les vitres de la chapelle Sainte-Barbe, et profanèrent les hosties. Un prêtre, qui venait à trois heures du matin pour dire une messe aux artisans et aux serviteurs dont déjà « l'église était presque pleine, » s'aperçut le premier du sacrilége et répandit l'alarme. A cette pénible nouvelle la consternation fut répandue dans la paroisse. Des prières publiques, des jeûnes furent ordonnés ; on fit une première procession à laquelle se mêlèrent les personnes les plus illustres, malgré une pluie continuelle qui tomba pendant plusieurs jours et « semblait, dit l'historien, apprendre aux hommes à pleurer ce désastre. » De toutes parts le peuple accourait et « il sembloit que tout Paris fust fondu dans une église. » La reine donna l'exemple de la piété en assistant plusieurs fois aux offices. Enfin, le 6 d'août, après l'office présidé par le nonce du pape, une immense procession parcourut la paroisse. La reine la suivait à pied, conduite par le prince de Conti, suivie de Mademoiselle, de la princesse de Condé, des duchesses de Longueville, de Schonberg et d'Aiguillon.

Le Saint-Sacrement, arrivé au palais d'Orléans (Luxembourg)

« fut reçeu par un excellent concert de musique auquel sans doute les anges répondirent insensiblement par un écho de fredons et de mélodie. »

Tous les ans un office spécial est encore célébré le premier dimanche du mois d'août, en mémoire de cette expiation.

Nous voudrions pouvoir dire encore le soin qu'il apporta à raviver la ferveur des confréries, à en établir de nouvelles, à fonder des congrégations et des communautés qui entretenaient la piété et la pratique des bonnes œuvres, mais il faut nous arrêter.

Tant de soins épuisèrent le respectable curé. Une maladie grave exposa ses jours vers le milieu de l'année 1652.

Il résigna ses fonctions le 20 du mois de juin, il eut pour successeur M. de Bretonvilliers. M. Olier se retira au séminaire qu'il avait fondé et dont il prit la direction exclusive. Sa vie désormais n'appartient plus à notre sujet. Elle se termina le 2 avril 1657.

Pendant un siècle, l'histoire de St-Sulpice offre à peine quelques traits qui méritent d'être rapportés. De vertueux pasteurs se succèdent, ils édifient le peuple par leur piété, maintiennent le zèle et la ferveur dans la communauté de prêtres, et, secondés par les ecclésiastiques du séminaire, travaillent sans relâche à l'amélioration du quartier.

L'espace nous manque et nous devons nous contenter de nommer ces pieux curés. Nous aurions voulu raconter leurs vertus.

Alexandre le Ragois de Bretonvilliers succède à M. Olier (1652-1658). Après lui la paroisse fut successivement administrée par MM. Antoine Raguier de Poussé (1658-678), sous lequel St-Sulpice entra dans la juridiction de l'archevêque de Paris, Claude le Bottu de la Barmondière (1678-1689); Henri Baudrand (1689-1696); Joachim Trotti de la Chetardie (1696-1714), sous lequel le clergé de St-Sulpice abandonna le rituel romain pour l'usage parisien; Jean-Baptiste-Joseph Languet de Gergy (1714-1748), qui fonda la succursale du Gros-Caillou et plusieurs autres établissemens utiles à la paroisse.

Mais la grande œuvre de M. Languet, celle qui mérite que nous nous arrêtions à l'administration de ce saint prêtre, celle qui, au milieu de tant d'autres soins, sembla absorber son activité toute entière, qui fut considérée par ses contemporains comme un service éminent rendu aux beaux-arts, et qui, pour nous, est encore une preuve de noble et infatigable persévérance, c'est l'achèvement de l'église que nous voyons aujourd'hui.

Nous ne pouvons raconter ici les périodes diverses qui traversèrent la construction de cette église. Le projet en avait été formé dès 1615. L'exécution en fut commencé en 1645, jusqu'en 1678 on ne cessa d'y travailler sous tous les curés qui se succédèrent, mais alors les embarras financiers de la fabrique contraignirent à interrompre les travaux.

M. Languet de Gergy ne put supporter l'état d'abandon où était tombé ce monument entrepris à si grands frais, il résolut de l'achever. En 1718 il n'avait entre les mains qu'une somme de 300 fr. destinés à cet objet par un legs pieux ; il achète des pierres avec cet argent et les expose aux regards des fidèles. Le zèle des paroissiens se réveille, les offrandes lui arrivent de toutes parts et bientôt les travaux peuvent être repris : Oppenort fut chargé de diriger les travaux, après lui Servandoni dressa le plan du portail, mais les tours qu'il avait conçues, remarquables d'ailleurs par leur mauvais goût, ne semblèrent pas assez hautes aux paroissiens qui voulaient que leur église dépassât en élévation la vieille Cathédrale de Paris.

Maclaurin fit de nouveaux plans et commença l'exécution ; il éleva, en 1749, la tour du midi, qui n'est pas achevée et qui ne mérite pas de l'être, et Chalgrin, à son tour, sur des dessins nouveaux, construisit la tour du nord. Servandoni voulait entourer son église d'une large place construite sur un plan régulier, « avec des portiques et des arcades à l'entrée des rues, à la manière des anciens ». Ces projets ne manquaient pas de grandeur, mais ils ont été abandonnés.

Les tours n'étaient pas encore élevées, lorsque M. Languet fit solennellement la dédicace de son église. Elle eut lieu le 30 juin 1745. Le clergé de France était alors réuni en assemblée générale.

Quelques changemens ont été apportés depuis ce temps dans l'église de Saint-Sulpice. Nous tâcherons de décrire en peu de mots l'état où elle se trouve encore aujourd'hui.

Sa vaste croix, couchée de l'orient à l'occident sur une longueur de 132 pieds, élève sa voute à plus de 100, et des deux côtés, des contreforts la soutiennent, dont la lourde construction appesantit encore cette masse gigantesque, et qui, dans leurs contours onduleux et tourmentés, semblent s'élever avec peine vers le ciel, et tendre incessamment vers la terre.

Son immense portail développe au couchant une ligne froide et sans grâce de 384 pieds. Œuvre informe de Servandoni, il reproduit tous les défauts de cette époque lourde et pompeuse. Une colonnade, pesamment doublée d'un portique, forme sur cette façade une galerie dont les ouvertures béantes ne recèlent aucun mystère, et n'inspirent aucune piété. Deux tours maigres, écartées, placées au-dessus comme un hors d'œuvre, sans que rien les rattache à l'ensemble et comble le vide énorme qui les sépare, couronnent mal ce portail de mauvais goût. L'œuvre de Chalgrin, cependant, est peut-être la partie la moins défectueuse de l'édifice. On franchit par 400 marches cette tour de 230 pieds; c'est 26 pieds et 36 marches de plus qu'aux tours de Notre-Dame. Notre-Dame et Saint-Sulpice ! ces deux puissantes rivales, luttent à qui s'élèvera plus haut vers le ciel, victorieuses toutes deux, l'une par la pensée, l'autre par la masse, et l'on dirait que, du haut de leurs tours, elles lisent chacune leur histoire dans les spectacles qui les entourent. Voyez la vieille cathédrale, c'est l'église des bourgeois et des marchands, l'église du mouvement, du bruit et du négoce, Saint-Jacques-la-Boucherie est auprès; c'est l'église de cette puissante marchandise de l'eau, la grande corporation du moyen-âge : elle est construite sur un autel païen consacré par les bateliers, par les pourvoyeurs de la cité, et les échoppes des vendeurs, il n'y a pas longtemps, encombraient encore son portique. Quel spectacle varié et remuant autour d'elle ! Aussi loin que s'étende la vue, on voit la Seine qui s'avance à pas lents au milieu de deux rives populeuses, apportant la richesse avec elle. Elle s'approche, elle embrasse la ville pour la défendre et pour la nourrir, comme une mère son enfant; et, continuant sa marche, elle semble, dans ses détours, s'éloigner à regret de ce vaisseau échoué qui s'est confié dans ses ondes. Ici les trésors entassés qui remontent et descendent, l'activité, l'ambition, le travail; plus loin, à St-Sulpice, la paix, le calme, l'opulence, non plus cherchée dans la remuante industrie, mais assise sur le sol et immobile comme lui, les vastes et tranquilles horisons.

On sent l'église abbatiale, l'église des propriétaires, des moines, et plus tard des nobles, bâtie sur des vignes et sur des pâturages. La Seine a disparu derrière les maisons qui la bordent ; la ville a je ne sais quoi d'austère et de silencieux, et l'œil, étonné de ce magnifique spectacle, voit s'étendre derrière elle les riches coteaux de Vaugirard, de Meudon et de Saint-Cloud, les bois et les moissons, l'œuvre de Dieu que les hommes transforment le moins.

Mais on fait une lourde chute lorsqu'en quittant la magie de ce spectacle on retombe sur cette prosaïque église qu'il nous faut encore considérer. Quelques souvenirs touchans nous aident à descendre la tour de Chalgrin : nous y trouvons des noms qui ne sont pas moins vénérables par les infortunes qu'ils rappellent que par leur grandeur. Ceux de Louis XVIII et de son auguste nièce sont gravés sur la plus grosse cloche de la tour ; Charles X et la duchesse de Berry ont donné les leurs à la seconde, et la plus petite, « celle, » nous disait notre guide, « qui sonne le plus souvent, » a reçu ceux d'Henriette-Louise, des deux jeunes princes qu'on appelait alors *Enfans de France*.

L'intérieur de Saint-Sulpice ne fait oublier par aucune beauté l'impression fâcheuse que l'on reçoit en l'envisageant au dehors. On cherche en vain les tombeaux qu'avaient recueillis autrefois ses chapelles. Des réglemens absurdes, en dispersant ces morts, ont effacé de ces lieux le souvenir des hommes comme un regrattage récent en a maladroitement effacé même le souvenir du temps écoulé, le plus vague de tous, mais précieux aussi pour le cœur.

Deux tombeaux restent seuls sous ces voûtes. Celui de M. Languet de Gergy, composition ridicule, mélodrame en marbre où la mort joue le rôle de tyran, et celui de M. de Pierre, dernier curé de la paroisse. Il est grave, d'une noble simplicité, d'un beau style, et les incrustations de marbres de couleurs y sont disposés avec un goût élevé.

Le chœur a près de 100 pieds. Le maître-autel, maigre et isolé sur cette vaste estrade, offre d'abord ses frêles dorures aux regards des fidèles, mais il n'est pas assez important dans l'ensemble de l'édifice pour arrêter la pensée ; ce n'est qu'un accessoir, un ornement entre dix, mais ce n'est pas l'objet principal. Derrière lui, s'étendent sur deux rangs les stalles du clergé, qui se trouve ainsi séparé des assistans.

Seule au fond de l'église et derrière le chœur s'élève la chapelle de la vierge, dont l'enceinte circulaire fait saillie sur le plan de l'abside. On connaît la vieille et ardente dévotion de la paroisse à la vierge-mère, on la retrouve dans la somptuosité de cette chapelle, la plus riche et la plus belle de toutes, la seule qui mérite un moment d'attention. Une fresque de François Lemoine remplit la coupole ; l'exécution n'a rien de remarquable, la composition paraît un peu confuse, mais les grandes proportions de cette peinture en font une œuvre de quelque mérite. Marie est entourée du céleste cortège des docteurs et des anges, et M. Olier conduit ses paroissiens aux pieds de la vierge, et les met sous sa protection. Vainement on pria M. Languet d'accepter la seconde place dans cette composition, sa pieuse humilité refusa constamment cet honneur et donna au sacerdoce un exemple qui mérite d'être suivi.

Les voussures dorées qui entourent la fresque de Lemoine un peu lourdes et massives, ne manquent pas cependant de grandeur, et rappellent les plafonds de Versailles ; c'est le même style, riche, mais froid, grand, mais théâtral. La vaste sculpture qui remplit le fond de cette chapelle mérite les mêmes reproches. Des nuages nombreux soutiennent la vierge-mère et son divin enfant qu'éclaire un jour mystérieux ; tout cet ensemble vise trop à l'effet et semble employer des moyens trop compliqués pour produire la douce impression de recueillement et de piété que ce lieu devrait inspirer.

Ce n'était pas autrefois une statue de pierre qui ornait cette chapelle, elle était d'argent, et M. Languet l'avait fait exécuter par Bouchardon. La révolution l'a fondue. Le digne curé, dit-on, exerçant une douce violence sur la charité des fidèles, mettait dans sa poche, lorsqu'il dînait à leur table, le couvert dont il s'était servi, et c'est ainsi qu'il amassa le métal nécessaire à la statue.

Suspendue aux flancs de l'édifice, comme un enfant au sein de sa mère, une chapelle encore appelle les prières ; plus retirée et plus discrète, son enceinte toute entière se détache du plan général, et il faut sortir de l'église pour trouver ce mystérieux autel. Autrefois, les prêtres allemands y venaient pour instruire leur compatriotes qui lui ont laissé leur nom. C'est le refuge des étrangers et la chapelle de l'exil, la plus recueillie dans ce vaste monument et la mieux faite pour la prière ; les vieilles boiseries qui la couvrent, cette chaire sombre et simple familièrement assise tout auprès des fidèles, comme le fauteuil d'un père qui parle à ses enfans assemblés, tout nous plaît dans cette chapelle, perle modeste, à côté du clinquant qui l'entoure et qui s'embellit encore par le contraste et par les souvenirs qu'elle évoque. Sans doute, Jacques II, le roi exilé, s'agenouilla devant cet autel lorsqu'il vint un jour (1697) à Saint-Sulpice entendre la passion de son divin maître, roi exilé comme lui; et il y a quelques jours encore, devant nous une femme prosternée, étrangère, exilée aussi, appelait peut-être la protection du ciel sur sa royale enfant et sur son royaume déchiré.

Un pas encore, un mot seulement, et nous aurons tout vu. Et aussi bien, que reste-t-il dans cette église souterraine où nous voulons descendre? Des débris de l'ancienne église et les traces de son ancien sol, quelques pieds au-dessous du sol d'aujourd'hui; le chœur presque entier et quelques colonnes dispercées çà et là qui soutiennent encore le nouvel édifice, ruines mélancoliques et dont je préfère les vestiges délabrés aux froides grandeurs du monument qui les surmonte; puis autour un terrain fouillé en tous sens, qui semble un amas de décombres. Autrefois, cette terre renfermait des tombeaux, et, aux pieds de leur église morte, reposaient les morts qui l'avaient aimée; on les a chassés aujourd'hui.

Revenons à l'histoire de Saint-Sulpice; M. Languet de Gergy eut pour successeur (1748) M. Dulau Dallemans, après lequel vint M. Joseph Say de Terssac qui, en 1788, résigna la cure entre les mains de M. de Pancemont. Une tempête furieuse s'amoncelait sur l'église de France, personne ne lui résista avec plus de fermeté que ce prêtre courageux. Son administration marque aussi une grande époque dans l'histoire de la paroisse; M. de Pancemont, après M. Olier, c'est le héros après l'apôtre, il hésita d'abord à prendre un tel fardeau, mais, quand il l'eut accepté, il le porta avec courage.

La révolution éclata avec toutes ses colères contre les nobles et contre les prêtres, c'est alors que Saint-Sulpice devint le théâtre des plus ridicules ou des plus monstrueux excès; il semblait que toute raison se fût éteinte, et que les notions du plus simple bon sens eussent abandonné ces intelligences aveuglées par leurs erreurs.

La position de M. de Pancemont devenait de plus en plus difficile; s'il répandait dans le peuple de larges aumônes, il voulait le gagner; s'il les diminuait, les ressources lui manquant, il voulait exciter les regrets.

Il était important de gagner les curés de Paris, tous influens dans le clergé de France, et surtout le curé de Saint-Sulpice, le plus influent de tous. On n'épargna rien pour y arriver. S'il faut en croire l'autorité que nous suivons, les meneurs avaient médité une sorte de protestantisme français, moins chargé encore que l'autre de cérémonies et de dogmes; et ils avaient choisi M. de Pancemont pour le chef de leur réforme. « Luther a fait sa réforme en trois mois, » lui disait l'envoyé mystérieux de ce concile nouveau, « et vous ne manquerez ni d'hommes, ni d'honneurs, ni d'argent; » est-il nécessaire de dire qu'il refusa?

M. de Pancemont essaya en vain de sauver l'abbaye de Saint-Germain-des-Prés; il prêta serment à la constitution quand ce serment n'engagea pas la foi, mais il refusa le serment religieux.

Enfin, le jour fatal arrive où le serment doit être prêté, l'église se remplit de fidèles et de factieux; les harangueurs se lèvent et excitent le peuple. Le curé paraît, le maréchal de Mouchy et le clergé l'accompagnent : il monte en chaire; les lévites, pour le défendre, se placent sur les degrés. Il parle des pauvres et des moyens de les secourir : il a fini, il se retire et il n'a pas dit un mot du serment; l'église alors retentit des cris : *le serment! à la lanterne!* M. de Pancemont, toujours calme, regagne la chaire, et, au milieu du silence, il en laisse tomber ces pieuses et solennelles paroles : « *Ma conscience me le défend.* » Elles furent le signal du combat. On se précipite sur le pasteur, les prêtres et les fidèles qui l'entourent le défendent en vain; on le préserve pourtant et on le conduit dans la sacristie. Là, l'émotion prend le dessus, il s'évanouit, et revenu bientôt à lui dans ce moment suprême où la conscience en face des dangers acquiert une énergie nouvelle, il se rend avec un saint orgueil ce sublime témoignage : « Voilà le plus proche parent que j'aie ici, s'écrie-t-il en montrant M. de Colanges, et demandez-lui si toute la vie je ne me suis pas occupé de faire le bien... Voilà le prix que j'en retire. » Quelle distance de ce cri, retour mélancolique sur la vie et l'humilité résignée de M. Olier qui, dans une même circonstance, abreuvé de dégoûts, en appelle de plus grands encore?

Et pourtant qui n'admirerait l'un et l'autre, et qui dira lequel est le plus humble de l'orgueil du premier ou de l'humilité du second?

Le curé est interdit, il continue ses fonctions. Le 4 février 1791 intervient un décret nouveau, qui divisait Paris en trente-trois paroisses. Saint-Sulpice en formait trois : l'une conservait pour siège cette église; les deux autres se réunissaient à Saint-Germain-des-Prés et à Saint-Thomas-d'Aquin. Deux jours après, le père Poiré, prêtre assermenté supérieur de la maison de l'Oratoire-Saint-Honoré, est élu curé de Saint-Sulpice. M. de Pancemont comprend bien qu'il n'est pas possible de résister à cet intrus; il quitte le presbytère, et abandonne l'église qu'il ne peut plus garder; il loue publiquement à la municipalité elle-même l'église des Théatins, et il l'ouvre (11 avril) au culte catholique. Rome n'est plus dans Rome. Les fidèles s'y rendent en foule, les révolutionnaires y viennent aussi, ils s'attroupent, ils insultent les prêtres et les femmes.

On va plus loin, on médite la mort de celui qu'on ne pouvait vaincre, s'il faut en croire un récit du temps. M. de Pancemont est obligé de fuir. Il se réfugie à Bruxelles.

L'absence de M. de Pancemont dura six mois; il revint ensuite à Paris, mais il évita de paraître en public, et se voua tout entier au secours des pauvres et aux œuvres de charité, sous la protection des autorités du département, qui toujours, les contemporains lui rendent cet hommage, restèrent fidèles aux principes de liberté qu'elles avaient proclamés. Enfin, lorsque la paix revint pour la religion, M. de Pancemont, qui avait si bien mérité d'elle, fut nommé à l'évêché de Vannes, et quitta pour jamais une paroisse qu'il avait honorée par son courage et par ses vertus.

Le père Poré était mort; un prêtre, nommé Mahieu, lui avait succédé. Un instant l'église de Saint-Sulpice fut transformée en temple de la victoire; mais enfin, à la renaissance du culte, M. de Pierre fut nommé à cette cure (1802).

M. de Pierre, ancien prêtre de la communauté de Saint-Sulpice, avait traversé la révolution au milieu des dangers, mais toujours à son poste. Il n'avait pas quitté Paris, et il n'avait pas voulu un instant ralentir son zèle dans la distribution des secours spirituels aux paroissiens dispersés. Il fit, pendant son administration, de constans efforts pour réparer les maux dont il avait été témoin, et sa fortune privée fut consacrée à des bonnes œuvres ou à des réparations que les fureurs révolutionnaires avaient rendues nécessaires dans son église; il s'occupait de rétablir cette pieuse communauté de prêtres qui, pendant un siècle et demi, avait jeté tant d'édification sur la paroisse, lorsque la mort vint le surprendre le 22 janvier 1836.

Après six mois de vacances, pendant lesquels M. Potel, vicaire de Saint-Sulpice, administra cette église, M. Colin fut nommé curé, et c'est lui qui dirige aujourd'hui le troupeau de M. Olier, de M. Languet et de M. de Pancemont; la position de ce pasteur et le malheur des temps lui indiquaient suffisamment sa tâche, et, placé près d'un foyer de lumières religieuses, il semble surtout avoir porté son attention sur l'instruction chrétienne que réclament ses administrés. Saint-Sulpice est sur ce point, et il n'y a rien là qui doive étonner la paroisse la plus remarquable de Paris. Les prêtres du séminaire, toujours si dévoués, et dont le zèle n'a jamais failli quand il s'est agi de bienfaits à répandre, dirigent encore, comme au temps de M. Olier, des instructions nombreuses sur la foi, appropriées aux différens âges et à l'intelligence des auditeurs. Ici le zèle de l'apôtre suit encore le jeune homme après sa première communion; il le dirige et lui fait pénétrer plus avant ces mystères insondables de la grandeur divine; il fortifie sa foi, et, par conséquent, l'aide à marcher dans la voie du bien; et ces instructions dignes, graves, hautes quelquefois, ces *catéchismes de persévérance* rendent des services dont on s'aperçoit de plus en plus. La paroisse de Saint-Sulpice, plus d'une fois morcelée depuis les vieux jours, et qui voit autour d'elle bien des filles rassemblées sur son vieux patrimoine, a perdu beaucoup de l'importance que nous lui avons vue; ce n'est plus la première paroisse du monde, c'est, comme on dit aujourd'hui dans notre langage administratif, une paroisse de *première classe*, et voilà tout. Mais elle est encore éminente par sa piété et par la pureté de ses mœurs, et les saints prêtres dont nous avons cherché à reproduire quelques traits n'ont pas jeté en vain sur cette terre fertile la pieuse semence de leurs bonnes œuvres et de leur parole.

Edouard LASSÈNE.

S.-MERRY.

Vers la fin du septième siècle, un pieux personnage, nommé Merry ou Médéric, quitta le monastère d'Autun, dont il était abbé, et; voulant vivre en simple religieux, vint à Paris accompagné de Frodulfe ou Frou, son disciple. Il établit sa demeure dans une humble cellule bâtie auprès d'une chapelle dédiée sous l'invocation de saint Pierre. Après avoir habité cette retraite pendant trois ans, le cénobite Merry rendit son âme à Dieu, et sa dépouille mortelle fut recueillie dans la chapelle de Saint-Pierre.

L'historien, qui nous a conservé ces particularités de la vie de Merry, fixe l'époque de sa mort au 29 août de l'an 700, et c'est aussi à cette date que, chaque année, l'église honore sa mémoire sous le nom de saint Médéric.

La chapelle de Saint-Pierre ne tarda pas à acquérir une grande célébrité par les miracles nombreux qu'y opéraient les reliques de Merry, mort en odeur de sainteté. C'est ce qu'atteste un diplôme de Louis-le-Débonnaire, de l'année 820. Dans le même siècle, sous le règne de Charles-le-Chauve, un culte public fut établi dans le même lieu en l'honneur de notre saint, comme on le voit dans un martyrologe qui fut composé alors par le laborieux bénédictin Usuard, et qui, depuis cette époque, fut lu dans tous les chapitres. Cependant la chapelle de Saint-

Pierre conserva encore son ancien nom. Mais, en 884, un prêtre, nommé Théodelbert, qui la desservait, désirant que le corps de saint Merry fût placé dans un lieu plus convenable, en fit préparer un plus digne de le recevoir. On apprend, dans les actes de saint Merry, que la translation de ce précieux dépôt fut faite en présence du clergé séculier, des moines de Paris et des environs, et d'une grande affluence de peuple. La cérémonie était présidée par les archidiacres du diocèse, représentant l'illustre Gozlin, évêque de Paris, prélat doué des plus grandes qualités, et qu'on vit plus tard défendre en personne les murs de la ville assiégée par les Normands.

Suivant l'abbé Lebeuf*, c'est à l'époque de cette translation qu'on peut fixer la formation d'un petit clergé destiné à soulager le chapelain dans ses fonctions, à célébrer avec lui l'office divin, et à remplir les pieuses fondations dont le nouvel oratoire avait été l'objet. Les riches donations, faites par de grands personnages, et approuvées successivement par les rois Eudes, Carloman et Louis d'Outremer, étaient en effet suffisantes pour subvenir aux besoins de ce clergé naissant.

Ce fut dans la seconde moitié du neuvième siècle que cette chapelle fut changée en une église, sous l'invocation de saint Pierre et de saint Merry. Le nom du fondateur de cette nouvelle basilique demeura longtemps inconnu; il serait sans doute encore ignoré sans les démolitions qu'on fit au seizième siècle, sous le règne de François Ier, pour reconstruire l'église telle qu'elle existe aujourd'hui. On découvrit alors dans un tombeau de pierre le corps d'un guerrier qui avait aux jambes des bottines de cuir doré, et l'on put lire sur la pierre tumulaire l'inscription suivante :

Hic jacet vir bonæ memoriæ Odo Falconarius, fundator hujus ecclesiæ.

M. de Saint-Victor, auteur du TABLEAU HISTORIQUE ET PITTORESQUE DE PARIS, présume que cet *Odon le Faulconnier* était ce fameux guerrier de Paris, lequel, avec Godefroi, autre guerrier non moins célèbre, défendit si vigoureusement la ville contre les Normands en l'an 886, sous les ordres du comte Eudes, qui devint roi deux ans après.

---

* *Histoire de la ville et de tout le diocèse de Paris.*

Quoiqu'il en soit, on a lieu de croire que l'église, fondée par Odon, avait été considérablement agrandie, et peut-être même rebâtie en entier vers l'an 1200. Il n'est point étonnant que, lors de ces constructions, le tombeau de ce fondateur ait été lui-même enfoui involontairement. Il ne faut pas chercher d'autre cause du silence absolu qui, durant plusieurs siècles, a pesé sur le nom du pieux fondateur de l'église de Saint-Merry.

« Il y a lieu de croire, dit encore l'auteur du *Tableau historique et pittoresque de Paris*, que, dès le temps de sa fondation cette église était devenue paroissiale, et l'on en trouve une preuve, commune à beaucoup d'autres églises, dans son éloignement des deux paroisses au milieu desquelles elle était située, et dans la population nombreuse de ce quartier. Mais on ne connaît aucun titre qui la présente alors comme une collégiale desservie par des chanoines, ainsi que l'ont avancé quelques auteurs; et lorsque, vers l'an 1015, le chapitre de Notre-Dame la demanda et l'obtint de Renaud, évêque de Paris, les lettres qui furent données à ce sujet ne font nullement mention de ces chanoines, dont le consentement eût été essentiel pour opérer cette union, s'ils eussent effectivement existé. On n'y parle que de l'archidiacre *Elisiard*, de qui cette église dépendait, et du prêtre *Herbert* qui la desservait, et à qui on la conserva pendant sa vie. Telle est du reste l'origine de la supériorité que l'Église-Mère a toujours conservée sur celle de Saint-Merry, qui, pour cette raison, était nommée l'une des filles de Notre-Dame.

» Une simple tradition veut que le chapitre de la cathédrale, s'étant mis en possession de l'église de Saint-Merry, y ait aussitôt placé sept de ses bénéficiers, qui prirent le titre de chanoines, et formèrent, dès-lors, cette collégiale telle qu'elle était au moment de sa suppression. Quel qu'ait été le nombre des prêtres qui furent employés alors au service de cette église, il est constant qu'ils portaient au xiie siècle le nom de chanoines, et qu'ils administraient alternativement, et par semaine, les sacremens, usage qui subsista jusqu'en 1219; qu'à la requête et du consentement de ces chanoines de Saint-Merry le chapitre de Notre-Dame attacha la cure de leur église à la prébende, dont était alors pourvu Étienne Dupont, ordonna qu'à l'avenir elle serait toujours annexée à cette prébende, sans jamais pouvoir en être séparée, et déchargea les autres chanoines du soin des âmes et de toutes les fonctions qui y sont relatives. Ce chanoine-curé fut appelé *pleban, presbyter, plebanus qui plebi præest, qui plebem regit.* »

Dès le commencement du xive siècle, les habitans de la paroisse de Saint-Merry étaient devenus si nombreux qu'on fut obligé d'accorder un coadjuteur au chanoine pleban ou curé. Ces deux prêtres se partageaient les fonctions curiales et les remplissaient alternativement; tous deux avaient le nom de *chefcier* *; cependant le curé pleban avait non-seulement la prééminence en toutes occasions, mais encore jouissait de quelques priviléges utiles et honorifiques qui le distinguaient de son coadjuteur.

Cet établissement de deux chefciers ou curés à Saint-Merry était contraire à l'esprit et aux sages réglemens de l'Eglise, aussi donna-t-il lieu quelquefois à des conflits et à des divisions qui nuisaient à l'administration curiale. Mais une bulle du pape, Innocent XI, ayant approuvé, en 1683, le projet de réunion des deux cures, une transaction fut passée en conséquence entre les deux titulaires, et cette transaction fut ratifiée, dans le mois de mai 1685, par l'archevêque de Paris, par le chapitre de Notre-Dame et par les marguilliers de Saint-Merry, qui tous donnèrent leur consentement à l'exécution des lettres-patentes obtenues, à cet effet, au mois d'avril précédent, et enregistrées au parlement le 25 mai de la même année.

Par suite de ce nouvel état de choses, le chapitre de Saint-Merry était composé du chefcier curé, de six chanoines et de six chapelains en titre. Deux chanoines de Notre-Dame jouissaient exclusivement du droit de conférer ces bénéfices.

Mais parlons maintenant de l'église de Saint-Merry qui fut construite à la place de celle qu'avait fondée le guerrier Odon le Faulconnier. La reconstruction de ce temple, commencée vers 1520, ne fut pas achevée avant 1612. Cette église, qui est celle que nous voyons aujourd'hui, est d'une architecture gothique, quoique datant du règne de François Ier. Elle est située à l'entrée de la rue Saint-Martin; son chevet, c'est-à-dire la partie qui termine le chœur, s'étend du côté de l'Orient, comme dans le plus grand nombre des églises.

* Le savant Mabillon et l'abbé Lebeuf, recherchant l'étymologie du mot *chefcier*, disent *capitlarius à capitio*, qui est le chevet de l'église ou le sanctuaire dans lequel se portaient les offrandes.

Le goût moderne qui se montre si peu en harmonie avec la pensée religieuse, et qui s'est déclaré plusieurs fois en faveur de l'isolement des églises, trouve que l'entrée de Saint-Merry est tout-à-fait dépourvue d'intérêt, parce qu'elle se confond, pour ainsi dire, avec la masse des maisons qui l'avoisinent. Nous ne sommes pas d'accord avec les partisans de ce faux système, qui consiste à isoler les édifices religieux au milieu de vastes places, et nous leur opposerons ce que dit à ce sujet l'éloquent auteur des *Églises gothiques*:

« Les églises du moyen-âge, dit-il, ne sont point faites pour être vues aussi à découvert; elles ne sont convenablement placées qu'au milieu du silence et de la retraite; elles aiment à se voir entourées de demeures modestes et paisibles, qui semblent venir se presser à leur pied, comme pour y chercher une protection; elles ont besoin surtout d'être environnées de ces cloîtres muets et solitaires, destinés à l'habitation des ministres et des serviteurs du temple, qui en formaient la garde, comme autrefois la tribu de Lévi à Jérusalem. C'est seulement alors qu'elles conservent leur caractère pieux, mystérieux et solennel; que le recueillement, la méditation et les pensées graves se trouvent près du sanctuaire. Mais on les cherche vainement, lorsque le bruit des voitures qui circulent tout autour au dehors, les cris des marchands ambulans ou des enfans que leurs parens laissent vagabonder sur la voie publique, viennent couvrir la voix du célébrant; lorsque les chants des hommes ivres se mêlent à ceux du chœur, ou que l'orgue de Barbarie ou la musique du charlatan qui débite ses drogues s'unissent aux mélodies (souvent bien profanes) de l'orgue consacré; lorsque les tambours ou les trompettes du régiment qui défile ou qui parade sur la place, viennent troubler tout-à-coup l'homme qui prie, ou le pénitent qui s'accuse dans l'obscur réduit du confessionnal *. »

« Nous ne craignons pas de le dire, dit encore le même écrivain, c'est en dédaignant, en méprisant ces accessoires, si bien appréciés par nos pères, dans ce siècle si plein du sentiment religieux, c'est en s'efforçant de placer matériellement les églises dans les mêmes conditions que les édifices destinés aux usages profanes, en les faisant participer aux progrès de l'agréa-

---

Les Églises gothiques, p. 160 et 161.

ble et du *confortable*, qu'on a fini par réduire les pratiques religieuses au niveau des simples affaires de goût, de mode et de commodité; qu'on a eu des ténèbres de Longchamps, des messes musquées, et enfin des églises désertes. Dès que l'église n'a plus été qu'un bâtiment jeté sur la voie publique comme une salle de spectacle, comme un bazar, comme un café, on s'est dit naturellement : « J'y entrerai en passant », comme on se dit : « J'entrerai en passant au Musée *. »

En pesant ces judicieuses considérations, on demeure convaincu que l'église de Saint-Merry est convenablement placée pour répondre aux nombreux besoins de l'une des paroisses les plus populeuses de la capitale. Si son entrée semble trop simple au premier aspect, cette simplicité n'en fait que mieux ressortir la religieuse majesté de l'intérieur, qui offre un vaste vaisseau gothique, dont toutes les parties admirablement distribuées, présentent un ensemble d'une magnifique régularité. En pénétrant sous ces voûtes silencieuses, image des anciennes forêts des Gaules, on éprouve une sorte de frissonnement et un sentiment vague de la Divinité. Ces piliers dépourvus de chapitaux, ces arcs ou nervures qui fortifient les voûtes et s'en détachent comme les branches d'un arbre ou comme les épis d'une gerbe de blé, toutes ces constructions légères sont d'une heureuse hardiesse qui contraste avec la timide et lourde symétrie de l'architecture du paganisme.

L'intérieur de l'église de Saint-Merry se compose, comme la plupart des églises gothiques, d'une nef étroite, de bas-côtés et de chapelles qui l'entourent comme d'une ceinture. Ce temple fut, dans le siècle dernier, l'objet de grandes réparations et de beaucoup d'embellissemens, plus remarquables sous le rapport de la richesse que sous celui du bon goût. La châsse de Saint-Merry, soutenue par deux anges, était d'argent massif et ornée de pierres précieuses; elle contenait la plus grande partie des reliques de notre saint. Le chœur avait été décoré sur les dessins des frères Slodtz, habiles artistes comme statuaires et dessinateurs, qui ont laissé entr'autres admirables ouvrages, les bas-reliefs en pierre qui ornent le portique du rez-de-chaussée du portail de l'église de Saint-Sulpice. Par leurs soins, les arcades

---

* *Les Églises gothiques*, p. 163.

du chœur de Saint-Merry avaient été revêtues d'un stuc imitant le marbre, et celles du sanctuaire étaient enrichies de basreliefs représentant des vases sacrés. Le grand autel, fait en forme de tombeau antique et tout-à-fait isolé, était orné, sur ses faces et dans ses encognures, de consoles de bronze doré, et deux anges, placés au bas du chœur, soutenaient les pupitres de l'Evangile et de l'Epitre.

Pendant la tourmente révolutionnaire, époque de sauvage vandalisme, où l'on croyait détruire la religion en détruisant les églises, le monument gothique dédié à Saint-Merry fut moins malheureux que tant d'autres temples catholiques. A part les spoliations et les mutilations qu'il eut à subir, on peut dire qu'il fut épargné comparativement, car il resta debout avec la plus notable partie de ses décorations. Le chœur conserva presque tous les ornemens dont nous venons de parler, les vitraux même n'avaient été que très-peu endommagés. On y voit encore dans plusieurs chapelles quelques-unes des belles vitres peintes de Pinaigrier, célèbre peintre sur verre du xvie siècle. On doit vivement regretter de n'y plus retrouver une *Suzanne*, qui passait pour le chef-d'œuvre de Parroy, autre habile peintre sur verre. Ce morceau avait été recueilli, pendant la révolution, au Musée des monumens français.

Les chapelles des Croisés sont ornées de colonnes corinthiennes supportant des frontons triangulaires, ornement qui, soit dit en passant, forme une choquante disparate dans un édifice gothique. La chapelle dite de la Communion, éclairée par trois lanternes, avait été reconstruite en 1754. On voit encore quelques-uns des beaux tableaux qui décoraient les murs de Saint-Merry, et parmi lesquels on citait les ouvrages de Charles Coypel, Belle, Ulin, Carle Vanloo, Restout, Vouet. On admirait, dans la seconde chapelle, à gauche, près du chœur, un tableau en mosaïque fort estimé, représentant la Vierge et l'enfant Jésus entre deux anges; il était de David Florentin, et avait été apporté d'Italie en 1496, par Jean de Ganay, chancelier de France, qui avait accompagné le roi Charles VIII dans son aventureuse expédition au-delà des monts.

Il y avait aussi à Saint-Merry de belles tapisseries représentant l'histoire de N. S. Jésus-Christ; elles avaient été exécutées sur les dessins de Louis Lerambert, sculpteur de l'Académie.

Outre le corps de Saint-Merry, cette église possédait un grand nombre d'autres reliques, dont on trouve le détail historique dans l'ouvrage de l'abbé Lebeuf, que nous avons déjà cité *.

Quelques personnages célèbres avaient été inhumés dans l'église de Saint-Merry, ainsi que le témoignaient des inscriptions tumulaires qu'on pouvait y lire encore avant 1789. C'était une précieuse institution que celle des sépultures dans les églises. « L'homme d'état ne doit pas regretter moins vivement que l'homme religieux, a dit un écrivain moderne, la disparition de ces monumens funèbres si pleins de souvenirs et d'enseignemens, la destruction presque universelle de ces pavés tumulaires formés par la piété, et que l'on ne foulait qu'avec un pieux frémissement. Ces enseignes de la mort rappelaient aux fidèles que le christianisme, qui s'est élancé d'un sépulcre à la conquête du monde, a confié son culte naissant et ses premières initiations au culte des tombeaux. Il n'était pas une de ces effigies qui ne semblât crier d'une voix terrifiante : *Homme, souviens-toi que tu n'es que poussière!* — Le peuple, qui voyait sous ses pieds l'image de ceux qui, de leur vivant, marchaient sur sa tête, comprenait mieux qu'un jour vient où le puissant et le pauvre, également couchés dans la poussière, ne se distinguent plus que par leurs œuvres. Il apprenait à supporter ses maux, à dépouiller ses haines dans cette confiance, et la richesse même des mausolées qui se dressaient aussi à ses côtés, ne servait qu'à lui rendre la leçon plus frappante. L'accumulation des écus blasonnés et des épitaphes ne faisait ressortir qu'avec plus d'éclat la vanité des grandeurs humaines et l'inexorable impartialité de la tombe insatiable. — Qui peut dire aussi combien d'impressions salutaires ces oppresseurs de l'humanité, ces fléaux que le ciel envoie aux hommes dans sa colère, n'ont pas rapporté eux-mêmes de ces funèbres contemplations? On parle des vices dont ils se sont souillés, on énumère les crimes qu'ils ont commis; mais qui fera le compte de ceux devant lesquels a reculé leur conscience effrayée, cédant à ces utiles et salutaires admonitions! Dieu seul le sait. »

Parmi les anciennes sépultures de Saint-Merry, on distinguait celle de Simon Marion, jurisconsulte d'une grande réputation,

---

* Tome 1er, p. 260.

mort en 1699 ; celle d'Arnaud, marquis de Pomponne, ministre d'état, mort la même année; enfin, celle du fameux Chapelain, de l'Académie française, de son temps l'oracle de la littérature, rimeur plat, sec, lourd et dur, mais à qui l'on doit pardonner ses mauvais vers, dont le ridicule a été d'ailleurs bien surpassé depuis, en considération de l'immense service qu'il rendit aux muses françaises; il eut assez de goût pour deviner le génie naissant de Racine, et assez de probité littéraire pour encourager ses premiers essais. C'était un bien généreux sacrifice de la part d'un auteur qui se croyait poète, et qui était d'une avarice telle qu'il se refusait le nécessaire.

Dans le cloître Saint-Merry, derrière le chevet de l'église, on voit la maison qui fut longtemps le siége de la juridiction consulaire, appelée actuellement *Tribunal de Commerce*. Les juges-consuls avaient été institués à Paris par un édit royal de novembre 1563, avec mission de connaître et décider sommairement toutes contestations entre marchands et autres pour le fait de la marchandise, et les juger sans appel, pourvu toutefois que la demande n'excédât pas 500 livres. L'édit du roi Charles IX, portant établissement de cette nouvelle juridiction, dont on ne pouvait encore apprécier toute l'utilité, ne fut enregistré par le parlement qu'au mois de janvier 1565, et ce fut dès ce moment que les juges-consulaires entrèrent en fonctions. Durant plusieurs années leurs séances se tinrent dans l'auditoire de Saint-Magloire; mais l'acquisition qu'ils firent, le 16 novembre 1590, de la maison du président Baillet, située dans le cloître Saint-Merry, leur permit d'y établir leur tribunal, et ils vinrent s'y installer peu de temps après. Ce tribunal avait à peu près la même organisation qu'aujourd'hui; il était composé d'un juge et de quatre consuls, et tenait ses séances trois fois par semaine. Les consuls portaient le titre de *sire*, qualification donnée autrefois indistinctement à tous les seigneurs français d'un haut lignage ; mais depuis le XVIe siècle, elle n'a plus été employée que pour les rois et les consuls en charge.

Diverses peintures décoraient la maison consulaire. Il y avait dans la salle d'audience un tableau représentant le jugement de Salomon. On y voyait aussi le roi Charles IX remettant aux juges-consuls l'édit de leur création, par le peintre Porbus; le portrait en pied de Louis XV, et un tableau de Lagrenée le jeune, représentant le buste de Louis XVI soutenu par la Justice. Cette dernière toile ornait la salle du conseil *.

Une autre institution s'est maintenue dans le cloître de Saint-Merry. C'est l'hospice qui y fut fondé le 15 décembre 1783, en faveur des pauvres de la paroisse. Les sœurs grises y prodiguèrent longtemps leurs soins aux malades sous l'administration du curé et des membres du bureau de la charité. Aujourd'hui cet hospice est placé sous la surveillance du comité de bienfaisance. Derrière l'hospice étaient les écoles de charité, où les enfans des familles indigentes venaient chercher les premiers élémens de l'éducation chrétienne.

On ne peut s'occuper de l'église de Saint-Merry et des choses qui s'y rattachent, sans dire quelques mots d'un monument religieux qui a disparu pour faire place à une maison particulière. Nous voulons parler de l'église ou chapelle de Saint-Julien-des-Ménétriers, dont le nom rappelle une tradition touchante.

Au commencement du xive siècle, deux ménétriers ou joueurs d'instrumens de musique, touchés de compassion à la vue d'une femme paralytique, que son extrême misère condamnait à rester nuit et jour exposée aux injures du temps, conçurent le charitable projet de fonder, dans le lieu même où languissait cette infortunée, un petit hôpital qui pût servir d'asile aux pauvres errans.

L'abbesse de Montmartre était propriétaire de ce terrain, situé dans la rue Saint-Martin, un peu au-dessus de Saint-Merry; elle consentit à le céder aux deux ménétriers, moyennant cent sous de rente et huit livres payables en six ans. On voit dans l'acte de cession, daté de l'année 1330, que ces deux hommes se nommaient Jacques Grare et Huet ou Hugues-le-Lorrain. La construction de l'hôpital suivit de près, et l'année suivante, la confrérie des ménétriers s'unissant aux pieuses institutions des deux fondateurs, obtint l'autorisation de faire bâtir une chapelle, sous la condition de la doter de seize livres. Dès ce moment l'hôpital fut connu sous le nom de Saint-Julien et Saint-Gènes, et la chapelle, dédiée sous ceux de Saint-Georges, Saint-Julien et Saint-Gènes. Cet établissement ne tarda pas à être

---

* Le Tribunal de Commerce ne siége plus dans le cloître Saint-Merry, il fut transféré au palais de la Bourse vers 1822.

approuvé par le pape, le roi, l'évêque de Paris, et la chapelle fut érigée en bénéfice à la nomination des ménétriers. Mais cette sorte de privilége fut aboli en novembre 1644. Jean-François de Gondy, premier archevêque de Paris, trouvant sans doute de graves inconvénients à laisser ce bénéfice à la discrétion de la confrérie, jugea convenable de confier aux pères de la Doctrine chrétienne le soin de desservir cette chapelle, et la réunit définitivement à leur congrégation, en 1649. La confrérie des Ménétriers réclama vivement contre cette disposition ; mais, après de longues contestations, un arrêt fut rendu en 1658, qui confirma les pères de la Doctrine chrétienne dans la possession de la chapelle de Saint-Julien-des-Ménétriers, ne laissant à la confrérie que le droit de nommer un chapelain et quelques autres prérogatives dont les fondateurs avaient ordinairement la jouissance. Au reste, l'architecture de cette petite église n'offrait rien de remarquable, non plus que son ornementation intérieure. Seulement parmi les figures de ronde-bosse qui décoraient le portail, les regards distinguaient tout d'abord celle d'un jongleur ou ménétrier, qui, tenant de la main droite un archet, de la gauche un instrument de musique de ce temps là, nommé *vielle* ou *rebec*, semblait exécuter avec une sorte de fougue quelqu'un de ces airs que le petit peuple écoutait avec le plus de plaisir. Cette figure rappelait, d'une manière naïve, l'origine de l'église de Saint-Julien-des-Ménétriers.

Un peu au-delà de la collégiale de Saint-Merry était située une porte de la première enceinte, que l'on croit avoir été bâtie sous les derniers rois de la seconde race, à l'époque où tout le terrain que comprend le quartier Saint-Martin était en bourgs et en cultures ; il subsistait encore quelques vestiges de cette porte au quinzième siècle, sous le nom de l'*Archet-Saint-Merry*. La rue de la Verrerie portait primitivement le nom de rue Saint-Merry dans sa partie occidentale. On ignore à quelle époque précise, elle a quitté ce dernier nom pour prendre, dans toute sa longueur, celui de la Verrerie que portait l'autre partie; mais il est certain qu'elle était ainsi désignée dès 1380. Quant à la rue Neuve-Saint-Merry, elle était déjà bâtie au commencement du treizième siècle et peu après l'érection de la nouvelle enceinte ordonnée par Philippe-Auguste. Elle reçut le surnom de Neuve, non-seulement parce qu'elle était formée de constructions nouvelles, mais encore pour la distinguer de la rue de la Verrerie. Elle est indiquée sous son nom actuel dans un contrat fait entre Philippe-le-Hardi et le chapitre de Saint-Merry, en 1273. Enfin, du côté de la rue Saint-Martin, à l'entrée du cloître, qui était fermé à toutes ses issues, il y avait une porte et une barrière qui avaient été nommées la *Barre-Saint-Merry*. M. de Saint-Victor conjecture que ce nom pouvait venir de la juridiction temporelle que les chanoines de Saint-Merry faisaient exercer dans cette enceinte; car leur auditoire et les prisons du chapitre y étaient situées, et c'était là qu'on tenait encore, dans les derniers temps, les assemblées capitulaires.

Dans le voisinage de l'église de Saint-Merry s'élevaient plusieurs autres églises paroissiales qui n'existent plus. De ce nombre était Saint-Jacques-la-Boucherie, qui jouissait du droit d'asile, et dont le petit portail, du côté de la rue de Marivault, avait été bâti en 1399, aux frais du célèbre Nicolas Flamel.

On peut citer encore, comme très-voisine de Saint-Merry, la petite église paroissiale de Saint-Josse, puisqu'elle s'élevait au coin des rues Aubry-le-Boucher et Quincampoix. Ce n'était d'abord qu'une simple chapelle dont la destination fut changée à l'occasion des nouveaux murs élevés par Philippe-Auguste. Cette chapelle venait d'être renfermée dans la ville, et les paroissiens de l'église Saint-Laurent, dont le territoire s'étendait jusque-là, réclamaient avec instance l'érection de la chapelle Saint-Josse en succursale ou en paroisse, alléguant l'éloignement de Saint-Laurent, et la difficulté d'administrer la nuit, et à une telle distance, les sacremens aux malades et aux mourans. L'évêque de Paris, touché de ces raisons, nomma des arbitres pour régler cette affaire. Il fut convenu que, du consentement du prieur de Saint-Martin-des-Champs, qui nommait à la cure de Saint-Laurent et du curé de cette dernière église, la chapelle Saint-Josse serait déclarée paroissiale, moyennant certaines redevances envers les parties intéressées, et qu'elle aurait pour paroissiens tous ceux qui, dans la nouvelle enceinte, étaient auparavant de la paroisse Saint-Laurent. Cette église, qui avait été reconstruite en 1679, tomba sous le marteau révolutionnaire, et fit place à des maisons d'habitation.

Il faut en dire autant de l'église et du monastère de Saint-Magloire, qui étaient situés dans la rue Saint-Denis; de l'église et du chapitre du Saint-Sépulcre, qui ont été remplacés en partie par le bâtiment connu sous le nom de *Cour-Batave;* de l'hôpital de Sainte-Catherine, qui devint le magasin d'un marchand d'étoffes, dont l'enseigne était l'image de la sainte ; de l'ancienne église royale et collégiale de Sainte-Opportune, dont la tour était curieuse par les ornemens dont elle était couverte, tels que fleurs-de-lys, festons, cornes d'abondance, trophées, etc.

Tous ces édifices consacrés au culte catholique, et se trouvant si rapprochés les uns des autres, étaient d'éloquens témoignages de la piété des siècles qui les avaient vus s'élever. Ils semblaient tous se grouper autour de l'église de Saint-Merry, quoiqu'ils n'en dépendissent point. Nous avons donc cru pouvoir, en passant, saluer de quelques regrets, non les ruines et les vestiges de ces temples, car le vent des révolutions a tout balayé, mais du moins la place où ils furent si longtemps l'objet de la vénération des fidèles.

Revenons maintenant à l'église de Saint-Merry pour mentionner quelques souvenirs historiques, anciens ou récents, qui doivent nécessairement trouver place dans cette rapide esquisse.

Notons d'abord que l'illustre abbé Suger, cet habile et sage ministre, qui mérita et obtint le surnom de *père de la patrie,* fut, pendant quelque temps, l'un des paroissiens de Saint-Merry. En 1140, il habitait non loin de cette église. La tradition ne nous a conservé aucun indice sur l'emplacement qu'occupait sa maison. Mais si l'on en juge par l'économie qu'il montra dans l'administration de la fortune de l'état, il est probable que ce n'était pas un palais.

Le 10 décembre 1592, un service funèbre fut célébré dans l'église de Saint-Merry pour le repos de l'âme d'Alexandre Farnèse, duc de Parme, habile général de Philippe II, roi d'Espagne, qui, après avoir forcé Henri IV de lever le siége de Rouen, venait de mourir à Arras d'une blessure au bras. On déploya une grande pompe pour les funérailles de ce héros de la Ligue, qui avait tout récemment défendu Paris contre les attaques du roi légitime de France. Cette cérémonie avait attiré une grande affluence. On y voyait tous les chefs des ligueurs, les officiers espagnols de la garnison et le cardinal Cajetan, que le pape Sixte-

Quint, après la mort de Henri III, avait envoyé en France en qualité de légat *à latere*, pour contribuer de toute son influence à l'élection d'un souverain catholique.

L'année suivante, Claude Morenne ou Moraine, curé de Saint-Merry, montra un zèle vraiment courageux pour la cause de Henri IV, que repoussait tout Paris séduit par les menées de la Ligue. Nous lisons dans le *Registre-Journal* de Pierre de Lestoile (année 1593) : « Le dimanche 27 de ce mois (juin), le curé de Saint-Germain de l'Auxerrois osta sa chaire à Moraines, curé de Saint-Merry, disant qu'il preschoit en politique, pour ce qu'il parloit pour la paix, et avoit dit qu'il faloit recevoir l'hérétique se convertissant, prescha, ce jour, séditieusement comme de coustume, contre la paix et contre le Roy ; dit qu'il avoit pris expressément la chaire pour prescher, et l'avoit ostée à Moraines à cause de l'évangile du jour, qui estoit de la brebis perdue : sachant que c'estoit une évangile de politique, et que l'autre n'eut failli à l'allégoriser politiquement. »

Dans le mois de juillet suivant, le curé de Saint-Merry fut appelé par Henri IV à Saint-Denis, avec plusieurs autres docteurs, pour travailler à sa conversion. Claude Morenne s'y rendit, le 15, avec René Benoist, curé de Saint-Eustache. Plusieurs autres docteurs s'y trouvaient déjà réunis, entre autre Aymart de Chavaignac, curé de Saint-Sulpice. On sait quel fut l'heureux résultat de leurs conférences avec le roi.

Ecoutons encore le récit de Pierre de Lestoile :

« Le mercredi 21 juillet, le sieur Benoist, curé de Saint-Eustache, et six ou sept autres curez docteurs, ses confrères, appelez par le roy pour assister à sa conversion, ont été demander à M. de Mayenne la permission d'aller à Saint-Denys, et lui ont fait voir les lettres qu'ils ont reçues de sa Majesté. Le dit duc les a renvoyés à M. le légat, qui, après plusieurs remontrances, les a menacés de censures ecclésiastiques s'ils alloient à Saint-Denys. Sur quoi, le sieur curé de Saint-Eustache portant la parole, tant pour lui que pour ses compagnons, lui a dit qu'il ne lui pouvoit défendre et encore moins l'excommunier pour se trouver à une cérémonie si désirée de tous les gens de biens, voire ordonner et commander par les décrets et saints canons à ceux de sa profession, de se trouver en semblables évènemens, pour savoir et discerner par les signes, indices et autres remarques, si la conversion serait feinte, simulée ou digne d'être approuvée d'eux; et a dit de plus à M. le légat, que son état et office l'obligeaient lui-même d'y devoir être.

» Après quoi, le dit curé, nonobstant ces défenses, est allé avec ses compagnons à Saint-Denis; et en chemin et en pleine rue ont dit qu'ils allaient assister à la conversion du roi. »

Quatre jours après (le 25 juillet), quoique le duc de Mayenne eût fait publier de rigoureuses défenses d'aller à Saint-Denis et de sortir de Paris sans sa permission, le curé de Saint-Merry, ainsi que ceux de Saint-Eustache, et de Saint-Sulpice étaient présens à l'abjuration publique de Henri IV, qui eut lieu dans l'église de Saint-Denis, entre les mains de l'archevêque de Bourges, assisté d'un grand nombre de prélats, d'abbés et de religieux de divers ordres.

Ainsi le curé Claude Morenne eut le perilleux honneur de contribuer à ce grand changement qui devait mettre un terme aux horreurs de la guerre civile, en replaçant sur le trône le souverain légitime.

De nos jours, le cloître Saint-Merry a acquis une triste célébrité. On se souvient de cette formidable insurrection des 5 et 6 juin 1832. Les révoltés s'étaient concentrés dans la rue Saint-Martin, et, placés derrière une barricade qu'on ne put démolir qu'avec de l'artillerie, opposaient une résistance opiniâtre et désespérée. Ce ne fut que le second jour qu'on put voir la fin de cette sanglante et déplorable collision. Puissent les lumières de la religion nous procurer enfin une civilisation morale qui ne compte plus de pareils trophées! C'est contre l'étranger qu'il faut se battre, comme le vaillant Odon le Faulconnier, le généreux fondateur de Saint-Merry.

Notre église avait eu beaucoup à souffrir du canon et de la fusillade, dans ces journées sinistres. Mais, grâce à d'importantes réparations qui ont été faites depuis, il ne reste que fort peu de traces de ces dégradations.

Quoique Saint-Merry ait été dépouillée de sa collégiale, cette paroisse n'en est pas moins une des plus importantes de Paris. Au centre du quartier le plus populeux, s'étendant sur un territoire qui embrasse plusieurs parties fort éloignées les unes des autres, ne comptant que des artisans pauvres et peu éclairés dans le plus grand nombre de ses habitans, elle a une pénible et grande tâche à suivre, au spirituel comme au temporel, et jusqu'ici le ciel lui a fait la grâce de la remplir avec autant de succès que de zèle. Aux grandes solennités de la religion, l'église de Saint-Merry est toujours une de celles où les fidèles affluent avec le plus d'empressement. Les prédicateurs les plus renommés aiment à y venir annoncer la parole de Dieu à un nombreux auditoire; et dernièrement encore, un prélat illustre, dont on admire l'éloquence aussi bien que la charité, administrait dans cette basilique les sacremens d'Eucharistie et de Confirmation à de jeunes ouvriers, qui paraissaient ravis de leur bonheur. Le pieux évêque voulait encourager par sa présence et par ses paroles apostoliques une nouvelle œuvre qui vient de s'établir à Saint-Merry, et qui a pour objet d'instruire et de disposer à la première communion ces jeunes enfans, qu'on emploie dans les ateliers dès l'âge le plus tendre, et qui n'y trouvent le plus souvent que des principes d'irréligion et des exemples d'inconduite.

C.-H. DE CHANTAL.

S.-GERMAIN-DES-PRÉS.

Voici une église dont la célébrité ne le cède à aucune autre de Paris. Elle est la mère vénérable du noble et religieux faubourg dont elle porte le nom, et à dater du vi⁰ siècle, son passé se mêle, s'associe glorieusement à tout le passé de la grande cité. Plus heureuse que sa sœur cadette, Saint-Germain-l'Auxerrois, tous les historiens sont unanimes à en reconnaître Childebert, second roi chrétien, pour fondateur. Mais cet accord cesse quand il s'agit de fixer la véritable époque de la fondation. Et, chose singulière! c'est du texte même de l'acte authentique où elle est constatée, que l'on fait surgir des difficultés sur ce point. Aussi, croyons-nous devoir rappeler brièvement les circonstances sous l'influence desquelles le fils de Clovis érigea la basilique, que l'on a depuis appelée du nom de Saint-Germain-des-Prés, afin que l'on puisse mieux apprécier les motifs qui nous ont déterminé à adopter telle opinion, plutôt que telle autre.

Après la fameuse bataille de Vouillé, où Alaric fut tué, en l'an 507, Clovis refoula les Visigoths jusqu'aux Pyrénées; secourus ensuite par Théodoric, roi d'Italie, ils reconquirent une partie de l'Aquitaine, sur laquelle Amalaric régna pendant 5 ans, c'est-à-dire de 526 à 531. Ce jeune prince demanda et obtint la main de Clotilde, fille du vainqueur de son père; mais Childebert, secrètement informé par sa sœur des outrages dont elle était l'objet de la part de son époux, qui voulait la forcer d'embrasser l'hérésie arienne, marcha contre lui. Battu aux environs de Narbonne, Amalaric se sauve en Espagne, où Theudis gouvernait en son nom, et où il périt assassiné. C'est là, au cœur même de la puissance des Visigoths, que Childebert, accompagné de son frère Clotaire, roi de Soissons, va les attaquer de nouveau, en 542. Enhardi par les succès rapides qui signalent son entrée en campagne, il investit Sarragosse. Ici ses armes sont tenues en échec; cette place lui oppose une résistance vigoureuse, et prévoyant qu'il lui serait difficile de s'en rendre maître, il consent à en lever le siége sous certaines conditions : celle, entre autres, de la remise d'un fragment de la vraie croix, de l'étole ou tunique de saint Vincent, né à Sarragosse même, diacre et martyr, en l'an 303, sous le proconsulat de Dacien, et de quelques reliques des saints Etienne, George, Julien, Gervais, Protais, Ferréol, Ferrution, Nazaire et Celse. Déjà il avait recueilli à Tolède plusieurs autres objets plus ou moins précieux, parmi lesquels une grande croix d'or. Childebert revint à Paris au commencement de l'an 543; ceci est de notoriété historique. Maintenant est-il vraisemblable que la basilique, ayant été dédiée, le 23 décembre 558, sous le vocable de Sainte-Croix-Saint-Vincent, le lendemain ou le jour même de la mort de ce prince, ait pu être achevée, ainsi que les bâtimens du monastère, dans l'espace de trois ou deux ans, si les travaux de construction n'ont commencé qu'en 555, selon Mabillon *, ou en 556, selon Dom Bouillard **, les auteurs de la *Gallia Christiana* ***, et ceux qui reproduisent la première assertion venue sans préalable examen ****? Mais, dit-on, le diplôme de fondation, en date du 6 décembre de l'année 558, précitée, énonce en termes exprès que ce fut sur l'exhortation du très-saint évêque de Paris, Germain, qu'il construisit ce temple : *exhortatione sanctis-*

---

* *Ann. bened.*, t. **V**, cap. **XLII** — Apud. D. Bouquet, *Rec. des hist. de France*, t. Ier, p. 622.
** *Hist. de Saint-Germain-des-Prés*, p. 4 et 297.
*** T. VII, p. 416.
**** On lit dans un recueil périodique qui paraissait en 1855, sous le nom de DOMINICALE, t. III, p. 212, que l'abbaye de *Sainte-Croix et Saint-Vincent fut fondée en 559, par Childebert*. Voilà un exemple curieux sur la manière dont certains écrivains modernes entendent la critique historique.

simi Germani parisiorum urbis pontificis *. Or, ajoute-t-on, saint Germain n'a été appelé à l'épiscopat qu'en 554; donc ce ne peut-être qu'à cette époque que l'on a dû commencer les travaux, tant de l'église que des bâtimens de l'abbaye. « Mais ce raisonnement est loin d'être décisif. Saint Germain, abbé de Saint-Symphorien d'Autun, avait occasion de venir souvent à Paris et de voir Childebert; il avait pu, par conséquent, l'engager, dès 543, à faire bâtir une église pour y exposer à la vénération des fidèles les reliques qu'il avait apportées d'Espagne; il avait pu lui suggérer le dessein de la faire desservir par des religieux tirés du monastère d'Autun. Si Childebert, dans sa charte, donne à saint Germain la qualité d'évêque de Paris, c'est qu'alors il y avait environ quatre ans qu'il était revêtu de cette dignité; mais il ne suit pas de là qu'il n'ait donné ce conseil à Childebert que depuis qu'il était évêque **. » Nous partageons entièrement l'opinion de Jaillot, qui a aussi pour elle l'imposante autorité du savant Adrien de Valois ***, plus celle de Baillet ****, et de Dom Toussaint Duplessis *****. Ainsi, même en admettant la simultanéité des travaux de l'église et des lieux destinés à recevoir les moines jusqu'à leur achèvement en 558, il reste encore à s'étonner qu'on ait pu les exécuter dans quinze années, espace de temps fort court relativement à leur importance. Cet étonnement redouble quand on considère tout ce qu'il a fallu de soins, de talent et de dépenses pour décorer la basilique, avec la magnificence que suppose la description poétique de Fortunat, évêque de Poitiers, ami de saint Germain, et qui avait eu occasion de la voir dans ses voyages à Paris.

« Le temple de Salomon, dit-il, rappelle peut-être un art aussi merveilleux; la foi prête à cette église un éclat plus beau, car tout ce que le voile de la loi ancienne tenait caché, apparaît ici au grand jour. Le temple du fils de David brillait, il est vrai, par l'assemblage et la variété des métaux; mais la basilique nouvelle, empreinte du sang du Christ, brille d'une splendeur

---

* Diplôme de Childebert, Apud D. Bouillart, pièces justif., 1 et 2; — D. Bouquet, t. IV, p. 622.
** Jaillot, Rech. historiq. sur Paris, t. XX (Quart. St-Germ.), p. 23.
*** *Dissertatio de Basilicis*, p. 1, cap. XLIV.
**** *Vies des Saints*, t. V, édit. in-8, p. 896.
***** *Nouv. ann. de Paris*, p. 51.

plus éclatante. L'un était incrusté d'or, de pierreries précieuses, et soutenu par des colonnes de cèdre ; la croix est pour l'autre une parure plus vénérable ; un métal périssable fit les frais du temple hébreu ; le prix qui racheta le monde a élevé notre église ; sa nef repose sur des colonnes de marbre, et sa simplicité ajoute à sa grâce ; elle reçoit les rayons du jour à travers la transparence de ses vitraux ; la main de l'ouvrier a, dans son intérieur, enfermé la lumière comme dans un sanctuaire ; l'aurore incertaine jette sur ses débris ses premiers reflets, et éclaire seule le temple sans le secours du soleil. Dans son amour paternel, le roi a fait à son peuple un présent dont la durée sera éternelle. Childebert, quoique laïque, a accompli l'œuvre de la religion, au milieu des soins du gouvernement ; du haut de son palais, il s'est montré la gloire et l'appui du clergé. Perdu pour nous, il vit ici par le souvenir de ses bienfaits[*]. »

Gislemar, moine de Saint-Germain, vers la fin du ixe siècle, dans la vie qu'il a écrite de saint Droctovée, premier abbé du monastère, s'exprime dans le même sens que Fortunat. Il nous apprend que le plan de l'église bâtie par Childebert, remarquable par son décor intérieur et extérieur, était disposé en forme de croix. « Les arceaux de chaque fenêtre de cette œuvre merveilleuse, poursuit-il, étaient supportés par des colonnes de très beau marbre, les lambris entièrement dorés, les murs ornés de peintures à fond d'or et le pavé composé de grands compartimens de marbres de diverses couleurs. Les toits, couverts de lames de bronze également dorées, produisaient des éclats de lumière qui éblouissaient les yeux, lorsque les rayons du soleil venaient à les frapper ; et, ce sont toutes ces magnificences qui, longtemps, la firent désigner sous le nom vulgaire et métaphorique de palais de Saint-Germain le doré : *per metaphoram in aurati S. Germani aula vocabatur vulgi ore*[**]. »

Nous savons, par d'autres témoignages, que la basilique, dès son inauguration n'eut que quatre autels consacrés, savoir : le principal au levant, à la sainte Croix et à saint Vincent, dont l'étole y fut renfermée avec les reliques de saint Étienne ; le second au septentrion, aux martyrs Ferréol et Ferrution ; le troisième au

---

[*] Lib. II, Carm. XI, Apud. D. Bouquet, t. II, p. 479.
[**] *Vie de Saint Droctovée*, ib., t. III, p. 437.

midi, à saint Julien, de Brioude, et le quatrième au couchant, aux saints Gervais, Protais, George et Celse.

A la cérémonie de la dédicace succédèrent celles des funérailles de Childebert, dans l'église qui était son ouvrage. La reine Ultrogothe, en y assistant, voulut donner à ses sujets cette preuve éclatante de l'affection qu'elle portait au défunt, en même temps qu'elle accomplissait un acte de haute convenance. Cet usage, dont Childebert lui-même avait offert un exemple par sa présence aux obsèques de sainte Clotilde, sa mère, n'était pas nouveau, il existait chez les Romains. Les empereurs et impératrices.le suivaient à l'égard de leurs prédécesseurs, parens ou alliés. Nos rois, en général, s'y sont conformés jusqu'à la fin du quinzième siècle. Ultrogothe étant morte quelques années après son royal époux, fut enterrée à côté de lui, à peu de distance du troisième pilier méridional de l'abside ou rond-point, d'où ils furent transférés au milieu du chœur en 1644, époque à laquelle on reconstruisit presqu'entièrement l'église, qui déjà avait été rebâtie, par les soins de l'abbé Morand, à la fin du xe siècle. Enfin, en 1656, un même tombeau divisé en deux vases ou cercueils en plomb renferma leurs dépouilles mortelles, et on le plaça cette fois entre le grand autel et l'autel matutinal*. On le couvrit d'une pierre de liais, où Childebert était représenté en bas-relief, tenant d'une main le modèle de l'église et le sceptre de l'autre. Cette pièce de sculpture, par son style, parut aux archéologues appartenir au xiie ou xiiie siècle. Deux tables de marbre noir, avec inscriptions, dont l'une rapportée par Aimoin, historien du ixe siècle, et la seconde, par un auteur anonyme de la vie de sainte Bathilde, du siècle antérieur, furent appliquées à chacun des côtés du monument. Celle qui concerne Childebert n'est autre que son ancienne épitaphe, conçue en ces termes :
« Ici repose le roi des Francs, chef et conducteur très renommé
» de ses propres armées... Il triompha des Allobroges, des Da-
» ces, des Arvernes, du prince des Bretons, des Goths et de
» l'Espagne... Il fonda le palais de Saint-Vincent, enrichit les
» temples de Dieu, distribua de l'argent aux pauvres et ac-
» cumula ainsi dans le ciel des trésors éternels. ** »

La légende mortuaire de la reine paraît être une phrase dé-

* 1) Félibien, *Hist. de Paris*, t. 1, p. 51.
** 1) Bouquet, t. II, p. 72.

tachée, où l'on avait résumé en peu de mots tout ce que l'on savait de son caractère et de ses sentimens, la voici : « Ultrogothe, » épouse du roi très chrétien Childebert, fut de son vivant la » mère tendre et charitable des orphelins, la consolatrice de » ceux qui souffraient, le soutien des pauvres, la protectrice » des moines et des fidèles serviteurs de Dieu. * » Conservé au musée des *monumens français*, pendant la révolution, ce double tombeau a été transporté à Saint-Denis en 1816.

Depuis Childebert jusqu'à Dagobert Ier, les rois, ainsi que les membres de leur famille qui mouraient à Paris ou dans sa circonscription diocésaine, étaient ordinairement inhumés dans l'église abbatiale de Saint-Vincent; et Montfaucon remarque qu'aucun exemple du contraire n'a eu lieu durant le cours de cette période de quatre-vingts ans **. Bouillart compte onze de ces sépultures royales : Childebert, Ultrogothe, leurs filles Chradesinde et Chrotberge; — Chilpéric Ier, Frédegonde; — Clotaire II, Bertrude; — Childeric II, Bélichilde et Dagobert leur fils, roi d'Austrasie en partie ***. Suivant Montfaucon, il faut joindre à cette liste Charibert ou Cherebert et Sigebert, le même que le président Hénault affirme avoir été inhumé à Saint-Médard de Soissons dont il était roi. Les tombes de tous ces personnages ont été découvertes à différentes époques, moins celles des filles de Childebert, et de Charibert qui sont restées inconnues.

Saint Grégoire, de Tours, a vivement reproché à Childebert l'acte de barbarie qu'il exerça sur ses neveux, en les immolant à son ambition. On ne peut que regretter de trouver sa mémoire entachée de ce fait sanglant. Mais il n'entre pas dans notre sujet de l'examiner. Nous nous bornons donc à en constater un autre tout opposé et par lequel le prince semble avoir cherché à expier le premier. C'est qu'à une époque de décadence intellectuelle et morale; à une époque de guerres sans trèves, de ruines sociales et de rénovation politique, où l'avenir apparaissait enveloppé de nuages, jetant à la tête des peuples émus son programme impitoyable, formulé par cette seule parole : *force brutale*; à une telle époque, disons-nous, ériger des églises, fonder des monastères, c'était créer des foyers de lumières qui brille-

* D. Bouquet, *loc. cit.*
** *Monumens de la Monarch. française*, p. 158.
*** D. Bouillart, *Histoire de Saint-Germain*, p. 517.

raient à travers les obscurités du moyen-âge ; c'était préparer à l'humanité des défenseurs nombreux et zélés pour les jours mauvais ; c'était ouvrir ainsi de nouvelles et larges voies à la civilisation dont le catholicisme était appelé à être le moteur tout-puissant. Ce mérite, nous allions presque ajouter cette espèce de prévision intuitive, n'a pas manqué à Childebert. Nous avons vu qu'il avait fait bâtir une superbe basilique et y avait annexé des bâtimens propres à loger des religieux. C'était très bien, et ce n'était pas tout ; il fallait pourvoir à la subsistance de la colonie claustrale. A cet effet, il lui céda, *avec le consentement des Francs, des Neustriens et des évêques*, à titre de don gratuit, la terre fiscale d'Issy, *fiscum Isiacensem*, ainsi que toutes ses dépendances.

C'était une terre considérable, elle avait son point de départ au Petit-Pont, et longeant la rue de la Harpe, elle s'étendait au midi jusqu'à la place Saint-Michel, appelée autrefois porte Gibart ; de là, elle trouvait sa ligne de démarcation à l'ancien enclos des Chartreux, aujourd'hui représenté par le jardin du Luxembourg ; puis atteignant le chemin de Vanvres, elle passait au-dessus de Meudon, et allait aboutir à la Seine, en suivant la direction de la petite rivière de Sèvres. Le texte de la charte de donation la désigne par le mot de *fiscum*, domaine de la couronne dont le produit entrait dans les caisses du fisc ou trésor royal, exempt de tout impôt. Ce privilége n'était attaché qu'aux terres dites *saliques*, parce que la possession en était réglée par la loi, ainsi nommée de Salogast, son principal rédacteur, sous Pharamond, à l'occasion du partage des terres échues aux rois francs par la conquête. Or, cette loi prive les femmes de leur participation à l'hérédité des propriétés saliques. Clovis la renouvela après avoir soumis toutes les Gaules : d'où notre principe de droit public que la couronne de France ne peut pas *tomber en quenouille*. Ce sens, si naturel et si clairement établi par l'histoire, n'a pas empêché qu'on n'ait généralement confondu le mot *fiscum*, avec celui de *feudum*, fief, qui est relativement nouveau, puisqu'il est vrai que la constitution féodale n'a commencé à être en vigueur que vers la fin de la seconde dynastie [*]. Lorsque le régime de la conversion en fiefs des terres

---

[*] Montesquieu, *Esprit des Lois*, liv. XXX, chap. 21, a fait lui aussi cette confusion. Mais il en avait besoin pour étayer son système sur l'origine germanique de la féodalité.

fiscales et bénéficiaires eut acquis un caractère légal, il dut être appliqué à celles de l'abbaye, qui dès lors se trouva investie des droits de haute, moyenne et basse justice.

Saint Germain forma le noyau du nouveau monastère avec des religieux de Saint-Symphorien d'Autun, dont il avait été abbé. Ils suivaient d'abord la règle de saint Basile; mais ils ne tardèrent pas à la remplacer par celle de saint Benoît. Il mit à leur tête le moine Authaire suivant les uns, ou Droctovée suivant les autres, et il les affranchit de la juridiction épiscopale dans toute l'étendue du domaine d'Issy, par une charte de l'an 565 qui nous est parvenue *. Cette concession permettait aux moines d'élire leur abbé et d'avoir la libre disposition de leurs biens temporels, prérogatives qui, non seulement furent reconnues par tous les évêques de Paris, mais dix papes, en les confirmant, les augmentèrent de plusieurs autres. Ils accordèrent à l'abbé le droit de porter la crosse, la mître, l'anneau pastoral, la tunique et la dalmatique; celui d'avoir un autel particulier et deux chapelains assistans; de bénir les ornemens ecclésiastiques; de donner la bénédiction solennelle au peuple, tant à la célébration du service divin, qu'aux processions; de conférer la tonsure et les quatre ordres mineurs à ses religieux et aux clercs du faubourg Saint-Germain; d'absoudre d'irrégularité et d'excommunication, et de dispenser de l'observance des statuts, le cas échéant. L'abbé avait en outre : « puissance de bailler lettres de maistrise à chascun mestier *pro jocundo adventu*, et ce de temps immémorial comme témoigne Guillaume Briçonnet, cardinal du titre de Sainte-Potentienne, archevêque et duc de Reims et abbé de nostre Saint-Germain, aux lettres de maistrise qu'il octroya à Simon Havet : nous en ensuivant les priviléges de notre abbaye et à nostre nouvel advénement luy avons donné et donnons par ces présentes la maistrise de barbier, avec priviléges, proffits et esmolumens d'icelle, qu'il est accoustumé de faire; à tenir, à exercer tant en nostre ville de Saint-Germain, qu'ès dépendances d'icelle **. »

Toutefois, quelqu'incontestables et légitimes que fussent les titres de l'abbaye à ne relever que du Saint-Siége et à rester in-

---

* D. Bouillart, *Histoire de Saint-Germain-des-Prés*, pièces justif., p. 2.
** Malingre, *Antiq. de la ville de Paris*, p. 206.

dépendante de la juridiction épiscopale, les religieux consentirent néanmoins, *pour le bien de la paix*, disent les historiens, à y laisser soumettre toute la partie de leur territoire qui, sous Philippe Auguste, se trouva renfermée dans Paris, par la nouvelle enceinte dont ce roi fit environner la ville. Enfin, M. Hardouin de Péréfixe recouvra la juridiction spirituelle sur l'autre partie, en 1668; mais en vertu d'une transaction intervenue l'année suivante, entre ce prélat et l'abbé, il fut stipulé que l'exemption et la juridiction de ce dernier, qui s'étendaient sur les séculiers, seraient restreintes au cloître, sous quelques réserves et à condition que le Prieur régulier devînt grand-vicaire-né de l'archevêque. Puis, en 1674, le Châtelet fut investi de la juridiction temporelle, par Louis XIV, qui, cependant, déclara, en 1675, que l'abbaye conserverait l'exercice et les prérogatives de haute-justice dans tous les lieux occupés par les moines et leurs serviteurs, ainsi que dans le territoire appelé l'*enclos* et la cour abbatiale.

A l'époque de la révolution de 89, en effet, l'abbé de Saint-Germain-des-Prés avait encore la collation de la cure de Saint-Sulpice, droit qui remontait à la fondation de cette paroisse, située sur les terres du domaine fiscal, puis féodal d'Issy, que sa maison tenait de la libéralité de Childebert. Jusqu'à la même époque aussi, la chapelle de Saint-Symphorien, dont il va être parlé, demeura particulièrement affectée au service paroissial des laïques qui habitaient l'enclos et les cours de l'abbaye. Le P. Dom Heulland est le dernier qui y ait exercé les fonctions curiales.

D'autre part, les artisans, établis dans ces lieux, en assez grand nombre, n'y étaient point encore assujettis aux réglemens des maîtrises et jurandes. Ils devaient cet affranchissement à l'antique privilége de l'abbé, dont un exemple a été plus haut rappelé.

On a vu pourquoi l'église monastique dont nous nous occupons, depuis 1802, paroisse dans le dixième arrondissement, fut dédiée sous le double vocable de Sainte-Croix-Saint-Vincent; et pourtant les anciens auteurs des VIIe et VIIIe siècles la désignent presque toujours sous celui de Saint-Germain le *doré*, ou simplement de Saint-Germain. Saint Ouen, évêque de Rouen, mort en 683, ne l'appelle pas autrement dans la vie de saint Éloy qu'il nous a laissée*. Les riches dorures, qui ornaient le temple bâti par Childebert, expliquent fort bien le sens qualificatif du mot *doré;* mais la raison pour laquelle le titre de Saint-Germain a été substitué dans l'usage écrit ou parlé, au vocable primitif, n'en reste pas moins ignorée ; nous allons la faire connaître.

Germain, avant de parvenir à l'épiscopat, gouvernait le monastère de Saint-Symphorien d'Autun, sa ville natale. Il était souvent obligé de venir à Paris et d'y conférer avec Childebert, qui l'honora de son affection. Le siége étant venu à vaquer pendant le dernier voyage qu'il fit à la capitale, la voix publique et la volonté royale l'y appelèrent comme malgré lui. Cette dignité ne changea rien à ses habitudes de simplicité apostolique. Protecteur du faible et de l'opprimé, ami du pauvre et de l'orphelin, on pourrait, sous ce rapport, le comparer à saint Vincent de Paul, par son infatigable sollicitude à venir au secours des malheureux. L'ascendant que ses hautes vertus lui acquirent sur l'esprit du prince se révèle dans le fait suivant : Un jour, Germain lui annonçait que sur les six mille sols d'or qui lui avaient été envoyés de sa part une semaine auparavant, il en avait déjà distribué plus de la moitié. « Il n'importe, répondit le roi, donnez, donnez toujours, la Providence nous aidera à y pourvoir. » Au même instant, Childebert donne immédiatement l'ordre de fondre sa vaisselle d'or et d'argent pour que la valeur numérique en soit appliquée aux œuvres du digne évêque.

Sous les règnes fort courts de Clotaire et de Charibert, Germain redoubla d'efforts pour faire servir son influence à la cause des mœurs gravement altérées dans les hautes régions du pouvoir : Charibert n'avait pas encore entièrement dépouillé le *vieil homme.* Fougueux dans ses passions, quoique faible par caractère, il y cédait sans retenue ; ce fut au point, qu'après avoir répudié ses deux premières femmes, Ingoberge et Méroflède, il eut la criminelle pensée d'épouser sa sœur Marcovèse, quoiqu'elle eût déjà pris le voile de religieuse. Les efforts de saint Germain pour empêcher l'accomplissement de cet acte sacrilége autant que scandaleux, ayant été impuissans, il eut le courage de fulminer l'excommunication des deux complices de cet atten-

* Liv. 1, chap. 52.

lat aux lois divines et humaines. Ils moururent peu après l'un et l'autre dans des sentimens de repentir, dit-on, qui, s'ils étaient sincères, leur auront mérité la commisération du juge suprême, qui pèse dans la même balance les actions des rois et des sujets.

Saint Germain mourut lui-même, en 576, âgé de quatre-vingts ans. On l'inhuma dans la chapelle de Saint-Symphorien, contiguë à la basilique de Sainte-Croix-Saint-Vincent. On mit sa tombe auprès de celles d'Eleuthère, son père, et d'Eusébie, sa mère, qui y avaient reçu leur sépulture. Les honneurs de la sainteté lui furent décernés, et il en était digne par ses vertus aussi bien que par les miracles qu'il opéra de son vivant et après sa mort. De là, le nom de Saint-Germain, succédant au vocable de l'église, dont la notoriété traditionnelle et historique le considérait comme le fondateur spirituel et moral.

Le tombeau, qui n'était qu'en pierre, demeura dans la chapelle ou oratoire de Saint-Symphorien jusqu'en l'an 754. C'est alors que Lanfroy, compté comme le quatorzième successeur de Droctovée, ayant fait percer le mur qui la séparait de l'église abbatiale, dont elle fut désormais une annexe ou appendice, voulut lever publiquement le corps du saint évêque, pour en transférer les reliques derrière le grand autel. La cérémonie eut lieu le 25 juillet, en présence de Pépin-le-Bref, premier roi de la seconde dynastie, de ses deux fils, Carloman et Charlemagne, alors âgé de 12 ans, de toute sa cour, et d'un immense concours de peuple. Depuis ce temps, l'église qui, ainsi qu'il a été dit, avait reçu dans l'usage l'appellation de Saint-Germain, n'en eut presque plus d'autre, et celle de Saint-Germain-des-Prés lui vint de sa situation dans des prairies voisines de la Seine. C'est à l'occasion de cette solennité que Pépin fit présent à l'abbaye de la belle terre de Palaiseau (*Palatiolum*) qu'il possédait à 12 kilomètres sud-est de Versailles. Le village, aujourd'hui connu sous ce nom, lui doit son origine. Outre le diplôme que ce roi fit expédier comme titre de propriété, on en constata le fait par une inscription gravée sur une table de marbre qui existait encore le siècle dernier, scellée dans le mur de la chapelle de Saint-Symphorien. Dom Bouquet l'a reproduite avec son orthographe originale : *hic pauzante Sco̅ Germano die translationiz dedit ei Rex Pipinus fiscum Palatioli cū appen-*

ditiis zuis omnibus *. « Saint Germain reposant ici, le roi Pepin lui donna, le jour même de sa translation, le domaine fiscal de Palaiseau avec toutes ses dépendances. » On avait consigné dans les registres du temps les paroles dont se servit Pepin, en remettant lui-même à l'abbé le diplôme de donation : « Reçois, ô seigneur Germain, notre terre domaniale de Palaiseau, afin que ce lieu, qui t'a été autrefois hostile, ainsi qu'aux tiens, soit désormais à ton service, et procure des avantages à tous les serviteurs de Dieu **. » Charlemagne, Louis-le-Débonnaire, Charles-le-Gros, Charles-le-Chauve et divers autres princes et seigneurs cédèrent aussi des terres considérables à l'abbaye de Saint-Germain, en sorte, qu'au xiie siècle, elle était peut-être la plus riche et la plus puissante de son ordre, malgré les ravages que les irruptions des Normands firent subir à ses propriétés; malgré les rançons qu'ils en exigèrent à différentes reprises. Ces barbares pillèrent l'église en 845, 857, 858 ; ils l'incendièrent deux fois en 861 et en 886, après le fameux siége de cette année, où l'évêque Gozlin, ou Gauzelin, précédemment abbé du monastère, se couvrit d'une immortelle gloire, comme prélat pieux et comme Français dévoué. Car s'il priait avec ferveur, s'il invoquait la mère de Dieu et les saints patrons de la Cité, il combattait aussi avec un courage héroïque***; il seconda si énergiquement le comte Eudes, bisaïeul de Huges-Capet, que les Normands, désespérant de réduire Paris, se retirèrent, mais en laissant partout, ainsi que les tempêtes, des traces désastreuses de leur passage. Les églises de Saint-Germain-l'Auxerrois et de Saint-Germain-des-Prés, alors non comprises dans les murs de la ville, éprouvèrent les funestes effets de la fureur dans laquelle les mit la levée forcée du siége.

Heureusement les religieux, en se réfugiant dans l'intérieur de la Cité, avaient eu soin d'emporter avec eux les reliques, les châsses et tous les objets précieux qui composaient leur trésor. Ils les déposèrent dans la chapelle de Saint-Jean-Baptiste, bâtie par les soins de saint Germain, n'étant encore qu'abbé de Saint-Symphorien, laquelle, érigée ensuite en paroisse,

---

* Dom Dubreul, *Th. des Antiq. de Paris*, p. 259. — Corrozet, *Chroniq. et sing. de Paris*, p. 29.
** *Rec. des Hist. de France*, t. II, p. 722.
*** Abbon. *de Bellis Parisiacæ urbis, Passim*.

a subsisté jusqu'à la fin du dernier siècle, sous le titre de Saint-Germain-*le-Vieux*. Il semble cependant que la basilique de Saint-Germain-des-Prés ne fut pas complétement détruite, puisqu'au moyen de quelques réparations intérieures, les moines purent y célébrer l'office divin jusqu'au temps de l'abbé Morard qui, à la fin du xe siècle, la fit reconstruire presqu'en totalité, à l'aide des libéralités du roi Robert-le-Pieux. Il ne resta de l'ancien édifice de Childebert que le portail et la grosse tour carrée qu'on voit encore, sauf le campanile dont on l'a postérieurement surmontée. Le pape Alexandre III la consacra et la dédia de nouveau en l'an 1163. Le monastère, rebâti, en même temps que l'église, ressemblait à une citadelle, flanquée de tourelles et de tours avec créneaux, ses murailles étaient environnées de larges fossés qu'on ne pouvait franchir que par un pont-levis, attendu que ces fossés formaient un canal qui s'étendait en longueur depuis la rive de la Seine jusqu'au bas de la rue Saint-Benoît. Cet emplacement s'appela le *Petit Pré*, et la partie des terrains au-delà le *Grand Pré aux Clercs*, où les écoliers, appelés clercs autrefois, allaient se promener les jours de fêtes et de vacances, et où ils s'y livraient souvent à de déplorables excès, à raison de certains priviléges accordés sur ce lieu à l'Université. Il en résulta entre elle et l'abbaye des conflits de juridictions et d'intérêts, dans lesquels le parlement de Paris et même le roi furent obligés d'intervenir pour y mettre un terme.

La plupart des rois et reines de France l'honorèrent de leur visite; et Henri IV, dont l'armée était campée dans le Grand Pré aux Clercs, lorsqu'il assiégeait Paris, en 1589, montait quelquefois sur les tours de l'abbaye pour y observer les mouvemens des ligueurs.

L'église, réédifiée par l'abbé Morard, eut besoin de l'être de nouveau, du moins en grande partie, vers le temps où la célèbre congrégation de Saint-Maur venait d'être définitivement constituée en 1632. On y travailla activement peu après que cette congrégation, qui y introduisit la réforme, en eut pris possession, c'est-à-dire en 1644, et elle fut achevée dans l'espace de deux ans telle qu'elle existe actuellement. Il est à remarquer que dans les deux reconstructions, les fondemens jetés par Childebert n'ont point été changés, excepté du côté où se trouvait primitivement la chapelle de Saint-Symphorien, aujourd'hui appelée chapelle du Cathéchisme, à la droite du vestibule d'entrée. Nous passons sous silence la fable par laquelle on a prétendu que ce fut sur les ruines d'un soi-disant temple d'Isis que l'on édifia l'antique basilique de Sainte-Croix-Saint-Vincent. La dimension du vaisseau est de 265 pieds de longueur sur 65 environ de largeur et 59 de hauteur. La voûte, quoique légère, est sans piliers-boutans; ceux de l'intérieur suffisent pour son soutien. Le chœur, placé dans le rond-point autour duquel règne une galerie, paraît être une œuvre du xive siècle. Le style général du monument appartient au goût lombard, car les arcades sont à pleins-cintres, et les chapiteaux ornés de petites figures en bas-reliefs, de feuillages, d'oiseaux, même de chimères à têtes humaines, toutes choses en usage dans ce système architectural.

Les huit statues de pierre représentant à gauche Saint-Remi, Sainte-Clotilde, Clovis, Clodomir; à droite, Childebert, Ultrogothe, Clotaire, Thierry, furent enlevées, en 1793, lorsque l'on transforma l'église de Saint-Germain-des-Prés, de même que celle de Saint-Germain-l'Auxerrois, en ateliers pour la fabrication du salpêtre. La première, convertie ensuite en dépôt, souffrit sans doute plus que l'autre, par l'action prolongée de ce produit alcalin, sur les murs de soutènement, qui, s'étant lézardés de toutes parts, en 1826, firent craindre qu'elle ne s'écroulât. M. de Chabrol, alors préfet de la Seine, se hâta d'y porter remède et de conjurer le péril imminent où se trouvait ce bel édifice. M. Godde, architecte, ayant été chargé de cette mission honorable, la remplit avec le succès qu'on était en droit d'attendre de ses talens bien connus. Grâce à la promptitude des mesures de l'autorité et à la vigueur habile des moyens employés pour étayer le monument, sans nuire à son économie architectonique, il a été conservé au culte catholique, aux souvenirs glorieux qui s'y rattachent et aux arts.

Mais, hélas! nous ne pouvons en dire autant du trésor religieux qu'il possédait : Croix d'or, reliquaires, châsses en grand nombre, plus ou moins couverts de pierreries ou décorés de riches métaux, un ouragan a tout détruit, tout emporté! Les ossemens vénérables même qui y étaient renfermés ont péri; pas un n'a été sauvé, et en voici la raison : Aussitôt que le curé assermenté apprit que le gouvernement révolutionnaire allait s'emparer des trésors des églises, il enleva ces saintes dépouilles des reliquaires et des châsses, et les ayant transportées chez lui de la manière la plus respectueuse qu'il lui fut possible, il les cacha soigneusement ; mais bientôt, apprenant que le comité qui s'intitulait dérisoirement de salut public, venait de lancer un arrêté portant peine de mort contre ceux qui seraient convaincus d'avoir soustrait un objet quelconque de ces trésors ; saisi par la peur, il se décida, bien qu'à regret, à les brûler. Cet ecclésiastique, s'étant réconcilié avec le Saint-Siége, est mort, depuis peu d'années, dans l'exercice du saint ministère, à Dourdan. Nous tenons ces renseignemens du respectable M. Marie, titulaire actuel de la cure de Saint-Germain-des-Prés.

Les chapelles qui occupent le chevet et les bas-côtés, sont dédiées comme suit : à la sainte Vierge ; — à saint Joseph ; — à sainte Anne et saint Joachim ; — à saint Michel et aux saints anges ; — à saint Pierre et saint Paul ; — à sainte Geneviève, — à saint Casimir et saint François-Xavier, — à sainte Marguerite et saint Placide ; — à saint Vincent-de-Paul.

Les tombeaux, sauvés du naufrage révolutionnaire, qu'on a pu restituer aux chapelles auxquelles ils appartenaient, sont : 1° celui de Michel Wiesnowski, de l'antique famille des Jagellons, roi de Pologne, sous le nom de Casimir ; lequel, après avoir abdiqué, se retira en France, où Louis XIV lui conféra la commende de l'abbaye, où il mourut dans le palais abbatial, en 1672 ; 2° ceux de Guillaume et Jacques Douglas, princes Ecossais, qui avaient quitté l'Angleterre pour se soustraire aux persécutions de leurs compatriotes, parce qu'ils avaient abjuré l'hérésie et embrassé la foi catholique ; 3° celui de Charles de Castellan, abbé commendataire de Saint-Evre de Toul, et de quelques membres de sa famille. L'église a recouvré, en outre, les cendres de Montfaucon et de Mabillon, et à la suppression du cimetière de Saint-Etienne-du-Mont, en 1807, celles de Descartes et de Boileau lui furent confiées, ainsi que l'attestent les épitaphes placées au lieu où ces cendres reposent.

Après l'église royale de Saint-Denis, aucune église de France, et peut-être du monde chrétien, n'a reçu autant de sépultures illustres : rois, princes, princesses, officiers généraux d'armée, cardinaux, abbés réguliers, abbés commendataires, théologiens, docteurs, archéologues, savans écrivains : là mort était représentée là par tous les genres de célébrités ; là, le néant des grandeurs humaines éclatait dans toute sa réalité ; là, semblait s'échapper incessamment de tous ces mausolées de marbre, de porphire et d'albâtre, des voix mystérieuses et funèbres qui faisaient retentir, sous les voûtes du temple saint, ces paroles sublimes de Massillon : Dieu seul est grand !

P. TRÉMOLIÈRE.

F. Brunetière.

S.-GERVAIS. — S.-PROTAIS.

Cette église est considérée comme la plus ancienne que l'on connaisse dans la partie septentrionale de Paris; mais nul document historique ne met sur la voie de fixer l'époque précise de sa fondation. L'opinion de ceux qui la reportent à la fin du IVe ou au commencement du Ve siècle, sans l'appuyer d'aucune espèce de raisonnement plausible ou non, ne peut avoir dès-lors que la valeur d'une simple hypothèse. D'un autre côté, l'assertion de Dom Duplessis, consistant à dire que l'église de Saint-Gervais-Saint-Protais *était sur pied avant l'an* 576 *, se réduit à énoncer un fait notoire et incontesté, puisque nous savons avec certitude que saint Germain allait souvent y prier, et que de son temps déjà elle était honorée du titre de basilique **, désignation alors attribuée aux temples plus ou moins vastes, ou plus ou moins connus par la renommée des saints, sous l'invocation desquels on les dédiait; or, saint Germain fut appelé à l'épiscopat, en 554, et il mourut le 28 mai de l'an 576 précité. Quant à nous, s'il fallait que nous émissions un avis sur ce point difficultueux, nous inclinerions, avec quelque restriction toutefois, vers le sentiment de Baillet, qui affirme que l'église, ob-

---

* *Nouv. ann. de Paris*, p. 66.
** Fortunat, *Vie de saint Germain*, chap. LVII, LXVI.

jet de notre étude, fût bâtie en 560 *. Et, quoique lui aussi ne produise ni témoignages propres à faire autorité, ni preuves décisives de ce qu'il avance, il nous paraît néanmoins que sa conjecture ne s'éloigne pas autant de la vraisemblance que celle des auteurs, dont les uns en font remonter la fondation au règne de Clovis, et les autres la descendent à celui de Chilpéric. Mais, attendu que si cette fondation avait eu lieu sous l'épiscopat de l'illustre prélat parisien, Fortunat, évêque de Poitiers, qui a écrit sa vie, ne dit rien qui puisse le faire présumer, quoique, dans son ouvrage, des faits bien moins importans y soient notés; nous croyons pouvoir conclure de ce silence que l'église de Saint-Gervais existait lorsque saint Germain devint évêque de Paris. Maintenant ne serait-il pas permis d'induire de là que ce doit être entre 540 et 550 qu'elle a été fondée et construite? Nous n'insisterons pas d'avantage sur cette question, pour nous occuper des temps sur lesquels les données historiques échappent à toute controverse.

Qu'il nous soit donc permis d'abord, pour procéder avec quelque méthode, d'indiquer rapidement les circonstances qui expliquent le double vocable de l'église, quelle qu'ait pu être, d'ailleurs, l'année positive de sa fondation.

On sait fort peu de chose de la vie des deux saints martyrs, Gervais et Protais; car la lettre aux évêques d'Italie, qui porte le nom de saint Ambroise, et qui renferme une grande abondance de détails, se trouvant en contradiction formelle avec celle que ce Père illustre écrivit à sa sœur Marceline, est rejetée par tous les critiques comme apocryphe, ainsi que le démontrent les Bénédictins de la congrégation de Saint-Maur, dans le IIe tome de l'édition qu'ils ont publiée de ses œuvres, en 1686-90. C'est à peine si l'on a pu savoir qu'ils étaient fils de saint Vital, présumé officier des armées impériales, sous Néron, et qui avait lui-même versé son sang pour la foi, à Milan, environ vers l'an 62. Cela est si vrai, qu'à Milan même on n'avait plus, vers la fin du IVe siècle, qu'un souvenir vague et confus des deux saints. Saint Ambroise, aidé de ce qu'il put recueillir de ces débris épars de la tradition qui les concernait, et surtout éclairé par une lumière instinctive, autant que mystérieuse, se mit sur les

---

* *Vies des Saints*, t. IV de l'édit. in-8, p. 435.

traces du lieu de leur sépulture, et il acquit ainsi la conviction qu'elle ne pouvait exister qu'auprès des barreaux qui environnaient le tombeau de saint Nabor et saint Félix. Il y fit alors pratiquer des fouilles qui eurent des résultats conformes à ses prévisions. On trouva les corps, et l'identité en fut reconnue par la vérification que diverses circonstances, bien connues d'ailleurs, permirent d'opérer. L'illustre prélat se disposait, en ce moment, à consacrer l'église, appelée depuis *basilique ambroisienne*, de son nom. Les fidèles auraient voulu que la cérémonie eût la même solennité que celle de la consécration récente de l'église des apôtres. C'était aller au devant des vœux de saint Ambroise. Il fit d'abord transporter ces saintes dépouilles dans la basilique de *Fauste*, puis appelée de Saint-Vital et Saint-Agricole, laquelle était voisine de celle de Saint-Nabor. Les reliques des martyrs y furent exposées pendant deux jours. Le troisième, qui était le 18 juin de l'an 387, on les transféra dans la basilique Ambroisienne avec une grande pompe, et cette cérémonie fut suivie de réjouissances publiques, auxquelles toute la population catholique de la Cité prit part, et elle était en immense majorité, malgré les menées des Ariens qui s'y agitaient auprès de l'impératrice Justine, femme de Valentinien le jeune, pour y propager leur hérésie. De ces circonstances date la célébrité de saint Gervais et de saint Protais. Aussi, est-ce moins par l'appréciation des actes de leur vie, que par la certitude et l'éclat des faits miraculeux qui présidèrent tant à la découverte de leur tombeau, qu'à la translation solennelle de leurs corps dans la basilique de Milan, que les deux saints acquirent cette juste et si légitime célébrité.

Saint Augustin et saint Paulin assistèrent aux cérémonies pompeuses de la translation, qui durèrent trois jours; ils furent témoins oculaires de ces miracles, ainsi que la foule qui s'y pressait, et ils en propagèrent bientôt la connaissance, l'un en Afrique[*], l'autre dans l'Italie méridionale et dans les Gaules, sa patrie, où il avait conservé de nombreuses relations[**]. Quand des hommes, dont les hautes lumières et les vertus n'étaient ignorées nulle part dans le monde chrétien, attestaient de

---

[*] *Cité de Dieu*, liv. XXII, chap. VIII. — *Confessions*, liv. IX, chap. VII.
[**] Épit. XXXII, à saint Sévère-Sulpice.

tels faits, certes, on comprend fort bien qu'il était impossible de les taxer de visionnaires, et qu'on dut avec raison croire à la réalité de leurs récits. Bientôt aussi les reliques authentiques de ces saints martyrs se répandirent, avec leur culte, en Orient et en Occident, mais surtout en France, où plusieurs des cathédrales et des nombreuses paroisses qui s'y érigèrent dans le cours des deux siècles suivans, les adoptèrent pour patrons titulaires. Il suit de là que leur vocable, appliqué à une église de Paris, n'a rien en soi que de très simple et de très naturel; en même temps, l'on se rend mieux compte de la dévotion particulière que saint Germain professait pour saint Gervais et saint Protais. Nous avons vu plus haut que Fortunat qualifiait cette église du titre de basilique, qu'il ne lui eût certainement point donné, s'il ne s'était agi que d'une chapelle ou oratoire, ainsi que Dulaure le prétend. Ce titre, elle le portait encore au milieu du ixe siècle, et pourtant elle était restée dans toute l'intégrité de son état primitif. C'est ce qui résulte des termes exprès du testament d'Hermentrude*, première femme de Charles-le-Chauve, morte en 869. Son importance est en outre établie par le privilége dont on la trouve dès-lors investie, d'avoir une chapelle baptismale dans l'enceinte de la ville, sous l'invocation de saint Jean-Baptiste, vulgairement saint Jean de Grève.

Tous les historiens conviennent qu'au xie siècle l'église de Saint-Gervais-Saint-Protais et ses dépendances appartenaient aux seigneurs de Meulan, qui en avaient fait don au prieuré conventuel de Saint-Nicaise, situé dans le ressort de leur suzeraineté, lequel ressortait à l'abbaye du Bec, en Normandie; car le comte Galeran confirma la donation de ses ancêtres par une charte de l'an 1141, où sont spécialement mentionnées les églises de Saint-Gervais et de Saint-Jean, sises *in vico dicitur Greva* **. Mais il paraît que le chapitre de Notre-Dame possédait une portion de ces propriétés, c'est-à-dire du fief dit *Moncellum*, d'où provient sans doute le nom de Monceau-Saint-Gervais. Ce fief était administré par un Prévôt, qui percevait les redevances auxquelles la cure était tenue envers les chanoines. « On voit, par exemple, dit saint Victor, qu'en 1230, ces rede-

---

* Saint Victor, *Tabl. pitt. de Paris*, t. II de l'édit. in-8, p. 85.
** Dubreul, *Th. des Antiq. de Paris*, p. 601; — Saint-Victor, p. 858.

vances consistaient en un certain nombre de moutons, et qu'en 1484, les enfans de chœur recevaient le produit de l'offrande du jour de la fête patronale des saints titulaires, ainsi que des cerises *. »

Quoiqu'il en soit, le droit de collation ou présentation aux cures de Saint-Gervais et de Saint-Jean-de-Grève, a appartenu, jusqu'à la révolution de 89, à l'abbé du monastère du Bec.

Il y a tout lieu de croire que l'ancien édifice, auquel on avait affecté la dénomination de basilique, a subsisté jusqu'aux premières années du XIIIe siècle, ce que pourtant nous n'oserions affirmer. Mais il est très-vrai aussi que l'histoire laisse ignorer si elle avait été agrandie ou rebâtie avant l'an 1212, époque de la première reconstruction qu'elle constate. La dédicace n'eut lieu qu'en 1420, et pour perpétuer le souvenir de cette cérémonie, une inscription gravée en lettres gothiques sur une table de marbre, fut scellée dans le mur, où elle est toujours restée, à gauche, en entrant par le grand portail, à côté du second pilier de la chapelle Saint-Laurent, sous la tour. En voici la copie textuelle :

« Bonnes gens, plaise à vous sçavoir que ceste présente église de Messeigneurs sainct Gervais, sainct Proctais, fust dédiée le dimanche devant la feste de sainct Simon-sainct Jude, l'an 1420, par la main de révérend Père en Dieu maistre Gombault, évesque d'Auxerre, et sera à toujours la feste de l'Annualité de dédicace, le dimanche devant la dicte feste S. Simon-S. Jude. S'il vous plaist y venir recommander vos maulx et prier pour les bienfaicteurs de ceste église, et aussi pour les trespassés. *Pater noster, ave Maria.* »

A l'époque où commença la reconstruction de l'église, c'est-à-dire, en 1212, Saint-Gervais se trouva compris dans l'enceinte dont Philippe-Auguste venait de faire environner Paris ; la population de son territoire, très étendu, s'était considérablement augmentée, et cette circonstance motiva le partage qu'on en fit en deux parties, pour en attribuer une à la chapelle de Saint-Jean-de-Grève, qui, de même que sa mère, devint alors paroisse. Cette séparation avait été préalablement convenue entre l'évêque Pierre de Nemours, le prieur de Saint-Nicaise de Meulan et

* Saint Victor, p. 859.

l'abbé du Bec, ainsi que le prouve la charte, reproduite en entier par Malingre*, qui stipule les conditions auxquelles les parties contractantes constituent les deux paroisses. On remarque surtout celle qui impose au curé de Saint-Jean-de-Grève l'obligation d'accompagner avec croix, bannière, cierges allumés et encensoirs, la procession de Notre-Dame, lorsqu'elle se rendait, par la Mortellerie, à Saint-Paul-des-Champs et à Montmartre pendant les jours des Rogations. Cette charte se trouve aussi reproduite à la suite d'un très beau missel manuscrit, format petit in-folio, que possède l'église Saint-Gervais.

Les écrivains de nos jours, qui reculent jusqu'au règne de Charles VI la réédification de Saint-Gervais, n'ont lu, et, en général, ne lisent que Dulaure. Il peut être quelquefois utile de consulter cet archéologue; mais ce doit être avec précaution, car alors même que ses opinions ne le portent pas à altérer ou à défigurer les faits, il tombe encore dans d'assez graves erreurs, et cela par la raison que la masse énorme de matières qu'il traite ne lui permet pas de les approfondir : il ne peut que les effleurer. Voilà pourquoi il est le seul qui n'ait placé aucun intervalle entre la reconstruction de Saint-Gervais et sa dédicace, en 1420. Personne n'ignore, par exemple, que la basilique de Saint-Germain-des-Prés, rebâtie par l'abbé Morard, vers la fin du xe siècle, ne fut pourtant dédiée par le pape Alexandre III qu'en 1163. Au reste, Saint-Gervais n'eut pas alors les dimensions qu'on lui trouve aujourd'ui ; il reçut des augmentations très notables vers 1580, sous le règne d'Henri III **. Il est vrai qu'on eut le bon esprit d'assortir ces additions au style ogival ou gothique de l'édifice, qui paraîtrait bâti sans interruption et à une même époque, si Jacques Debrosse, architecte, qui a construit l'aqueduc d'Arcueil et le Luxembourg, par ordre de la reine Marie de Médicis, n'était venu rompre sa belle unité à l'extérieur. Le portail et la façade, dont il a cru l'orner, l'ont enlaidi et gâté, en ce sens qu'on pourrait, à son aspect, faire prendre le temple du Seigneur pour un monument profane, si la croix, qui doit être bientôt replacée à son sommet, ne lui restituait une plus digne significa-

---

* *Antiq. de la ville de Paris*, p. 874.

** Jaillot, *Rech. hist. sur Paris*, t. XI (Quart. de la Grève), p. 32; —Saint Victor, *loc. cit.*, p. 239.

tion. On est toujours tenté, en apercevant les églises copiées sur des modèles payens, de s'écrier avec Berchoux :

« Qui nous délivrera des Grecs et des Romains! »

Le jour de la délivrance est arrivé pour leur mythologie; elle ne se montre plus dans notre littérature... Quand donc leur système architectural sera-t-il exclu des demeures consacrées au culte du Dieu des Chrétiens ?

Le 24 juillet 1616, Louis XIII posa la première pierre de la façade devant laquelle on s'est tant extasié. Il pourra paraître curieux de mettre en regard des admirations outrées, qui semblaient se transmettre de main en main, sur cette œuvre, depuis plus de deux siècles, l'opinion qu'on s'en forme aujourd'hui, au point de vue des convenances architectoniques, appliquées aux monumens de l'art chrétien. « On a beaucoup trop vanté, selon nous, le portail de l'église Saint-Gervais, et pas assez remarqué l'église elle-même, qui est un modèle de l'architecture sarrazine... Quels rapports trouver, en effet, entre les trois ordres qui le composent, dorique, ionique, corinthien, et les voûtes aiguës, les arceaux à nervures, les fenêtres à rosaces et les clefs pendantes de l'église intérieure ? Autant vaudrait une statue gothique que surmonterait un casque grec ou romain. Malheur aux monumens qui subissent tous les caprices de la mode; faits pour le siècle qui les a vus naître, ils en forment un trait distinctif, et doivent rester ce qu'ils sont : de pareils travestissemens les déshonorent...; mais la partie de Saint-Gervais, la plus intéressante pour l'histoire de l'art, est la chapelle de la Vierge ; c'est là qu'on remarque des arcs qui, portant en l'air sans toucher aux voûtes, dit Sauval, soutiennent une couronne qui a trois pieds et demi de saillie et six pieds de diamètre. L'habileté des Jacquet, sculpteurs du temps, a décoré cette couronne d'ornemens déliés, raffinés, coquets, dont on ne peut se défendre d'admirer l'audace et la légèreté. Or, cette curieuse chapelle était restée, comme la plupart de nos églises qu'on a cru restaurer en les grattant, blanche, nue, glaciale. Dans ce moment on la restaure avec le plus grand soin ; M. Delorme représentera dans les compartimens, non sur toile, mais sur les murs mêmes, des sujets empruntés à l'histoire de la Vierge; les voûtes sont peintes en bleu-de-ciel, et les nervures, rehaussées d'or, se découpent à merveille sur un fond clair *. »

Les prétendus embellissemens de Debrosse ne s'arrêtèrent pas à la porte; ils se glissèrent dans l'intérieur et s'emparèrent de plusieurs pièces d'ornementation, entre autres, d'un autel de la chapelle des fonts baptismaux, où l'on eut la singulière idée de reproduire avec exactitude, mais sur une petite échelle, la figure du portail grec. Une somme de 24,000 fr., pour couvrir la dépense d'un bel autel en marbre, a été votée par le conseil municipal, ainsi que les fonds nécessaires pour l'exécution d'une statue de la sainte Vierge, destinée à cette chapelle.

Il existe aussi, dans un des bas-côtés de l'église, une chapelle secrète attenant à celle de Sainte-Anne, qu'on nomme *chapelle dorée*, à cause des divers ornemens sur bois qui la parent et qu'on a fait dernièrement redorer avec beaucoup de soins. Ce morceau vraiment remarquable a la forme d'un caveau sépulcral, éclairé par le faîte d'une galerie vitrée. Les parois de cette chapelle sont entièrement recouvertes de petits panneaux en bois, ornés de peintures d'un travail très curieux, qu'on présume être du XVIIe siècle. Tous les actes les plus merveilleux de la vie du Christ y sont représentés dans un style d'une suave originalité. Dans ces peintures, qui décèlent toutefois la naissance de l'art, on distingue surtout Jésus-Christ prêchant dans le temple en face de la porte. Le Christ au tombeau, formant le devant d'autel, ainsi que la résurrection du Sauveur, dans le fond à gauche. On n'a aucune donnée sur le fondateur de cette chapelle, et le nom de l'artiste qui l'a décorée est resté complètement inconnu.

L'église de Saint-Gervais-Saint-Protais a eu le bonheur de conserver intactes toutes ses reliques, savoir : celles des deux premiers titulaires, de saint Ambroise, de saint Roch et de saint Sébastien; et, en objets d'arts, ses magnifiques vitraux peints par Pinaigrier, artiste renommé en ce genre, ainsi que plusieurs anciens tableaux, parmi lesquels un de Pérugin et un autre d'Albert Durer. Dans les tableaux des grands maîtres qu'elle a perdus, on doit regretter surtout ceux de Lesueur : *Un portement de croix; Jésus-Christ au tombeau; saint Gervais et saint Protais refu-*

---

* *J. des Debats* du 24 août 1842.

sant de sacrifier aux idoles. — De Gualay : *Le premier de ces saints fouetté sur le chevalet.* — De Bourdon : *La décollation du dernier.* — De Philippe de Champagne : *L'apparition des deux saints à saint Ambroise; l'invention de leurs reliques; leur translation;* — et l'*Ecce Homo*, en pierre, de Germain Pilon.

Mais elle a également perdu les tombeaux de Philippe de Champagne, de Scarron et du chancelier Boucherat qui y avaient été inhumés. Déposés, pendant la révolution, au Musée des Grands-Augustins, on les a ensuite transférés à Saint-Roch; on ne lui a rendu que le mausolée de Michel Letellier, garde-des-sceaux sous Louis XIV, principal moteur de la révocation de l'édit de Nantes, et père du fameux marquis de Louvois, grand-maître de l'artillerie et ministre de la guerre; il a été rétabli dans la chapelle de Saint-Eutrope.

Les produits de l'art moderne, que Saint-Gervais possède, ne sont pas en grand nombre, mais ils sont généralement estimés. En peinture : le Christ, — *Ecce Homo*, par M. Cortot; saint Ambroise refusant l'entrée du temple de Milan à l'empereur Théodose, souillé du massacre des habitans de Salonique, par M. Couder; le martyre de sainte Julitte et de son fils Saint-Cyr, par M. Heim; la Vierge immaculée, par M. Rude; l'Annonciation, par M. Lordon. En sculpture : statue en marbre de sainte Catherine, martyre, par M. Cortot; statues en bronze de saint Marc et saint Mathieu, modèles par M. Laitié; celles de saint Luc et saint Jean, modèles par M. Lebœuf-Nanteuil. Ces quatre dernières décorent la chaire à prêcher, beau travail qui a coûté 30,000 francs, et dont l'exécution fut confiée à M. Pierre Gauthier, à la suite d'un concours ouvert en 1824, entre dix architectes lauréats de l'Institut.

Les chapelles de Saint-Gervais sont consacrées ainsi qu'il suit : celles de droite, en entrant par le grand portail, au Saint-Esprit, à sainte Catherine, à saint Pierre, à saint Jean, à sainte Geneviève et à saint Eutrope, aux âmes du purgatoire, aux agonisans; celles de gauche, aux fonts baptismaux, à saint Laurent, à la Providence, à saint Denis, à sainte Anne. La chapelle de la sainte Vierge, occupant le chevet, n'est pas visible en ce moment, attendu les restaurations qu'on y pratique, et dont il a été parlé plus haut.

A la chapelle de Saint-Eutrope se rattache l'origine de l'hôpital Saint-Gervais et d'une confrérie célèbre.

Un maçon, nommé Garin, et Harcher, son fils, prêtre, étaient propriétaires d'une maison située derrière le chevet de l'église, laquelle, par conséquent, se trouvait presque en face du mur extérieur de la chapelle. Charitables et pieux, ils y hébergeaient, pendant neuf jours, les pèlerins qui venaient faire des neuvaines à l'autel des saints Eutrope et Quentin, pour les maladies *dont on requiert les dits saincts* *, c'est-à-dire, l'épilepsie, la paralysie, les convulsions nerveuses et les rhumatismes. La destination honorable de cette maison fixa l'attention publique; on y vit la base d'un établissement de bienfaisance, et comme elle était grevée d'une censive ou redevance féodale de quatre deniers envers Robert de France, comte de Dreux, frère de Louis VII, dit le Jeune, ce prince, conjointement avec sa femme Alix de Bretagne et son fils, céda ce cens en 1171. L'établissement, approuvé par le pape Alexandre III, prit dès-lors plus de consistance; un procureur et des frères servans furent chargés de l'administrer, et Nicolas IV, par une bulle de l'an 1490, le mit sous la protection du Saint-Siège. Jusqu'au milieu du xive siècle les choses en restèrent là. Foulques de Chanac, évêque de Paris, y apporta quelques modifications, en substituant aux frères servans quatre religieuses Augustines et un directeur qualifié de maître-proviseur. Mais le nombre des pèlerins, passans et pauvres, augmentant toujours, il y eut nécessité d'accroître, dans les mêmes proportions, celui des religieuses. Enfin, la maison tombant en ruines, les sœurs hospitalières de Saint-Anastase, ou filles de Saint-Gervais comme on les appelait, achetèrent, en 1654, vieille rue du Temple, entre la rue des Francs-Bourgeois et celle des Rosiers, l'hôtel du marquis d'O, surintendant des finances et gouverneur de Paris, que ses créanciers leur vendirent. Un arrêt du 7 juillet 1655 le leur adjugea dans les formes légales du temps. Le cardinal Paul de Gondy, archevêque de Paris, ayant approuvé l'acquisition en 1656, la prise de possession en fut amortie, ou, en d'autres termes, permise par lettres-patentes du roi, de la même année. Mais, à cette époque, les pauvres passans, quel que fût le motif

---

* Mallingre, p. 596.

qui les amenât à Paris, n'y étaient reçus que pour trois jours, au lieu de neuf. Quoique l'économie administrative de la maison des hospitaliers de Saint-Anastase fût déjà très-éloignée de son principe fondamental, elle n'en était pas moins ordinairement désignée par le nom d'hôpital Saint-Gervais [*].

Dès la fin du vi^e siècle, un établissement pareil existait à l'église de Saint-Julien-l'Hospitalier, dit le pauvre ou le vieux, situé sur la rive gauche de la Seine, près de la rue qui porte encore ce nom. Il y avait dans ses dépendances des bâtimens dont une partie était destinée à servir d'hospice aux pèlerins et aux pauvres passans, et l'autre aux étrangers et aux voyageurs qui vénéraient particulièrement le saint martyr. Grégoire de Tours, lorsqu'il venait à Paris, allait ordinairement y loger.

Dans un temps où il n'existait point de grandes routes, et le commerce intérieur n'ayant pas acquis assez de développemens pour que la profession d'aubergiste pût être exercée avec quelque avantage, on sent combien ces institutions étaient utiles, et combien étaient précieux les services qu'elles rendaient à la société, puisque, concurremment avec les monastères, elles facilitaient seules les rapports des populations éloignées les unes des autres par des distances considérables.

La conversion de la maison Garin en hôpital régulier, accrut encore l'importance du culte des saints Eutrope et Quentin. Une multitude de visiteurs, étrangers à la ville, se pressaient continuellement autour de leur chapelle. Les marguilliers et notables paroissiens de Saint-Gervais, frappés de ce spectacle pieux qui répandait un si grand lustre sur leur église, voulurent aussi prendre part à ce beau mouvement de l'opinion publique. Dans ce but, ils conçurent le projet d'une confrérie, sous le patronage spécial des deux saints, et où seraient admises toutes les personnes qui voudraient en faire partie, sans distinction de profession, de rang ni de qualité. Les statuts de la confrérie ayant été rédigés en l'an 1400, dans cet esprit, d'ailleurs si conforme aux vrais principes du christianisme, furent soumis à Charles VI, qui, après en avoir pris lui-même connaissance, autorisa l'association. Ces statuts, en fondant, entre autres actes de dévotion particulière aux saints patrons, une messe solennelle

---

[*] Jaillot, t. XV (Quart. Saint-Antoine), p. 130.

qui se dirait tous les ans à leur autel, le jour de leur fête collective, portaient que le roi et la reine participeraient aux bienfaits des prières et oraisons de la confrérie. Le roi, en les approuvant, y ajouta : 1° Qu'il serait permis aux membres de la confrérie de s'assembler annuellement tel jour qu'il leur conviendrait de choisir, pour se concerter et délibérer sur leurs communs intérêts ; 2° Qu'ils pourraient élire trois ou quatre d'entre eux, parmi les plus capables, et qui seraient chargés de veiller au maintien de ses priviléges. Deux ans après un conflit vint à surgir entre les surveillans élus et les marguilliers de la paroisse. Ces derniers, se prévalant de ce que c'était à leur requête nominale que le roi avait autorisé la constitution de la confrérie, prétendaient administrer sa caisse comme bon leur semblerait. Les autres leur contestaient ce droit, en tant qu'exclusif de leur intervention. De là, recours au roi par une autre requête que nous appelerions aujourd'hui pétition, signée par la majorité des confrères. Charles VI décida qu'à l'avenir l'administration financière appartiendrait aux quatre surveillans élus et choisis selon l'usage, sauf à être tenus de rendre compte de leur gestion de la même manière et dans les formes qu'observaient les autres confréries de Paris. Cette décision fut notifiée aux marguilliers, par un huissier d'armes de la chambre du prince, avec injonction expresse de s'y conformer strictement. Ces sages mesures produisirent d'heureux résultats. La confrérie de saint Eutrope devint en peu d'années l'une des plus nombreuses et des plus édifiantes de la capitale. Le roi, la reine (Isabelle de Bavière), le dauphin, depuis Charles VII, tous les princes du sang s'y firent agréger et elle se maintint fort longtemps dans cet état de prospérité.

En l'an 1274, un quidam qui s'était introduit nuitamment dans l'église, y vola les vases sacrés. Parvenu au champ de foire, dit le Landit, dans la plaine de Saint-Denis, il fut aperçu par des passans, à qui ses mouvemens embarrassés parurent suspects ; ils l'arrêtèrent au moment où il s'apprêtait à briser les vases, et le livrèrent à la justice ; mais il n'avait pas eu le temps de consommer son sacrilége, car le saint ciboire, dans lequel se trouvaient des hosties consacrées, était demeuré fermé et intact. L'abbé de Saint-Denis et l'évêque de Paris, Etienne Tempier, vinrent en procession purifier ce lieu par des prières et des chants appropriés à la circonstance. « L'histoire de ce fait miraculeux est naïvement dépeinte, dit Dubreul, en une vitre de la chapelle de Saint-Pierre d'icelle église où sont aussi quelques vers françois, contenant partie d'icelle histoire *. »

Ces épisodes de l'histoire de Saint-Gervais, outre les notions intéressantes d'usages et de mœurs, qu'ils renferment, prouvent que la paroisse de ce nom, a, elle aussi, des titres assez nombreux pour justifier la part d'illustration qu'elle réclame. Pour compléter le résumé de cette histoire, il ne nous reste plus qu'à rappeler ce qui concerne le fameux *Orme* dit *de Saint-Gervais*, dont les habitans du quartier de la Grève gardent encore le souvenir traditionnel.

Un usage sur l'origine primitive duquel on n'est pas bien fixé, veut qu'un ou plusieurs ormes soient toujours plantés devant les églises ou les presbytères de campagne, et à l'ombre desquels les villageois se rassemblent dans la belle saison, avant et après la messe dominicale. Là, debout ou assis sur les bancs de pierre, établis auprès, en beaucoup de localités, les parents et amis qui habitent des fermes, ou des hameaux éloignés les uns des autres, s'y entretiennent occasionnellement de leurs intérêts : espérance de bonne récolte de tel ou tel produit du sol, ou crainte d'une mauvaise de tel autre. On y discute les litiges survenus, on y propose ou on y conclut des mariages, des *parrainages*, etc. Les *on dits d'alentour* entrent quelquefois comme élément de variété dans ces conversations hebdomadaires des campagnards. Enfin, si la nature des arrangemens qu'on y a pris, des affaires qu'on y a ourdies ou définitivement conclues, exige une nouvelle entrevue ; dans ce cas, on se donne rendez-vous positif pour un dimanche ou un jour de fête quelconque, et on se quitte, en se disant : *Si vous arrivez le premier* : ATTENDEZ-MOI SOUS L'ORME. Cette formule même est depuis longtemps proverbiale, dans un sens ironique : elle s'emploie pour faire entendre qu'on attendrait en vain.

Autrefois, outre les circonstances que nous venons d'indiquer, les rendez-vous sous l'orme avaient des motifs obligatoires et forcés. Sous les rois des deux premières dynasties, c'est-à-dire, jusqu'au VIIIe siècle, la justice ordinaire se rendait aux portes des églises ou des villes, et toujours dans un lieu public et à dé-

* *Théatre des antiq. de Paris*, p. 601.

couvert. Ceux qui devaient prononcer le jugement y venaient armés; mais avant d'entendre les parties ils attachaient leurs boucliers et leurs haches à un poteau disposé à cet effet, autour duquel l'assemblée se groupait. Lorsqu'ensuite le régime féodal eût été constitué, que la justice passa aux mains des feudataires, les porches des églises en hiver, et l'orme ou les ormes en été, servirent à la tenue des *plaids de la justice foncière des fiefs* *. Les juges ou baillis seigneuriaux, appelés *Juges de l'Orme* ou *Pédanées*, y établissaient le siége de leur juridiction; les vassaux s'y rendaient pour régler ou payer les censives ou rentes féodales. A Paris, celles des fiefs Popin et Harenc étaient soldées sous le porche de Saint-Jacques-de-la-Boucherie **. Quant à ce qui concerne spécialement l'orme de Saint-Gervais, nous allons voir qu'il avait la même destination. Le *monceau*, du nom de ce saint, c'est-à-dire, le terrain élevé sur lequel se trouve l'église, était un fief de l'évêché dont Pierre de Nemours céda une partie en 1216, à Gautier, fils de Jean, chambrier de Louis-le-Jeune, agissant au nom de ce roi, et stipulant pour le comte de Dreux, en échange du cens dont la maison Garin, devenue hôpital Saint-Gervais, était grevée, ainsi que nous l'avons dit. L'évêque réserva, sur la partie cédée, cinquante sols, annuellement destinés à l'achat du cierge pour la fête de la Purification ***. Or, il était d'usage que les redevances dues à ce fief, par ceux qui faisaient bâtir des maisons sur le territoire du Monceau, se payassent sous l'Orme de Saint-Gervais. D'un autre côté, Dulaure rapporte que, dans un compte de l'an 1443, dont il paraît avoir eu connaissance, « on trouve une déclaration de vignes et terres, appartenant au duc de Guyenne, à cause de son hôtel, situé près de la Bastille; ceux qui les tenaient étaient obligés de payer la rente à l'Orme de Saint-Gervais, le jour de saint Remi et à la saint Martin ****. »

Tout le monde sait que saint Louis, lorsqu'il allait à Vincennes passer quelques jours à *la villa* que Philippe-Auguste avait bâtie, à l'une des extrémités du bois, y recevait avec bienveillance tous ceux qui croyaient pouvoir recourir à sa haute justice. « Maintes

---

* Sauval, *Hist. des antiq. de la ville de Paris*, t. II, p. 419.
** Villain, *Hist. de Saint-Jacques-la-Boucherie*, p. 20.
*** Jaillot, t. XI (Quart. de la Grève), p. 18.
**** *Hist. de Paris*, t. II, édit. de 1837, p. 105.

fois, dit Joinville, ai vu que le bon sainct, après qu'il avoit ouï messe en esté, il se alloit esbattre au bois de Vincennes, et se seoit au pied d'un chesne, et nous faisoit asseoir tout emprès luy. Et tous ceux qui avoient affaires à luy venoient luy parler, sans ce que auscun huissier ne aultre leur donnast empeschement. »

Cet orme historique était fort petit du temps de Guillot qui, dans ses *dits des rues de Paris*, l'appelle du diminutif d'OURMECIAU. A l'époque peu reculée où il a été abattu, c'est-à-dire, peu de temps avant 1800, suivant saint Victor *, qui ne précise pas cette époque, il était d'une forte dimension.

Le rôle que jouaient les ormes dans les usages qui viennent d'être rappelés, est certainement bien établi et incontestable. Mais jusque-là, rien ne fait connaître l'origine du motif pour lequel on plantait ces sortes d'arbres devant les églises. On peut cependant, selon Jaillot, en donner une autre explication. « Les premiers chrétiens, dit-il, pour distinguer les tombeaux des martyrs, gravaient sur la pierre qui les couvrait les instrumens de leur supplice, ou une palme, symbole de leur victoire ; et l'on voit encore, en plusieurs endroits, des palmiers ou des ormes plantés devant les basiliques qui portent le nom des martyrs. La bannière, le banc de l'œuvre, une des portes de l'église de Saint-Gervais, et les jetons que ses marguilliers ont fait frapper, nous représentent un orme placé entre les figures des deux saints titulaires de la paroisse, apparemment pour conserver la mémoire de cet usage antique, qui remonterait ainsi au berceau même du christianisme **. »

Cette explication nous paraît, si non démonstrative, du moins très-plausible. On pourrait, toutefois, la motiver mieux que ne le fait Jaillot, par des développemens auxquels le cadre de notre étude se refuse. Les armes de la paroisse, en effet, étaient un orme sortant d'un puits, car il y avait autrefois un puits dans l'église même, et il était situé derrière le banc de l'œuvre.

Au surplus, l'orme de Saint-Gervais a laissé de *profondes racines* dans le souvenir de ses paroissiens ; les plus âgés ont vu le dernier, et les autres en ont entendu parler d'une ma-

---

* *Tabl. pittor. de Paris*, t. II, édit. de 1812, p. 840.
** Jaillot, *loc. cit.*, p. 34.

nière plus ou moins circonstanciée. De nos jours plusieurs marchands ont encore pour titre d'enseigne : l'orme de Saint-Gervais. M. Gautier, fabricant de taillanderie et de quincaillerie, rue François-Miron, n. 6, à gauche du grand portail, a mis un certain luxe à cette indication; il a fait appliquer en relief, à côté de l'entrée de ses magasins, un orme sortant du rebord d'un puits, le tout parfaitement doré, et au-dessus est écrit : Aux Armes de saint Gervais. Ces faits, quoique peu importans en apparence, n'en témoignent pas moins que tout ce qui, même dans l'ordre matériel des choses, touche de près ou de loin à l'idée chrétienne, ne tombe jamais dans un oubli brusque et complet : il en reste toujours quelque trace, qui est comme un reflet de sa puissante influence et de son éternelle durée. Saint-Gervais n'est plus aussi riche qu'autrefois en objets d'art, en décors somptueux; mais pour lui appliquer, à juste titre, ce que Fortunat, évêque de Poitiers, dit de Saint-Germain-des-Prés : *empreinte du sang du Christ, la foi prête toujours à cette église une éclatante splendeur!*

L'ABBÉ CHENEVIER,
Trésorier de la paroisse Saint-Gervais.

S.-NICOLAS-DES-CHAMPS.

L'origine de cette église se rattache à la fondation du prieuré de St-Martin-des-Champs. Nous n'avons point ici à discuter sur l'époque précise qui vit s'élever ce célèbre monastère; nous dirons seulement avec l'histoire que le roi Henri Ier, fils de Robert, roi de France, édifia, aux portes de Paris, une abbaye en l'honneur de saint Martin, sans rechercher si antécédemment, sur le même terrain, il existait une abbaye du même nom qui aurait été détruite par les Normands. On n'ignore pas que saint Martin était alors en France l'objet d'une immense vénération ; sa chape était le *palladium* de nos armées, et jamais il ne se livrait de batailles où les Français ne portassent respectueusement cette fameuse relique comme un gage assuré de la victoire. Henri Ier fit cette fondation de 1050 à 1060 ; ce prince dota de beaucoup de domaines ce monastère nouveau ou restauré. Philippe Ier, son fils, ne se montra pas moins généreux et libéral envers l'abbaye ; elle était peuplée de religieux vivant à la manière des cénobites, et portant le nom de chanoines, *canonici cœnobialiter viventes*. Mais, quelques années après l'installation de ce chapitre régulier, les chanoines cédèrent la place à des religieux de Cluny, que le roi Philippe avait demandé à saint Hugues, sixième abbé de ce célèbre monastère, qui jouissait d'une grande réputation de sainteté. Dès lors, l'abbé de Saint-

Martin dut se contenter de la qualité de prieur subordonné à l'abbé de la Maison-Mère de Cluny, dont Saint-Martin-des-Champs fut la troisième fille.

A la vive confiance envers saint Martin s'unissait une spéciale vénération pour un autre évêque qui, sous le ciel de l'Asie, avait accompli un brillant apostolat, comme l'évêque de Tours dans les contrées occidentales; nous voulons parler de saint Nicolas, évêque de Myre. Nous n'avons pas besoin de rappeler qu'un grand empire, celui de Russie, conserve pour le saint pontife de Myre une vénération qui lui fut transmise par les populations orientales, en même temps que la connaissance de l'Évangile. Après Dieu, le Moscovite ne reconnaît point de providence plus bienveillante que celle de saint Nicolas. Heureuses seraient ces vastes contrées, si leur foi actuelle était celle du pontife illustre que la pureté de sa doctrine et son intime et constante union avec l'Église romaine ont placé dans le catalogue des saints qu'elle honore!

Auprès de Saint-Martin-des-Champs, longtemps avant le roi Robert, existait une chapelle placée sous l'invocation de saint Jean l'évangéliste. Il est à présumer que cet oratoire était destiné à fournir les secours de la religion aux cultivateurs des champs qui avoisinaient le monastère, et qui en étaient la propriété. Ce disciple bien-aimé du Sauveur est encore le premier patron de la paroisse de Saint-Nicolas-des-Champs. Pourquoi donc celle-ci semble-t-elle avoir répudié ce beau patronage pour accepter le vocable de saint Nicolas? C'est de deux choses l'une; il faut l'attribuer, ou à un éclatant miracle qui se serait opéré dans cette enceinte par l'intercession du saint évêque de Myre, ou bien à la dévotion personnelle du roi Robert, qui, sur les ruines ou l'emplacement de l'ancien oratoire Saint-Jean, aurait érigé une chapelle sous l'invocation de saint Nicolas. Il en ressortira toujours un fait important en faveur de l'antiquité d'une église de Saint-Nicolas auprès de Saint-Martin-des-Champs, c'est qu'au commencement du onzième siècle, il existait un temple chrétien, sous le vocable du grand pontife de Myre, sur le sol qu'occupe aujourd'hui l'église paroissiale de ce nom. De cet ancien édifice, il ne reste que les fondemens sur lesquels s'élève la grande chapelle, à gauche du portail principal.

Le premier document historique sur une chapelle de Saint-

Nicolas, érigée pour les cultivateurs des champs qui environnaient le prieuré de Saint-Martin, est une bulle du pape Calixte III, qui, en novembre 1119, confirma la donation des biens dudit prieuré; elle contient ces paroles remarquables : *propè monasterium sancti Martini capellam sancti Nicolai*. Les bulles d'Innocent II, en 1142, et d'Eugène III, en 1147, font mention de la même chapelle. Jusqu'ici nous ne pouvons y voir qu'une annexe ou succursale, car les paroisses, proprement dites, sont désignées sous le nom d'*ecclesia*, église; il en résulte que la cure était attachée à l'église conventuelle. Mais, en 1184, le pape Luce III, par une bulle, déchargea le prieur de Saint-Martin du soin spirituel (*cura*) des populations agglomérées autour du monastère, et lui permit de désigner un prêtre qui devait y exercer les fonctions pastorales. C'est à dater de cette année que la chapelle de Saint-Nicolas porta le nom d'*ecclesia*, et que le vicaire qui la desservait prit le nom de *presbyter sancti Nicolai*, prêtre, c'est-à-dire curé de Saint-Nicolas. Dans les anciens monumens, le titre de *presbyter*, annexé au nom d'une église, en désigne toujours le pasteur. Le prieur et les religieux de Saint-Martin avaient cependant gardé les prérogatives et la qualité des curés primitifs, et jusqu'à la suppression des ordres religieux, à la fin du dix-huitième siècle, les curés de Saint-Nicolas-des-Champs étaient à la nomination des moines de Saint-Martin. L'érection de cette paroisse remonte donc au XIIe siècle; elle se fit sous le règne de Philippe II, dit Auguste, aïeul de saint Louis.

En peu de temps, la population de la nouvelle paroisse s'accrut tellement, que la cour du prieuré qui servait de cimetière ne put suffire à cet usage; ce champ de repos était l'espace actuellement occupé par la *rue Royale-Saint-Martin* qui sépare la vieille église du prieuré, aujourd'hui Conservatoire des Arts et Métiers, de l'église de Saint-Nicolas. Les religieux accordèrent à la paroisse un terrain sur lequel s'élèvent les rues *Jean-Robert* et du *Cimetière-Saint-Nicolas*. Le curé *Gauthier Valtherius* pria l'évêque de Paris, Guillaume de Seignelay, d'en faire la bénédiction, qui eut lieu en 1220. Le besoin d'une sacristie se faisait sentir; à cette époque, presque toutes les églises, autres que les cathédrales, en étaient privées. Le prieuré concéda encore un terrain, et, en 1233, la sacristie fut construite; elle sert aujourd'hui de vestibule à l'escalier du presbytère, du côté de l'église.

Quelle était la forme de cette dernière au xiiie siècle? Il est impossible d'en dire quelque chose de certain. Charles V, en 1374, ayant ordonné que les faubourgs fussent regardés comme partie intégrante de la ville de Paris, saint Nicolas, dont le surnom *des champs* n'était déjà plus qu'un souvenir de son ancienne position dans la campagne, devint paroisse de Paris. Toutefois, avant cette époque, une partie de la circonscription paroissiale était *intrà muros*. Le livre de la taille de 1292 indique, comme faisant partie de la paroisse, les rues « *de Symon-Franque, de* » *la Plastrière, des Estuves, des Jugléeurs, de Biau-Bourc,* » *de Quiquempoist, la rue où l'on cuit les oës, environ la méson* » *Mahi-l'Abé et la rue Saint-Martin.* » Hors des murs, selon le même document, étaient « les rues de *Guarin-Boucel, Saint-* » *Martin, Guernier-de-Saint-Ladre,* la *Poterne-Huideron,* » *Michiel-le-Conte, du Temple, de Frépillon, aux Graveliers,* » *Chapon, Trace-P*..... (aujourd'hui Transnonain), *du Cy-* » *metire.* » En ce temps, la ville de Paris finissait du côté du nord, en longeant la rue Saint-Martin, à la hauteur de la rue actuelle *Grenier-Saint-Lazare*, et conséquemment l'église de Saint-Nicolas était encore *extrà muros*.

En 1383, sous Charles VII, une nouvelle enceinte fermée de gros murs recula l'ancienne limite jusqu'au-delà de Saint-Martin-des-Champs, et alors la paroisse entière se trouva dans la ville. C'est alors que ce territoire se couvrit presque entièrement de maisons, et l'ancienne église devint insuffisante. L'abbé *Lebeuf* dit que, vers l'année 1420, le vieux édifice fut démoli, et qu'on rebâtit une nouvelle église ; il ajoute que le grand portail et le bas de la tour semblent être de cette époque. *Hurtaut* ne partage point son avis, et pense que l'on se contenta d'agrandir la vieille église. Nous penchons à croire que s'il est resté quelque chose de l'ancienne construction, l'agrandissement n'a pu convenablement s'effectuer qu'en démolissant la majeure partie des vieilles bâtisses. Soixante ans s'écoulèrent avant que ce travail fût terminé, à partir du grand portail, qui est de cette époque, jusqu'à la septième arcade de la nef, y compris les collatéraux et les chapelles correspondantes ; l'abside à trois pans s'élevait à l'endroit même où est en ce moment l'entrée principale du chœur.

Au xvie siècle, d'autres travaux furent entrepris pour élargir l'église ; les chapelles furent changées en nefs collatérales, d'autres chapelles les remplacèrent, et, au milieu du même siècle, l'église de Saint-Nicolas avait une largeur à peu près égale à sa longueur ; les cinq nefs en faisaient un édifice régulier, moins la disproportion que nous venons de signaler.

Les additions successives faites à cet édifice semblaient enfin devoir suffire aux nombreux fidèles qui en peuplaient les abords ; l'art chrétien du moyen-âge avait présidé à l'ensemble et aux détails ; le style ogival en était le caractère ; toute cette partie subsiste encore, et le grand portail qui s'élève sur la rue Saint-Martin mérite l'attention de tous les vrais amis de l'esthétique religieuse. Son aspect général présente un pignon très-élevé qu'accompagnent, à droite et à gauche, deux autres pignons d'une hauteur moins considérable. Le pignon central est percé d'une porte dont le seuil, élevé sur plusieurs marches, a dix pieds, ou trois mètres trente-trois centimètres, entre les deux montans ; le contour de sa voussure très-ogivale est orné de niches délicatement fouillées, dont les figures, qui en faisaient l'ornement, ont disparu. En dehors de la voussure s'élèvent, de chaque côté, de plus grandes niches veuves de leurs statues ; elles sont surmontées de baldaquins pyramidaux d'une très-élégante sculpture ; un rinceau de feuilles de vigne couronne ce portail en affectant la forme d'un arc allongé dont les flancs sont rentrans ; le sommet très aigu de cet arc présente un lion accroupi, et chacune des bases de l'arc a pour support un crocodile et un griffon ; au-dessus de cette baie est un grand vitrail à meneaux, tandis que les pignons collatéraux sont percés d'une petite rosace ; le clocher s'élève à la droite du spectateur ; il est carré à deux étages, et chaque face est percée de deux grandes baies ogivales ; il se termine en terrasse bordée d'un parapet tréflé à jour ; sa hauteur est d'environ trente-deux mètres. Nous aurons à revenir sur la partie descriptive, en faisant l'histoire de l'agrandissement.

En l'an 1560, le territoire de cette paroisse, qui s'étendait dans une partie du Marais, se couvrit de nouvelles habitations ; les marguilliers, prévoyant que cette progression incessante rendrait encore leur église insuffisante, résolurent de l'agrandir de telle sorte qu'on n'eût plus à craindre l'inconvénient d'un édifice trop resserré ; cette détermination ne fait-elle pas l'éloge de ces populations du xvie siècle, qui plaçaient à la tête de leurs devoirs l'exactitude à venir, au moins les dimanches et les fêtes, rendre à leur créateur, dans ses temples, l'hommage de leurs adorations et de leur reconnaissance? Qu'est-ce qu'une philosophie qui tend à isoler la créature intelligente de l'INTELLIGENCE suprême, et à la rabaisser vers la matière? Non, ce n'est point la sagesse, même sous l'aspect rationnel, et les siècles antérieurs au xviiie et au xixe furent ceux de la philosophie, digne d'en porter le nom, parce qu'ils furent religieux. Il fallait, avons-nous dit, une vaste église aux paroissiens de Saint-Nicolas, vers la fin du xvie siècle ; mais il fallait aussi un terrain pour les nouvelles constructions qui devaient plus que doubler l'enceinte sacrée. Le prieuré de Saint-Martin-des-Champs fut obligé de céder l'espace nécessaire ; un arrêt du parlement, en date du 24 juillet 1574, condamna les moines du prieuré royal à faire cession d'un terrain de vingt toises, en longueur et en largeur, moyennant la somme de sept mille francs d'indemnité que dut solder la fabrique. On se mit sur-le-champ à l'œuvre.

L'architecte qui dirigea cet important travail nous est inconnu, mais son nom, qui à cette époque était environné probablement d'une auréole de gloire, ne mériterait pas aujourd'hui des éloges bien flatteurs. En un temps où l'on exaltait ce qu'on nommait la Renaissance, le style ogival de la vieille église était injurié sous le nom de *gothique*. Le plein-cintre était seul en possession du suffrage universel ; l'architecte pouvait-il résister à l'entraînement enthousiaste de son époque? Aussi il n'hésita pas à souder à la partie ancienne une ordonnance qui devait si malheureusement contraster avec elle ; le style dorique fut accolé au gothique des xive et xve siècles ; la hauteur des nouvelles arcades à plein-cintre surpassa de plusieurs pieds l'élévation des ogivales ; aucune transition ne fut ménagée, et elle pouvait facilement, du moins en partie, dissimuler la disparate ; il ne fallait, pour obtenir ce résultat, que construire encore deux travées ogivales, former un transsept, et, à partir de cette croisée, élever le nouveau chœur et les collatéraux correspondans, selon le système dorique. Néanmoins, nous devons être justes envers l'auteur de cet agrandissement architectural ; malgré le caractère gréco-romain qu'il voulut imprimer à son œuvre, il éleva ses nouveaux piliers-colonnes sans chapiteaux, et, pareils à ceux de la partie ancienne, ces piliers montaient sans interruption jusqu'à la naissance de la voûte ; il n'avait donc pas complétement abjuré le sentiment des convenances monumentales ; mais le dix-huitième siècle, parvenu à l'apogée de l'engoûment pour le style de la prétendue Renaissance, voulut y mettre son cachet. On dit que c'est vers le milieu du règne de Louis XV, époque trop fameuse par une dépravation systématique du bon goût dans les arts, que le malencontreux *restaurateur* coiffa d'un énorme chapiteau tous les piliers de la partie construite en 1576, et aplatit, en forme de pilastre cannelé, le fût de la colonne engagée qui montait jusqu'à la naissance de la voûte. La plupart des piliers anciens virent hacher les colonnettes groupées dont ils étaient flanqués. Enfin, en 1794, les clefs pendantes qui ornaient les points de jonction des nervures de la grande voûte, dans toute sa longueur, furent sciées ; une seule, placée au-dessus du maître-autel, échappa à ce vandalisme ; chacune de ces clefs était un groupe de trois anges portés sur un cul-de-lampe.

L'adjonction architecturale de 1576 constitue aujourd'hui la majeure partie de l'édifice, et l'accessoire en est le principal ; une porte latérale du côté du midi, dans la portion moderne de l'église, y donne entrée ; ce portail secondaire s'harmonise avec le style du xvie siècle, et, par conséquent, est dans la plus parfaite dissonance avec le portail dont nous avons fait la description ; mais, considéré en lui-même, c'est un des plus riches morceaux de sculpture qui existent à Paris ; les montans en sont décorés de quatre pilastres cannelés que couronnent des chapiteaux corinthiens supportant une magnifique corniche surmontée d'un fronton ; la porte de menuiserie en chêne n'est pas d'une moindre beauté. Nous copions Sauval : « Elle est toute chargée de feuillômes, d'oiseaux, de sirènes, taillés avec une délicatesse incroyable et merveilleuse, sans embarras ni confusion, et d'une manière fort facile ; c'est le chef-d'œuvre de *Colo* et la porte la plus belle et la mieux ordonnancée de Paris. » L'attique du portail est chargé d'une inscription en lettres d'or sur marbre noir ; elle fait connaître la date de l'agrandissement de l'église au seizième siècle. Nous croyons devoir la donner d'une manière textuelle :

Anteriore templi hujus parte a Roberto Gall. reg. 37. D. O. M. D. D. Joann. évangel. Nicol. in suburb. ad reg. œdes constr. in parroch. erecta: posterior hœc pop. urb. tandem. infl. et sub. mod. aucto S. D. ext. recep. anno restit. sal 1576 sept. id. jul. Henrici III Gall. et Pol. reg. 2.

Voici maintenant l'inscription dans son intégrité grammaticale :

Anteriore templi hujus parte a Roberto Galliæ rege 37º, Deo optimo, maximo, divis Joanni evangelistæ, Nicolao in suburbio ad regias œdes constructá in parrochiam erectá : posterior hæc populo urbicano tandem influente et suburbio modò aucto, sacris dicundis extrui recepta, anno restitutæ salutis 1576, septimo Idus Julii, Henrici III, Galliæ et Poloniæ regis, secundo.

« La partie antérieure de ce temple (le grand portail et les arcades ogivales) ayant été bâtie par Robert, trente-septième roi de France, auprès de sa demeure royale, dans le faubourg, en l'honneur de Dieu très-bon et très-grand, sous l'invocation des saints Jean l'évangéliste et Nicolas, et ayant été érigée en paroisse. Comme le peuple de la ville affluait dans ce quartier, et que le faubourg en peu de temps s'était accru, on se mit de nouveau à l'œuvre pour construire cette autre partie, afin d'y célébrer les saints mystères, l'an de grâce 1576, le septième jour des ides de juillet (c'est-à-dire le 9 de ce mois), la deuxième année du règne de Henri III, roi de France et de Pologne. »

Les deux niches pratiquées entre les deux pilastres latéraux étaient ornées des statues des deux saints patrons de l'église. Les vandales de 93 les brisèrent, et c'étaient deux chefs-d'œuvre. On travaillait encore à cette porte au commencement du siècle dernier. C'est encore ici un objet d'art qui n'offre rien de frappant, au premier coup-d'œil, mais qui mérite singulièrement l'attention de l'amateur éclairé. Cette vaste église, qui a une longueur de 280 pieds métriques hors d'œuvre sur 112 de largeur, ne présente rien d'imposant à l'extérieur, malgré ses vingt-cinq grands vitraux et ses nombreux arcs-boutans. Elle est comme ensevelie dans une masse de hautes maisons qui l'étreignent de toutes parts, et ne laissent un peu de jour qu'à ses deux portes principales. Le presbytère dérobe aux regards un riche entablement gothique et plusieurs baldaquins en dentelle de pierre, qui décorent les parois de l'antique collatéral du midi. C'est bien, sans contredit, sous ce rapport, l'église la plus maltraitée de la capitale, et le xix.me siècle se montre plus respectueux envers les tabernacles du Dieu vivant, auxquels on n'adosse plus des bâtimens profanes. Et pourtant que gagnent dans cet isolement les temples pagano-chrétiens de Saint-Denis, au Marais, de Notre-Dame-de-Lorette, et même le Parthénon de la Madeleine? ne serait-on point tenté de leur souhaiter, pour l'honneur de l'art chrétien, un voile solide et impénétrable de pierre?...

Après avoir franchi les marches du portail gothique de l'ouest, se présente un portique d'une rare magnificence de menuiserie sculptée. Il est vrai que ce tambour est une moitié de la belle tribune de l'orgue. De ce point se déroule l'aspect de la grande nef, avec sa voûte élevée de vingt mètres, et qui, du moins, n'offre point de divergence architecturale, quoique une de ses moitiés soit de construction moderne. Il n'en est pas malheureusement ainsi des piliers et des arcades dont les douze premières sont du style ogival, et les quatorze autres du style dorique. C'est ici que la disparate frappe d'une manière fort désagréable les yeux les moins exercés; aucun verre de couleur n'étincelle dans ses vingt-cinq hautes et larges fenêtres à meneaux, qui très-certainement en furent primitivement garnies; il faut en excepter quelques bordures de verre colorié de très mauvaise facture. A la distance de six mètres du rond-point ou hémicycle de l'abside s'élève un grand rétable formé, pour le premier ordre, de quatre hautes colonnes de marbre; elles supportent un second ordre composé de pilastres corinthiens surmontés d'un fronton couronné d'une croix dorée. Deux tableaux de Simon Vouet décorent le centre de ces deux ordres. Laissons parler *Piganiol de la Force* dans sa *Description de Paris*:

« Le grand autel est d'une ordonnance belle et ingénieuse, et consiste en deux ordres d'architecture : dans le milieu du premier est un tableau où l'on voit les apôtres, dont les uns regardent et fouillent dans le tombeau de la Vierge, pendant que d'autres, avec des regards empressés, cherchent son corps autour du tombeau, et que d'autres enfin lèvent les yeux au ciel pour voir s'ils ne l'apercevront point dans les airs. Les uns sont pénétrés de douleur de l'avoir perdue, et d'autres sont ravis de joie de la voir monter au ciel. Dans le second ordre est un autre tableau où l'on voit la Vierge qui monte au ciel et qui est environnée d'une gloire d'anges. Deux anges de stuc, placés aux deux extrémités de la première corniche, semblent, par leurs attitudes, avertir les apôtres de l'assomption de la Vierge. Sur le fronton du second ordre d'architecture sont deux autres anges qui tiennent en main une couronne, et qui paraissent dans une impatience infinie de la lui mettre sur la tête. Ce tableau est de Simon Vouet, et un des plus beaux qu'il ait jamais faits. Quant aux anges, ils sont de Sarrazin et dignes de la réputation qu'il s'est faite par ses ouvrages. »

Comme on voit, toute cette ordonnance tend à consacrer l'alliance de la peinture avec la statuaire et la sculpture. La seconde face de ce grand rétable isolé imita la première, si ce n'est qu'au lieu de colonnes supportant l'attique, ce sont ici des pilastres crénelés. Au centre était un tableau de *Saint-Charles communiant les pestiférés de Milan*. Il fut peint, sous Louis XV, par Godefroy, spécialement pour l'autel de la Communion, qui est adossé à cette face du rétable. On l'a remplacé fort mal à propos par un tableau médiocre représentant *la Cène*, et le tableau de *Saint-Charles* a été relégué dans une chapelle où il perd beaucoup de son mérite. Le centre du second ordre est décoré d'un tableau représentant *le Père Eternel*, par le même Godefroy. On peut connaître à peu près la date de l'érection de ce rétable, en rappelant que *Simon Vouet* mourut en 1649 et *Sarrazin* en 1660. La seconde face, dont nous venons de parler, fut restaurée à neuf en 1775, sur les dessins de *Boulland* et d'*Antoine*.

Ce monument, intrinséquement précieux, est-il à sa place? Ne masque-t-il pas l'abside qui, par les soins de l'architecte de la *Renaissance*, s'arrondit à l'extrémité orientale de la longue nef? Un autel sans rétable, placé au centre de cette abside, ne serait-il pas d'un effet plus noble, et surtout ne laisserait-il pas à l'œil la perspective de l'hémicycle? Il ne faut, pour répondre affirmativement, que posséder le sentiment d'harmonie monumentale qui est inné à tout observateur.

Parmi les autres objets qui peuvent mériter mention dans la grande nef, nous pouvons classer : 1° l'orgue qui est de la facture du célèbre *Cliquot*, auteur des orgues de Notre-Dame et de Saint-Sulpice. Ce magnifique instrument, *organum*, est des plus complets ; la boiserie de son buffet est une des plus belles de Paris ; 2° les deux vanteaux de fer qui forment la principale entrée du chœur, exécutés en 1775, sur les dessins de *Bauland;* 3° la chaire qui, à la vérité, ne remplace pas l'ancienne, que l'on regardait comme une des plus remarquables de la capitale. Cette dernière fut vendue pour quelques assignats à un menuisier, qui la détruisit ; 4° le banc-d'œuvre, s'élevant entre huit colonnes doriques, et figurant un-arc-de triomphe. Un second banc-d'œuvre pour les marguilliers de la confrérie du Saint-Sacrement avait pour dossier un des plus magnifiques ouvrages de serrurerie, exécuté par Lucotte. Il disparut dans le gouffre de 93, pour faire place à un nouveau qui est très-ordinaire.

Cette grande nef est ceinte de deux autres séparées par des colonnes. Le nombre total de celles-ci, pour toute l'église, en y comprenant celles qui sont engagées à l'entrée des chapelles, est de quatre-vingt-dix-huit, dont chacune porte un numéro d'ordre, en chiffres romains. Parmi celles-ci, quelques-unes, dans l'ancien collatéral droit, ont conservé leur style et leurs chapiteaux gothiques. L'église, que nous décrivons, présente donc cinq nefs développées dans tout le pourtour, comme à Notre-Dame, à Saint-Eustache, et, en partie à Saint-Séverin, Saint-Germain-l'Auxerrois et Saint-Merry. Les chapelles de cette église, en y comprenant l'édicule de la porte latérale, correspondent aux arcades, et sont, par conséquent, en même nombre.

Le grand charnier, que nous venons de mentionner, peut être considéré comme une petite église en dehors du plan général ; celle-ci a ses trois nefs. Six piliers isolés et quatorze engagés soutiennent ses voûtes à nervures, dans le goût gothique. Il remonte au XVme siècle. On y entre par la chapelle de l'extrémité occidentale du collatéral méridional. Un éclaircissement sur les charniers ne sera point ici déplacé. Le nom qu'on leur donne en indique la destination primordiale. Il suffit de se rappeler qu'anciennement tous les cimetières étaient autour des églises. Les restes des fidèles étaient sous la protection de la Foi. Le terme de cimetière est d'ailleurs un mot tout-à-fait catholique ; il signifie *dortoir*, parce qu'en effet les corps y dorment en attendant la résurrection générale. On aurait regardé comme une profanation de laisser errer sur le sol les ossemens extraits des fosses ; on ménageait donc auprès des églises un local destiné à les recevoir, et ce local était le *Charnier*. Durand, évêque de

Mende, au xiiime siècle, nous apprend, dans son *Rationale*, qu'on enterrait aussi quelquefois dans les charniers : *In voltis ecclesiæ exteriùs adherentibus*, « dans des voûtes extérieurement adhérentes à l'église. » Il y avait donc trois degrés de sépulture chrétienne : 1° l'intérieur de l'église ; 2° le charnier ; 3°.le cimetière. On donne aujourd'hui le nom de charniers à des salles attenantes aux églises, et dans lesquelles se font les catéchismes et d'autres exercices pieux.

Ces chapelles sont décorées de tableaux, dont quelques-uns sont dignes de fixer l'attention.

La chapelle de la sainte Vierge est au sommet de l'édifice et a une profondeur plus considérable que les autres édicules. Une statue en marbre blanc y représente Marie et son divin fils. Elle fait honneur au ciseau de Delaistre, qui la fit en 1817. Le roi Louis XVIII en gratifia cette paroisse.

En redescendant vers le grand portail, la troisième chapelle est enrichie d'une *Descente de croix*, par *Sébastien Bourdon*.

Enfin la grande chapelle, à gauche du grand portail, offre au centre de son rétable, qui fut celui du maître-autel de Saint-Benoit, rue Saint-Jacques, un charmant tableau de *Noël Hallé*, qui le fit en 1775. Il représente le divin Sauveur accueillant et bénissant les petits enfans.

Un grand nombre d'autres tableaux, dont quelques-uns ont été donnés par la ville de Paris, se font remarquer dans ces nombreuses chapelles. Ceux-ci ont figuré dans les expositions, depuis 1824 jusqu'à 1828. Ce sont : *le Christ au Jardin des Olives*, par *Rouget*; *Jésus portant sa croix*, par *Coutant*; *la Résurrection de Lazare*, par *Souchon*; *l'Éducation de la Vierge*, par *Dassy*; *un Repos en Egypte*, par *Caminade*; *un saint Étienne, diacre*, par *Léon Cogniet*.

Aucun monument funèbre n'existe dans cette église. Quelques-uns s'y faisaient remarquer avant la révolution. Sur le pilier central, qui est en face de la chapelle de la Vierge et sur lequel viennent se reposer toutes les ramifications des nefs collatérales, était un petit monument en marbre, composé d'un génie tenant en main un médaillon de la femme de *Laurent Magnier*, sculpteur célèbre, auteur du tombeau du chancelier d'Aligre, dans l'église de Saint-Germain-l'Auxerrois. Dans la seconde chapelle, à droite, en entrant par le grand portail, on admirait un squelette en marbre blanc, sur le tombeau de la famille de *Montmor*. La troisième chapelle, à la suite de celle-ci, était enrichie d'une pyramide funéraire en marbre noir élevée sur les sépultures de la maison de *la Briffe*. Dans la chapelle, qui est la seconde après celle de la Vierge, en redescendant vers le grand portail, on voyait une niche de marbre noir qui offrait le buste, en marbre blanc, du célèbre *Gassendi*.

Plusieurs chapelles sont dallées de tombes chargées d'épitaphes. Nous ne pouvons ici les transcrire, mais nous devons nommer les personnages illustres dont les cendres reposent dans les caveaux de cette église :

1° Guillaume Budé, né à Paris en 1467, fut un des plus habiles de son temps dans les langues grecque et latine. On a de lui plusieurs ouvrages. Il fut prévôt des marchands, et mourut le 23 août 1540 ; son corps repose dans l'ancienne chapelle de Sainte-Geneviève, aujourd'hui de Saint-Nicolas ;

2° Pierre Gassendi, né à Chantersier, diocèse de Digne, en 1592, mourut à Paris le 24 octobre 1646. Il était chanoine et prévôt de la cathédrale de Digne, et professeur de mathématiques au Collége-Royal, aujourd'hui Collége de France. Il a laissé six volumes *in-folio* sur l'astronomie, et plusieurs ouvrages de philosophie ;

3° Louis-Victor de Rochechouart, duc de Mortemar et de Vivonne, prince de Tonnay-Charente, maréchal de France, est enterré dans la chapelle de Saint-Jean-Baptiste, à gauche du maître-autel ; il mourut le 15 septembre 1688. A côté de lui est le corps de son épouse, Antoinette-Louise de Mesmes, décédée le 10 mars 1701 ;

4° Henri de Valois, historiographe de France, et son frère Adrien de Valois, sont inhumés dans cette église. Le premier mourut en 1676, le second en 1692. Ces deux personnages sont très connus par leurs œuvres d'érudition ;

5° Madeleine de Scuderi, née au Hâvre, en 1607, sœur de Georges de Scuderi, dont Boileau a dit :

> Bienheureux Scuderi dont la fertile plume
> Peut, tous les mois, sans peine enfanter un volume.

Elle mourut à Paris le 2 juin 1701. Ses ouvrages nombreux sont des romans, tels que Artamène, Clélie, etc. ;

6° Francisque Milé ou Milet, professeur de l'Académie royale de peinture, mort à Paris en 1680. Il est auteur de plusieurs tableaux d'un grand mérite. Il fut d'abord enterré dans le cimetière, puis dans un caveau de l'église.

Nous ne mentionnons pas Théophile de Viaud, fameux poëte de son temps et aujourd'hui oublié. Il était né en Agenois, vers l'an 1590. Il mourut chez le duc de Montmorency, un des nobles paroissiens de Saint-Nicolas-des-Champs; il fut inhumé non dans l'église, mais dans le cimetière de la paroisse.

Plusieurs faiseurs ou compilateurs de livres portatifs, sous les noms de *conducteur dans Paris*, etc., font enterrer dans Saint-Nicolas, Ammien Marcellin, païen, mort en 390, auteur d'une histoire de Julien l'Apostat. L'anachronisme est trop absurde pour être sérieusement réfuté. Nous en faisons connaître l'origine dans notre grande Notice sur l'église et la paroisse de Saint-Nicolas-des-Champs.

Parmi les faits historiques, nous devons retracer un de ceux qui honorent le plus la piété des habitans de cette paroisse. La fête solennelle du Saint-Sacrement, connue sous le nom de Fête-Dieu, était à peine établie dans l'Église universelle, qu'une confrérie se forma, en son honneur, dans la paroisse de Saint-Nicolas-des-Champs. En effet, la bulle du pape Jean XXII, qui, confirmant celles de ses prédécesseurs, institue définitivement cette grande solennité, est de l'année 1316, et la confrérie dont nous parlons est mentionnée dans un manuscrit sur parchemin qui remonte en l'an 1360. On y lit ces paroles : « Nous, les maistres et governeurs de la confrarie du Sainct-Sacrement de l'autel, fondé en l'église de Sainct-Nicholas-des-Champs, à Paris, de tel et si long temps que il n'est mémoire comment ne du contraire... etc. » Ce manuscrit existe dans les *archives du royaume*, et il nous a été permis de le compulser ainsi qu'un Missel manuscrit, de la même époque, et qui appartenait à cette paroisse. Il faut donc convenir que cette confrérie est sinon la plus ancienne, du moins une de celles qui peuvent se glorifier de la plus haute antiquité, comparativement à la date de l'institution de la fête elle-même.

Sous le règne de François 1er existait une coutume dont l'origine est plus ancienne. Le 6 décembre, fête de saint Nicolas, les enfans de chœur de Notre-Dame se rendaient à Saint-Nicolas-des-

Champs, pour y chanter l'office. On sait que ce pontife illustre est regardé comme le patron des jeunes garçons. Chemin faisant, dit la chronique, ces enfans jouaient, le long de la rue Saint-Martin, de petits drames que l'on nommait *facéties*. Il paraît qu'en 1525 il s'y commit de graves excès que l'on doit imputer aux malveillans qui se mêlèrent parmi les enfans de chœur. La cour dut porter plainte, mais le chapitre de la cathédrale y mit bon ordre, et par la suite, cela se borna à un salut que les chapelains et les chantres de Notre-Dame allaient chanter avec lesdits enfans à Saint-Nicolas-des-Champs. Sous Charles V, les petits écoliers habillaient un d'entre eux en évêque, le jour de Saint-Nicolas, et le promenaient par les rues, avec autorisation du Parlement. Mais pourquoi les enfans se placent-ils sous le patronage du saint évêque de Myre? Une ancienne légende raconte le trait suivant : Saint Nicolas voyageait dans son diocèse de l'Asie; il entre un jour dans une hôtellerie, et il lui est miraculeusement révélé que l'hôtesse avait tué trois enfans dont elle avait mis les corps à saler dans un baquet. Saint Nicolas se fait représenter l'horrible vase, et, faisant sur ces trois jeunes victimes le signe de la croix, il les rend à la vie. C'est pourquoi dans les tableaux et images, on voit constamment figurer saint Nicolas opérant ce prodige.

L'église orientale, qui professe la plus haute vénération pour saint Nicolas de Myre, rappelle un trait qui a quelques rapports avec la légende européenne. Voici la traduction de la strophe d'une hymne que les Grecs chantent le jour de sa fête :

« Embouchons la trompette, faisons retentir nos cantiques joyeux pour célébrer ce grand jour... Rois et princes, accourez pour vous joindre à nos concerts. Que tous exaltent le divin Père qui, dans un songe terrible, avertit les rois pour délivrer trois innocens condamnés à la mort ». Les matelots en danger invoquent encore saint Nicolas, et l'église que nous décrivons possède un tableau qui retrace des marins au fort d'une tempête, et saint Nicolas leur apparaissant et les délivrant du danger. Aussi, dans la même strophe, les Grecs lui adressent cette prière : « Célébrons ce grand pasteur, célébrons-le, car il est notre médecin dans nos maux, notre intercesseur dans nos iniquités, notre trésor dans l'indigence, notre consolateur dans nos misères, notre compagnon dans nos voyages, notre pilote sur les flots de la mer, disons à sa louange : O très-saint Nicolas, délivre-nous de la nécessité présente, et, par tes prières, sois le sauveur de ton troupeau. »

Parmi les curés de Saint-Nicolas-des-Champs, nous citerons *Jean Dupont*, installé en 1605, sous le règne de Henri IV. C'est par son zèle que s'éleva le couvent des Madelonettes, qui offrait un refuge de repentir aux femmes de mauvaise vie, et *Claude Joly*, qui, en 1665, devint évêque d'Agen. On a de lui huit volumes de prônes et de sermons très estimés.

Un dernier fait mérite d'être rapporté au moment où toutes les églises de la capitale étaient livrées à la profanation, sous le régime révolutionnaire, celle de Saint-Nicolas-des-Champs, qui était devenue le temple du ridicule et sacrilége culte de la *Théophilantropie*, s'ouvrit au culte catholique, le 4 octobre 1795... La date est digne de remarque. A la fin de 1799, l'église de Saint-Sulpice était encore le temple de *la Déesse de la Victoire*.

Saint-Nicolas-des-Champs est la cure du sixième arrondissement municipal de la ville de Paris, et la population de sa paroisse, dans ce quartier si animé, s'élève au-dessus de cinquante mille âmes.

Ce précis historique et descriptif n'est qu'un abrégé de la Notice que nous avons publiée en 1841, et qui est l'histoire et la description complètes de l'église et de tout l'arrondissement paroissial, y compris ses anciens établissemens, tels que Saint-Martin, le Temple, Sainte-Elisabeth, les Madelonettes, etc., etc.

L'abbé PASCAL,

Membre correspondant du Comité historique des Arts et Monumens près le ministère de l'Instruction publique, etc.

S.-EUSTACHE.

Au milieu d'une foule de monumens pour lesquels aujourd'hui l'admiration est unanime, l'église de Saint Eustache, le seul chef-d'œuvre peut-être qui soit le produit d'une époque de transition, a vu bien souvent contester son mérite, et a bien souvent été en butte aux attaques à la fois les plus violentes et les plus déraisonnables, avant de jouir de cette gloire qu'enfin aujourd'hui personne ne songe à contester. Nous ne voulons pas donner d'autre preuve de ces attaques que le jugement prononcé par un homme recommandable pourtant, mais entraîné par l'engouement de son époque, pour l'art grec, à nier le mérite de notre architecture gothique. Ne pouvant pardonner à Saint-Eustache de ne devoir qu'aux souvenirs de cette dernière école ce caractère de grandeur, cette élégance sévère qui seuls conviennent au Christianisme, à l'élévation de ses dogmes et à la magnificence de ses cérémonies. Germain Brice, car c'est lui que nous citons, s'exprime ainsi :

« Les voûtes de Saint-Eustache sont élevées, et l'on peut dire que l'on n'a rien négligé pour la perfection de cet ouvrage, que la chose principale, à savoir, le dessin et la régularité, qui y sont très mal traités. L'architecte y a fait paraître une horrible confusion du gothique et de l'antique, et a tellement corrompu et massacré l'un et l'autre, pour ainsi dire, qu'on ne peut rien découvrir de régulier et de supportable ; ce qui fait que l'on doit plaindre avec raison la grande dépense que l'on a faite dans cette fabrique, sous la conduite du misérable maçon qui en a donné les dessins. »

Il faut avouer que la passion la plus ardente et la plus exclusive pour une école ne saurait excuser de tels blasphêmes, et si le génie ne succombe pas sous de tels coups, s'il ne renonce pas à créer des chefs-d'œuvre pour une époque si peu intelligente, il faut que la gloire, cette magique déesse, exerce sur ses adorateurs une puissance bien souveraine. Mais laissons ici la question d'art, sur laquelle nous aurons à revenir plusieurs fois, pour nous occuper de l'histoire de Saint-Eustache.

L'église de Saint-Eustache, comme paroisse, date des premières années du xiiie siècle. On n'a pu jusqu'à ce jour rien trouver de positif soit sur l'époque précise de sa fondation, soit sur les motifs de sa consécration, sous le vocable de saint Eustache. Voici ce que nous avons découvert de plus certain au milieu de toutes les opinions diverses qui ont été émises à ce sujet.

Dans les vingt dernières années du xiie siècle, la population de Paris s'était portée avec une telle affluence vers Montmartre, qu'un bourg considérable s'y était fondé, et s'appelait le Nouveau-bourg-Saint-Germain-l'Auxerrois. L'église de ce nom, ne pouvant plus contenir ses nouveaux paroissiens, autorisa la fondation de deux chapelles ; l'une d'elles fut dédiée à sainte Agnès, et, si l'on en croit une légende admise par quelques historiens, et repoussée par d'autres, son fondateur, nommé Jean Alais, l'un des traitans de cette époque, avait accompli cette œuvre « en satisfaction d'avoir été l'auteur de l'impôt d'un denier sur chaque panier de poissons qui arrivait aux halles. » Quoiqu'il en soit, on trouve cette chapelle désignée dans une charte du mois de février 1213, sous le nom de *Nova capella sanctæ Agnetis*, et dans une charte de décembre 1216, on trouve cette nouvelle désignation : *Capella sanctæ Agnetis quæ tunc recens erecta postea fuit parocchia sancti Eustachii*. Dès l'année 1216, l'église Saint-Eustache existait donc déjà, et il n'est guère permis d'en douter, quand on retrouve dans l'enceinte de Philippe-Auguste, achevée en 1211, la porte la plus voisine, désignée sous le nom de Porte Saint-Eustache. D'un autre côté, on ne peut croire que la chapelle de sainte Agnès, qui était *nouvelle* en

1213, ait été détruite avant l'année 1216, et remplacée par l'église Saint-Eustache, ce qui ne serait possible qu'à la condition d'un accident dont il serait dès-lors resté quelque trace. Il faut donc expliquer l'élévation de Saint-Eustache à la place de la chapelle Sainte-Agnès, par un simple accroissement de celle-ci, devenue ainsi une partie du nouvel édifice. C'est un fait que l'on retrouve assez souvent dans notre histoire monumentale, pour qu'on l'admette ici, où toute autre version est impossible. Reste la difficulté la plus sérieuse : comment cette chapelle, dite de Sainte-Agnès, a-t-elle été, lors de son accroissement, dédiée à saint Eustache, et comment de ces deux patrons le dernier l'a-t-il emporté sur l'autre. Suivant quelques auteurs, à l'orient de la chapelle de sainte Agnès existait une autre chapelle vouée à saint Eustase, moine de l'abbaye de Luxell ; cette chapelle en ruine aurait nécessité la réédification, ou plutôt l'accroissement de la chapelle de sainte Agnès, qui, dès-lors et par corruption, aurait été consacrée à saint Eustache. Cette version ne serait admissible, que si l'on retrouvait quelque trace de l'existence d'une chapelle de saint Eustase, et on n'a jusqu'à ce jour formé, à cet égard, que de simples conjectures. Dans tous les cas, il est bien difficile d'admettre cette prétendue corruption d'Eustase en Eustache, corruption dont le clergé eut été l'auteur ; ce qui est invraisemblable, car il n'avait pas d'intérêt à cette substitution d'un saint à un autre, et on ne peut guère l'accuser d'avoir agi par ignorance en ces sortes de matières. Nous nous en tiendrons à l'abbé Lebeuf, plus digne de confiance, à tous égards ; il avance qu'une partie des reliques de saint Eustache, martyr, que Rome avait envoyée, cent ans avant, à l'église de Saint-Denis, fut transportée à Paris dans la nouvelle église, et donna lieu à la dédicace.

De 1246 à 1254, on trouve à chaque instant la paroisse Saint-Eustache en contestation avec le doyen et le chapitre de Saint-Germain-l'Auxerrois, dont elle relevait, tantôt au sujet de la nomination à ses bénéfices, tantôt pour les produits mêmes de l'église que revendiquait Saint-Germain-l'Auxerrois. En 1254 seulement, Renaud, évêque de Paris, choisi pour arbitre entre les parties, fixa leurs droits respectifs. Mais il ne put si bien faire que la discorde ne vînt bientôt diviser encore les deux églises, et, en 1407, une nouvelle sentence arbitrale intervint sur des contestations analogues à celles qu'avait terminées la sentence de 1254. Ce fut seulement en 1539, que Jean Lecoq, alors curé de Saint-Eustache, traita avec Saint-Germain-l'Auxerrois de l'affranchissement de sa cure et la libéra, moyennant une somme d'argent.

Cependant, dès le xive siècle, Saint-Eustache avait eu à subir des désordres bien plus graves que ces querelles de suprématie ; pendant que saint Louis luttait courageusement en Palestine contre la peste, la famine et les Sarrasins, la reine Blanche, sa mère, régente du royaume, cédant au désir d'envoyer des secours à son fils, avait autorisé la formation d'une nouvelle armée, qui devait, sous la conduite d'un Hongrois, nommé Jacob, s'embarquer pour la Palestine. Cette troupe, commandée par un misérable, ne tarda pas à oublier sa mission, et ne songea plus qu'à piller les villes où elle pouvait pénétrer. Rouen fut traitée en ville conquise, et ils arrivèrent de là à Paris, dans le but d'y continuer les mêmes pillages. Ils trouvèrent plus d'obstacles ; toutefois, on ne put les empêcher de s'emparer de l'église Saint-Eustache, et d'en faire le théâtre de leurs prédications furibondes : le Hongrois Jacob montait en chaire à chaque heure du jour, prêchant une nouvelle religion, et il n'en descendait que pour rebaptiser de bon gré ou de force tous ceux qui tombaient entre ses mains. Plusieurs prêtres furent massacrés par ses fougueux prosélytes, et il fallut les laisser maîtres de l'église jusqu'au jour où, à l'aide d'un déploiement de forces assez respectable, on vint à bout de leur persuader de quitter Paris et de se diriger vers le midi de la France où ils devaient s'embarquer pour la Terre-Sainte. Ils n'allèrent pas jusque là. Dans un de leurs pillages leur chef fut tué ; alors ils se divisèrent et disparurent peu à peu. Le curé de Saint-Eustache, qui assistait à ces sanglantes scènes, se nommait *Guillaume*.

Postérieurement nous avons trouvé comme curé de cette paroisse, en 1305, Jean de Lavaux ; en 1333, Richard de Besoncelle ; en 1352, Pierre de Marolles ; en 1384, Jacques Petit, emprisonné en 1403 et 1404, par arrêt du Parlement pour de prétendus crimes dont il se justifia plus tard ; Jean Chauffart, en 1448, et, en 1462, Pierre de Brabant ; Jean Louet après lui, et, en 1496, Martin Rusé. En 1497, la cure de Saint-Eustache fut dévolue à Cosme Buymier, célèbre jurisconsulte, qui la conserva jusqu'en

1510, époque de sa mort. Jean de La Balue lui succéda, il était parent du cardinal de ce nom, et un auteur assez léger l'a accusé, bien à tort, de n'avoir dû cette place qu'à la toute-puissance de ce dernier, puisque, après s'être échappé à grand peine de la prison où Louis XI l'avait renfermé, La Balue était mort en 1491. Le nouveau curé de Saint-Eustache obtint, en 1525, le titre de *protonétaire*. Jean Lecoq, dont nous avons déjà prononcé le nom, vint après lui, et eut lui-même pour successeur un des hommes les plus célèbres qui aient occupés la cure de Saint-Eustache, et l'un des personnages les plus importans de son époque. René Benoist, nous l'avons nommé, était né près d'Angers, en 1541. Protégé par le cardinal de Lorraine, il fut attaché, comme confesseur à la reine Marie, et, après la mort de son royal époux, la suivit en Écosse. Revenu à Paris, deux ans après, il obtint, en 1566, la cure de Saint-Pierre-des-Arcis, et, en 1569, celle de Saint-Eustache, qu'il devait garder pendant quarante ans, et avec tant d'autorité, que les ligueurs l'appelèrent le *Pape des Halles*. « C'étoit un esprit prodigieusement fécond : traités, polémiques, interprétations de l'Écriture, oraisons, homélies, méditations ascétiques, tout se succédait de sa part sans goût et un peu au hazard *. » Launoy lui attribue cent cinquante-quatre ouvrages ; Niceron, renchérissant encore, en énumère cent cinquante-neuf.

Mais nous avons anticipé sur les événemens, et les prêtres de Saint-Eustache nous ont fait oublier l'église elle-même. Revenons sur nos pas. L'église, qui était le théâtre des prédications de René Benoist, n'était déjà plus celle de 1216 : Dès les premières années du xvie siècle, on avait décidé sa reconstruction. Après de longs travaux et de nombreux projets pour la nouvelle église, les plans de l'architecte David furent admis par la fabrique, et, le 19 août 1532, Jean de la Barre, comte d'Étampes, alors prévôt de Paris, posa la première pierre de l'édifice que nous admirons aujourd'hui. Mais les travaux ne devaient pas si tôt finir. Les fonds amassés pour la reconstruction étaient insuffisans, les libéralités ne purent elles-mêmes combler le déficit, et plusieurs fois, faute d'argent, les travaux furent interrompus pendant de longs intervalles. En 1541, quatre autels

---

* Labitte, *les Prédicateurs de la Ligue.*

avaient été bénis par Gui, évêque de Mégare c'étaient ceux de la Trinité, de saint Fiacre, de saint Venice et de saint Nicolas. Le même évêque bénit, en 1549, cinq nouveaux autels. Le chœur ne fut commencé qu'en 1624, et, c'est seulement le 26 avril 1637, que Paul de Gondy, archevêque de Paris, consacra l'église entière et la mit sous l'invocation de sainte Agnès, saint Eustache et saint Louis. On voit encore aujourd'hui l'inscription qui relate cette consécration, elle a été retrouvée dans les premières années de ce siècle, et replacée dans l'un des bas-côtés de l'église. Ce n'est qu'en 1642 que l'édifice fut complètement terminé.

Cette lenteur dans la construction de Saint-Eustache explique jusqu'à un certain point, sinon les attaques dont ce monument a été l'objet, au moins le peu de sensations qu'il produisit à cette époque. Les travaux, si souvent interrompus, avaient duré cent dix ans. La génération de l'année 1642 s'était depuis longtemps habituée aux magnifiques proportions d'un édifice déjà presque achevé, lorsqu'elle était arrivée en ce monde. Aussi, la consécration de l'archevêque de Gondy, et dix ans plus tard, l'entier achèvement des travaux, passèrent-ils inaperçus. Déjà le nom de l'architecte était oublié, et on ne devait le retrouver que pour lui adresser les injures que nous citions en commençant. Quoi qu'il en soit, et quel que soit le nom dont on appelle l'admiration exclusive des derniers siècles pour l'art grec, et la réaction contre l'architecture gothique qui en fut la conséquence, il faut plaindre une époque où, après avoir franchi la porte de Saint-Eustache, une population toute entière, en face de cette admirable voûte si élégamment découpée par ces nombreuses arêtes toutes réunies dans deux pendentifs du goût à la fois le plus élégant et le plus pur, en face de ces piliers élancés sans maigreur, ornés de riches moulures, sans en être surchargés, qui se prêtent si heureusement au fardeau qu'ils supportent, ne sentit pas sa pensée s'élever vers le ciel et son cœur battre d'enthousiasme. On doit plaindre surtout ces pauvres aveugles qui, au lieu d'admirer ces bas-côtés mystérieusement conduits autour de l'église, ces teintes de lumière un peu sombre, si habilement projetés par la galerie de vitraux qui règne autour de la nef, et par les magnifiques rosaces des deux portails latéraux ; ces deux portails eux-mêmes, qui constituent deux chefs-d'œuvre, et qui méritent, sans contredit, d'être placés entre les plus belles productions de la renaissance, ont trouvé en eux le courage de prononcer des paroles comme celles-ci : Cet édifice est mal entendu pour la commodité des paroissiens, et du plus mauvais goût pour l'architecture. Mais ici, la tâche de l'écrivain devient plus rigoureuse encore, et, après avoir plaint l'inintelligence de cette époque, il doit l'accuser de vandalisme, et signaler, comme un des actes les plus barbares qui aient été commis, la destruction du portail principal, dont on avait pu dire qu'il était un des plus beaux de Paris, pour sa largeur et l'excellence de ses ouvrages, taillés fort mignonnement et fort délicatement dans la pierre; le dessin de ce portail nous est resté, heureusement pour l'honneur de l'artiste, qui le justifie contre les ridicules attaques dont il était l'objet; mais malheureusement pour nous, qui avons pu mesurer toute l'étendue de la perte que nous avons faite, et qui avons trouvé si peu de compensation dans la manière dont on l'a remplacé.

Donc, dès l'année 1688, ce portail, que nous ne déclarons pas sans défaut, mais que nous défendons surtout en raison de son harmonie avec l'édifice, et en raison du défaut d'harmonie de ce même édifice avec le portail qui l'a remplacé, ce portail, terminé depuis un demi-siècle à peine, vit sa destruction arrêtée, et la fabrique de Saint-Eustache recevoir du ministre Colbert une somme de vingt mille livres, destinés à être capitalisés jusqu'à concurrence de la somme nécessaire à la construction d'un nouveau portail. Lorsque cette somme eut produit un capital de 111,000 livres environ, les travaux furent décidés, et, le 22 mai 1754, le duc de Chartres (père du roi actuel) vint, au nom de son père le duc d'Orléans, poser la première pierre du nouveau portail. Les dessins étaient de M. Mansard de Jouy et de M. Moreau. Commencé en 1754, interrompu à diverses époques, il ne put jamais être entièrement fini, et, aujourd'hui encore, une des tours, celle du midi, est restée inachevée.

Plusieurs écrivains ont répété, l'un après l'autre, que l'élévation de l'église n'était pas en rapport avec sa longueur, et qu'elle était trop considérable, et pas un n'a songé à énoncer ce fait, qu'il existait, avant la destruction de l'ancien portail, une travée de plus; que cette travée avait été absorbée par les nouvelles constructions; ils ne paraissent pas avoir su que cette travée contenait, à droite, la chapelle des fonts baptismaux, et à gauche, celle des mariages; que ces deux chapelles, détruites aussi légèrement, étaient précisément des plus remarquables de l'église entière; que la première, celle des fonts baptismaux, était peinte à fresque par Mignard, et représentait, à la voûte, le ciel entr'ouvert et Dieu au milieu de ses anges; à droite, la circoncision, et à gauche, le baptême du Christ; que la seconde, celle des mariages, aussi peinte à fresque, était l'œuvre de Lafosse, élève de Lebrun, et représentait, à la voûte, Dieu au milieu des quatre évangélistes, bénissant d'un côté, le mariage d'Adam et d'Ève, et de l'autre, celui de Marie et de Joseph. Leurs attaques eussent sans doute été moins violentes, et peut-être seraient-ils convenus avec nous que c'est encore là une perte, que le nouveau portail ne saurait compenser.

Ici vient se placer naturellement la description des principaux monumens qui, vers la fin du XVIIIe siècle, se trouvaient dans l'église Saint-Eustache, et dont on ne rencontre aujourd'hui qu'une bien faible partie. Après les peintures à fresque que nous venons de citer et qui furent détruites dès 1754, on admirait surtout, à cette époque, un tableau dont on a perdu la trace, que Lebrun avait fait pour Jean-Baptiste Colbert, et que celui-ci avait donné à l'église. Il entrait dans la destinée de Saint-Eustache de devoir à des financiers repentans ou charitables une partie de ses richesses. Jean Alais se repentait d'avoir établi un impôt sur le poisson; Colbert avait aussi su tirer un assez grand parti des impôts, dans l'intérêt de son maître, il est vrai; mais peut-être avec assez de rigueur pour que, sur la fin de sa carrière, quelques inquiétudes de conscience l'aient poussé sur les traces de Jean Alais, et qu'il soit devenu l'un des bienfaiteurs de Saint-Eustache. Ce qui est plus positif, c'est la haine universelle dont il était l'objet lorsqu'il mourut, haine fondée uniquement sur les nombreux impôts qu'il avait créés, mais si énergique et si redoutable, que, sans parler des milliers d'éprigrammes qu'on improvisa sur sa tombe, on fut obligé, dans la crainte de la populace, de l'enterrer le soir, sans bruit, sans apparat, et avec une escorte d'archers du guet. Comment deviner cette cérémonie obscure et misérable, à la vue du magnifique mausolée qui lui fut élevé dans la chapelle de la Vierge, et où sont venus le rejoindre successivement plusieurs de ses descendans. Ce monument est, sans contredit, l'un des plus remarquables que nous possédions ; on ne sait quoi admirer le plus de la statue de Colbert agenouillé sur un sarcophage en marbre noir, ou des deux statues qui, sur le devant, semblent pleurer la mort du ministre du grand roi. L'une d'elles, l'Abondance, est, avec la figure de Colbert, l'œuvre de Coyzevox ; la seconde statue, la Religion, ainsi qu'un ange agenouillé, qui tient ouvert devant Colbert un livre dans lequel il prie, étaient de Baptiste Tuby; le dessin est attribué à Lebrun. Au reste, l'orgueil n'a pas disparu en présence de la mort, et avec l'énumération des services qu'il a rendus et que nous sommes les premiers à reconnaître, l'épitaphe cachée, du reste, derrière le sarcophage, contient cette prétention, que Colbert n'osait avouer vivant, qu'il descendait d'une illustre famille écossaise, émigrée en France au XIIIe siècle *. Tout le monde sait que Colbert était simplement d'une bonne famille de bourgeoisie rhémoise.

En face de ce monument se trouvait un médaillon en marbre blanc sur un fond noir, tenu par l'Immortalité, et représentant Marin Cureau de la Chambre, médecin ordinaire du roi, et l'un des quarante de l'Académie Française. Ce précieux bas-relief était l'œuvre du chevalier Bernin : il n'existe plus à Saint-Eustache.

Nous ne ferons que citer les autres, aussi curieux pour l'histoire, mais beaucoup moins importans comme œuvres d'arts.

René Benoist, le prédicateur politique, avait été inhumé dans son église, et un monument lui avait été élevé par les soins de Estienne Tonnellier, son successeur. On ne trouve nulle part l'indication du lieu où il se trouvait. Il en est de même pour le tombeau de Bernard de Girard, seigneur du Haillan, historiographe de France et généalogiste de l'ordre du Saint-Esprit, mort à Paris le 23 novembre 1610, et, sans contredit, l'un des critiques les plus judicieux qui aient écrit sur l'histoire de France ; et, pour celui de la fille adoptive de Montaigne, Marie Jars de Gour-

---

* Voici cette épitaphe : *D. O. M. Præclara ac pernobili stirpe equitum Colbertorum qui anno Domini 1288 ex Scotia in Galliam transmigraverunt Ortus est vir magnus Joannes-Baptista Colbertus, marchio de Seignelai*, etc., *regi administer; Erarii rationes in certum et facilem statum redegit rem navalem instauravit promovit commercium, Bonarum artium media fuit summa regni negotia pari sapientia et æquitate gessit fidus, integer providus, Ludovico magno facuit, obiit Parisiis, anno Domini, 1683, ætatis 64.*

nay, morte en 1645, à qui l'on doit une édition des Essais. On n'en sait pas d'avantage sur ceux de Voiture, de Vaugelas, de Lamothe Le Vayer et Defuretière, morts tous dans la seconde partie du xviie siècle. Dans une chapelle de l'un des bas-côtés se trouvaient inhumés, sous de simples monumens sans épitaphes, Aubusson de Lafeuillade, pair et maréchal de France, mort subitement en 1691, et l'illustre amiral, comte de Tourville, aussi maréchal de France, mort en 1701. Plus bas, près de l'entrée méridionale de l'église, était un monument très simple, élevé à Chevert, et dont l'inscription a souvent été citée comme un modèle en ce genre. Elle est de Dalembert. La voici :

« François Chevert, gouverneur de Givet et de Charlemont, lieutenant-général des armées du roi, sans aïeux, sans fortune, sans appui, orphelin dès l'enfance, il entra au service à l'âge de onze ans; il s'éleva malgré l'envie et à force de mérite, et chaque grade fut le prix d'une action d'éclat. Le seul titre de maréchal de France a manqué, non pas à sa gloire, mais à l'exemple de ceux qui le prendront pour modèle. Il était né à Verdun-sur-Meuse, le 2 février 1693, il mourut à Paris le 24 janvier 1769. »

On voyait encore, de l'autre côté de l'église, les sépultures de Benserade, de Guillaume Humbert, de Charles Lafosse, le peintre de la chapelle des mariages, du garde-des-sceaux d'Armenonville et de son fils Charles de Morville, aussi secrétaire d'état, morts, le premier en 1728, et le second en 1732; de M. de Callière, l'un des négociateurs du traité de Riswick, enfin, de plusieurs membres de la famille d'O.

Le maître-autel était décoré de quatre colonnes corinthiennes et de six statues de marbre du fameux sculpteur Charles Sarrasin. Si l'on s'en rapporte au témoignage des écrivains qui les ont vues, leur perte est une de celle que l'on doit le plus regretter. Deux d'entre elles, les plus élevées, représentaient saint Eustache et sainte Agnès, et étaient accompagnées de deux anges en prières, et les trois autres, les portraits de Louis XIII, de la reine Anne d'Autriche et de Louis XIV, se nommaient *Saint-Louis*, *la Sainte-Vierge* et *l'Enfant-Jésus*.

La grande grille de fer qui sépare la nef du chœur, fut encore un des dons de Colbert à l'église Saint-Eustache; au milieu de cette grille se trouvait un crucifix en bronze, d'un travail très remarquable et d'un poids de 1100 livres; on le fit tomber en 1726, en raccommodant quelques chaînes qui l'attachaient. *En nettoyant la figure du Christ, on aperçut sous la plante de ses pieds* (je cite textuellement cette singulière phrase que trois ou quatre écrivains, Dulaure le dernier, ont insérée tour-à-tour dans leur description, sans remarquer ce qu'elle avait de ridicule) ces deux inscriptions : *Estienne la Porte m'a fait et Rufinus presbyter sollicitus est mei.* J'ai signalé ce fait, parce qu'il intéresse l'art, en nommant un sculpteur inconnu, et surtout parce qu'on y retrouve le nom du curé de Saint-Eustache.

La chaire à prêcher et le banc d'œuvre avaient été exécutés par Lepeintre; la chaire, sur les dessins de Lebrun, et le banc d'œuvre, sur ceux de Cartaud. L'un et l'autre nous ont paru d'une grande médiocrité, plus encore sous le rapport du dessin, que sous celui de l'exécution.

Enfin, et pour terminer cette description, l'église de Saint-Eustache possédait et possède encore un assez grand nombre de reliques, sans parler de celles de sainte Agnès, qui lui appartiennent depuis sa fondation, non plus que de celles de saint Eustache, qui furent, suivant l'abbé Lebeuf, transportées de l'église Saint-Denis à Paris, vers l'an 1216. La paroisse reçut, en 1622 ou 1623, sous le pontificat de Grégoire XV, de nouvelles reliques de saint Eustache, que le Chapitre romain, de l'église de ce nom, lui envoyait par l'entremise du cardinal d'Est.

Nous ne croirions pas avoir fait l'histoire de l'église Saint-Eustache, si nous ne disions pas quelques mots des fondations qui y furent faites successivement, et des chapelles et autres bénéfices qui en dépendaient.

La première fondation remonte à l'année 1223. Le fondateur, riche bourgeois de Paris, se nommait Guillaume Poinlasne; il créa deux chapellenies à l'autel de Saint-André, et les dota de 300 livres. Les chapelains rendaient hommage à l'évêque de Paris, et le droit de nomination lui appartenait alternativement avec le curé de Saint-Eustache. La chapelle de Saint-André, devenue déjà plus importante par cette fondation, s'accrut encore de l'établissement d'une confrérie qui prit son nom.

Cette confrérie, dit l'auteur du *Journal de Paris*, sous Charles VI, estoit au moustier Saint-Huetasse, en 1418, au mois de juin; les prêtres et autres avaient un chapeau de roses sur la tête.

Du reste, les priviléges de cette confrérie n'étaient pas sans importance.

En l'année 1351, le roi Philippe de Valois fonda une nouvelle chapelle à l'église Saint-Eustache, et s'en réserva la nomination ; les auteurs ne la désignent sous aucun nom.

Les autres chapellenies les plus remarquables étaient : 1° celles de Saint-Jacques et de Sainte-Anne, fondées en 1342, par les exécuteurs testamentaires de Marie Lapointe, pâtissière, avec une rente de 12 livres sur la boîte royale de la marée ; 2° celle de Saint-Jean-Baptiste, fondée, en 1382, par Jean Fontenay, bourgeois, et dotée de 20 livres de rentes sur plusieurs maisons de la censive épiscopale ; 3° celle de Saint-Léonard, fondée vers 1336 ; 4° une chapelle, bâtie en 1403, avec fondation de messes, par Louis d'Orléans, frère du roi Charles VI ; 5° celle de Sainte-Radegonde et celle de Sainte-Lucrèce, sur lesquelles on n'a pas d'autres renseignemens.

Outre la confrérie de Saint-André, dont nous avons parlé plus haut, la paroisse Saint-Eustache était le siége des confréries de Saint-Louis et de la Madelaine. La dernière remonte aux premières années du xve siècle. En 1495, les bourgeois de cette paroisse en fondèrent une en l'honneur de sainte Geneviève ; et la même année, une seconde fut établie en l'honneur de saint Roch. La confrérie de Notre-Dame-du-Bon-Secours, pour le soulagement des pauvres honteux, fut autorisée par lettres-patentes de 1662.

La communauté des prêtres fut fondée, en 1674, par Pierre Martin, curé de Saint-Eustache, au moyen d'un don de 20,000 livres, fait par M. Seron-du-Four-Aligret, conseiller au parlement. En 1735, cette communauté dut, à la générosité du célèbre Crozat, une dotation bien plus importante : elle consistait en 6030 livres de rente, destinées à la nourriture d'une partie des prêtres.

L'histoire des cimetières est plus difficile à établir. Dans une charte du xv$_e$ siècle, nous avons trouvé la mention d'un cimetière que l'église de Saint-Eustache aurait possédé, attenant à Notre-Dame-de-Lorette. A la même époque, on retrouve dans les réglemens du cimetière des Saints-Innocens le nom de Saint-Eustache, comme venant y enterrer ses paroissiens. En 1647, des charniers avaient été établis, contigus à la chapelle souterraine de Sainte-Agnès; dans un censier de l'évêché, de 1372, on trouve énoncée une maison, appartenant au bourgeois de Saint-Huctasse, qui est aujourd'hui cimetière. Cette maison, bien désignée d'ailleurs, se trouvait entre la rue des Deux-Ecus, la rue du Four, et l'emplacement occupé par les halles; ce ne peut donc pas être là le cimetière dont parle l'abbé Lebeuf, comme situé entre la rue du Bouloi et celle des Petits-Champs, pour lequel une permission d'aliénation fut donnée en 1560, et qui ne fut aliéné, cependant, qu'en 1625. Ce cimetière fut depuis transporté à la chapelle de Saint-Joseph, dont nous allons parler.

Saint-Eustache avait en outre la suprématie, 1° sur un hôpital de ce nom, fondé, vers 1320, par Philippe de Magni, au coin de la rue Tiquetonne, et qui fut rebâti en l'an 1500. En 1535, le parlement le désigna comme exclusivement réservé aux malades atteints du mal Saint-Main et du mal Saint-Fiacre;

2° Sur l'hôpital des Veuves, fondé en 1497, dans la rue de Grenelle, par Catherine du Homme, femme de Guillaume Barthélemy, maître des requêtes. Il était destiné à recevoir et à entretenir huit pauvres femmes, veuves et filles de quarante ans;

3° Sur la chapelle de Saint-Jacques-de-l'Hôpital, bâtie vers l'année 1322, et occupée par les pèlerins de Saint-Jacques en Galice;

4° Sur la chapelle de la Jussienne, qui existait dans la rue Montmartre, en face la rue de ce nom. Cette chapelle nous révèle un fait curieux de la corruption du langage. Dédiée à sainte Marie l'Égyptienne, elle s'était appelée successivement l'Égyptienne, la Gipecienne et enfin la Jussienne. L'histoire de sa fondation est enveloppée de profondes ténèbres que notre cadre ne nous permet pas de dissiper. On s'accorde à peu près à placer son origine entre l'année 1340 et l'année 1370. En 1450, elle avait deux chapellenies dépendantes, l'une du chapitre de Tours, et la deuxième de celui de Paris. Cette chapelle devint, du reste, la chapelle patronale des drapiers;

5° Enfin, sur la chapelle de Saint Joseph, située rue Montmartre, fondée, en 1640, par le chancelier Séguier, et par lui donnée à Saint-Eustache pour le cimetière de la rue du Bouloi, dont nous avons parlé, et qui était derrière son hôtel. Lafontaine avait été inhumé dans cette chapelle, en 1695; Molière l'y avait précédé de quelques années (1573).

Nous avons laissé à Réné Benoist la nomenclature que nous avions pu restituer des prêtres de Saint-Eustache. Après lui avait été nommé, en l'année 1608, Estienne Tonnellier, qui reçut de la cour de Rome les reliques de saint Eustache, martyr. Il avait eu pour successeur Pierre Martin, qui ne conserva la cure que peu de temps; il mourut en 1669, et fut remplacé par Léonard de Lamet. Dès le commencement du siècle suivant, la cure était occupée par M. Secousse, qui fournit une carrière très longue, et contribua beaucoup à la construction du nouveau portail. Enfin, vers 1770, la cure de Saint-Eustache était entre les mains de M. Poupart, qui la conserva jusqu'en 1790. Sans doute, les fureurs révolutionnaires le forcèrent alors à fuir, ou, plus malheureux encore, il alla porter sur l'échafaud une tête innocente comme tant d'autres. Nous n'avons, à cet égard, rien de positif; seulement il paraît certain que, pendant la période la plus malheureuse des excès révolutionnaires, l'église de Saint-Eustache était devenue le lieu de réunion des femmes de la halle qui y tenaient leur club. Aucun détail sur ces assemblées n'est parvenu jusqu'à nous, et ce club n'eut pas, comme d'autres, l'honneur d'un historien qui fit passer à la postérité ses décisions, nous pouvons dire, ses blasphèmes. Félicitons-nous de l'obscurité dans laquelle sont ensevelis de pareils excès, et gardons-nous de chercher à soulever le voile qui les couvre, c'est autant d'épargné à l'honneur de l'humanité en général et des femmes en particulier.

Dès que les fureurs révolutionnaires permirent de rouvrir les églises, Saint-Eustache fut rendu au culte, et l'abbé Bossu fut appelé à remplacer M. Poupart. Depuis, et jusqu'à nos jours, l'église de Saint-Eustache n'a dans son histoire qu'un fait qui trouve ici sa place. C'est la consécration, faite le 28 décembre 1804, de la chapelle de la Vierge, par le pape Pie VII, alors à Paris pour le sacre de l'empereur.

Aujourd'hui, la paroisse Saint-Eustache qui, sous Philippe-le-Bel, renfermait un vaste parallélogramme, borné au nord par les rues Mauconseil, Tiquetonne, Coq-Héron et de la Jussienne; au midi par la rue Saint-Honoré; à l'est par la rue Saint-Denis, et à l'ouest par la rue des Bons-Enfans; qui, dès Henri IV et jusqu'au règne de Louis XVI, était l'une des plus importantes de Paris, est la cure-titulaire du troisième arrondissement. Elle n'a plus que deux succursales, Notre-Dame-de-Bonne-Nouvelle et Notre-Dame-des-Victoires (les Petits-Pères), encore n'est-ce qu'une suprématie purement nominale.

En même temps elle ne possède plus qu'une bien faible partie des monumens que nous avons cités plus haut, et ceux qui les ont remplacés sont loin, à notre sens, de leurs prédécesseurs. La chapelle souterraine de sainte Agnès, qui se trouvait à la partie orientale, a été fermée depuis longtemps, et on ne paraît pas s'occuper de la rendre au culte.

Le tombeau de Colbert avait été, pendant la révolution, transporté au musée des Petits-Augustins; il a été rétabli postérieurement dans la chapelle de la Vierge, mais il n'est revenu qu'incomplet. On retrouve encore le médaillon de François Chevert, et celui de M. Secousse, curé de Saint-Eustache.

Nous mentionnerons aussi les tableaux suivans :

Au-dessus du portail du bas-côté gauche, *la Condamnation de saint Eustache*, par Mlle Vaulchier, fille de l'ancien directeur des postes; *le Baptême de Jésus-Christ*, donné par la ville de Paris en 1825 ou 1826. Au-dessus du portail de droite, *la Veuve de Naïm*, et *Jésus-Christ prêchant dans le désert*. Tout près de là, sur le mur à droite, *saint Louis mourant recevant le saint viatique*, peint par Doyen. Ce tableau ornait autrefois le maître-autel de l'École-Militaire. Dans la chapelle de l'Ange-Gardien, *Tobie conduit par un Ange*; ce tableau, qui ne manque pas d'un certain mérite, a été attribué à Raphaël, mais il n'est certainement pas de lui. Au-dessus du portail latéral du midi, *la Cène*, que l'on croit être de Probus; *le Martyr de saint Jean Népomucène*, par Marigny, donné par la Ville en 1827; *Jésus chassant les vendeurs du Temple*, aussi donné par la Ville. Dans la chapelle du Sacré-Cœur, *la Conversion du Sacré-Cœur*; *la Conversion de saint Augustin*, peinte par Dominique, donnée par la Ville en 1819. Dans la chapelle voisine, le tableau des *Disciples d'Emmaüs*, par Lagrenée; dans la chapelle de la Vierge, consacrée par Pie VII, le 28 décembre 1804, *le Martyre de sainte Agnès*; *le Baptême de Jésus-Christ*, par Stella; *Moïse dans le désert*, par Lagrenée, et *la Guérison des Lépreux*, de Vanloo. La statue en marbre de cette chapelle est de Pigalle. Le portail nord est orné de *la Nativité* et de *l'Adoration des Bergers*, par Vanloo. Enfin, à l'entrée de ce portail on remarque *un bénitier*, de Bion, qui représente le pape Alexandre VI distribuant l'eau bénite, deux anges soutiennent le Pape qui foule au pied le démon.

Nous nous sommes efforcé de reproduire dans ces pages tous les détails, tous les événemens qu'une étude consciencieuse des documens originaux nous a révélés; notre tâche est finie; qu'on nous permette un mot encore : vers 1772, un projet avait été formé qui avait obtenu un commencement d'exécution : une somme assez considérable avait été affectée, par ordonnance royale, au dégagement de Saint-Eustache de tous les bâtimens qui encombrent son portail, sa nef et ses bas-côtés; une place devait être formée devant ce portail principal, et les trois façades en étaient déjà dessinées. Quelques retards furent apportés à l'exécution, le besoin d'argent détourna de son emploi primitif la somme qui avait été consacrée à ces travaux; la révolution arriva et le projet, ajourné d'abord, fut ensuite complétement abandonné. Aujourd'hui que le conseil municipal de Paris est entré dans une si belle voie d'amélioration et d'embellissement des monumens confiés à sa surveillance, la reprise de ce projet nous semble une des œuvres à la fois les plus utiles et les plus belles que l'administration puisse accomplir. Ce serait, en donnant au quartier l'air et l'espace dont il a si grand besoin, faire de l'église Saint-Eustache un monument plus admirable encore, en découvrant aux regards surpris toute la hardiesse et toute l'élégance extérieure de sa construction.

Auguste PARIS.

S.-PAUL.—S.-LOUIS.

Ce double vocable est un des plus magnifiques qui, en France, puisse être donné à un temple chrétien ; il résume, d'une part, tout ce qu'il y a eu d'héroïque, de glorieux, dans les immenses travaux de ceux qui, pour obéir au commandement de leur divin maître, portèrent *la bonne nouvelle, l'évangile de paix* à tous les peuples de la terre, et firent retentir *leur parole jusqu'aux extrémités du monde**. Saint Pierre est sans doute le prince des Apôtres, la pierre angulaire sur laquelle a été bâtie l'église de Jésus-Christ, mais saint Paul est le *docteur des nations dans la foi et la vérité***, comme il le dit lui-même, et ce beau titre, mérité par sa science, il le justifia par ses succès. Il rappelle de l'autre, l'une des plus grandes et des plus pures gloires de notre monarchie; car saint Louis fut à la fois roi juste et pieux, capitaine courageux, politique habile, sage législateur.

L'église dont nous nous occupons, considérée comme édifice, est une construction moderne; considérée comme paroisse, son origine remonte à celle d'une chapelle bâtie par saint Eloy, sur le terrain d'un cimetière destiné à la sépulture des religieuses du monastère de Saint-Martial et de Sainte-Valère, fondé par le même

---

* *Epit. aux Romains*, chap. X, v. 15-18.
** *Prem. Epit. à Timothée*, chap. II, v. 7.

saint dans la Cité. L'emplacement de ce monastère, qui depuis 1631 appartenait à la congrégation des clercs réguliers de Saint-Paul, connus sous le nom de Barnabites, comprenait tout l'espace dans lequel se trouvent renfermées les rues de la Calandre, du Fouare ou des Fèves, de la Barillière, de la Vieille-Draperie et de Sainte-Croix : d'où la désignation vulgaire de *ceinture de Saint-Eloy*, que portait autrefois cet emplacement presque circulaire. Ainsi, l'origine de l'ancienne chapelle elle-même est par là bien connue ; mais quant à la date précise de sa fondation, elle est tout aussi incertaine que celle de Saint-Gervais—Saint-Protais, son aînée et sa voisine ; car, les historiens sont loin de s'accorder sur ce point. Les uns assignent à cette fondation les années 633* et 634** ; les autres 640 *** et 650 ****. Les maîtres foulons et tondeurs de draps se sont prononcés en faveur de cette dernière date, dans leurs statuts, imprimés en 1742 ; ils prétendent que, suivant une tradition immémoriale, leur corporation fonda l'église Saint-Paul, sous Clovis II, environ vers l'an 650. Il y a des traditions qui, sans l'appui de titres spéciaux, coïncident si exactement avec les faits généraux de l'histoire, s'y adaptent avec tant de justesse, qu'elles acquièrent par-là une autorité égale à celle-ci, et dans ce cas, elles la méritent, il faut bien en convenir. Mais la tradition dont se prévalent les maîtres foulons ne se trouve pas dans cette heureuse condition : L'ancienne peinture qui existait encore vers le milieu du xviiie siècle sur un vitrage placé sous le clocher, et où étaient représentés des ouvriers se livrant à l'exercice de leur profession, n'a aucune espèce d'importance. Quant à l'usage que pratiquait la corporation de solenniser en particulier la fête de saint Paul, dans l'église, le lendemain du jour qu'elle avait été célébrée par la paroisse, il ne prouve autre chose que l'ancienneté de l'usage même. Nous allons voir que la date qui rapporte la fondation de Saint-Paul aux années 633 et 634, est la seule qui ait pour elle un caractère très probable de véracité.

* Baillet, *Vies des Saints*, t. X de l'édit. in-8°, p. 148. — Jaillot, *Rech. hist. sur la ville de Paris*, t. XII (Quart. Saint-Paul), p. 31.
** Dom Duplessis, *Nouv. Ann. de Paris*, p. 91 ; — Prudhomme, *Mir. de Paris*, t. I de l'édit. de 1804, p. 239.
*** M. Debansy, *Not. hist. sur Saint-Paul—Saint-Louis*, p. 4.
**** Sauval, *Hist. des antiq. de la ville de Paris*, t. I, p. 440.

Tous les auteurs sont à peu près unanimes à référer l'établissement du monastère de Saint-Martial, dont sainte Aure fut la première abbesse, à l'époque que nous venons de signaler. On sait, d'un autre côté, que saint Éloy, ayant été nommé évêque de Noyon et de Tournay, en l'an 639, après avoir reçu les ordres de la prêtrise à Mâcon, cette même année, se rendit à Rouen, en mai 640, à l'effet d'y être sacré*, et il partit de là pour aller prendre possession des deux vastes diocèses confiés à sa direction, où il succéda à saint Achaire. Comment supposer qu'à cette époque, où il n'était point encore permis d'avoir des cimetières dans l'intérieur des villes **, saint Éloy eût laissé pendant dix ans, sans lieu de sépulture particulier, une communauté composée de trois cents religieuses? Comment supposer que si, contre toute espèce de vraisemblance et de raison, il en avait été ainsi, l'autorité ecclésiastique ou civile eût, elle aussi, différé dix autres années d'y pourvoir? Les deux opinions qui reculent jusqu'à 640 et 650 la fondation de la chapelle cémétériale, dédiée sous le nom de saint Paul, sont donc également inadmissibles, car elles tendent à détruire le fait de cette fondation par saint Éloy, antérieurement à son épiscopat, fait d'ailleurs formellement attesté par un saint prélat, comme lui, son contemporain et son ami, c'est-à-dire par saint Ouen, archevêque de Rouen.

L'époque de la fondation de la chapelle Saint-Paul, une fois établie, il reste à rechercher pourquoi saint Éloy la plaça à une si grande distance de la Cité, où était situé le monastère des religieuses, à la sépulture desquelles le cimetière était destiné. A cet effet, il nous paraît utile de jeter un coup-d'œil rétrospectif sur la topographie de Paris aux vi^e et viie siècles. Osons dire tout d'abord une vérité un peu crue, mais qui n'en est pas moins incontestable, c'est que, sur ce point spécial, certains auteurs trouvent plus commode de reproduire au hasard des opinions toutes faites, que de prendre la peine d'en vérifier préalablement la valeur fondamentale, en explorant, autant qu'il est possible, les sources originales, en colligeant, en conférant les différentes autorités entre elles. Ces sortes d'études parais-

---

* Saint Ouen, *Vie de saint Éloy*, liv. II, chap. 2.

** Dom Dubreuil, *Théâtre des antiq. de Paris*, p. 608; — Baillet. *Vies des Saints*, t. XII de l'édit. in-8°, p. 10; Dom Félibien, *Hist. de Paris*, t. I, p. 51.

sent arides, elles le sont peut-être ; mais elles ont du moins cet avantage d'amoindrir la somme des erreurs dans lesquelles nous sommes tous exposés à tomber. Nous ne citerons qu'un seul, entre beaucoup d'autres, de ces modernes propagateurs de faits inexacts, et d'assertions non motivées. Il est pris dans un historien topographe : « Paris, dit-il, n'était pas plus étendu vers la fin de la seconde race que du temps de César. Il était toujours enfermé entre les deux bras de la rivière : la cathédrale au levant, le grand et le petit Châtelet au nord et au midi, et le palais du roi ou des comtes au couchant, formaient les quatre extrémités de son enceinte * ». Or, la seconde race a fini dans la personne de Louis V, dit le *Fainéant*, en 987. Il suit de là que Paris serait resté, pendant dix siècles, circonscrit dans la Cité, avec ses rares habitations éparses autour d'elle, au-delà des deux bras de la Seine, ce qui est faux et destitué de tout caractère de probabilité ; car il résulte des témoignages combinés de plusieurs savans archéologues, que dès la fin du VIe siècle, on distinguait déjà la Cité, proprement dite, de la ville ** ; que les bourgs, villages et hameaux, dont l'ensemble constituait celle-ci, étaient entourés d'une forte muraille comme l'autre, laquelle les avait préservés des ravages des Normands ***. Au nord, ce mur commençait au Châtelet, ou un peu plus avant vers le quai de la Mégisserie, au lieu où l'on construisit, en 1652, une prison appelée *For-l'Évêque*, dénomination qui provenait de ce qu'auparavant le siége de l'administration juridictionnelle de l'évêché occupait cet emplacement. De là, il s'étendait jusqu'au cimetière des Innocens, traversait la rue Saint-Denis, où existait une porte qui se liait à celle de Saint-Merry, et se prolongeant par les Blancs-Manteaux jusqu'auprès de la rue Vielle-du-Temple, allait aboutir au Port-au-Blé ou quai des Ormes, entre les rues des Barres et Geoffroy-Lasnier, ou bien entre Saint-Jean-de-Grève et Saint-Gervais. La partie gauche de la rue Saint-Denis, jusqu'à Saint-Nicolas-des-Champs et même au-delà, se composait de terres labourables, de prairies et de marais qui la firent désigner par le nom de Champeaux. Cette enceinte, dont

---

* Prudhomme, *Mir. de Paris*, t. I, p. 42.

** Grégoire de Tours, *De Gloria confess.*, cap. 90 ; — Adrien de Valois, *Not. Galliarum*, *præfat*, p. 20.

*** Dom Duplessis, *Nouv. Ann. de Paris*, p. 154.

il existait encore de nombreux vestiges sous Philippe-Auguste, lorsque ce roi en fit bâtir une nouvelle, avait environ deux milles de circuit, soit un myriamètre. Au midi, l'enceinte prenait son point de départ à la rue de la Bûcherie, et, comprenant la place Maubert en partie, elle passait non loin et au-dessus de Saint-Séverin et de Saint-André-des-Ars (et non des Arts), puis venait se terminer en droite ligne au pont Neuf[*].

Cette situation de Paris, au vi[e] siècle et au commencement du viie, prouve que la ville, considérée dans les deux sections qui la formaient, avait déjà plus d'étendue et de consistance que la Cité, dont elle était distincte. Ainsi son accroissement, outre qu'il est dans la nature des choses, est établi par les faits qui viennent d'être rappelés, et par une foule d'autres qui les corroborent, mais qui, pour être produits ici, exigeraient des développemens que le cadre de notre étude ne comporte pas.

On peut donc maintenant s'expliquer le motif qui fit placer la chapelle cémétériale de Saint-Paul à une si grande distance du monastère de Saint-Martial Sainte-Valère, puisque, d'une part, il était alors interdit d'avoir des cimetières dans l'intérieur des villes, comme nous l'avons remarqué plus haut, et de l'autre, que cette enceinte de Paris touchait de ce côté, au lieu où, depuis, la rue Saint-Antoine a été percée.

On ne sait presque rien de l'histoire de cette chapelle jusqu'au ixe siècle. Il est à croire pourtant qu'elle avait acquis une certaine importance, car elle était la première station processionnelle de la cathédrale, qui allait bénir les champs, pendant les trois jours appelés *les Rogations* ; et au xie, le chapitre canonial s'y rendait le 29 juin, pour y célébrer solennellement la fête de *saint Paul*, à charge par l'abbaye de Saint-Martial, dit alors *Saint-Eloy*, d'une redevance, envers les chanoines, de huit moutons, deux muids de vin, six deniers tournois et une obole[**]. Il est probable que c'est vers ce temps, c'est-à-dire dans les premières années du xiie siècle, qu'elle fût, sinon érigée positivement en paroisse, du moins considérée comme telle. Une bulle

---

[*] Bonamy, *Mém. de l'Acad. des Inscript.*, t. XV, p. 686 ; — t. XVII, p. 291 ; — Sauval, *Hist. des antiq. de la ville de Paris*, t. I, p. 29 ; Dom Duplessis, *Nouv. Ann. de Paris*, p. 70, 71, 79 ; — Lamare, *Traité de la Police*, t. I, p. 72 ; — Piganiol de la Force, *Nouv. Descript. de Paris*, t. II, p. 74, etc.

[**] Saint Victor, *Tabl. pitt. de Paris*, t. II de l'édit. in-8°, p. 927.

du pape Innocent II, de l'an 1136, où elle est mentionnée à la suite de quelques autres églises de Paris, l'a qualifiée d'*Ecclesia sancti Pauli extra civitatem*, tandis que l'ecclésiastique qui la desservait y est désigné par le titre de *Presbyter*, qui ne se donnait alors qu'aux curés titulaires. Jaillot conjecture que son érection en paroisse a pu avoir lieu en 1125, lorsque le monastère de Saint-Éloy, ainsi que les autres chapelles, qui en dépendaient, furent placés sous le régime des religieux de Saint-Maur-des-Fossés*. M. Dehansy recule cette érection à l'an 1177**. Aussi ne tarda-t-elle pas d'être insuffisante pour les habitans qui se multipliaient sur son territoire, surtout depuis que Philippe-Auguste eût environné Paris d'une nouvelle enceinte. On la reconstruisit alors entièrement, et elle le fut de nouveau, lorsque Charles V eût bâti l'hôtel *solennel des grands Esbattemens*, dit de Saint-Paul, mais sur un plan beaucoup plus vaste. C'est alors qu'elle devint paroisse royale, et que le quartier en prit le nom. La célèbre Catherine de Pisan, dans le livre Des Fais et bonnes Meurs du sage roy Charles, parle de cette reconstruction, en énumérant tous les établissemens religieux qui eurent part aux bienfaits de ce roi, ou dont il fut le fondateur.

« Il fonda l'esglise de Saint Anthoine dedans Paris, et rentes assist aux frères demourans en ce lieu.

« Item à tous les couvens de Paris, des mendians, donna argent, pour réparation de leurs lieux ; à Nostre-Dame, à l'Ostel-Dieu et ailleurs.

« Item, au bois de Vincennes, fonda chanoines, leur asséna leurs vies par belles rentes amorties.

« Item les Bons hommes d'emprés beauté, et maintes austres esglises et chapelles fonda, amenda et crut les édifices et rentes.

« Item, l'esglise de Saint-Paul, emprès de son hostel, fist amender et accroistre moult ***. »

Charles VI fit continuer les travaux de la nouvelle église, et ils ne furent terminés que sous Charles VII. Jacques Duchastellier, évêque de Paris la dédia en 1431. Elle reçut toutefois quel-

---

* Jaillot, t. XII, p. 32.
** *Not. hist. sur Saint-Paul—Saint-Louis*, p. 6.
*** Michaud, *Nouv. collect. des Mém. sur l'Hist. de France*, t. II, 77.

ques augmentations en 1542, sous François Ier, et en 1547, première année du règne d'Henri II. Enfin, en 1664, sous Louis XIV, on y pratiqua des réparations et on la décora dans l'intérieur. Cet édifice, qui, à ce qu'il paraît, n'avait rien de remarquable au point de vue de l'art, fut abattu en 1797. Il en existe encore aujourd'hui des traces qui font reconnaître l'emplacement qu'il occupait dans la rue Saint-Paul, et qui est devenu un dépôt de charbons, qu'on voit aux numéros 30 à 34, presqu'en face du passage Saint-Louis.

Par suite d'un événement dont la cause est demeurée inconnue, les fonts baptismaux de la paroisse Saint-Paul furent transportés, en l'an 1400, dans l'église du village de Médan, près Poissy, département de Seine-et-Oise, par un sieur Perdrier, seigneur de ce village, ainsi que l'atteste l'inscription en lettres gothiques qui se lit au-dessus de la cuve. Nous croyons devoir en reproduire ce qui concerne le fait de la translation des fonts à Médan :

> A ces fons furent une fois
> Baptisez plusers ducs et rois,
> Princes, contes, barons, prélatz
> Et autres gens de tous estats;
> Et, afin que ce on congnoisse,
> Ils servoient en la paroisse
> Royal de Saint-Pol de Paris,
> Où les rois se tenoient jadis.
> Entre autre y fust notablement
> Baptizé honorablement
> Le roi Charles-le-Quint
> Et son fils qui aprez lui vint,
> Charles le large bien-aimé,
> Sixième de ce nom clamé.
> Or, furent les dessusditz fons
> Fait apporter, je vous respons,
> En ce lieu ici de Médan,
> Par le seigneur du lieu, en l'an
> Qu'on disait *Jubiler* en glose * :
> Son ame en paradis repose
> Henry Perdrier fust son nom
> Dieu luy sache gré de ce don, etc. !

Il est à regretter qu'aucun détail sur le baptême de Charles V,

---

* Antienne du Jubilé, qui eut lieu, en l'an 1400, sous le pontificat du pape Boniface IX, et en effet, à côté du vers, cette date est notée en caractères romains.

à l'église Saint-Paul, ne nous soit parvenu ; nous aurions aimé à connaître les circonstances qui présidèrent à cette auguste cérémonie. Tout ce qui se rattache à l'histoire d'un prince aussi recommandable ne peut que vivement intéresser. Mais le récit de celle qui eut lieu à la même église, à la naissance du Dauphin, son fils, depuis Charles VI, le 6 décembre 1368, nous a été conservé dans les grandes chroniques de saint Denis, dont la suite, écrite par le chancelier Pierre d'Orgemont, a été publiée par M. Paulin Pâris.

« Dès le jour de devant (le 5 décembre), y est-il dit, furent faictes lices de mairrien (barrières en bois) en la rue, devant ladicte église et aussi dedans environ les fons, pour mieux garder qu'il n'y eust trop presse de gens... et par ainsi issèrent de l'hostel du roy de Sainct-Pol, par la porte qui est au plus prez de la dicte église... devant ledict enfant et deux cents varlets qui portoient deux cents torches ; et par ensuite en suivoit la noblesse et le clergié, la royne Jehanne d'Évreux qui portoit le dict enfant sur ses bras. »

Parmi les personnages illustres à des titres divers, qui ont eu leur sépulture dans l'intérieur de l'église Saint-Paul, nous remarquons le maréchal de Biron, le duc de Noailles, Robert Cenalis, évêque d'Avranches, François et Hardouin Mansard, tous deux architectes célèbres; Desmaretz de Saint-Sorlin, l'abbé Adrien Baillet, Jean Nicot, l'importateur du tabac en France, d'abord nommé, pour cette raison, *poudre nicotiane*, puis *herbe de la reine*, parce que Marie de Médicis, seconde femme d'Henri IV, en adopta l'usage. Le fameux Rabelais fut enterré dans le cimetière ; il mourut comme il avait vécu, en raillant. Il laissa, dit-on, un large paquet soigneusement cacheté, et quand on procéda à l'ouverture de ce mystérieux document, que l'on croyait renfermer des dispositions testamentaires sérieuses, on ne trouva que les paroles suivantes, écrites en très gros caractères :

« Je dois beaucoup,
Je n'ay rien vaillant,
Je donne le reste aux povres. »

Voilà une mystification bien digne de l'auteur de *Pantagruel* et de *Gargantua*.

Mais voici, dans le même cimetière, la sépulture d'un personnage qui, depuis près d'un siècle et demi, semble avoir jeté un défi à la sagacité des critiques, tout en provoquant la curiosité de l'histoire moderne dont il est devenu le problème : nous voulons parler de l'homme au masque de fer (ou plutôt de velours noir). Plusieurs systèmes ont été proposés pour expliquer le secret de cette existence arcanique et peut-être fabuleuse, sans qu'aucun d'eux ait pu jusqu'ici nous la dévoiler. Le célèbre inconnu, d'après ces systèmes, est tour à tour l'Italien Mathioli, secrétaire du duc de Mantoue, le surintendant des finances Fouquet, le duc de Montmouth, le duc de Beaufort, Henri Cromwel, second fils du Protecteur le comte de Vermandois, le patriarche arménien Arwedik, un frère jumeau de Louis XIV, etc. Cette dernière supposition, quoique la plus généralement accréditée, est la moins admissible de toutes, si toutefois la déclaration de décès, qu'on prétend copiée sur les registres de la paroisse de Saint-Paul, est exacte, et si l'acte lui-même est authentique, ce que nous sommes loin d'affirmer. Or, voici cet acte :

« L'an mil sept cent-trois, le dix-neuf novembre, Marchialy, âgé de quarante-cinq ans ou environ, est décédé dans la Bastille, duquel le corps a été inhumé dans le cimetière de Saint-Paul, sa paroisse, le 20 dudit mois, en présence de M. Rosarges, major de la Bastille, et de M. Reilh, chirurgien de la Bastille, qui ont signé. »

Comment veut-on qu'un homme, âgé d'environ quarante-cinq ans, en 1703, ait pu être un frère jumeau de Louis XIV, qui alors en avait soixante-cinq? La plupart des hypothèses, qui ont été imaginées dans le but d'arriver à la solution de la question du masque de fer, sont de cette force-là.

Après avoir constaté l'origine de l'église de Saint-Paul en tant que paroisse, et résumé son histoire en tant qu'édifice jusqu'à l'époque de sa destruction par le vandalisme révolutionnaire, il nous reste à appliquer ce procédé à l'église qui, en 1802, la remplaça, en joignant son vocable particulier de Saint-Louis à celui de Saint-Paul, lequel a dû naturellement précéder l'autre, dans l'ordre de désignation nominative, attendu que c'est à l'ancien titre qu'elle doit d'être devenue paroisse, quoiqu'il y eût toute convenance à ce qu'il en fût ainsi, étant presque contiguë au bâtiment de son aînée, et de plus n'ayant éprouvé que fort peu de dégradations, par l'effet d'une circonstance fortuite, dont il sera parlé plus avant.

Ignace de Loyola, élevé au sein des grandeurs mondaines, avait passé sa première jeunesse à la cour d'Espagne et dans le tumulte des camps. Blessé grièvement en 1521 à Pampelune, que les Français, sous les ordres d'Henri d'Albret, roi de Navarre, assiégeaient, cet accident le ramena vers le sentiment religieux, qu'il avait laissé jusque-là sommeiller. Dès-lors, le cours de ses idées se trouva changé : face à face avec lui-même, l'absence d'une instruction solide lui devint insupportable. Esprit d'ailleurs vaste et puissant, il comprit combien ses études avaient été imparfaites et négligées, il voulut les refaire. Il apprit la grammaire et le latin à Barcelone, acquit quelques notions scientifiques aux universités d'Alcala et de Salamanque; mais tout cela encore d'une manière confuse et incomplète. Peu satisfait de ce résultat, il vint à Paris en 1528, et, quoique alors âgé de trente-sept ans, il entra au collége des Aycellins, dit de Montaigu, où il fit ses humanités avec succès, puis sa philosophie à celui de Sainte-Barbe, et sa théologie chez les Pères Jacobins de la rue Saint-Jacques, où il se lia d'amitié avec plusieurs de ses condisciples d'un mérite éminent, savoir : Pierre Lefèvre et Claude Lejay, originaires de la Savoie, Jean Cordure, de Grenoble ; Pascal Broet, d'Amiens, Simon Rodriguez, Portugais; Nicolas Bobadilla, François Xavier, Alphonse Salmeron et Jacques Laynez. Ces quatre derniers étaient, comme lui, nés en Espagne. Telle est la pléïade illustre à laquelle on doit l'établissement de la célèbre compagnie de Jésus, qui, depuis, répandit en effet des torrens de lumières sur le monde chrétien, dont elle recula les limites par ses conquêtes spirituelles en Amérique, en Chine et dans les Grandes-Indes.

Les dix compagnons prononcèrent leurs premiers vœux, le jour de l'Assomption de l'an 1534, à l'église de Montmartre, et c'est de ce moment que date la fondation de la savante et respectable compagnie de Jésus, dont la France doit se glorifier d'avoir été le berceau ; car il n'y a que l'ignorance ou l'esprit de parti qui puisse conserver des préventions contre les Jésuites, et méconnaître les immenses services qu'ils ont rendus à la religion, à la science, à la société. Cependant, ils n'avaient pas encore de maison-professe à Paris, en 1580, lorsque le cardinal de Bourbon leur donna l'hôtel Damville, situé rue Saint-Antoine. En 1582, une chapelle, sous l'invocation de saint Louis, y fût établie; la maison ayant pris dès-lors un plus grand développement, cette chapelle devint insuffisante; mais les libéralités de Louis XIII mirent bientôt les Pères jésuites en état de construire l'église, aujourd'hui sous la titularité patronale de Saint-Paul-Saint-Louis. Le roi en posa la première pierre, en 1627, en présence de François de Gondy, archevêque de Paris. Terminée en 1641, l'ouverture solennelle en fut faite, le 9 mai de la même année, par le cardinal de Richelieu, qui y célébra la première messe, à laquelle assistèrent la reine, le roi et Gaston d'Orléans, son frère.

On sait par quelle longue série d'intrigues, de mensonges et de calomnies, on parvint, en 1764, à obtenir la suppression de la compagnie de Jésus. A cette époque, la maison, que les chanoines réguliers de l'ordre du Val-des-Écoliers (réunis, en 1635, à la congrégation de Sainte-Geneviève-du-Mont) occcupaient, rue Saint-Antoine, sous le nom de Sainte-Catherine-de-la-Couture, menaçait ruine; le roi, en ayant été informé, les mit en possession de celle des Jésuites, ainsi que de leur église en 1767. Les religieux genovéfains conservèrent cette nouvelle demeure jusqu'à la révolution de 89.

L'église Saint-Louis fut transformée ensuite en dépôt des bibliothèques des monastères de Paris *; on y entassa pêle-mêle environ un million deux cent mille volumes, dont on vendit les trois quarts à raison de quinze centimes le demi kilogramme **. Cette affectation, toute fâcheuse qu'elle était, eut cet avantage néanmoins de préserver l'édifice des dégradations et des profanations auxquelles beaucoup d'autres se trouvèrent exposés. C'est ainsi que Saint-Germain-l'Auxerrois, après avoir servi d'atelier pour la fabrication du salpêtre, et Saint-Gervais, de magasin à fourrages, virent leur enceinte souillée par les exercices du culte dérisoire de la Théophilantropie, éclos rue Denis, au coin de la rue des Lombards, où la première réunion des adeptes eut lieu, le 6 nivôse an IV (27 décembre 1795). Les théophilantropes

---

* Celle de Saint-Germain-des-Prés fut en grande partie consumée par l'incendie survenu le 18 août 1794, à l'atelier de salpêtrerie établi dans les bâtiments de l'abbaye, et auquel l'église servait de magasin pour le salpêtre fabriqué.

** M. Dehansy, *Not. hist. sur Saint-Paul—Saint-Louis*, p. 14.

s'établirent successivement à Saint-Etienne-du-Mont, à Saint-Médard, à Saint-Jacques-du-Haut-Pas, à Saint-Sulpice, à Saint-Thomas d'Aquin, à Saint-Roch, à Saint-Merry et à Saint-Nicolas-des-Champs ; ils ne purent obtenir Notre-Dame. Mais la vénérable basilique de la mère de Dieu avait subi déjà une profanation plus horrible encore. Peu après la fête révolutionnaire, qui eut lieu aux Tuileries, le 8 juin 1794, en suite de la trop fameuse déclaration, par laquelle la Convention, dite Nationale, reconnaissait l'Etre Suprême et l'immortalité de l'âme au nom du peuple français, la municipalité de Paris invita cette assemblée à assister à la fête particulière que la ville voulait célébrer à la cathédrale, dans le même but que la précédente. On y chanta l'*hymne de la Raison*, dont une courtisane fut la vivante personnification. De là, l'inscription impie de ces mots gravés sur le portail : *Temple de la Raison*... O déraison de l'humanité ! Les théophilantropes eurent peu de succès, puisqu'à l'époque mémorable du 18 brumaire an VIII (9 novembre 1799), ils étaient restreints à trois lieux de réunion, désignés par le nom de la fête principale, intitulée fête *Nationale*, qu'ils y célébraient : à Saint-Germain-l'Auxerrois, fête *de la Reconnaissance*; — à Saint-Gervais, fête *de la Jeunesse*; — à Saint-Sulpice, fête *de la Victoire*. Toutefois, ils n'attachaient à ces dénominations aucune idée d'idolâtrie ni de polythéisme ; car ces sectaires, ainsi que l'exprime leur titre appellatif, professaient le déisme... Ce déisme était vague, confus, frisant même une sorte de panthéisme moral ; mais enfin, ils n'avaient ni représentation matérielle, ni simulacre de divinité quelconque. Un arrêté des consuls, en date du 29 vendémiaire an X (21 octobre 1800), ayant interdit leurs assemblées dans les édifices nationaux, fit rentrer dans le néant cette folle tentative de religiosité prétendue naturelle.

Vue à l'intérieur, l'église de Saint-Paul—Saint-Louis est couronnée par un assez beau dôme à pans, qui s'élève au milieu de la croisée, et elle est éclairée par quarante-cinq fenêtres, dont plusieurs à verres de couleurs, mais sans peinture.

Le maître-autel était, autrefois, plus reculé dans le fond, quoiqu'on pût circuler autour, et la balustrade, qui l'entoure, moins rapprochée qu'aujourd'hui de la nef du centre.

La chapelle de la Sainte-Vierge est à droite du bras de la croisée, du côté de l'épître ; celle de l'autre bras, dite de la Résurrection, était auparavant sous l'invocation de saint Ignace. Elle renfermait les cœurs de plusieurs princes de la maison de Condé, morts de 1640 à 1670. A droite, en entrant par le portail, sont les chapelles des fonts baptismaux et de Saint-Paul ; à gauche, celles du Sacré-Cœur et de Saint-Louis. Aux deux chapelles, qui occupent les deux côtés du chœur, se rattachent d'augustes souvenirs : dans l'une était déposé le cœur de Louis XIII, et dans l'autre celui de Louis XIV. « Ils étaient renfermés dans des espèces d'urnes, soutenues en l'air entre les jambages qui donnent entrée au chœur, chacune par deux anges d'argent, dont les draperies et les autres ornemens étaient de vermeil, aussi bien que la boîte qui renfermait le cœur et la couronne placée au-dessus. Ces deux monumens, de la plus brillante exécution, étaient dus, le premier au talent de Jacques Sarrazin, et le second à Coustou le jeune ; ce dernier avait coûté 600,000 livres. Ils furent détruits, ainsi que les bas-reliefs et inscriptions placés sous le jambage de l'arc de la chapelle de Louis XIII, la chapelle de Louis XIV n'ayant pas eu de bas-reliefs qui excitassent la haine ou la cupidité. On dit qu'après l'enlèvement de ces monumens, les cœurs de ces deux rois furent enveloppés de linge, et enterrés dans le passage Saint-Louis *. »

Riche en objets d'arts, et surtout en tableaux de grands maîtres, l'église n'a recouvré que deux de ces tableaux : *Sainte-Isabelle de France*, offrant à Dieu l'abbaye de Long-Champs, dont elle était fondatrice, par Philippe de Champagne ; — *Louis XIII* faisant hommage à saint Louis du modèle de l'église qu'il dédiait, en présence des Jésuites et des grands du royaume, par Simon Vouet. Mais elle en possède plusieurs de l'école moderne qui sont très estimés, entre autres, *la Conversion de saint Paul*, par M. Charpentier ; — *Le Serpent d'airain*, que Moïse élève dans le désert, par M. Smith ; — *Jésus au jardin des Oliviers*, par M. Delacroix.

Il convient de mentionner aussi une autre restitution qui a été faite à cette église en 1806 : C'est celle de l'horloge et d'une cloche de l'ancienne qui, lors de sa démolition en 1797, avaient été déposées au Conservatoire des Arts et Métiers. Mais comme

* M. Dehansy, *Not. hist. sur Saint-Paul—Saint-Louis*, p. 26-28.

l'église actuelle, qui était particulière aux Jésuites, n'était point disposée pour que cette cloche pût y être placée d'une manière appropriée au service paroissial, il fallut construire un pavillon *ad hoc*, qui fut terminé en 1809. Encore fut-on obligé, dit M. de Hansy, de la fixer de telle sorte, qu'elle ne peut être mise en branle ; on ne la fait tinter qu'au moyen de poulies et de cordes qui meuvent le battant.

Au reste, il est remarquable que c'est la seule, à Paris, qui, avec le bourdon de Notre-Dame, ait échappé aux destructions d'une époque à jamais déplorable.

Notons, comme un fait intéressant et peut-être unique à Paris, que la sacristie de Saint-Paul renferme une précieuse collection de portraits des curés de la paroisse, depuis l'an 1628 jusqu'à présent, c'est-à-dire y compris celui du respectable M. Levé, titulaire actuel. Ces ecclésiastiques étaient presque tous docteurs de Sorbonne, quelques-uns conseillers au Parlement, et deux revêtus de la dignité de recteur de l'Université : messire Guillaume Mazure, mort le 11 mars 1632, et messire Gilles Le Sourd, mort le 2 janvier 1714. Messire Louis Bossu ne cessa l'exercice des fonctions curiales qu'aux jours néfastes de 93. Cette église a reçu dans ses caveaux les restes mortels d'environ deux cents Pères, tous éminents en science et en piété, de l'an 1627, date de sa construction, à l'an 1764, de la suppression des jésuites. Nous ne citerons que les plus connus : les Pères Seguiran, Jarry, Caussin, confesseurs de Louis XIII, Annat (de Rodez), Paulin, Lachaise, confesseurs de Louis XIV ; De Lynières, Pérusseau, confesseurs de Louis XV ; Tournemine, fondateur du célèbre journal de Trévoux; Ségaut, prédicateur distingué ; Huet, le célèbre et savant évêque d'Avranches; Ménestrier, historien recommandable et profondément versé dans la science héraldique ; Duhalde, à qui l'on doit ce qui a été publié de plus curieux sur la Chine, et qui en a donné une description générale et complète; Berruyer, auteur *d'une histoire du peuple de Dieu*, dans laquelle quelques erreurs se sont glissées, mais remarquable sous d'autres rapports ; Gonnelieu, traducteur estimé de l'*Imitation de Jésus-Christ*; Longueval, auteur d'une histoire de *l'Église de France*, dont le mérite est reconnu; Brumoy, continuateur de ce dernier, et traducteur du *Théâtre des Grecs ;* Bourdaloue enfin, qu'il suffit de nommer. Il y a également des tombes de laïques du plus haut rang, dans des caveaux particuliers ; ce sont celles de Philippe de Béthune, mort surintendant des finances en 1671 ; d'une fille du duc d'Épernon, pair de France ; de Louis de Latour-d'Auvergne, comte d'Évreux, lieutenant-général des armées du roi ; de Henri de Latour-d'Auvergne, duc d'Albret, grand-chambellan et colonel-général de cavalerie ; d'Élizabeth de Latour-d'Auvergne, princesse de Bouillon, etc. De leur côté, les Genovéfains y transportèrent les cercueils de leur église de Sainte-Catherine, dont voici les principaux : Raoul de Brienne, petit-fils de Jean de Brienne, roi de Jérusalem, aïeul maternel de saint Louis ; de Lambert de Cussey, chapelain de Philippe-le-Bel ; du cardinal René de Birague, chancelier de France sous Charles IX et Henri III ; des membres de la famille de Montmorency, de 1340 à 1396, etc.

Le plan du monument, dédié sous le seul vocable de saint Louis, fut tracé par le père Derrand qui en dirigea et surveilla lui-même les travaux. Ce monument, tant à l'intérieur qu'à l'extérieur, ainsi que dans son ornementation et son décor architectural, est dans le style greco-romain qui, à partir du siècle précédent, avait tout à fait *supplanté* le style *transitif* de la renaissance. En d'autres termes, l'invasion du *classicisme*, c'est-à-dire de l'imitation des écrivains de l'antiquité, antérieurs à l'avènement du christianisme, était complète dans la littérature comme dans les arts... On n'était point choqué de l'étrange anomalie qui résulte de l'application des formules architecturales du paganisme à un temple consacré au vrai Dieu... Après tout, le XVIIe siècle est excusable, puisque le nôtre, qui se pique d'être le siècle progressif par excellence, en est encore là... Voyez plutôt la basilique dédiée sous l'invocation de sainte Madeleine... N'est-elle pas, comme le palais de la Bourse, une copie sur plus grande échelle, du temple de Minerve, si connu sous le nom de Parthénon ? L'édifice, à partir de la dernière marche du perron sur lequel le portail est assis, a vingt-quatre toises, ou quarante-sept mètres et demi de hauteur. La façade qui est sur la rue Saint-Antoine, et en regard de la rue Culture-Sainte-Catherine, n'est pas sans analogie avec celle de Saint-Gervais, composée de trois ordres de colonnes superposés : dorique, ionique, corinthien. A Saint-Paul, même disposition, avec cette différence, que le composite qui forme l'entablement est surmonté de deux ordres corinthiens. Hâtons-nous d'ajouter que l'église est bâtie en croix, quoique dans tout le reste on ait suivi les principes du païen Vitruve. Mais cette modification mérite d'être signalée, en ce sens qu'elle appartient au symbolisme catholique, beaucoup trop dédaigné de nos architectes, toujours en vertu du progrès calqué sur les idées polythéistes, que l'on s'obstine à vouloir artistiquement associer au spiritualisme unitaire de notre culte, qui les repousse là comme ailleurs, et qui, depuis dix-huit siècles, en a fait, heureusement, bonne et éclatante justice.

Henri P. T. de CLAIRFONTAINE.

NOTRE-DAME-DE-LORETTE.

Le nom de Notre-Dame-de-Lorette éveille trop de souvenirs pieux pour que nous ne lui consacrions pas quelques lignes au début de cette notice. Il doit son origine à une de ces traditions chrétiennes qui ne sont point des articles de foi pour les fidèles, mais qu'il leur est doux de croire.

La translation en Italie de la maison habitée à Nazareth de Galilée par saint Joseph et la sainte Vierge, de cette humble demeure où Jésus enfant grandit sous leurs yeux, de ce séjour de paix et de grâce, dans lequel les ames ferventes aiment à se recueillir par la pensée, est un miracle affirmé par des saints, attesté par l'Église.

En l'an 1201, sous le pontificat d'Innocent III, tandis que Philippe-Auguste était sur le trône de France, la *Casa-Santa* fût transportée par les anges à Tersate, en Dalmatie; de là, en 1294, elle fût une seconde fois enlevée au haut des airs, et déposée sur l'autre rive de l'Adriatique, dans la marche d'Ancône, aux environs de Recanati, qu'habitait alors saint Nicolas de Tolentino, l'une des gloires de l'ordre de Saint-Augustin; enfin, quelque temps après, on la vit s'arrêter sur une hauteur qu'elle occupe encore de nos jours, dans le domaine d'une nommée Laurette, en italien *Loreta*. Autour de la *Maison-Sainte*, la piété des catholiques éleva le temple magnifique qui la renferme maintenant, et sur le fronton duquel le grand Sixte V a fait écrire avec la hardiesse d'une foi profonde :

« *Dei parœ domus in quâ Verbum caro factum est.* »
« Maison de la Mère de Dieu, dans laquelle le Verbe se fit chair. »

Telle est l'histoire avérée d'un lieu à jamais célèbre, où accourent sans cesse des pélerins de toutes les parties de l'Italie et du monde, — d'un lieu qui a donné son nom à des églises, à des monumens pieux, à des hameaux et à des villes, jusqu'aux confins du globe. Ainsi, en Californie, la bourgade et l'île de Loreto doivent leurs noms à la sainte colline italienne ; — ainsi, dans le Bas-Canada, une tribu d'Iroquois convertis a élevé une belle église à Notre-Dame-de-Lorette, et lui a consacré ses huttes sauvages.

A une époque assez reculée, les habitans des Porcherons et du côteau Montmartre dédièrent de même une chapelle à Notre-Dame-de-Lorette, dont la dévotion se répandait de plus en plus dans la chrétienté. Il paraîtrait que l'édifice fut bâti à frais communs par les fidèles, mais on ignore malheureusement la date et les détails de sa fondation ; on ne le trouve même authentiquement mentionné qu'assez tard, en 1646, dans une autorisation donnée aux habitans des environs, ainsi qu'aux paroissiens de Saint-Eustache, d'y établir une confrérie, dont la fête était célébrée le jour de la Nativité de la Vierge. Il leur fut, en outre, permis d'y faire chanter des messes solennelles tous les jours de fête, consacrés à Notre-Dame. Vers la fin du xviie siècle, les membres de la congrégation obtinrent, pour leur chapelle, de plus grands priviléges, et le service divin y devint régulier comme dans une église succursale.

En jetant les yeux sur les vieux plans de Paris, on voit que la chapelle des Porcherons se trouvait non loin d'une des dépendances de l'évêché : *la Grange-Batelière*, sorte de ferme située dans des marais à mi-distance de la Ville-l'Evêque et du clos Saint-Lazare. Cette grange, dont une rue fréquentée porte aujourd'hui le nom, figure déjà sur les cartes de la banlieue au xiiie siècle. Plus tard, sous Charles V, Charles VI et les rois suivans, jusqu'à Henri III, le faubourg Montmartre prend du développement dans sa direction ; une population de laboureurs et de commerçans s'agglomère autour d'elle, bâtit les Porcherons, dessèche les marécages, et se met en constante communication avec la ville. Le sentier qui conduisait à ce village était nommé *la Ruellette-au-Marais-des-Porcherons*; c'est la rue *Chantrelle* ou *Chante-Reine*, devenue populaire, et appelée rue de la *Victoire*, parce que Bonaparte y logea à son retour d'Égypte.

La Grange-Batelière appartint longtemps à l'évêque de Paris; il est donc permis de supposer que l'autorité ecclésiastique favorisa l'accroissement du bourg des Porcherons, présida à la création de la confrérie Notre-Dame-de-Lorette, et concourut à l'érection de sa chapelle.

Cet édifice, dont l'architecture n'avait rien de remarquable, et dont la façade était assez mesquine, fut détruit au commencement de la révolution. On ne laissa debout que les murs latéraux, et, entre ces murs, on établit des barraques dont se souviennent parfaitement les anciens habitans du quartier. Les ruines, très rapprochées du lieu où s'élève l'église actuelle, étaient à l'embranchement des rues Coquenard, des Martyrs et du Faubourg-Montmartre, à peu près à l'endroit où s'étend aujourd'hui l'un des carrefours les plus fréquentés de Paris.

« Après le concordat de 1802, dit l'auteur de *Paris ancien et moderne*, le culte de Notre-Dame-de-Lorette fut transporté à une chapelle qui avait été construite, depuis quinze ou vingt ans seulement, à l'extrémité supérieure de la rue du faubourg Montmartre, à côté de l'ancien cimetière de Saint-Eustache ; elle était desservie par deux prêtres, et sous le nom de Saint-Jean-Porte-Latine; elle fut d'abord une espèce de succursale de Saint-Eustache ; bientôt après, elle devint paroisse sous le nom de Notre-Dame-de-Lorette.

» Peu d'années se sont écoulées depuis que l'église nouvelle de Notre-Dame-de-Lorette a été ouverte au public, comme succursale de l'église paroissiale de Saint-Roch ; et, certes, si ce n'étaient quelques signes qui rappellent ou peignent les objets du culte, on ne pourrait pas dire, en voyant le monument, si c'est un temple du Seigneur ou un édifice profane. »

Voilà une opinion sévère contre un monument sacré, dont nous allons prendre à cœur de faire comprendre le style, avant même d'entrer dans les détails relatifs à sa construction. L'auteur est loin, cependant, d'être des plus hostiles à la magnificence des décors de Notre-Dame-de-Lorette, car il se réfute lui-même en deux phrases, que ne sauraient atténuer toutes les précautions oratoires et toutes ses restrictions, quand il dit plus bas :

— « Assurément, nous n'entendons nullement blâmer l'intention de ceux qui ornent la maison du Seigneur de tout ce qu'il y a de plus précieux sur la terre; il est bien juste de consacrer au Créateur de tout, les choses que les hommes regardent comme les plus précieuses de tous les objets créés. »

Singulier aveu, étrange argumentation, après avoir dogmatiquement déclaré, qu'*au fond, Notre-Dame-de-Lorette ne ressemble guère à une église, et cela, parce que : c'est partout une richesse de décorations, un luxe d'ornemens qui manquent de ce caractère de grandeur et de gravité qui doit se trouver dans un temple chrétien !*

Des écrivains partiaux, ou peu éclairés, ont prononcé des jugemens encore plus erronés sur une église italienne qu'on a voulu, bon gré, mal gré, assimiler à des monumens de même nature, il est vrai, mais conçus et exécutés dans un ordre d'idées tout différent. On a dit tour-à-tour que c'était un charmant boudoir, une admirable salle de trois cents couverts, une salle magnifique de spectacle, etc., etc., et non le temple d'un Dieu qui a prescrit la charité, la pauvreté, l'humilité.

Si de telles comparaisons sont blasphématoires, elles sont encore plus ridicules. Merveilleux raisonnemens, en effet, que ceux d'hommes étrangers au génie du catholicisme, et la plupart du temps sans croyance aucune, lorsqu'ils prononcent sur de telles matières! Sans le savoir, ils renouvellent ainsi le fameux trait de Judas Iscariote au souper de Lazare.

Voyant Marie oindre les pieds de Jésus avec de l'huile de senteur de Nard pur, et les essuyer avec ses cheveux, en sorte que la maison fût remplie de l'odeur du parfum, celui qui devait trahir le divin maître, prit la parole et dit :

« — Pourquoi n'a-t-on pas vendu ce parfum trois cents deniers pour les donner aux pauvres ? »

Il disait cela, non qu'il se souciât des pauvres, mais parce qu'il était larron et qu'il avait la bourse, et qu'il portait ce qu'on y mettait.

Mais Jésus lui dit : — « Laissez-la faire, elle a gardé ce parfum pour le jour de ma sépulture; car vous aurez toujours des pauvres parmi vous; mais vous ne m'aurez pas toujours. »

Cette simple citation de l'Évangile selon saint Jean, serait une réfutation suffisante des reproches adressés à l'église Notre-Dame-de-Lorette, si bien des personnes de bonne foi n'avaient aveuglément accueilli les opinions de ses détracteurs. Quoi! l'on blâme les ornemens qui font précisément le caractère pieux du temple! Quelle admirable logique! Nous ne pouvons supposer qu'on en veuille à ses colonnes, à ses plafonds, à ses pilastres; quelles sont donc les décorations dont on lui fait un crime? — Ses peintures et ses sculptures, sans doute? — Mais toutes elles remémorent un mystère, une allégorie sacrée ou un fait des Annales catholiques! — Oui certainement, supprimez ces *quelques signes*; enlevez, en outre, les autels, les tabernacles, la chaire, les bénitiers, les images de la croix; mettez à nu ces murs ornés avec une pompe religieuse; mutilez l'œuvre; détruisez l'harmonie, et l'église ne sera plus qu'un bâtiment ordinaire; il est clair que des dorures et des parquets, des chaises et des lampes à trois becs, ne caractérisent pas un temple! Et encore, il ne faut pas l'oublier, Notre-Dame-de-Lorette affecte, par son architecture, la forme d'une église, et l'une de ses extrémités est arrondie, suivant les règles suivies dans la structure des basiliques chrétiennes. Enfin, elle a été bâtie sur le modèle de Sainte-Marie-Majeure, à Rome. Or, on raconte qu'au IVe siècle de l'ère chrétienne, sous le pontificat de saint Libère, deux époux nobles, riches et pieux, n'ayant pas encore d'enfans, firent un vœu à la Sainte-Vierge pour en obtenir par son intercession. Ils lui demandèrent en même temps avec ferveur, de leur faire connaître par quelque signe, comment ils devraient lui témoigner leur reconnaissance, si elle daignait exaucer leur prière.

Dans la nuit du 4 août de l'an 352, ils reçurent avis par un songe, que fit aussi le pape Libère, de fonder une église en l'honneur de la mère de Dieu, à l'endroit où le lendemain matin la terre serait couverte de neige. Au jour naissant ils virent, en effet, que le mont Esquillin en était revêtu, malgré la chaleur de la saison. Le bruit du miracle se répand aussitôt; le pape, suivi du clergé et d'une multitude de fidèles, se rend à la colline, où eut lieu un nouveau prodige. La blanche surface se sépara d'elle-même en grandes lignes, qui dessinaient le plan du saint édifice. L'église fut promptement bâtie, grâce aux largesses des deux époux; elle devint la plus belle et la plus grande qu'on eût encore dédiée à la Sainte-Vierge dans la capitale du monde chrétien. C'est pourquoi, d'un commun accord, on la nomma Sainte-Marie-Majeure;

elle fut encore appelée Sainte-Marie-des-Neiges, en mémoire du double miracle de sa fondation, basilique Libérienne, en souvenir du saint pontife qui la consacra; et enfin, Sainte-Marie-du-Berceau, parce qu'on y déposa, par la suite, les restes vénérés de la crèche de Bethléem.

L'auteur de *Rome* et *Lorette*, auquel nous venons d'emprunter la substance du récit précédent, poursuit en ces termes :

« Plusieurs souverains-pontifes ont eu pour la basilique de Sainte-Marie-Majeure la plus pieuse et la plus amoureuse prédilection; aussi est-elle devenue, par leurs soins, d'une richesse et d'une élégance rares, tout en conservant le caractère grave et vénérable qui sied aux lieux sacrés. »

Il ajoute plus bas : « Argent, or, diamans, jaspe, porphyre, y brillent de toutes parts, et toute chose y a son histoire aussi bien que son éclat. »

A en croire les critiques de Notre-Dame-de-Lorette, Sainte-Marie-Majeure ne serait pas non plus *un temple du Dieu qui prescrit la charité, la pauvreté, l'humilité*. Et l'Italie entière, qui orne ses églises avec un luxe dont on se fait difficilement une idée, et l'Espagne Catholique, et le Portugal Très-Fidèle qui l'ont imitée et surpassée par fois, et le Brésil, où la chapelle impériale est surchargée d'or et de pierreries, toute la Chrétienté, à bien dire, serait donc dans l'erreur? — Mais l'Évangile s'est chargé de réfuter ceux qui demandent : — « Pourquoi n'a-t-on pas vendu ce parfum pour en donner le prix aux pauvres? »

Dépouillez-vous, afin d'orner la maison de Dieu et vous aurez fait acte de charité; car, si vous donnez au nom des pauvres, Dieu le rendra aux pauvres au centuple. Dépouillez-vous et vous obéirez à celui qui a dit : « Heureux les pauvres, car le royaume des cieux leur appartient. » Si le temple est splendide, qu'importe! quel rapport sa richesse a-t-elle avec l'humilité qui doit résider dans votre âme?

S'il n'est qu'une manière d'adorer Dieu et de suivre ses préceptes, il en est plusieurs de lui élever un sanctuaire.

La modeste chapelle du village, aux murs blanchis, au clocher d'ardoise, avec son cimetière qui l'entoure et ses vieux ifs qui parfois l'emportent en hauteur sur la flèche chancelante; cette simple paroisse de bourgade est l'emblème de l'humilité et de la pauvreté chrétiennes ; elle rappelle Jésus fait homme, Jésus né dans une étable, mort sur une croix.

La vaste et sombre cathédrale du nord, aux lourds arceaux, aux légères dentelures, cette sublime création de l'architecture gothique, représente la grandeur et la toute-puissance divines. Elle reporte la pensée vers l'éternelle Trinité qui règne sur l'univers. Une lueur mystérieuse glisse à travers ses vitraux ; ses gigantesques piliers sont semblables aux troncs séculaires des arbres sous lesquels commença le culte chrétien dans les régions germaniques.

Mais la richesse et la munificence de Dieu seront figurées par des édifices d'un autre style. Pour celui qui suspendit à la voûte céleste des myriades de constellations brillantes ; pour celui qui créa le flambeau du monde, pour le Donateur de toute beauté, de tout éclat, de toute splendeur, pour le Roi des rois, pour le Très-Haut, le chrétien creusera les entrailles de la terre, en retirera les marbres et les porphyres, les métaux étincelans et les pierres précieuses, et, humble de cœur, il bâtira une opulente enceinte, faible image de la magnificence suprême.

Si l'on n'admet point que les monumens les plus divers, pourvu qu'ils soient également basés sur une pensée religieuse, peuvent être consacrés au culte de Dieu, il ne sera plus qu'une sorte de sanctuaire possible. La pauvre chapelle du hameau, l'immense vaisseau gothique, l'éblouissante basilique italienne devront également disparaître ; il faudra rouvrir les catacombes. Et pourtant, dès les premiers âges du Christianisme, dès que le culte n'est plus persécuté, et surtout, lorsque les empereurs commencent à lui accorder leur protection, des monumens sacrés surgissent de terre ; peu après, la puissance temporelle les décore avec pompe ; Rome, Constantinople, Carthage, Alexandrie, Jérusalem renferment de riches édifices consacrés au vrai Dieu. Le paganisme vaincu abandonne ses autels, la croix rédemptrice les purifie, et de là un autre genre d'églises qui remonte, comme on voit, aux premiers siècles de notre ère. Mais aujourd'hui, construit-on des temples sur ce modèle antique ; les critiques obstinés leur donnent, avec un acharnement désapprobateur, le nom de *Payens*, comme si leur origine et leur architecture n'attestaient point, avant tout, le triomphe de la vérité sur l'erreur, de l'esprit sur la chair, de l'Évangile sur le Polythéisme. Ainsi, chaque espèce de construction se rattache à quelque pensée éminemment chrétienne.

Comme Sainte-Marie-Majeure à Rome, comme toutes ces opulentes églises catholiques, dont nous avons parlé plus haut, comme Notre-Dame-de-Lorette en Italie, dont la généreuse piété d'un peuple d'artistes a fait une véritable merveille, Notre-Dame-de-Lorette à Paris, doit rappeler aux fidèles la richesse et la splendeur de la Divinité, l'éclat impérissable de la religion.

Il n'y a point d'orgueil à parer la demeure de Dieu, quand ceux qui lui offrent des travaux magnifiques ou des matières précieuses s'écrient avec le psalmiste : « Non pas à nous, Seigneur, non pas à nous, mais à votre nom donnez-en la gloire. »

Il nous a semblé nécessaire de combattre le préjugé existant contre Notre-Dame-de-Lorette, avant même de nous occuper de l'histoire toute moderne de son érection ; mais il est temps d'y revenir.

La petite chapelle de Saint-Jean-Porte-Latine desservait, ainsi qu'on l'a vu, une des paroisses les plus populeuses de Paris. Elle était évidemment insuffisante et le devenait davantage chaque jour, par suite de l'extension croissante du quartier de la Chaussée-d'Antin. Il était donc urgent de fonder une église capable de répondre aux besoins des fidèles. Sa construction fut décidée en 1820. L'on s'occupa du choix d'un emplacement convenable. La ville se procura les terrains nécessaires. En 1823, un concours fut ouvert entre dix architectes qui dûrent présenter des projets conformes à un programme rédigé sur les données particulières de M. l'archevêque de Paris.

La commission, chargée d'examiner les plans proposés, se réunit en avril 1823 et adopta le travail de M. Hippolyte Le Bas, membre de l'Institut, qui fut chargé de présider à la mise à exécution.

Le 25 août suivant, monseigneur de Quélen posa solennellement la première pierre de l'édifice. Une médaille, due au talent de M. Domard, graveur d'un grand mérite, fut frappée à cette occasion. Les fouilles commencèrent peu de temps après.

Le sol de cette partie de Paris est au-dessous du niveau de la Seine, quand celle-ci est haute ; un ruisseau souterrain, qui jadis inondait sans doute les marécages des Porcherons, déborda, dès qu'on eût découvert son lit ; les eaux jaillirent en abondance ;

il fallut renoncer au système ordinaire de fondemens, et bâtir sur pilotis. L'habileté de l'architecte triompha des obstacles.

Les travaux de construction et ceux des arts furent commandés et exécutés simultanément. — « Aussi, dit à ce sujet l'auteur *d'une Notice explicative des Objets d'Arts* que renferme Notre-Dame-de-Lorette, aussi, vit-on aussitôt après l'élévation des murs, placer trois statues aux trois angles du fronton de l'église, le fronton sculpté immédiatement et les murs intérieurs se couvrir de riches peintures ; car, pendant que les maçons posaient les pierres, les peintres et les sculpteurs travaillaient dans leurs ateliers, et les premiers purent, aussitôt après l'achèvement des murs, exécuter sur place les dessins qu'ils avaient composés à l'avance. »

Cette église offre donc cela de particulier qu'elle fut décorée en même temps que bâtie ; toutefois, deux des chapelles latérales, celle de *la Communion* et celle de *la Vierge*, ne sont pas encore terminées, bien que le monument ait été consacré et livré au culte, le jeudi 15 décembre 1836, par M. le comte de Quélen, archevêque de Paris, qui célébra lui-même la messe.

L'officiant en habits pontificaux, et précédé de son clergé, parcourut en dehors le tour de l'église, au chant des antiennes, tandis qu'on encensait les reliques des saints, portées aussi en procession extérieure par deux prêtres de la paroisse.

Après la consécration, l'archevêque adressa des félicitations aux autorités qui ont concouru à l'érection du monument, et aux artistes qui ont occupé leur talent et leurs veilles à sa décoration. A cette cérémonie étaient présents : MM. les évêques de Nancy et d'Ajaccio, M. l'internonce du souverain pontife, en costume de prélat, et MM. les curés de Saint-Roch, de Saint-Nicolas-du-Chardonnet, de Montmartre et des Batignolles.

La plupart des écrivains qui se sont occupés de Notre-Dame-de-Lorette se sont guidés sur la notice publiée sur elle par M. Le Bas ; nous suivrons leur exemple pour la description du monument.

L'église, isolée de toutes parts, est située dans l'alignement de la rue Laffitte (ci-devant rue d'Artois), de manière à être aperçue du boulevart. Sa largeur est de 32 mètres et sa longueur de 70. Elle peut contenir plus de trois mille personnes, indépendamment des espaces réservés au service divin.

Sa façade principale présente, au milieu, un avant-corps de même largeur que la grande nef, un portique orné de quatre colonnes d'ordre corinthien de 13 mètres de proportion, surmonté d'un riche entablement, dans la frise duquel on lit l'inscription suivante : *Beatæ Mariæ Virgini Lauretaneæ*.

Ce portique est terminé par un fronton, aux angles duquel sont placées les statues de la *Foi*, par Foyatier; de l'*Espérance*, par Lemaire; de la *Charité*, par Laitié. Le tympan du fronton est occupé par un bas-relief, ouvrage de Nanteuil, représentant des *anges en adoration devant la Vierge et l'Enfant-Jésus*. Ces trois groupes de pierre de Conflans ont 2 mètres 60 centimètres d'élévation. Sous le portique est la grande porte d'entrée principale, et sur les arrières-corps, à droite et à gauche, sont deux portes latérales.

Nous ne parlerons pas du clocher, annexe obligée de l'église; c'est une petite tour quadrangulaire, dont on n'a pas cherché à faire un ornement pour l'édifice. Nous dirons seulement que l'extérieur, tel qu'il est, annonce dignement un temple chrétien et que la façade a un caractère noble et majestueux. A considérer le portique, simplement au point de vue de l'art, il termine heureusement la longue vue qui mène du boulevart à ses degrés.

L'intérieur se compose d'un porche d'entrée, au-dessus duquel est placé le buffet d'orgues, dont la partie instrumentale a été exécutée par MM. Cavalié, père et fils; d'une grande nef de 11 mètres 15 centimètres de large sur 29 mètres 25 centimètres de longueur; de deux nefs latérales et de chapelles particulières formées, les unes et les autres, par quatre rangs de colonnes d'ordre ionique. La nef principale est terminée par le chœur où sont les stalles, et par un rond-point ou hémicycle, où est placé le maître-autel, composé d'un baldaquin supporté par quatre colonnes corinthiennes de granit oriental, avec bases et chapiteaux en bronze doré et surmonté d'un couronnement de sculpture dû à M. Elschoëcht. On lit dans la frise : *Gloria in excelsis Deo*. Deux sacristies sont à la proximité du chœur et à l'extrémité des bas-côtés; elles sont éclairées chacune par une grande croisée à arcades. Le vitrail colorié de celle de gauche a été exécuté à la manufacture royale de Sèvres, d'après les compositions de M. Delorme, pour les deux anges du cintre et le sujet principal, qui représente une *Assomption de la Vierge ;* et sur les dessins de M. Le Bas, pour l'ensemble et les ornemens. De semblables vitraux sont en partie exécutés pour la croisée de l'autre sacristie ; le sujet principal en sera seul varié.

Quatre chapelles d'une assez grande dimension occupent les angles des bas-côtés ; elles sont disposées, à commencer de celle de droite en entrant, dans l'ordre indiqué par la nature et la religion pour le cours de la vie. — La première est consacrée au baptême, la deuxième à la communion, la troisième au mariage ; elle est nommée chapelle *de la Vierge.* — (Nous avons déjà parlé d'elle et de la précédente comme des seules parties de l'intérieur qui ne soient pas achevées.) La quatrième chapelle, dont les remarquables décorations sont dues au pinceau de M. Blondel, est celle *de la Mort.* Nous n'avons pénétré ni dans la seconde, dont les travaux sont confiés à M. Perrin, ni dans la troisième, dont est chargé M. Orsel, mais nous devons le tribut de nos éloges à M. Roger, pour la chapelle du baptême, dont les peintures, par leur conception, leur manière et leur caractère mystique, rappellent certaines œuvres du moyen-âge et de la renaissance. En face des sombres et pieux tableaux de la chapelle mortuaire, on aime à rencontrer tous les symboles baptismaux réunis sur les pendentifs, la coupole et les quatre compartimens. Ces divers sujets ont été exécutés à la cire sur les murs même de l'église.

Nous devons faire remarquer ici que les ouvrages qui décorent la nef et la grande coupole, ont été également peints sur pierre (et non à fresque). La pierre polie, calcinée, rendue poreuse comme une éponge et imbibée d'huile, a reçu une préparation particulière, secret de l'inventeur, et telle que les couleurs sont profondément absorbées. La peinture est donc indélébile, elle ne disparaîtrait pas entièrement sous un badigeon vandale qu'il suffirait de gratter, elle ne peut souffrir que temporairement sous l'influence d'émanations putrides, ainsi qu'on en a fait l'expérience ; elle ne peut s'écailler, ni tomber par plâtras, elle aura autant de durée que le monument.

C'est une pensée belle, grande et vraiment religieuse, que d'avoir consacré les chapelles des quatre angles de l'église aux quatre âges de l'existence chrétienne, et l'on doit de la reconnaissance à ceux qui l'ont mise à exécution.

Six autres chapelles, plus petites, ont été pratiquées sous les bas-côtés ; elles se présentent dans l'ordre suivant :

A droite, celles de Saint-Hippolyte, Saint-Hyacinthe et Sainte-Thérèse ; à gauche, celles de Sainte-Geneviève, Saint-Philibert et Saint-Etienne. Chacune d'elles est ornée du portrait du saint ou de la sainte, et de tableaux dont les sujets sont tirés de leur vie. Les artistes qui ont exécuté ces travaux sont MM. Hesse, Coutan, Bézard, Alfred Johannot, Langlois, Caminade, Decaisne, Dejuine, Eugène Devéria, Schnetz, Etex, Champmartin, Couder et Goyet. Le portrait de saint Hyacinthe, placé sur l'autel de sa chapelle, est dû à madame Varcollier ; celui de sainte Geneviève, à madame Debérain.

Dans les deux bas-côtés, les trois chapelles, séparées les unes des autres, sont en tout pareilles, et renferment chacune deux confessionnaux, l'un à droite, et l'autre à gauche de l'autel.

Les deux rangées de colonnes qui forment la grande nef, sont surmontées de murs, dans lesquels sont pratiquées les six croisées qui l'éclairent. Sur les huit trumeaux qui séparent les croisées, sont représentés des sujets tirés de l'histoire de la Vierge. — Sa *Naissance*, par M. Monvoisin ; la *Consécration*, par M. Vinchon ; le *Mariage de la Vierge*, par M. Langlois ; l'*Annonciation*, par M. Dubois ; la *Visitation*, par M. Coutan ; l'*Adoration des Mages*, par M. Granger ; l'*Adoration des Bergers*, par M. Cassel ; et l'*Assomption*, par M. Dejuine. Les deux grands tableaux qui décorent les parois des murs, au-dessus des stalles, font suite à l'histoire de la Vierge ; celui de droite a pour sujet *Jésus au milieu des docteurs*, par M. Drolling, et celui de gauche la *Présentation au temple*, par M. Heim.

Ainsi, toutes les grandes époques de la vie de la sainte patrone de l'église ont été pieusement représentées sur les murs. Elles sont mises sous les yeux des fidèles, afin de les édifier et de les porter à une vénération plus profonde pour celle que l'archange salua du nom sacré de Marie, et que les bienheureux reconnaissent pour leur reine. Là, se déroule toute une existence de candeur, d'innocence, de pureté et d'amour divin ; là, le modèle de toutes les vertus les plus aimables, Marie, la mère de Dieu, est vue depuis l'âge le plus tendre jusqu'à l'heure où les anges l'enlevèrent aux cieux.

Est-il une vie plus admirable que celle de Marie? Est-il un nom plus doux pour les cœurs des fidèles?

Conçue sans péché, elle fut la plus pure des créatures de Dieu; elle vécut en faisant le bien, et souffrit les plus amères des douleurs. Marie est la consolatrice des affligés, le secours des chrétiens, le refuge des pécheurs; l'église l'appelle Rose mystique, Etoile du matin, Arche d'alliance; le monde l'invoque dans sa détresse, sous les noms les plus touchans: c'est Notre-Dame-de-Grâce, Notre-Dame-des-Douleurs, Notre-Dame-des-Rochers, Notre-Dame-des-Naufrages, Notre-Dame-de-Bon-Secours.

Mais rentrons à Notre-Dame-de-Lorette, où de nouveaux symboles vont frapper nos yeux. Des places ont été réservées aux images de quatre des annonciateurs du Messie et des quatre historiens de sa vie terrestre. *Jérémie, Ezéchiel, Isaïe* et *Daniel*, par M. Schnetz, occupent les écoinçons des grandes arcades, au-dessus des orgues et à l'entrée du chœur.

M. Delorme est l'auteur des *Quatre Evangélistes* peints dans les pendentifs qui supportent la grande coupole, ainsi que de l'œuvre remarquable qui la décore, et dont le sujet est la *Translation de la Sainte-Maison de Lorette* (Santa-Casa) *par des anges, en présence de la Sainte-Vierge et de la cour céleste.*

Notre-Dame est entourée de la Foi, de l'Espérance, de la Charité, de la Justice et d'un grand nombre de chérubins. Sur un plan plus avancé, des anges écartent les nuages pour faciliter la translation de la *Casa-Santa*, que quatre anges portent dans les airs. Deux autres anges placés, l'un à droite et l'autre à gauche, sonnent de la trompette, pour annoncer ce miracle à l'Univers.

Le *Couronnement de la Vierge*, peinture sur fond d'or, qui occupe le cul-de-four de l'hémicycle, est de M. Picot.

La sculpture a dignement concouru à orner l'église de Notre-Dame-de-Lorette. La cuve en bronze des fonds baptismaux, exécutée sur les dessins de M. Le Bas, est surmontée d'une petite statue de *saint Jean-Baptiste*, due au ciseau de M. Durat. Nous avons déjà parlé du couronnement de sculpture qui surmonte le baldaquin du maître-autel; c'est un groupe en plâtre, composé de deux anges appuyés sur une boule céleste, surmontée de la croix. Au-dessous, dans le baldaquin même, se trouvent deux figures, chacune de sept pieds de proportion, représentant la *Sainte-Vierge portant sur ses genoux le Christ mort*, par

M. Cortot; à droite et à gauche du maître-autel, *Deux Anges adorateurs,* de grandes dimensions, par M. Lebœuf-Nanteuil; à droite de la chapelle du Mariage est une statue de cinq pieds huit pouces, par M. Auguste Dumont, représentant la Vierge, *sainte Marie priant pour nous;* à gauche de la chapelle de la Communion, et faisant pendant à la précédente, est une statue de six pieds, par M. Desbœufs : le *Christ annonçant sa mission au monde.* Nous ne devons pas omettre les deux séraphins qui supportent l'abat-voix de la chaire à prêcher, exécutée en bois, par M. Elschoëcht, ouvrage qu'on peut indiquer comme un modèle de la plus élégante simplicité.

Indépendamment de ces nombreux travaux de la peinture et de la statuaire, on remarque dans l'édifice quelques autres richesses tenant également à l'art, contribuant à l'harmonie de l'ensemble : tels sont le plafond ; le poli qu'on est parvenu à donner aux pierres des colonnes, qui offrent ainsi l'aspect du marbre; les devantures du maître-autel et des autels particuliers, exécutées en lave émaillée de Volvic, sous la direction de M. Hittorf, d'après les dessins de M. Le Bas ; les encadremens des peintures, les ornemens des frises, où sont retracés tous les instrumens de la Passion ; le buffet d'orgues et les pavés des chapelles du chœur et des bas-côtés, en compartimens de marbres de diverses couleurs ; enfin, les balustrades, les grilles et tous les ornemens d'architecture. On doit citer aussi le riche tapis d'autel, qui sort de la manufacture d'Aubusson.

En résumé, l'église Notre-Dame-de-Lorette, à Paris, est, sans aucun doute, la mieux décorée de toutes celles du royaume de France. Elle fait le plus grand honneur à l'administration qui en a ordonné l'érection, à l'architecte distingué qui l'a fait élever, et aux habiles artistes qui l'ont dotée des fruits de leurs veilles.

Il serait injuste d'omettre dans cette notice le nom de M. Dommey, jeune architecte, qui, depuis le commencement de l'édifice jusqu'à son achèvement, n'a cessé de remplir, avec le plus grand zèle, les fonctions d'inspecteur des travaux, et dont M. Le Bas, architecte en chef, fait le plus grand éloge. Nous regretterions aussi de ne pas mentionner honorablement M. Plantar, qui a été chargé de toute la sculpture d'ornemens de la pierre, tant extérieurement qu'intérieurement; MM. Deschamps et Romagnesi, qui ont été chargés de la sculpture d'ornemens en plâtre et en carton-pierre de l'intérieur, et M. Bouillette, auteur de la menuiserie si méritante de ce temple.

L'histoire de la nouvelle église ne présentait aucun de ces événemens qui se rattachent aux vieux monumens de Paris, nous avons dû nous renfermer dans une description minutieuse; nous avons essayé de rendre, autant que possible, à chacun, ce qui lui appartient, à César ce qui est à César, et à Dieu ce qui est à Dieu. Nous nous sommes attachés surtout à démontrer que, malgré la malveillance des gens irréligieux ou la légèreté des langues ignorantes, l'église est vraiment catholique, et que, sous tous les rapports, elle convient aux lieux où elle est élevée. C'est un temple artiste au milieu d'une cité artiste, un temple opulent dans le quartier du luxe, un temple chrétien ouvert au pauvre, qu'il console en lui montrant la splendeur des œuvres de Dieu; ouvert au riche qui doit s'humilier au souvenir de l'humble maison de Nazareth, où le Fils de l'Homme passa, dans l'obscurité, les premières années de sa vie. Nous avons cru devoir nommer toutes les personnes de talent qui ont coopéré à l'achèvement de la basilique, et poser, nous aussi, une pierre historique qui ne sera peut-être point sans utilité, quand les années auront donné un nouveau lustre à l'église de Notre-Dame-de-Lorette.

Ajoutons maintenant qu'elle est spécialement consacrée au mystère de *l'Immaculée Conception*. Le jour de son ouverture, l'archevêque, par son mandement, ordonnait : « Aux fidèles, » de porter sur eux la médaille frappée, depuis quelques années » en l'honneur de la Sainte-Vierge, et de répéter souvent cette » prière, gravée au-dessus de l'image : *O Marie! conçue sans » péché, priez pour nous qui avons recours à vous.* »

Toutes les fêtes de la Vierge sont religieusement célébrées dans la nouvelle paroisse, comme jadis dans la vieille chapelle des Porcherons, et la dévotion du mois de Marie y est plus fervente peut-être que dans aucune autre des églises de Paris. Des messes fréquentes y sont dites, les jours ouvrables, les Dimanches et les jours fériés, en sorte qu'elle est devenue un centre commun pour les fidèles. Le quartier s'en est heureusement ressenti. Il est digne de remarque, en effet, qu'en dépit de la froideur religieuse attribuée au temps où nous vivons, la proximité d'une église catholique est recherchée par les familles, et donne une sorte de vie nouvelle aux lieux environnans. L'on déduirait aisément des réflexions consolantes pour les âmes pieuses, de cette simple observation facile à vérifier, que les loyers des maisons voisines ont considérablement renchéri depuis que Notre-Dame-de-Lorette est ouverte au culte; mais les froids calculs de la statistique peuvent-ils avoir quelque influence sur les esprits qui croient et qui espèrent? Est-il besoin de preuves matérielles pour ceux qui n'ont pas oublié que l'enfer ne prévaudra jamais contre l'église du Sauveur?

Nous terminerons ce travail en rappelant que ce n'est qu'une compilation de ce qui a été précédemment écrit sur le même sujet, et en remerciant M. l'abbé Dancel, premier vicaire de la paroisse, d'avoir bien voulu nous donner les renseignemens nécessaires pour compléter nos recherches.

G. DE LA LANDELLE.

S.-ROCH.

Quoique l'origine de cette église ne se perde pas dans la nuit des temps, quoique sa construction n'ait rien de commun avec les vénérables et majestueuses basiliques qui attestent la sublimité de l'art chrétien, cependant son histoire offre diverses particularités qui ne seront peut-être pas sans intérêt pour nos lecteurs.

Il ne faut remonter qu'au xvie siècle pour retrouver l'humble berceau de l'église de Saint-Roch. Sur l'emplacement qu'elle occupe aujourd'hui, s'élevait, à cette époque, une grande maison accompagnée de jardins, qu'on appelait l'hôtel Gaillon, et qui avait donné son nom au quartier où elle était située. Non loin de cet hôtel, une petite chapelle, érigée en l'honneur de sainte Suzanne, s'ouvrait à la piété des fidèles. Quelle était son origine? par qui avait-elle été fondée? c'est ce qu'on ignore absolument; mais, soit qu'elle eût eu pour fondateur le propriétaire de l'hôtel Gaillon, soit simplement en raison du voisinage de cette maison, cette chapelle est désignée dans tous les actes sous le nom de chapelle *de Gaillon* ou de *Sainte-Suzanne de Gaillon*; et, plus tard, lorsqu'il fut proposé de l'acquérir pour la construction de l'église, elle ne fut cédée par le titulaire qu'à la charge de construire dans la nouvelle église, et le plus près possible du grand autel, un autel dit de la *chapelle de Sainte-Suzanne-de-Gaillon* *.

En 1521, un marchand de bétail, nommé Jean Dinocheau, et Jeanne de Laval, sa femme, firent bâtir auprès de la chapelle de Sainte-Suzanne un autre monument religieux du même genre, qui fut appelé la chapelle des *Cinq-Plaies*. Cette nouvelle chapelle était située à l'endroit où l'on a construit depuis le portail et les marches de l'église actuelle.

Environ un demi-siècle après la fondation de la chapelle des Cinq-Plaies, la population du quartier Gaillon, qui était comprise dans la circonscription de la paroisse de Saint-Germain-l'Auxerrois, s'étant considérablement augmentée et se plaignant du trop grand éloignement de l'église paroissiale, pour remédier à cet inconvénient, on forma le dessein d'édifier une église succursale, et l'on jeta les yeux à cet effet sur la chapelle des Cinq-Plaies. Les habitans éprouvèrent en cette circonstance la pieuse générosité d'Étienne Dinocheau, fourrier ordinaire du roi et neveu du fondateur. Cet homme, au lieu de s'opposer au plan projeté, ainsi qu'il en aurait eu le droit, fit avec empressement des sacrifices pour en favoriser l'exécution. Non-seulement il renonça aux droits qu'il pouvait avoir sur cette chapelle, mais encore il céda, par acte du 13 décembre 1577, un grand jardin et une place qui en dépendait. Le 15 octobre de l'année suivante, on fit aussi l'acquisition de la chapelle de Gaillon, dite de Sainte-Suzanne, avec ses dépendances, ainsi qu'on l'a dit plus haut, et ce fut, dit un historien, sur ces divers terrains qu'on construisit la succursale, dans des proportions beaucoup plus petites et avec bien moins de magnificence que le monument qui existe à présent.

Un fait bien digne de l'admiration des âmes pieuses, un fait qui se renouvelait fréquemment dans les âges chrétiens qui précédèrent le prétendu siècle de la philosophie, un fait enfin que notre époque d'égoïsme regarderait presque comme fabuleux, c'est que toutes les acquisitions de terrain, toutes les dépenses relatives à la construction de l'église, furent faites au nom et aux frais des habitans du quartier.

L'époque où fut achevée la construction de cette première église n'est pas connue d'une manière bien précise; les anciens

---

* SAINT-VICTOR. *Tableau historique et pittoresque de Paris.*

historiens de Paris ne sont pas d'accord sur ce point, d'ailleurs peu important, puisqu'il ne s'agit entre eux que d'une différence de deux ou trois années. Mais ce qui est positif, c'est que l'autorisation donnée par l'official pour l'érection de cette succursale est du 15 août 1578.

Cette nouvelle église fut consacrée sous l'invocation de saint Roch, du nom d'un hôpital destiné aux malades affligés d'écrouelles; le fondateur de cet hôpital, Jacques Moyen ou Moyon, Espagnol de naissance, avait commencé à l'établir dans cet endroit; mais ayant été obligé de céder l'emplacement aux paroissiens, il transporta son établissement de charité dans le faubourg Saint-Jacques.

Ce ne fut qu'en 1633 que l'église Saint-Roch prit rang parmi les églises paroissiales; elle dut son érection à François de Gondi, alors archevêque de Paris. Jusque-là elle était restée sous la dépendance de Saint-Germain-l'Auxerrois, et, suivant l'usage observé dans la hiérarchie ecclésiastique, c'était le curé de cette dernière église qui nommait le desservant de l'église de Saint-Roch.

Bientôt, par suite de l'augmentation considérable et toujours croissante de ses paroissiens, la nouvelle église paroissiale se trouva trop petite pour que l'on pût y célébrer commodément le service divin. Cet état de choses nécessita de notables changemens, qui ne se firent pas longtemps attendre. Les marguilliers de Saint-Roch reçurent des pouvoirs pour acheter la totalité du terrain qui dépendait de l'hôtel Gaillon; et, dès 1653, on mit la main à l'œuvre pour asseoir les fondations de l'édifice que nous voyons actuellement.

Jacques Le Mercier, alors premier architecte du roi, celui à qui l'on doit l'église de l'Annonciade à Tours, fut chargé de faire les dessins et plans de la nouvelle église, et ce fut sous sa direction que furent commencés les travaux. Louis XIV voulut en poser lui-même la première pierre, dans laquelle furent placées deux médailles offrant, l'une le portrait de ce prince, l'autre celui de la reine Anne d'Autriche; toutes les deux portaient au revers l'image de saint Roch. Les noms des fondateurs et la date de la fondation étaient indiqués par une inscription gravée sur cette pierre.

Cette église est, comme le savent toutes les personnes qui

ont vu Paris, le premier monument que l'on rencontre, en sortant du jardin des Tuileries par la porte du nord pour entrer dans la rue Saint-Honoré. Au lieu d'être tourné au levant, suivant l'antique usage, le chevet de Saint-Roch est exposé au nord. La situation du terrain ne permit pas de faire autrement. Cet édifice demeura longtemps inachevé, n'ayant pour voûte qu'un simple plafond de bois. Les travaux furent quittés et repris plusieurs fois, pendant le cours du dix-septième siècle; enfin, grâce aux libéralités du roi et aux dons généreux de plusieurs riches paroissiens, le siècle dernier vit achever la construction de cette église. On dit que l'Ecossais Law, l'auteur du trop fameux système qui ruina tant de fortunes et naturalisa l'agiotage en France, donna 100,000 livres pour contribuer à l'achèvement de Saint-Roch.

Cette construction fut entièrement terminée par le grand portail qui donne sur la rue Saint-Honoré, et qui fut élevé par Jules-Robert de Cotte, intendant-général des bâtimens du roi, et directeur-général de la monnaie et des médailles, d'après les dessins de Robert de Cotte, premier architecte de Louis XIV et de Louis XV. Ce fut le premier mars 1736 qu'eut lieu la pose solennelle de la première pierre.

Nous emprunterons à l'auteur du *Tableau historique et pittoresque de Paris* une description du portail et de l'intérieur de l'église Saint-Roch.

« Le portail, dit-il, assez purement exécuté, a eu beaucoup de réputation, et semble avoir servi de modèle à la plupart de ceux qui ont été élevés depuis, quoiqu'il ne soit lui-même qu'une imitation du style peu sévère de Mansard : c'est une décoration en bas-relief, composée de deux ordres dorique et corinthien, où il règne une certaine harmonie, mais dans laquelle on chercherait vainement cet effet imposant des péristyles, dont les colonnes isolées non-seulement présentent un utile abri, mais n'ont pas besoin, comme ces surfaces monotones, de cette multiplicité de ressauts et de profils, au moyen desquels on essaie d'offrir à l'œil quelques faibles projections d'ombres, et de rompre leur fatigante uniformité.

» On a suppléé, par des groupes et des ornemens très soigneusement finis, à ce manque d'effet ; et les connaisseurs ont pu distinguer dans ces travaux le passage du style usité au siècle de Louis XIV, à celui dont la maigreur et l'affectation ont ensuite caractérisé les productions du règne de Louis XV. Les figures sculptées par Claude Francin, de l'Académie royale de sculpture, représentaient en deux groupes quatre pères de l'Eglise avec les attributs qui leur conviennent; les armes du roi, qui remplissaient le fronton, et la croix qui le surmontait, étaient de la main du même sculpteur *. Les ornemens ont été exécutés par Louis de Montceau, de l'Académie des *Maîtres*. Le style de ces divers morceaux était tel, que si l'on n'y trouvait pas toute la dépravation qui, dans les arts d'imitation, fut le caractère du siècle dernier, on y reconnaissait du moins les premières traces du mauvais goût qui l'a si rapidement amenée.

» Ce portail a quatorze toises de largeur sur treize toises trois pouces d'élévation, depuis le pilier du perron jusqu'à la pointe du fronton. Une heureuse disposition du terrain a obligé d'y placer un grand nombre de marches, ce qui produit un bon effet et annonce dignement un édifice consacré à la religion.

» La distribution intérieure de l'église Saint-Roch offre des singularités qu'on ne rencontre dans aucun autre monument du même genre à Paris. Elle est composée d'une nef et de trois chapelles, qui se suivent dans l'alignement du portail, et se prolongent ainsi, en ligne droite, jusqu'à l'extrémité de l'édifice. Les bas-côtés de sa nef, également prolongés derrière la première chapelle consacrée à la Vierge, tournent ensuite autour de la seconde, qui est celle de la Communion. La troisième, qu'on nomme chapelle du Calvaire, est une espèce de rotonde coupée, que l'on a ajoutée depuis à l'église, et qui se rattache à ces constructions. Il résulte de cette disposition et de la forme du maître-autel, construit à la romaine et placé au rond-point du chœur, que, du portail de l'église, l'œil traversant la nef et l'arcade, au bas de laquelle cet autel est posé, plonge dans la profondeur immense de cette enfilade de chapelles qui, toutes les trois, sont éclairées par une lumière différente et dégradée à dessein, ce qui produit un effet presque théâtral.

» La nef de cette église, composée d'arcades d'une assez belle proportion, est décorée d'un ordre de pilastres doriques, couronné d'un entablement denticulaire, lequel se trouve aussi répété

* Ces figures, cette croix et ces armes, dit en note M. de Saint-Victor, ont été détruites pendant la révolution. Depuis, ce portail a été réparé.

dans le pourtour de la croisée. Les deux chapelles qui la suivent offrent un ordre de pilastres corinthiens de la même manière ; et le long des bas-côtés on a établi un assez grand nombre de petites chapelles, dont les autels sont placés de manière qu'on peut les apercevoir de la nef, à travers les percées des arcades.

» Cette église était très riche et peut-être trop riche en peintures et en sculptures : les archivoltes des arcades sont encore chargées de trophées et de figures ; la même profusion d'ornemens se fait remarquer dans les croisées, et malheureusement toutes ces décorations, faites dans une époque de décadence, sont du plus mauvais goût. »

A cette description critique qui nous a semblé pleine de justesse et de convenance, qu'il nous soit permis d'ajouter quelques remarques destinées à la compléter, du moins en ce qui concerne l'architecture.

Suivant nous, le portail de Saint-Roch a le défaut capital d'être composé de deux rangs de colonnes superposées ; disposition en quelque sorte barbare, surtout à l'entrée d'un temple chrétien. Les architectes de cette époque ne reconnaissaient pas de plus parfait modèle à imiter que le portail de Saint-Gervais, cette brillante monstruosité qu'avait enfantée Jacques Debrosse, sous l'inspiration du génie païen.

Quant à l'intérieur de l'église, la nef, le chœur, les trois grandes chapelles placées en arrière du rond-point, les deux situées sous la croisée, les deux autres qui sont adossées aux piliers de l'entrée du chœur ; enfin les dix-huit autres petites chapelles qui l'entourent comme d'une ceinture jusqu'au rond-point; tout cela est bizarrement distribué, de telle sorte qu'il serait impossible d'en concevoir une idée exacte, sans avoir un plan sous les yeux. De plus l'architecture, qui n'a pour ornement que des pilastres de l'ordre dorique, est généralement fort pauvre.

La chapelle de la Vierge et celle de la Communion furent bâties en 1709, au moyen d'une loterie que le roi avait accordée à la fabrique de l'église Saint-Roch.

La coupole de la chapelle de la Vierge, de forme circulaire et située derrière le chœur, offre une *Assomption*, peinte à fresque par Pierre. C'est un ouvrage fort médiocre, bien qu'il ait été loué avec l'emphase la plus ridicule.

Dans la chapelle de la Communion, on voyait une *Annoncia-*

tion en marbre blanc, par Falconnet, ainsi que les statues de Jésus-Christ tenant sa croix, et de Saint-Roch, par Michel Anguier. Au-dessus on avait pratiqué une gloire céleste, dont les rayons, mêlés de nuages et de Chérubins, partaient d'un transparent lumineux ; d'où résultait une sorte d'illusion qui, dans un lieu consacré à la prière, rappelait un peu trop, ainsi qu'on l'a dit, les très profanes gloires de l'Opéra.

La chapelle du Calvaire est située à la suite, sur la ligne des chapelles dont nous venons de parler, et à l'extrémité de l'édifice ; on y entre par des portes basses et étroites. L'intérieur est faiblement éclairé par une ouverture qu'on ne voit point. Elle est ornée de plusieurs groupes de figures composant des scènes intéressantes. Une vaste niche présente le sommet du calvaire, où l'on voit Jésus crucifié et Madeleine éplorée au pied de la croix. Le premier plan est occupé par les soldats préposés à la garde du tombeau ; près d'eux sont des troncs d'arbres, des plantes parmi lesquelles rampe un serpent ; au bas de cette espèce de montagne est un autel en marbre bleu turquin, en forme de tombeau antique, orné de deux urnes ; au milieu s'élève le tabernacle composé d'une colonne tronquée et autour duquel sont groupés les instrumens de la Passion. Les figures du calvaire sont dues au ciseau de Michel Anguier ; mais toute cette composition sépulchrale et poétique avait été conçue par l'habile sculpteur Falconnet.

La sculpture et la peinture avaient entassé dans Saint-Roch beaucoup d'autres ornemens. Aux deux côtés de l'autel de la Vierge étaient deux statues en bronze doré, de huit pieds de proportion, représentant David et Isaïe. Plusieurs autres chapelles avaient été décorées en marbre par les Coustou. Les diverses parties de l'église étaient parsemées de tableaux, et, quoique la plupart de ces toiles eussent été exécutées par d'habiles maîtres, tels que Jouvenet, Lemoine, le Lorrain, Coypel, Vien, Doyen, cette profusion, il faut le dire, était une choquante anomalie dans un édifice consacré au culte du Dieu de l'Evangile. Nous aimons à citer à ce sujet quelques réflexions d'un juge très compétent, réflexions qui peuvent également s'appliquer à la décoration intérieure de quelques-unes de nos églises modernes, qu'il n'est pas nécessaire de désigner.

« Les églises, dit ce critique, ne doivent pas devenir des musées. Combien donc est bizarre la manie de les encombrer de tableaux accrochés aux murailles, appendus aux colonnes ou perchés sur leurs chapiteaux, pour tronquer une arcade et cacher toute la perspective qui se déploie derrière. Il n'y a point d'architecture possible avec cette ridicule fantaisie, qui s'en vient rompre toutes les lignes, altérer toutes les formes, et donner au lieu saint l'aspect d'un bazar. Les artistes qui ont construit des églises gothiques les couvraient aussi de peintures, il est vrai ; mais ces peintures faisaient corps avec l'édifice : c'était la paroi même qui servait de champ aux tableaux ; dès lors, point de ces saillies disgracieuses formées par des cadres de toutes dimensions, diversement inclinés, et qui paraissent danser hors de mesure. C'est donc, osons le dire, une libéralité maladroite que celle qui dote les églises de tableaux qui ne sont point faits pour la place qu'ils doivent occuper. C'est tout au plus, on le sait, si le peintre à qui l'on commande un sujet s'informe de la dimension que doit avoir sa toile, si elle doit être de forme parallélogrammatique ou se terminer par une ogive formée par telle ou telle courbe. Mais, à coup sûr, il n'ira pas sur les lieux consulter la couleur générale de l'édifice, se rendre compte de la valeur du jour auquel son tableau sera exposé ; il ne s'informera peut-être pas même si l'église est éclairée par des fenêtres garnies de verres blancs ou par des verrières coloriées. Et que lui importe, en effet, pourvu que le tableau brille au salon, qu'il devienne ensuite ce qu'il pourra dans l'église ignorée des voyageurs, à laquelle il est destiné, et où il n'attirera aucune commande à l'artiste? Aussi a-t-on vu, on le croirait à peine, que le tableau une fois arrivé, on n'a pu le mettre en place faute d'espace, ou qu'il s'est trouvé annihilé complétement par des accidens de position dont l'auteur ne s'était nullement douté. Il ne reste plus à celui-ci d'autre chance, pour l'emploi de son œuvre, qu'une nouvelle spoliation des églises et le transport des objets d'art qu'elles possèdent dans quelques musées particuliers*. »

« Il serait temps, dit plus loin le même auteur, il serait temps, pour le clergé et pour l'administration, de revenir franchement à la peinture appliquée sur le nu des murs, soit à fresque, soit par les nouveaux procédés qu'on a imaginés pour y fixer l'huile. On se rapprocherait ainsi davantage du type primitif, et tous les

Les Eglises gothiques, page 121 et suiv.

inconvéniens qu'on vient de signaler disparaîtraient; c'est seulement alors qu'on aurait de la peinture monumentale. »

Ces réflexions sont loin d'être ici un hors-d'œuvre, précisément parce que les peintures de l'église Saint-Roch ne sont point du genre monumental. Au reste, on chercherait vainement aujourd'hui dans cette église la plupart des toiles qui couvraient anciennement ses murs. En *mettant la main dessus*, pour nous servir de l'expression brutalement pittoresque de l'un de nos honorables, la révolution avait cette fois donné, sans le savoir, une preuve de bon goût. Mais, depuis cette époque de funeste mémoire, on a rendu à cette église quelques-uns des tableaux qui lui avaient été enlevés, entre autres la *Guérison des Ardents* par Doyen, et *saint Denis prêchant la foi en France*, par Vien. Parmi les tableaux modernes qui ont été donnés à l'église Saint-Roch par la ville de Paris, on distingue: la *Résurrection de la fille de Jaïre*, peinte en 1817 par Delorme, et un *Saint Sébastien*, peint, à la même époque, par Bellai. On voit le premier dans la chapelle de la Vierge, et le second est placé à côté de la chapelle de la Communion. Plusieurs nouveaux bas-reliefs ornent également quelques-unes des chapelles; ils représentent des sujets tirés de la vie de N. S. Jésus-Christ, et font honneur au talent de M. Desenne, qui a exécuté aussi, pour la chapelle du Calvaire, un groupe du Christ au tombeau, dont l'exécution mérite des éloges.

Une des curiosités artistiques qui attirent le plus les regards, c'est la chaire à prêcher, ouvrage remarquable par sa magnificence. Les quatre Vertus cardinales soutiennent cette espèce de tribune, qui offre sur les panneaux les vertus théologales. Au-dessus s'étend un rideau représentant le voile de l'erreur, qu'un génie céleste s'efforce d'arracher. Toutes ces figures sont dorées; leur éclat est rehaussé par la blancheur du voile et de toutes les parties lisses. En face de cette chaire est un beau tableau de Jésus-Christ expirant sur la croix.

Nous terminerons là ce détail sommaire des décorations anciennes et nouvelles de l'église Saint-Roch. Il convient de dire aussi quelques mots des sépultures, ces témoignages presque toujours vaniteux du néant des grandeurs mondaines.

Des personnages célèbres à divers titres avaient été inhumés dans l'église Saint-Roch :

1° Pierre Corneille, l'un des plus beaux génies poétiques de son siècle et de la France, mort en 1684.

2° André Le Nôtre, intendant et architecte des jardins de Louis XIV, mort en 1700. Il sut embellir, par son art, Versailles, Trianon, et fit à Saint-Germain cette belle terrasse qu'on voit toujours avec une admiration nouvelle. On lui doit encore les jardins de Clagny, de Chantilly, de Saint-Cloud, de Meudon, de Sceaux, et le parterre du Tibre à Fontainebleau, — Son tombeau était surmonté de son buste par Coysevox.

3° Antoinette du Ligier de la Garde, marquise Deshoulières, connue par ses Idylles, morte en 1694, et sa fille Antoine-Thérèse Deshoulières, qui cultiva aussi la poésie, morte en 1718.

4° Marie-Anne de Bourbon-Conti, fille naturelle de Louis XIV et de la duchesse de La Vallière, morte en 1739.

5° Claude-François Bidal, marquis d'Asfeld, maréchal de France, mort en 1743.

6° Les deux frères François et Michel Anguier, sculpteurs célèbres, morts, le dernier en 1686, le premier en 1699. Nous rapporterons leur épitaphe, à cause de la pensée pieuse qui la termine :

> Dans sa concavité, ce modeste tombeau
> Tient les os renfermés de l'un et l'autre frère.
> Il leur était aisé d'en avoir un plus beau,
> Si de leurs propres mains ils l'eussent voulu faire ;
> Mais il importe peu de loger noblement
> Ce qu'après le trépas un corps laisse de reste,
> Pourvu que, de ce corps quittant le logement,
> L'ame trouve le sien dans le séjour céleste.

7° François-Séraphin Régnier-Desmarets, membre et secrétaire perpétuel de l'Académie Française, mort en 1713. Il est auteur d'une *Grammaire française* qui n'est pas sans mérite, d'une traduction en vers italiens des odes d'Anacréon, de poésies françaises, latines, italiennes et espagnoles, et de quelques autres ouvrages. On a retenu de lui ce charmant quatrain qu'il adressait à une personne, en lui envoyant une violette :

> Modeste en ma couleur, modeste en mon séjour,
> Franche d'ambition, je me cache sous l'herbe ;
> Mais, si sur votre front je puis me voir un jour,
> La plus humble des fleurs sera la plus superbe.

Étant pressé, dans une occasion, de mentir pour un homme

puissant, sous peine d'encourir sa disgrâce, Régnier-Desmarets répondit : « J'aime mieux me brouiller avec lui qu'avec moi »

8° Pierre-Louis Moreau de Maupertuis, habile mathématicien, moins connu par ses ouvrages, tous plus ou moins bizarres, que par ses démêlés avec Voltaire, et par la haute faveur que lui accordait le grand Frédéric de Prusse; il mourut en 1759. Son monument funéraire se composait d'un génie pleurant auprès d'un médaillon qui renfermait son portrait, et au-dessous duquel étaient groupés un globe et des instrumens de mathématique.

Ces monumens et plusieurs autres, tous fort peu remarquables, avaient été déposés, pendant la révolution, au musée des Petits-Augustins. Maintenant ils occupent, la plupart, leur emplacement primitif. De ce nombre, sont le mausolée de Maupertuis et le médaillon du maréchal d'Asfeld, au-dessous duquel on lit une épitaphe composée par Coffin, célèbre recteur de l'Université. Cette église possède, en outre, les mausolées de Marillac et du peintre Mignard, ainsi que les tombeaux de Philippe de Champagne, de Scarron et du chancelier Boucherat; ces trois derniers appartenaient, dans l'origine, à l'église de Saint-Gervais; mais, à leur sortie du musée des Petits-Augustins, on les transféra à Saint-Roch.

Les cendres du grand Corneille reposaient dans cette église sans mausolée; cet illustre poète était mort dans une maison de la rue d'Argenteuil, qui porte aujourd'hui le n° 18. En 1821, le duc d'Orléans, devenu depuis roi des Français, fit sculpter, au-dessus d'un des bénitiers de la grande nef, à gauche en entrant, un portrait de cet homme à jamais célèbre, avec cette simple inscription :

Pierre Corneille, né à Rouen le 6 juin 1606, mort à Paris, rue d'Argenteuil, le 1er septembre 1684, est inhumé dans cette église.

Une institution aussi importante qu'utile, connue sous le nom de communauté de Sainte-Anne, prospérait autrefois dans le voisinage de l'église Saint-Roch, et, pour ainsi dire, sous sa protection. Un homme d'une charité pieuse et éclairée, Nicolas Fromont ou Frémont, grand-audiencier de France, avait fondé cette institution en faveur des filles pauvres de la paroisse, à l'effet de leur procurer, avec une éducation chrétienne, une industrie suffisante pour leur faire gagner honnêtement leur vie. Pour réaliser ce généreux dessein, Nicolas Frémont acheta un emplacement appartenant à la fabrique de Saint-Roch, et quand il y eut fait construire une maison convenable pour l'objet qu'il s'était proposé, il joignit à ce premier bienfait le don d'une rente de quatre cents livres sur l'Hôtel-de-Ville de Paris. Stimulées par cet exemple, plusieurs personnes pieuses voulurent concourir par leurs libéralités au succès de cet établissement.

Ce fut en 1686 que la communauté de Sainte-Anne fut approuvée et confirmée par le roi et par l'archevêque de Paris. Elle était composée de quinze sœurs, qui, animées d'un zèle que la religion peut seule inspirer, enseignaient gratuitement aux filles pauvres de la paroisse la couture, la tapisserie, la dentelle et tous les ouvrages qui conviennent à leur sexe et à leur condition. Cette communauté, établie rue Neuve-Saint-Roch, fut administrée jusqu'au commencement de la révolution, conformément aux intentions de son charitable fondateur. Il y a maintenant dans la même rue une communauté de sœurs de la charité.

A l'histoire de l'église Saint-Roch se rattache aussi tout naturellement celle d'un couvent devenu fameux depuis la révolution. Nous voulons parler du couvent des Jacobins, qui était situé à peu de distance de cette église, en allant du côté de la place Vendôme.

Ce couvent, d'une fondation assez moderne, puisqu'il avait pour principal fondateur Henri de Gondi, évêque de Paris, qui avait approuvé son établissement par sa lettre du 8 avril 1612, était habité par les Jacobins dits *réformés*. Cette réforme de l'ordre des Jacobins avait été provoquée par le P. Sébastien Michaëlis, qui, frappé de tous les abus qui s'étaient introduits parmi ses religieux, mit tout en œuvre pour rétablir la règle dans sa pureté primitive. Les vues du P. Sébastien Michaëlis furent repoussées par le chapitre général de l'ordre. Mais ce pieux serviteur de Dieu n'en poursuivit pas moins son dessein avec zèle; il ne craignit pas de s'adresser au roi lui-même et à la reine-régente Marie de Médicis, pour obtenir la permission de bâtir un couvent de frères prêcheurs de son ordre; ce qui lui fut accordé par lettres-patentes de septembre 1611.

Ce fut vers cette époque que, grâce à un don de cinquante

mille livres, fait aux Jacobins par Henri de Gondi, et que vinrent grossir les libéralités de quelques personnes pieuses, on put construire l'église et le couvent qui leur furent destinés.

Ces constructions étaient d'une architecture extrêmement médiocre, mais on y voyait plusieurs monumens et objets d'art, entr'autres un excellent tableau, au-dessus du maître-autel, représentant l'Annonciation ; cette peinture était de Porbus. On y distinguait aussi deux tableaux attribués au célèbre Mignard : c'étaient un *Ecce Homo* et une *Mère de Douleur*. Quelques-uns des monumens funèbres ont été vantés avec exagération : ces ouvrages étaient d'une exécution médiocre, sans en excepter ceux du maréchal de Créqui et du peintre Mignard. On y conservait soigneusement une chaise qui, d'après la tradition, avait servi à saint Thomas, surnommé l'*Ange de l'Ecole*. Cette maison possédait en outre un cabinet d'histoire naturelle très curieux, formé par les soins du P. Labat, qui s'était acquis tant de renommée par ses relations d'Afrique et d'Amérique. Enfin, la bibliothèque, composée d'environ trente-deux mille volumes, contenait des éditions rares et de précieux manuscrits.

Mais la tempête révolutionnaire n'épargna pas plus le monastère des Jacobins que tant d'autres établissemens religieux. Une étrange destinée fut même le partage de ce couvent, puisqu'il devint le siége de la société démagogique la plus redoutable et la plus puissante, société dont les membres avaient pris le nom de *Jacobins*. Dans ce club, on discutait d'avance les questions dont l'assemblée nationale devait s'occuper, et de plus on préludait, par des scrutins préparatoires, aux nominations qui devaient être faites dans cette assemblée, afin de déterminer la majorité des votes. La société des Jacobins ou des *amis de la constitution* exerçait sur les masses une immense influence, lorsque Robespierre, dans les premiers mois de la session de la convention, s'en empara comme d'un puissant levier pour soulever l'opinion publique, et la jeter dans les criminels excès qui firent couler le sang de tant de victimes !

Cette terrible société populaire tenait ses séances dans la salle de la bibliothèque du couvent des Jacobins. « C'est, a dit un historien, c'est dans la salle de cette bibliothèque que se rassemblait cette horde de *Frères prêcheurs* institués par le génie du mal, et dont les prédications ont eu des effets qui épouvantent encore le monde, et feront à jamais l'horreur de la postérité. »

Aujourd'hui l'église des Jacobins a totalement disparu, ainsi que les bâtimens et les jardins qui l'entouraient; sur leur emplacement, on a construit un marché, divisé en quatre compartimens couverts d'une simple toiture que supportent des piliers de bois façonnés en colonne.

Mais, revenons à l'église Saint-Roch. Il nous reste à retracer deux souvenirs historiques qui doivent nécessairement figurer dans cette monographie.

Dans la journée du 13 vendémiaire, l'une des époques les plus célèbres de nos tristes annales politiques, plusieurs sections de Paris entreprirent de secouer le joug monstrueux de la convention nationale. Les larges degrés qui montent aux portes de Saint-Roch devinrent ce jour-là une position de guerre. Les bataillons sectionnaires remplissaient la rue Saint-Honoré, et venaient aboutir jusqu'à l'entrée de l'impasse Dauphin faisant face à l'église. Un de leurs meilleurs bataillons s'était posté sur les marches au pied du portail, et il était placé là d'une manière avantageuse pour tirailler sur les canonniers de la convention. Bientôt le combat s'engagea vigoureusement de part et d'autre. L'artillerie de la convention s'avança et fit une première décharge. Les sectionnaires y répondirent par un feu de mousqueterie très vif; mais, écrasés par la mitraille, ils se replièrent précipitamment sur les degrés de l'église, où beaucoup de citoyens reçurent la mort. « On n'avait jamais vu d'émeute d'honnêtes gens, dit un célèbre écrivain, et il est à présumer qu'on n'en reverra jamais. Les amis naturels de l'ordre et de la paix réussissent quelquefois à réprimer les révolutions, mais ils s'entendent mal à les faire. Ils furent vaincus. Barras avait été investi du commandement de la force armée contre la garde nationale et les sections. Un jeune officier-général, plein d'ardeur, de bravoure et de talent, commandait l'artillerie. Sur une fausse attaque simulée par une escouade de la police révolutionnaire, le canon foudroya les citoyens qui couvraient les marches de Saint-Roch. On y releva trois cent vingt-huit cadavres. — Le jeune général dont j'ai parlé s'appelait Napoléon Bonaparte, et c'est par les marches de Saint-Roch qu'il monta aux Tuileries. »

Longtemps le portail de Saint-Roch a montré des traces de la mitraille homicide, triste témoignage de l'un des sanglans épisodes de notre déplorable révolution ; nous ne savons même pas si, à l'heure qu'il est, on ne pourrait pas encore découvrir quelques-uns de ces stigmates doublement sacriléges.

L'autre fait dont nous avons à entretenir nos lecteurs est d'une nature différente. Il s'agit encore d'une sorte d'émeute, mais cette émeute, quoique affligeante pour les sincères amis de la religion, ne donna pas lieu fort heureusement à l'intervention de la mitraille. C'était au mois de janvier 1815 ; une fameuse tragédienne, Mlle Raucourt, venait de mourir. Le scandale de ses obsèques semblait devoir couronner le scandale de sa vie. Pendant sa courte maladie, vainement le curé de Saint-Roch, sa paroisse, s'était présenté chez elle pour lui offrir les secours spirituels qui donnent tant de force à l'ame chrétienne pour franchir le terrible passage. Toujours le vénérable pasteur avait été éconduit par l'ordre de la mourante qui s'obstina à repousser tous les secours de la religion. Au moment des funérailles, le curé, usant de son droit, et obéissant en cela aux prescriptions canoniques, crut devoir à son tour refuser l'entrée de son église à la dépouille mortelle d'une grande pécheresse morte volontairement dans l'impénitence. Il fit donc fermer les portes du temple quand le cortège funèbre se présenta. A cette époque, les esprits se ressentaient vivement de la secousse causée par les événemens politiques de l'année précédente.

Plusieurs comédiens faisant partie du convoi funèbre se récrièrent violemment contre ce qu'ils appelaient l'intolérance du prêtre : ils coururent endosser leurs uniformes de gardes nationaux pour se donner un air plus imposant, et revinrent en toute hâte haranguer la populace du haut des marches de l'église. Ce fut le signal du plus grand désordre. Une multitude furieuse, qu'aucune force publique ne contenait, se rua sur les portes de l'église, les enfonça, et se répandit dans le sanctuaire. Alors on fit une honteuse parade des saintes cérémonies de la religion. Quelques-uns des coupables promoteurs de cette scène impie ne craignirent pas de paraître dans la chaire de vérité et d'y faire entendre les paroles les plus irréligieuses. Enfin, après s'être livré aux plus tristes excès, accompagnés de déclamations furibondes contre le curé et contre les prêtres en général, on conduisit au cimetière du Père-Lachaise le cercueil de la grande actrice, qui venait d'être le prétexte de cette haineuse profanation. Cet événement fit une grande sensation dans la capitale; il est inutile d'ajouter qu'il contrista profondément toutes les ames honnêtes et chrétiennes. Depuis lors les disciples et les admirateurs du patriarche de Ferney nous ont appris, dans plusieurs circonstances, comment ils comprennent la tolérance et la liberté. Les croix arrachées des cloîtres des églises, le pillage et la démolition de l'archevêché, la dévastation exercée à Saint-Germain-l'Auxerrois, sont autant de faits qui n'ont pas besoin de commentaires. Mais, il ne faut pas se le dissimuler, les ennemis de la religion, malgré tous leurs grands mots, sont aussi les ennemis de l'ordre et de la liberté. Evidemment, ces gens-là n'ont d'autre but que d'exploiter à leur profit ce vers ironique du grand Corneille:

« La liberté n'est rien quand tout le monde est libre. »

Nous terminons là cette esquisse historique de l'église Saint-Roch. Placée au centre du quartier le plus luxueux de Paris, cette paroisse est une des plus opulentes de cette grande cité. Sa circonscription, sans être très étendue, est d'une grande importance, puisqu'elle embrasse la partie la plus brillante de la rue Saint-Honoré, une grande partie de la rue Richelieu, des rues du Luxembourg et des Capucines, et la rue Louis-le-Grand toute entière ainsi que la rue Neuve-Saint-Augustin. Nous n'avons rien à dire des messes en musique qui attirent fréquemment une affluence de curieux dans l'église Saint-Roch. Une sage critique a plusieurs fois signalé les inconvéniens de ces sortes de solennités, qui offrent souvent un tout autre caractère que celui de la véritable piété.

Dans ces dernières années, c'est-à-dire depuis la révolution de 1830, l'église Saint-Roch, fréquentée par la famille royale, a dû à cette faveur de notables avantages; son intérieur a été repeint, on lui a donné une grille en fer, et quatre cloches ont été consacrées dans l'année 1838 pour son service. Saint-Roch a donc été un moment, de fait, la paroisse royale; mais le fait n'anéantit pas le droit; maintenant que Saint-Germain-l'Auxerrois, grâce à sa restauration en quelque sorte expiatoire, a pu être rendu au culte, cette église a repris son rang et son titre de paroisse royale, et Saint-Roch est resté ce qu'il était, le siége de la paroisse du second arrondissement.

J. J. CHAMPAGNAC.

S.-THOMAS-D'AQUIN.

L'histoire de cette église, considérée comme paroisse, ne nous offrirait que bien peu de faits, puisqu'elle ne date que du concordat proclamé à Paris le 18 avril 1802. Mais en remontant dans le passé, en fouillant dans les annales d'un ordre religieux à jamais célèbre, celui des Frères-Prêcheurs, il nous deviendra facile de tracer une monographie aussi instructive qu'intéressante.

L'église appelée aujourd'hui Saint-Thomas-d'Aquin appartenait, avant la révolution, à un institut qui avait acquis des droits à la reconnaissance du monde catholique, en se proposant le charitable et noble but d'extirper les hérésies, et de propager le christianisme par le moyen de la prédication.

Cet institut, qui a rendu de si grands services à la chrétienté, fut fondé au commencement du XIIIme siècle. Son fondateur, Dominique de Gusman, noble castillan, que l'église honore comme un grand saint, se distingua par l'exercice constant des plus hautes vertus chrétiennes et par une parole admirablement puissante, surtout lorsqu'il exhortait au repentir et à la conversion des mœurs. « Le fondateur de l'ordre des Frères-Prêcheurs, dit un de ses biographes [*], est l'un des hommes, à le considérer

---

[*] *Vie de Saint Dominique*, par le Révérend Père frère Henri-Dominique Lacordaire, de l'ordre des Frères-Prêcheurs.

même humainement, le plus hardi par le génie, le plus tendre par le cœur, qui ait existé. Il posséda dans une fusion parfaite ces deux qualités qui ne sont presque jamais possédées ensemble au même degré. Il exprima l'une par une vie extérieure d'une activité prodigieuse, et l'autre par une vie intérieure dont on peut dire que chaque souffle était un acte d'amour envers Dieu et envers les hommes. Son siècle nous a laissé sur lui des monumens courts et nombreux. »

Ces monumens contemporains n'ont pas empêché nos philosophes modernes de calomnier la mémoire de saint Dominique. Voltaire avance, avec son effronterie habituelle, que cet apôtre jeta les fondemens de l'inquisition au XIIIme siècle; et il ajoute, pour corroborer son invention infernale, que saint Dominique croyait fermement que l'église catholique, apostolique et romaine, ne pouvait se soutenir que par des moines et des bourreaux *. On sait que cette calomnie a trouvé de nombreux échos dans le siècle dernier aussi bien que dans le nôtre. Mais la douceur et la charité dont saint Dominique donna tant de preuves dans l'accomplissement de sa carrière apostolique, sont la meilleure réponse à ces imputations odieusement controuvées. Tous les écrivains du temps s'accordent à dire que ce saint missionnaire n'employa jamais contre l'hérésie d'autres armes que la prière, la persuasion et l'exemple. Voici d'ailleurs une autre raison qui ne peut manquer de faire ouvrir les yeux aux partisans les plus aveugles de Voltaire et de ses adeptes. Saint Dominique avait quitté la terre pour le ciel en 1221; il lui eût été par conséquent impossible d'établir l'inquisition, dont le projet ne fut formé que huit ans plus tard dans le concile de Toulouse, et qui ne fut confiée à l'ordre de Saint-Dominique qu'en 1233.

Quant aux déclamations dont le tribunal de la sainte inquisition s'est vu l'objet, elles ne sont pas mieux fondées. Les ennemis de la religion ont voulu alarmer les esprits en répétant le nom de l'inquisition, et en faisant grand bruit des fameux et souvent fabuleux *auto-da-fé* ordonnés par l'inquisition. Nous ne prétendons pas faire l'apologie des fautes de ce tribunal, qui était faillible comme tout ce qui est soumis à la condition humaine. Mais ce qui est incontestable, c'est que l'inquisition a fait verser beaucoup moins de sang dans toutes les parties du globe réunies, que

* *Dictionnaire philosophique*, article ARANDA.

les guerres de religion n'en ont fait répandre dans le seul royaume de France, et qu'elle met les pays où elle subsiste à l'abri du poison de l'incrédulité qui infecte le reste de l'Europe *. Au reste, tous les détracteurs passés, présens et futurs de l'inquisition sont victorieusement réfutés dans un écrit de l'illustre de Maistre **. Ce puissant adversaire, homme de génie et de foi, a dissipé toute cette fantasmagorie de supplices et de tortures qu'on attribuait à ce tribunal, et en même temps il a prouvé jusqu'à l'évidence que l'inquisition était en soi une institution salutaire qui a rendu les services les plus importans à l'Espagne, et qui a été radicalement et honteusement calomniée par le fanatisme sectaire et philosophique.

Revenons à l'institut de Saint-Dominique. L'ordre des Frères-Prêcheurs a compté parmi ses enfans plusieurs hommes du plus grand mérite, entr'autres Albert-le-Grand, et plus notamment encore le grand saint Thomas-d'Aquin, l'une des plus étonnantes lumières de son siècle, qui, de son vivant, avait été proclamé *la fleur et l'ornement du monde chrétien*; et qui a mérité d'être surnommé le *docteur évangélique* et *l'Ange de l'école*. « Dans mon opinion, disait Erasme, il n'existe point de théologien qui puisse entrer en comparaison avec Thomas-d'Aquin, soit pour le soin qu'il met à ses ouvrages, soit pour la rectitude d'esprit, soit enfin pour la solidité de sa doctrine. »

Les enfans de saint Dominique portèrent d'abord le nom unique de *Frères-Prêcheurs*; celui de *Dominicains* leur vint de celui de leur saint fondateur. Le premier couvent que les Dominicains eurent à Paris, fut bâti dans la rue Saint-Jacques, sur l'emplacement d'un hôpital dit des pélerins Saint-Jacques; c'est de là que les Frères-Prêcheurs ou Dominicains furent communément appelés en France *Jacobins*, dénomination qui acquit une triste célébrité pendant nos saturnales révolutionnaires.

On a pu voir, dans notre notice sur la paroisse de Saint-Roch, des détails sur le couvent des Jacobins de la rue Saint-Honoré et sur la réforme introduite dans l'ordre des Frères-Prêcheurs par le père Sébastien Michaelis, réforme qui avait pour objet de rétablir dans toute sa pureté la règle de saint Dominique, et

* *Histoire des ordres religieux*, par M. Henrion, tom 1er, page 385.
** *Lettre d'un gentilhomme russe sur l'inquisition espagnole*.

de bannir des maisons de l'institut le relâchement et tous les abus qui s'y étaient glissés avec le temps. Nous ne répéterons point ce que nous avons déjà dit sur ce sujet. Il était néanmoins opportun de rappeler ici cette particularité à nos lecteurs.

Le père Nicolas Rodolfi, général de l'ordre des Dominicains, dans le but d'assurer le succès de la réforme entreprise par le père Sébastien Michaelis, conçut le dessein d'établir en France un noviciat général pour les religieux qui voudraient embrasser cette réforme. Un bref du pape Urbain VIII, donné en 1629, et des lettres-patentes du roi Louis XIII l'autorisèrent à former ce nouvel établissement. Il eut en même temps, dans le cardinal de Richelieu, un protecteur puissant, qui, par ses libéralités, mérite d'être considéré comme le fondateur du nouveau monastère.

Cette maison, située rue Saint-Dominique, n'était alors qu'un bâtiment très simple, accompagné d'un jardin et d'un clos contenant sept arpens et demi. Dès 1631, on y envoya quatre religieux tirés du couvent des Jacobins de la rue Saint-Honoré; leur premier soin fut de faire construire une petite chapelle qui fut achevée et bénite en 1632. Mais bientôt les localités ne suffirent plus pour recevoir le nombre toujours croissant des sujets qui se présentaient pour subir les épreuves et obtenir leur admission dans l'ordre. On songea donc à construire un bâtiment plus régulier et surtout plus convenable pour un monastère.

L'église fut le premier objet de la sollicitude des religieux; la chapelle était trop petite; il était indispensable de la remplacer par un édifice religieux d'une plus grande structure. La première pierre de ce monument fut posée en 1682, par Hyacinthe Serroni, archevêque d'Albi, et par Anne de Montbazon, duchesse de Luynes. Cette église fut bâtie sur les dessins de Pierre Bullet, habile et savant architecte, élève du célèbre François Blondel. Achevée en 1683, elle fut placée sous l'auguste vocable de saint Dominique, fondateur de l'ordre des Frères-Prêcheurs. Ce fut là le premier nom de cette église, quoique les historiens n'en parlent pas; et ce n'est pas sans intention, comme on le verra plus loin, que nous le faisons remarquer.

Les religieux avaient partagé le terrain qui appartenait à leur couvent : le cloître et le jardin du monastère en occupaient une partie ; l'autre était couverte de maisons qui étaient louées à des particuliers.

Le portail de l'église fut rebâti quelques années avant la révolution, par le frère Claude, religieux de cette maison. Il se compose de deux portiques superposés : celui du rez-de-chaussée est de l'ordre dorique; l'autre, qui appartient à l'ordre ionique, est couronné d'une fronton angulaire. Ces deux ordres sont élevés l'un sur l'autre, dans la forme pyramidale adoptée pour plusieurs autres églises de Paris construites à la même époque. Quoiqu'ils soient d'une proportion et d'une maigreur qui ne leur permettent point de supporter un examen minutieux, l'ensemble de ces deux ordres a cependant une certaine apparence. Situé sur une petite place en harmonie avec ses dimensions, ce portail est d'un assez bel effet, vu de la rue Saint-Dominique.

Quant au bâtiment, il est d'une médiocre grandeur, très convenable cependant pour l'église d'un monastère. L'intérieur est orné d'une colonnade corinthienne; il offre tous les caractères de l'architecture employée à cette époque dans les édifices sacrés. On n'y voit rien de remarquable sous le rapport architectural.

En revanche, la sculpture et la peinture n'avaient pas manqué à la décoration intérieure de cette église. Le maître-autel, construit à la romaine, était orné de huit colonnes de marbre, au milieu desquelles se montrait une gloire en bronze doré, accompagnée de chérubins. On y remarquait aussi la *Résurrection de Jésus-Christ*, sculptée par Martin, sur les dessins du célèbre Lebrun.

Le plafond du chœur fut orné d'une *Transfiguration de Notre Seigneur* peinte par Lemoine, qui avait un pinceau doux et gracieux, et savait donner beaucoup d'agrément et d'expression à ses figures, en même temps que de la force et de l'activité à ses teintes. Dans la chapelle du Rosaire, à gauche du maître-autel, un artiste dont on ignore le nom avait représenté *la Sainte Vierge donnant un rosaire à saint Dominique*. Il y avait aussi, sur l'autel de la chapelle Saint-Hyacinthe, un tableau sans nom d'auteur, offrant l'image du saint traversant un grand fleuve pour dérober les choses saintes aux Tatars qui pillaient la ville de Kiow.

Toutes les autres peintures qui décoraient l'église, et elles étaient nombreuses, avaient pour auteur le frère Jean-André, de l'ordre des Dominicains, aussi habile peintre que bon religieux. A l'imitation d'un autre célèbre artiste du même ordre, frère Angélique de Fiesole, dont le pinceau pieux, naïf et poétique sut atteindre fréquemment l'idéal de l'art chrétien *, le frère André consacra son talent fécond et très souvent heureux à la décoration des églises de plusieurs couvens de son ordre, et particulièrement de la maison des Jacobins réformés, à laquelle il appartenait. Les compositions de ce peintre avaient un caractère de simplicité ; elles se faisaient remarquer par une sage ordonnance, par un dessin correct mais un peu maniéré dans le goût des artistes de son temps. On admirait surtout son coloris, brillant et vigoureux, qui rappelle celui du célèbre Jouvenet. Frère André, à l'âge de quatre-vingt-dix ans, peignit encore une *sainte Geneviève*, destinée à l'ornement de la dernière chapelle de son couvent. Il mourut en 1753.

Parmi les peintures qu'il avait faites pour la maison des Jacobins réformés, on citait particulièrement neuf tableaux dont les sujets étaient tirés de la vie de Jésus-Christ, et qui se voyaient dans les panneaux du chœur, lesquels étaient d'une boiserie exécutée avec soin et très estimée. Puis c'étaient, au milieu du rond-point de l'église, une *Résurrection ;* dans l'attique, à l'entrée du chœur, *saint Thomas-d'Aquin en extase*; en regard, *le pape Pie V à genoux devant un crucifix*, adressant des vœux au ciel pour le succès de la bataille de Lépante ; dans la chapelle en face de celle du Rosaire, trois tableaux représentant *la Visitation*, *la Présentation au temple*, *la Sainte Vierge* donnant à un religieux de l'ordre le portrait de Saint Dominique ; dans la chapelle de Saint-Barthélemi, le *Martyre de ce saint*; dans la sacristie, les *Pélerins d'Emmaüs*, la *Naissance de Notre-Seigneur-Jésus-Christ*, *Saint Louis recevant les saintes reliques*, *etc.* Il y avait encore bien d'autres toiles de ce peintre dans diverses parties de la maison. On voyait dans le réfectoire le *Repas chez Simon le lépreux*, et des portraits en médaillons représentant plusieurs religieux de l'ordre martyrisés à la Chine. Cinq tableaux du frère André ornaient une salle du premier étage, où se faisaient les offices nocturnes. Enfin une autre

---

* Voy. les *monumens de l'histoire de sainte Elisabeth de Hongrie*, recueillis par le comte de Montalembert, pair de France.

salle offrait réunis tous les dessins et esquisses des tableaux de ce pieux artiste.

Le plus habile peintre de portraits du siècle dernier, Rigaud, qu'on surnommait le Van-Dyck français, avait exécuté huit portraits qui étaient placés dans la salle des récréations. Ils représentaient des princes et grands seigneurs de la cour de France : le duc de Bourgogne, le *duc de Vendôme*, le *comte de Toulouse*, le *duc de Bouillon*, le *maréchal de Villars*, le *comte d'Évreux*, etc. Le parloir des étrangers offrait les portraits en pied de plusieurs papes sortis de l'ordre de Saint-Dominique, ceux de plusieurs généraux de l'ordre, celui du cardinal de Richelieu, etc.

De nobles et opulentes familles, d'illustres prélats, des militaires distingués, de hautes et puissantes dames qui avaient brillé à la cour, avaient leurs sépultures dans l'église des Jacobins réformés, et leurs mausolées, plus ou moins fastueux, étaient pour les grands de la terre une leçon permanente d'humilité chrétienne, leçon trop souvent oubliée au milieu des illusions du monde! C'était là que reposaient les restes de Philippe de Montault, duc de Nooille, maréchal de France, mort en 1684, et de Suzanne de Parabère, sa femme, morte en 1700; de Charles de Lorraine, duc d'Elbeuf, mort en 1692; de Maximilien de Bellefourrière, marquis de Soyecourt; d'Hyacinthe Serroni, archevêque d'Albi, le même qui avait posé la première pierre de cette église; de Ferdinand, comte de Relingue, lieutenant-général des armées du roi, etc. etc. Avaient été aussi inhumés dans l'église des Jacobins réformés plusieurs bienfaiteurs de cette maison religieuse : le maître des requêtes Barthélemi Mascarini, mort en 1668; Louis Legay, mort en 1732, et l'abbé Arthur Poussin, docteur en théologie, décédé en 1735.

La bibliothèque du couvent, composée de plus de 24,000 volumes, était ornée de deux globes de Coronelli, savant cosmographe vénitien, qui fut général de l'ordre des Minimes.

La maison des Jacobins réformés a possédé plusieurs hommes d'un mérite éminent, entre autres le père Vincent Baron, docteur conventuel de l'université de Toulouse, regardé comme l'un des premiers théologiens du xviie siècle; le frère Jean André, dont nous avons énuméré les principaux titres comme peintre; et le frère François Romain, ingénieur et architecte d'une grande renommée, qui construisit, par ordre des états de Hollande, une partie du pont de Maëstricht, acheva le pont Royal de Paris, commencé par Gabriel, et devint inspecteur des ponts-et-chaussées et architecte des bâtimens dépendans du domaine du roi. Frère Romain était aussi bon religieux que grand architecte, et ses travaux d'architecture ne l'empêchaient jamais de se conformer aux prescriptions de la règle de son ordre.

Là se borne, tout naturellement, l'historique sommaire des détails les plus intéressans qui se groupent, pour ainsi dire, autour de la maison des Jacobins réformés. Maintenant, nous allons entrer dans un nouvel ordre de choses.

On ne sait que trop ce que devinrent les couvens lors du cataclysme politique qui, renversant en France l'autel et le trône, ébranla si violemment les fondemens de la société. La maison des Jacobins ne fut pas plus épargnée que tant d'autres institutions salutaires qui périrent dans ce grand naufrage. Depuis un demi-siècle, le philosophisme avait accumulé tant d'accusations monstrueuses et mensongères contre les monastères d'hommes et de femmes; il avait débité tant de jérémiades sentimentales sur le malheur imaginaire des prétendues victimes cloîtrées, que les masses ignorantes et passionnées étaient toutes prêtes à applaudir à ceux qui feraient fermer, *pour toujours*, ces demeures de *l'oisiveté contemplative*, comme les appelaient les ennemis de la religion. Aussi les ordres religieux furent-ils les premiers en butte à la violence et à la spoliation.

Les Jacobins réformés, dispersés au nom d'une loi d'iniquité, furent forcés d'abandonner aux agens de la *Nation* leurs propriétés, leur cloître, leur église, qui furent bientôt en proie au pillage et à la dévastation. Mais hâtons-nous de franchir cette époque marquée par tant d'énormités impies, cette époque néfaste où la convention nationale prenait un arrêté ayant pour but de substituer un *culte raisonnable* au culte catholique. Passons sur cette ridicule fête de l'Être-Suprême, célébrée avec tant de solennité par Robespierre. Une autre folie, non moins absurde, eut aussi la prétention de s'ériger en religion nouvelle, sous le régime du directoire. On avait affublé ce nouveau culte du nom de *Philantropie*, et ses partisans se nommaient Philantropes.

Ces nouveaux sectaires firent bientôt de si nombreux prosélites, qu'ils n'eurent pas de peine à obtenir du gouvernement d'alors l'autorisation de tenir leurs assemblées dans plusieurs églises aux heures où le culte n'était point célébré.

L'ancienne église des Jacobins réformés devint alors un des temples de la philantropie. Le projet des nouveaux sectaires avait été de faire succéder aux majestueuses cérémonies du culte catholique des réunions assez semblables à celles des protestans, mais plus simples encore, et dégagées de toute représentation. Leurs réunions avaient pour objet des exhortations *morales*, des lectures *philosophiques*, des chants *religieux*. Les adeptes rejetaient tout ce qu'ils appelaient pratiques *superstitieuses* et toute image matérielle de la Divinité; et prétendaient qu'il ne fallait aux hommes que des réunions pour s'instruire en commun de la morale et de la grandeur de la création. Ils avaient la plus grande confiance, disaient-ils, dans leur nouvelle religion, et la regardaient comme capable d'arracher aux églises catholiques beaucoup de ces ames tendres qui ont besoin d'épancher en commun leurs sentimens religieux. Voici quel était l'étrange cérémonial usité dans leurs réunions. Sur l'autel, une corbeille de fleurs et de fruits, signe symbolique de la création, était tout ce qui s'offrait à la contemplation des assistans. Un orateur, revêtu d'un costume approprié à la circonstance, prêchait tolérance et respect pour tous les cultes, et attachement inviolable à celui de la vertu. On chantait ensuite des hymnes à l'être des êtres. Ces sortes de représentations, auxquelles on s'efforçait d'imprimer un caractère religieux, ressemblaient assez à celles qu'ont données de notre temps les fameux disciples de Saint-Simon; elles eurent aussi le même sort.

Le bon sens public commençait à faire justice des théophilantropes et de leur doctrine, lorsque Bonaparte, alors premier consul, fit fermer à ces sectaires l'entrée de tous les édifices nationaux. De ce moment, la théophilantropie, combattue par le pouvoir et par le ridicule, tomba pour ne plus se relever.

Cet événement eut lieu le 4 octobre 1840, et ce fut peu de temps après que l'ancienne église des Jacobins réformés fut érigée en église paroissiale par suite du concordat conclu entre le Souverain-Pontife Pie VII et le gouvernement français. Ce fut alors aussi qu'elle reçut le vocable de Saint-Thomas-d'Aquin. On rapporte à ce sujet une anecdote qui mérite d'être connue. Une discussion s'était élevée, dans le sein de la commission chargée de fixer la circonscription de chaque paroisse, sur le nom définitif à donner à la nouvelle église paroissiale ; quelques membres demandaient qu'on lui rendît son nom primitif, celui de Saint-Dominique; les autres, plus nombreux, repoussaient ce dernier nom, comme susceptible de réveiller dans les esprits le souvenir de l'inquisition, et proposaient celui de Saint-Thomas-d'Aquin. — Qu'à cela ne tienne, interrompit M. Ramond de Lalande, membre de la commission, et curé de la nouvelle paroisse : au défaut du nom du fondateur, nous acceptons bien volontiers celui de saint Thomas-d'Aquin ; ce dernier nom n'est-il pas le plus illustre enfant de l'ordre de saint Dominique?

Depuis ce moment l'église porte le nom de Saint-Thomas-d'Aquin, mais elle conserve à son premier patron un culte de reconnnaissance. La paroisse célèbre deux fêtes patronales, celle de saint Dominique et celle de saint Thomas-d'Aquin.

Il s'en faut de beaucoup que l'église Saint-Thomas-d'Aquin ait recouvré toutes les richesses, tous les ornemens dont la révolution l'avait dépouillée. De toutes les peintures du frère André dont nous avons donné le détail, elle ne possède actuellement que deux portraits, celui de saint Dominique qui est placé sur un autel dans la sacristie, et celui de saint Thomas-d'Aquin, qu'on voit dans l'église, à droite, auprès de la chapelle de saint Vincent-de-Paul. La chapelle du rosaire possède une fort belle statue de la Vierge ; ce morceau de statuaire est en pierre ; on regrette qu'un zèle de mauvais goût ait cru la rajeunir et l'embellir en la couvrant de la tête aux pieds d'une couche de couleur blanche ; cette opération nous semble avoir altéré la pureté des lignes et la délicatesse des contours.

Sur l'autel de la chapelle située en face de celle du rosaire, on voit une autre statue qui n'est pas sans mérite ; elle représente saint Vincent-de-Paul portant un petit enfant dans son bras gauche et enrelevant un autre de la main droite. Cette statue, dont on ne connaît pas l'auteur, dut subir une singulière destinée durant la révolution : elle figurait dans les cérémonies du culte bizarre que s'étaient fait les républicains, alors qu'ils avaient divinisé la raison, alors qu'ils avaient cru pouvoir compter saint Vincent-de-Paul parmi leurs fameux héros, et placer ce digne serviteur de Dieu au nombre de leurs philosophes.

L'église de Saint-Thomas-d'Aquin a été décorée de quelques

nouveaux tableaux pendant la restauration. On cite surtout une *descente de croix*, par M. Guillemot, et un *saint Thomas-d'Aquin* apaisant une tempête par ses prières, par M. Scheffer. Ces deux morceaux remarquables ont été donnés à la paroisse par la ville de Paris. Dans ces derniers temps, M. Blondel, membre de l'Institut, a exécuté une belle fresque dans la chapelle située derrière le maître-autel ; cette fresque est divisée en deux parties, dont l'une représente *l'arche d'alliance* portée par des lévites, et l'autre *le grand-prêtre Aaron* bénissant le peuple de Dieu.

Les constructions qui composaient le cloître des Jacobins réformés sont occupées aujourd'hui par le musée d'artillerie. C'est là une de ces nombreuses et inconvenantes transformations que déplorent les hommes de goût aussi bien que les amis de la religion. Il n'y a que de grands bouleversemens politiques qui puissent enfanter ces monstrueuses anomalies. Ainsi ces lieux jadis consacrés à la méditation, à l'étude ou à la prière sont envahis maintenant par des armes de toutes espèces, instrumens terribles que la guerre emploie pour donner la mort.

Ce musée d'artillerie, à part le local qu'on lui a choisi, offre un spectacle aussi instructif que curieux. Les diverses collections dont il se compose sont distribuées dans cinq grandes galeries. La plus vaste de ces pièces, qu'on nomme la *galerie des armures*, contient les anciennes armes défensives, telles que cottes de maille, armures de pied en cap, cuirasses, casques, boucliers.

Les collections d'armes offensives, les modèles de tous les systèmes d'artillerie, une grande quantité d'autres modèles d'armes de toute espèce, de machines et d'instrumens servant à l'artillerie, occupent les quatre autres galeries. Quelques trophées sont composés à la fois d'armes offensives et défensives.

La galerie des armures est partagée, d'après l'ordonnance de sa colonnade, en trois parties ou travées, séparées l'une de l'autre par des colonnes accolées, surmontées d'arcades. Sur les côtés de cette galerie, et à commencer par la travée du fond, les armures complètes sont rangées dans l'ordre chronologique, établi d'après l'année de la mort du personnage dont cette armure porte le nom. La travée du milieu appartient tout entière au xvie siècle. On voit, à l'une de ses extrémités, l'armure de Louis XII, et à l'autre, le casque et les brassards de Henri IV. Les armures les plus anciennes sont rangées dans la travée du fond. La troisième travée, près de la porte d'entrée principale, est occupée par les armures les plus modernes, depuis Henri IV jusqu'à Louis XIV, époque où l'on abandonna entièrement les armures de pied en cap.

Des râteliers, garnis d'armes portatives, anciennes et modernes, sont établis en face des croisées, dans chacune des quatre autres galeries. On voit là depuis la plus ancienne des armes portatives à feu, l'arquebuse à mèche, jusqu'au fusil à percussion qui a été inventé de notre temps. On trouve en face des râteliers d'armes une suite de tables destinées à recevoir : 1° des modèles de bouches à feu, des affûts et des voitures qui ont servi dans l'artillerie, depuis les premiers temps de son introduction à la guerre jusqu'à nos jours ; 2° les projets relatifs à l'arme de l'artillerie, qui ont été proposés dans le même espace de temps et qui n'ont pas été adoptés ; 3° les modèles des machines et des instrumens employés dans le service de l'artillerie; 4° les modèles des machines, des instrumens et des outils servant aux constructions des armes de guerre et aux différentes matières qui participent à ces constructions. Sur le parquet, sous les tables et sur les murs, entre les croisées, sont placés encore une foule d'autres objets qui n'ont pu trouver place sur les tables qui garnissent les quatre galeries *.

Voilà ce qu'est devenu l'ancien couvent des Jacobins réformés de la rue Saint-Dominique. Sans doute, cette nouvelle destination est moins choquante que celle que l'esprit du siècle a donnée à d'autres maisons religieuses, qui sont aujourd'hui ou des magasins, ou des casernes, ou des écuries. On ne peut nier que le musée d'artillerie ne soit une des curiosités de la capitale ; c'est ce qui nous a déterminé à donner sur cet établissement quelques détails qui, bien que d'un genre qui tranche avec les sujets habituels de nos descriptions, n'en devaient pas moins trouver place dans notre cadre.

Il nous reste maintenant à parler de plusieurs autres établissemens religieux qui se trouvaient dans le voisinage du couvent des Jacobins réformés, et qui, s'ils existaient encore, seraient aujourd'hui compris dans la paroisse de Saint-Thomas. Quelques-

---

* *Guide pittoresque du voyageur en France.* — Paris et ses environs, tome sixième.

unes de ces saintes maisons sont tombées sous le marteau révolutionnaire ; celles qui sont encore debout ont subi d'étranges métamorphoses. Le vulgaire ne se doute même pas du service qu'elles rendaient à la société ; il ne sait pas un mot de leur histoire ; mais les esprits religieux leur conservent un reconnaissant et douloureux souvenir.

De ce nombre était le monastère royal de l'Immaculée-Conception, situé dans la rue du Bac. Les religieuses qui l'habitaient suivaient la règle de sainte Claire ; elles portaient le nom de *Récollettes*, sous lequel elles avaient été introduites en France. Leur ordre avait été fondé à Tolède, en 1484, par Béatrix de Silva, et mis en 1501 sous la direction des Frères-Mineurs par le pape Alexandre VI. Ce fut en 1637 que les Récollettes vinrent prendre possession d'une maison qu'elles avaient achetée, rue du Bac [*]. La vie exemplaire de ces religieuses avait engagé la reine Marie-Thérèse-d'Autriche à les choisir pour mettre à exécution le dessein qu'elle avait formé d'établir un couvent de l'ordre de la Conception de Notre-Dame. « Ces religieuses y ayant donné leur consentement avec joie, dit M. de Saint-Victor, cette princesse obtint pour elles, en 1663, une bulle d'Alexandre VII, qui leur permettait *de prendre l'habit, l'institut, la règle et la dénomination de religieuses de l'Immaculée Conception de la bienheureuse Vierge Marie, en demeurant toujours sous la direction des Récollets de la province Saint-Denis.* Les lettres-patentes qui confirmèrent cette bulle, en 1664, déclarèrent ce monastère de fondation royale ; et les libéralités de Louis XIV procurèrent les moyens d'en rebâtir l'église. En 1693, la première pierre en fut posée par M. de Ligny et mesdemoiselles de Furstemberg, ses petites-filles. Elle fut achevée et bénite à la fin de l'année suivante. » On y voyait, sur le maître-autel de cette église, un beau tableau représentant l'*Immaculée Conception*, par La Fosse, célèbre peintre de l'école de Lebrun, à qui l'on doit les plus belles compositions qui ornent le dôme de l'Hôtel-Royal des Invalides. Aujourd'hui l'église du monastère de l'Immaculée-Conception n'existe plus, et les bâtimens habités par des particuliers composent la maison située dans la rue du Bac n° 75.

[*] Jaillot, *quartier Saint-Germain*.

Dans la même rue, il y avait aussi le couvent des Filles Sainte-Marie, ou de la Visitation, qui a subi le même sort. Ce monastère avait eu pour fondatrice une dame Geneviève Derval-Pourtel, qui consacra à cette bonne œuvre un don que lui avait fait par testament M. d'Eufréville-Cizei son mari, pour la fondation et dotation d'un monastère de tel ordre qu'il lui conviendrait de choisir.

Les religieuses qui devaient former la nouvelle maison de l'ordre de la Visitation, s'établirent d'abord, en 1660, rue Montorgueil, mais ne s'y trouvant pas logées convenablement, elles achetèrent, rue du Bac, une maison dont elles vinrent prendre possession en 1673. On y construisit aussitôt des bâtimens réguliers et une chapelle dont la première pierre fut posée par une pauvre femme, sans autre cérémonie. Dans le siècle dernier, cette chapelle fut reconstruite sur les dessins et sous la direction de l'architecte Hélu. Cette fois ce fut la reine Marie-Leczinska, femme de Louis XV, qui en posa la première pierre en 1775. On admirait sur le maître-autel de cette chapelle un tableau de *la Visitation* par Philippe de Champagne; il y avait dans les petites chapelles des statues de saints et de saintes, par Bridan.

Un couvent des filles de Saint-Thomas-d'Aquin existait dans la rue Saint-Dominique n° 86. Depuis 1815 il a été occupé par les dames de la Croix.

Les chanoinesses du Saint-Sépulcre, vulgairement appelées res religieuses de Belle-Chasse, parce que leur monastère était situé dans la rue de ce nom, s'étaient établis vers 1632 à Paris. Malgré la protection de plusieurs personnes considérables, leur établissement éprouva d'abord quelques difficultés, parce que l'on ne voulait plus agréer à Paris de nouvelles institutions religieuses, à moins qu'elles ne fussent suffisamment dotées. Enfin, en 1635, la mère Renée de Livenne de Verville fit l'acquisition d'une maison située au lieu dit *Belle-Chasse* ; et l'année suivante, la duchesse de Croï gratifia ce couvent de 2,000 livres de rente. Avec ce secours, on put achever la construction du monastère, et les religieuses en prirent possession le 20 octobre 1635. Cet établissement fut confirmé par lettres-patentes données en 1637. Depuis, ces religieuses avaient agrandi leurs jardins et leurs bâtimens, et fait reconstruire leur chapelle, qui fut bénite en 1673. L'ordre des chanoinesses du Saint-Sépulcre avait été institué en Palestine; il suivait la règle de saint Augustin. Les bâtimens de cette communauté ont été presque entièrement détruits ou changés en habitations particulières. Sur leur terrain s'étend une grande place sur laquelle on doit construire une église.

Nous ne citerons absolument que pour mémoire les Petites-Cordelières connues aussi sous le nom de religieuses de *Sainte-Claire de la Nativité*. En 1689, elles avaient obtenu de Louis XIV l'autorisation de transférer leur communauté à l'hôtel de Beauvais, rue de Grenelle, dont elles avaient fait l'acquisition. Elles y demeurèrent jusqu'en 1749, que ce monastère fut supprimé.

Les bureaux du ministère de la guerre occupent présentement les bâtimens du monastère des filles de Saint-Joseph ou de la Providence, situé dans la rue Saint-Dominique. Cette communauté y avait été établie en 1640, et Jean-François de Gondi, archevêque de Paris, donna aux filles de Saint-Joseph des statuts qu'elles observèrent avec la plus grande exactitude. Le but charitable de cette institution était d'instruire des orphelins et de leur apprendre toutes les petites industries convenables à leur sexe et à leur condition sociale.

En 1663, la reine Marie-Thérèse d'Autriche ayant voulu, en l'honneur de sa patronne et en action de grâce de la naissance du Dauphin, fonder un nouveau couvent de Carmélites, obtint du roi des lettres-patentes à cet effet. La reine fondatrice et la reine Anne d'Autriche posèrent la première pierre de l'église de cette maison, dans la rue du Bouloi (1664); mais le peu d'étendue et l'incommodité du lieu que les Carmélites habitaient leur firent désirer d'être transportées ailleurs. En 1689, suivant Piganiol de la Force, elles obtinrent la permission de passer dans la rue de Grenelle-Saint-Germain où elles avaient acheté un vaste terrain. Leur couvent est depuis long-temps une caserne de cavalerie.

Les religieuses de l'abbaye de Notre-Dame de Pentemont reconnaissaient pour fondatrices deux pieuses personnes, Catherine Florin et Jeanne-Marie Chésar de Martel qui s'associèrent à Lyon, en 1625, pour former un nouvel institut, ayant pour objet l'instruction des jeunes filles. Cette communauté vint s'établir à Beauvais, et l'on croit que c'est de la situation de leur monastère, bâti sur le penchant de la montagne de Saint-Symphorien, que le nom de *Pentemont* leur a été donné. Quoi qu'il en soit, elles obtinrent, en 1672, l'autorisation de transférer leur communauté à Paris, où elles avaient acheté à titre d'échange le couvent qu'elles occupèrent dans la rue de Grenelle-Saint-Germain. Ce fut le Dauphin, père de Louis XVI, qui posa la première pierre de leur église, en 1755. Cet édifice fut bâti sur les dessins et sous la conduite de Coutant, architecte du roi. C'est une assez jolie coupole, supportée par quatre pendentifs. Le portail sur la rue est orné de deux colonnes ioniques, que surmonte un fronton circulaire qui écrase par sa lourdeur ses délicats supports. Les bâtimens de l'abbaye de Pentemont ont été changés en une caserne, et l'église est devenue un dépôt d'effets militaires.

Terminons cette triste revue par le couvent des Théatins, établi autrefois sur le quai Malaquais. Ces religieux furent introduits en France, en 1642, par le cardinal Mazarin, qui leur acheta la maison qu'ils occupaient, et leur laissa une somme de 30,000 livres pour bâtir une église à la place de leur chapelle, qui était beaucoup trop petite. Cette église, commencée en 1662, ne fut achevée et bénite qu'en 1720. Le portail fut érigé en 1747, par les libéralités du Dauphin, frère de Louis XVI. Cette construction de l'architecte Desmaisons, toute médiocre qu'elle est, avait cependant quelque chose de distingué, si on la compare aux produits du goût bizarre de cette époque. Les Théatins avaient une bibliothèque de douze mille volumes. Les bâtimens de leur couvent sont occupés par des particuliers ; l'église a subi plus d'une profanation : changée d'abord en salle de spectacle, elle est ensuite devenue une salle de bal. On dirait que Voltaire, mort dans un hôtel de ce quai, exerça sur ce monastère sa maligne influence.

La paroisse de Saint-Thomas-d'Aquin, depuis son établissement, a eu l'heureux privilége de conserver long-temps ses curés. Dans l'espace de quarante ans, elle n'en compte que trois, sans comprendre le titulaire actuel, et tous trois ont été successivement élevés à l'épiscopat.

C. H. de CHANTAL.

S.-SÉVERIN.

Au centre d'un de ces antiques quartiers que la Montagne-Sainte-Geneviève semble couvrir de son ombre protectrice, non loin des rives de la Seine et de cette place célèbre que l'éloquence du fameux *Maître Albert le Grand* * peuplait d'innombrables auditeurs, s'élève la pieuse et charmante église de *Saint-Séverin*. Ce n'est point une majestueuse et grandiose basilique comme la royale sépulture de Saint-Denis, ce n'est point une vaste et sublime cathédrale comme notre auguste métropole; c'est l'église du peuple et de la science. Rien qu'à la voir on y devine la paroisse de l'Université et des humbles bourgeois; tandis qu'au profond recueillement qui règne sous ses arceaux, à la chaste harmonie de ses voûtes, au parfum de dévotion qui s'exhale de ses murs, on reconnaît la fille de Notre-Dame et le sanctuaire vénéré où pour la première fois fut solennisée l'Immaculée Conception de la Très Sainte Vierge. Le moyen-âge tout entier avec sa foi ardente, avec son génie créateur, avec la pureté de ses mœurs, avec la simplicité et le charme de ses usages, y respire tout entier. Chaque colonne ne supporte-t-elle pas la naïve image de ces honnêtes marchands, qui s'estimaient trop heureux de consacrer une partie de leur loyale fortune à l'or-

---

* La place Maubert.

nement de la maison du Seigneur, et qui ne demandaient pour récompense en ce monde que le modeste honneur d'être sculptés enguise de chapiteau à l'entour des piliers qu'élevait leur munificence? Chacune des gracieuses chapelles qui décorent le pourtour de l'église, toutes nues et toutes dépouillées qu'elles sont aujourd'hui, ne rappelle-t-elle pas la mémoire d'un grand saint, dont l'intercession avait puissamment secouru les fidèles paroissiens, ou dont les reliques précieuses avaient guéri bien des maux et soulagé bien des misères? Enfin les anciens du quartier ont-ils oublié ces confréries si assidues, si nombreuses, dont les belles bannières se déroulaient glorieusement dans les fêtes solennelles, et qui sanctifiaient le travail du pauvre en l'offrant à Dieu et en le mettant sous la protection de ses élus?

L'Église, en effet, n'est-elle pas, par excellence, la mère du pauvre et du petit, la mère de celui qui souffre, la mère du peuple?

Le pauvre vient au monde; comme Jésus enfant, il repose sur la paille, l'Église s'empresse, elle le relève, elle le fait chrétien, elle lui ouvre le ciel, et le nouveau-né ne s'éloigne pas des sources régénératrices sans qu'une main secourable n'ait pris pitié de sa faiblesse. Le jour des relevailles, quand la mère tremblante encore et à peine remise de ce pénible travail, qui est la punition d'Ève coupable, s'avance vers l'autel, une touchante prévoyance l'enveloppe d'un manteau fourré, qu'elle gardera comme un souvenir du saint lieu *; il n'y a que la charité catholique qui puisse descendre à ces touchans détails.

Venait ensuite l'enseignement : il fallait former cette jeune ame à l'amour de Dieu et de ses semblables ; il fallait lui inspirer le respect de ses parens, l'habitude du labeur ; il fallait surtout lui apprendre les vertus qui font l'honnête homme, le bon citoyen, l'ouvrier paisible ; et le prêtre se chargeait de tout cela. L'école de l'Église s'ouvrait pour les enfans : le chœur prenait les plus intelligens et les préparait aux destinées sublimes du sacerdoce ; le catéchisme les instruisait, leur révélait la connaissance de ces mystères que l'Église propose aux petits comme aux sages, et les amenait à la participation du corps et du sang de Jésus-Christ. Quelle fête que ce jour de première communion!

* Cette coutume existait à Saint-Séverin, la preuve s'en trouve dans un très ancien compte de la fabrique où figure cette dépense. Voyez l'abbé Lebeuf, *Hist. de Paris.*

Les cloches, ces mêmes cloches qui avaient retenti joyeuses au baptême, lançaient à travers les airs leurs brillantes volées, et les hymnes que répétait une éclatante sonnerie s'échappaient du délicieux beffroi qui couronne la tour de Saint-Séverin. Tous les habitans du canton méridional hors Paris, et tous ceux qui occupaient au loin la campagne, accouraient à cet appel, et pendant que le sauveur des hommes descendait au milieu des anges pour s'offrir à ces petits enfans qu'il a toujours aimé, d'une prédilection particulière, les prières des pères et les larmes des mères montaient à lui avec l'encens, avec les cantiques, avec le parfum de la cire et des fleurs.

L'enfant est devenu homme : une confrérie le reçoit, l'enrôle sous sa bannière, l'attache à ses priviléges, l'associe à son honneur et à sa piété. La plupart du temps c'était la vénérable confrérie des Maçons et des Charpentiers, établie dès le règne du bon et grand Saint-Louis, et qui avait sa chapelle particulière de Saint-Blaise, *tout près de Saint-Julien-le-Vieux, dans la paroisse de Saint-Séverin*, disait une ancienne charte de confirmation : et alors le nouveau confrère dévouait son chef-d'œuvre à saint Blaise ou à la Très Sainte Vierge, et, silencieux apprenti, il ciselait au pignon d'une église, ou dans le recoin le plus écarté d'un escalier solitaire, une de ces charmantes figures que l'œil et l'esprit ne peuvent se lasser d'admirer quand ils ont pu les découvrir. Ou bien c'était la confrérie de Saint-Martin, patron des Maréchaux-Ferrans, auquel on faisait des vœux pour la guérison des chevaux malades, ainsi que l'atteste saint Grégoire de Tours, de ce grand saint auquel les voyageurs avaient tant de confiance, et dont la chapelle était en vénération particulière à Saint-Séverin. On n'aurait pas, dans tout le faubourg sur la rive gauche de la Seine et dans tout le pays universitaire, on n'aurait pas entrepris une route difficile, et toutes les routes alors étaient semées de périls, si l'on n'avait pas fait ferrer son cheval près Saint-Séverin, si le fer n'avait été marqué avec la clé de la chapelle de Saint-Martin ; et quand le pèlerin avait échappé aux dangers, quand l'écolier arrivait sain et sauf dans les parages de la science, le pèlerin ne rentrait pas au logis, l'écolier ne frappait pas à la porte d'un des colléges de l'Université, sans avoir auparavant attaché aux parvis de la chapelle ou au portail de l'église les fers de sa monture. Ou enfin le jeune homme se faisait admettre dans la confrérie de Saint-Mamert, fondée en 1413, en l'honneur d'une insigne relique de ce saint, que les habitans des provinces les plus reculées du royaume venaient vénérer à grands frais et avec une merveilleuse piété.

La vie de l'ouvrier se passait ensuite, non pas sans douleur, quelle vie en est exempte? mais au moins dans le calme d'une conscience guidée par la religion, dans la paix d'une conduite sans reproche. Les fêtes de l'église étaient ses fêtes et ses jours de joie et de bonheur, d'autant plus qu'elles étaient nombreuses à Saint-Séverin, et qu'elles étaient célébrées avec une solennelle magnificence. D'abord, la paroisse de Saint-Séverin était église archipresbytérale, et le curé assistait monseigneur l'évêque de Paris le samedi-saint à la bénédiction des saintes-huiles, dans la cathédrale, et Dieu sait comme les bourgeois de Saint-Séverin étaient fiers de cet honneur, et comme, pour rien au monde, ils n'auraient manqué de se rendre à cette imposante cérémonie. Ensuite, l'église de Saint-Séverin était la première de Paris où l'on eût vu et entendu des orgues. Dès le temps du roi Jean, ce prince de chevaleresque et populaire mémoire, un petit buffet y avait été placé : il fallait voir avec quel enthousiasme messieurs les marguilliers parlaient de leur instrument ; il fallait voir avec quel empressement les fidèles venaient *esbattre* leurs oreilles à ces sons mélodieux, à cette harmonie céleste où *on cuidoit ouïr les Angels du paradiz*. Aussi, quand le jour de la Pentecôte, au milieu de la messe, le pigeon symbolique s'échappait du haut des voûtes, absolument comme à la cathédrale, et que l'instrument sacré répétait les naïves et suaves créations du génie de la musique chrétienne, l'ame fidèle et ardente était ravie dans une extase inexprimable et semblait savourer un avant-goût des délices éternelles. Certes, les bourgeois de Saint-Séverin, pas plus que les écoliers des colléges environnans, n'eussent changé leur paroisse même pour l'abbatiale de Saint-Germain-des-Prés avec toutes ses dorures. La renommée du chant et de la musique de Saint-Séverin était d'ailleurs un titre de famille pour eux : ils tenaient à honneur de conserver cet art dans toute sa noblesse et dans un état digne des écoles, où cette partie importante du *trivium* et du *quadrivium* était enseignée par les maîtres les plus habiles. C'est sans doute à ce zèle si louable que notre église dut les *bonnes orgues et bien ordenées* que lui donna *Maistre Re-*

gnault de Douy, escholier en théologie et gouverneur des es-cholles de la parouesse Saint-Séverin en 1358, et celles qui lui furent offertes en 1512.

Une autre fois, une solennité d'un nouveau genre mettait en émoi tout le pays latin, et donnait spectacle aux habitans de la paroisse. Il s'agissait d'élire un *recteur à l'Université des maîtres et étudians de Paris*. Cette importante affaire ne se décidait pas dans Saint-Séverin, bien que ce fût sur son territoire; elle avait lieu dans la jolie église de Saint-Julien-le-Pauvre, basilique au temps de Grégoire de Tours, qui logea dans son prieuré, et qui y psalmodia l'office de nuit; chapelle, en 1150, après sa reconstruction, et dont le *prieur* (*prior Sancti Juliani*) était l'un des *prêtres cardinaux* de l'église de Paris. C'est là, sous la triple voûte de ce gracieux édifice, que les *intrans* élisaient et proclamaient le recteur de l'Université.

Plus tard, une circonstance remarquable rassemblait les habitans de la paroisse au-devant du portail. On peut apercevoir encore aux angles de ce portail deux lions de pierre sculptés sur la muraille; le marteau révolutionnaire ne les a pas épargnés. Symboles de l'asyle inviolable qu'offrait le lieu saint, ils annonçaient d'abord que, devant la miséricorde du Très-Haut, la justice humaine devait s'arrêter, et surtout que la fureur populaire devait se briser en présence des autels et laisser agir la loi de Dieu ou des hommes. De plus, ils remplacent ici deux autres lions plus anciens, qui soutenaient le siège du juge ecclésiastique. Ainsi, quand l'official ou l'archiprêtre avait à prononcer une sentence, il sortait de l'église, et entouré des ministres du sanctuaire, il prenait place sur le trône de pierre, qui était fixé contre la muraille du temple; et, de là, *inter duos leones*, entre les deux lions, comme le portent les anciennes chartes, en présence du peuple attentif, il promulguait le jugement.

Mais la plus grande, la plus illustre de toutes les fêtes de Saint-Séverin, était, sans contredit, celle de la Conception de la Très Sainte Vierge. Dès l'année 1311, la divine mère de Dieu fut honorée dans sa conception immaculée, par les fidèles de l'église. On sait que ce privilége de Marie fut intrépidement défendu par les théologiens de France, et que l'école de Paris se distingua entre toutes par l'ardeur et par le zèle avec lesquels ses docteurs se firent les champions de cette pieuse croyance. Paroisse de l'Université, et comptant dans sa circonscription les sept colléges renommés du Trésorier, de Bayeux, de Narbonne, de Tours, de Maistre-Gervais, de Cornouailles et de Séez, l'église de Saint-Séverin devait naturellement porter à la Sainte Vierge, protectrice des écoles, une vénération toute particulière. D'ailleurs, n'était-elle pas la première église érigée sous les regards et comme sous le sourire de la métropole? Aussi la chapelle, qui était consacrée à la reine des anges, fut bientôt le chef-lieu d'une nombreuse confrérie; des honneurs extraordinaires y étaient rendus chaque année à la Vierge *conçue sans péché*, et tout ce que la piété de nos pères pouvait trouver de plus suave et de plus ravissant, était prodigué pour cette fête. Du haut du ciel, la mère du Sauveur daigna agréer ces hommages; une protection spéciale et des faveurs sans nombre couvrirent les pieux paroissiens de Saint-Séverin; et quand un illustre et saint prélat, que nos regrets éternels accompagnent dans la tombe, eut placé, à une époque douloureuse, sa ville et son diocèse sous l'invocation de la Vierge immaculée; quand le souverain pontife, qui gouverne si heureusement l'église, eut consacré par son autorité suprême cette dévotion séculaire, il fut réservé à l'église de Saint-Séverin de donner à la grande cité la première marque extérieure et permanente du culte qu'elle avait professé pendant plus de cinq siècles. En présence de monseigneur de Forbin-Janson, évêque de Nancy et de Toul, et par les soins de M. l'abbé Hanicle, curé actuel de la paroisse, et devant un immense concours de peuple, la statue de l'Immaculée-Conception a été placée au pignon restauré de l'église (le 22 août 1842). Puisse cette Vierge bénie, dont l'image domine la vaste capitale, étendre sur elle et sur notre patrie sa tutélaire assistance, et ramener au milieu de la France régénérée les croyances et les convictions de ces temps où, pour la première fois, elle reçut les vœux et les prières de nos pères sous ce glorieux attribut!

Tels étaient les liens de chaque jour et de chaque instant qui rattachaient l'existence du chrétien à son Église; mais ce n'est pas tout. L'Église partage aussi la vie sociale et politique; elle se réjouit des joies nationales, elle souffre des douleurs de la cité; son histoire est l'histoire de la ville ou du quartier qu'elle domine et qu'elle protége. Depuis son origine jusqu'à nos jours, Saint-Séverin nous en offre la preuve.

Au VIe siècle vivait un pieux et vénérable solitaire, comme le malheur des temps et la providence de Dieu savaient en susciter, se dévouant dans la retraite au sacrifice, à la mortification, à la prière. Tel était *Severinus;* son nom indique un Gallo-Romain; peut-être avait-il rempli de hautes fonctions? L'amour de Dieu l'avait conduit à la solitude, et il s'était établi sur les rives de la Seine, près de la basilique de Saint-Julien-le-Pauvre. Il fut enseveli au lieu où il s'était retiré. Sa renommée de sainteté le suivit après sa mort; des miracles furent opérés sur sa tombe, et un oratoire y fut construit. Saint Cloud, ce jeune et infortuné Clodoald qui, échappé au poignard de ses oncles Childebert et Clotaire, se prit d'un grand dégoût du monde et s'enferma dans un cloître, avait été disciple de Séverin, et c'est sans doute à sa piété royale que fut due l'érection de l'oratoire ou chapelle du solitaire.

Jusqu'au IXe siècle, la chapelle subsista, et les reliques du saint y étaient exposées; mais à cette époque, les barbares du Nord inondèrent les provinces de la Gaule. Tout fuyait devant eux, et les populations de la campagne, emportant les ossements de leurs patrons, cherchaient un refuge derrière les murailles des cités. C'est ainsi que le corps de saint Séverin fut transporté, de l'église qui lui était consacrée, dans la cathédrale, où il resta jusqu'au XIe siècle.

L'église, brûlée par les Normands, ne se releva de ses ruines que vers 1050, où Imbert, évêque de Paris, l'obtint du roi Henri Ier, comme ayant appartenu aux princes ses prédécesseurs. A la fin du XIe siècle, elle était rebâtie; la confiance s'était rétablie avec l'ordre; les maisons s'augmentaient dans le canton méridional, et elles formèrent bientôt le bourg de Saint-Séverin, *vicus Sancti Severini*. La nouvelle église fut destinée à leur servir de paroisse; sorte de succursale de la cathédrale, elle hérita de la circonscription qui appartenait auparavant à la basilique de Saint-Julien, brûlée comme elle par les hommes du Nord, et elle devint église archipresbytérale.

On le voit donc, la paroisse croît avec sa population; elle a été désolée par le fer et par le feu, ainsi que ses pauvres habitans; la voix de son beffroi s'est tue avec leur départ; la campagne est devenue déserte comme le parvis sacré, et le silence de la mort s'est étendu sur la contrée en deuil. Maintenant elle renaît; sa jeunesse a été renouvelée, ainsi que celle de l'aigle; dans ses murs relevés, la vie religieuse et sociale va se ranimer. La foule remplira encore ses nefs consacrées; et ses flèches aiguës porteront dans les airs les supplications du peuple. Plusieurs fois la maison du Seigneur se trouvera trop petite, et la multitude, refluant sur le portail, prêtera généreusement ses bras, son travail, son or, pour agrandir le saint lieu.

Mais voici une ère magnifique qui s'ouvre; voici des prodiges inouïs qui commencent. Un cri sublime est parti de la France; répété sous les auspices du siége apostolique, il a retenti dans la chrétienté tout entière : Dieu le veut! Dieu le veut! Et soudain l'Europe s'ébranle; rois, princes, chevaliers, grands et petits, même les femmes et les enfans, épris d'un saint enthousiasme, attachent la croix sur leurs épaules; les serfs sont déclarés libres; le haut baron vend ses terres ou engage son château; le bourgeois lui-même échange son pourpoint contre une armure, et soldat improvisé du Christ, va se ranger sous la bannière de sa paroisse; et, pendant trois siècles, le même appel renouvellera sans cesse les héroïques bataillons du Christ. Or, parmi les hommes puissans par la parole et la sainteté auxquels il était donné de soulever le monde, à côté de Pierre l'Ermite, à côté de saint Bernard, l'histoire a consacré le souvenir d'un humble prêtre, le curé Folques de Neuilly-sur-Marne. La renommée d'éloquence de ce simple élève de l'Université de Paris était arrivée jusqu'au pape Innocent, et le saint père, confiant dans la grâce divine, l'avait chargé de prêcher la croisade. Dieu bénit les efforts du prêtre, et aux accens de sa parole inspirée, une armée innombrable se leva et partit pour la Palestine.

Saint Séverin avait eu les prémices de cette haute éloquence. Folques n'était qu'un écolier, et déjà le chantre de la cathédrale de Paris, Pierre, son maître, était si émerveillé de ses talens extraordinaires, qu'il le produisit dans l'église de Saint-Séverin, et le fit prêcher en présence de gens habiles (1180). La réunion d'élite convoquée pour l'entendre goûta merveilleusement le génie simple et énergique du jeune étudiant, et ainsi que l'atteste Jacques de Vitry *, « tous les savans de Paris accouraient

* Hist. occident., C. 8, fol. 281.

pour entendre ce prédicateur qui parlait comme un second saint Paul. »

Et nous aussi, dans cette même église, nous avons eu le bonheur d'assister pendant plusieurs mois aux enseignemens si profonds et si simples, si élevés et si précis d'un nouvel apôtre. Après avoir inauguré, sous les voûtes séculaires de la cathédrale, a réaction religieuse dont notre siècle voit l'aurore radieuse, cet homme à la parole vivifiante, ce prêtre * qui avait remué, lui aussi, les masses inertes de notre population indifférente, il est venu sous l'abri vénéré de Saint-Séverin, à l'ombre de ces autels tout embaumés encore des souvenirs de la science, tout pleins encore des accens de Folques de Neuilly, il est venu renouveler les leçons sublimes de cette école catholique qui commence à l'apôtre des nations et qui s'est glorieusement continuée en France, sur les traces des pères des premiers âges, par Lanfranc, par saint Anselme, par Pierre Lombard, par saint Thomas, par saint Bonaventure, par Bossuet et par Fénelon.

Après l'époque des croisades, la paroisse de Saint-Séverin se trouva encore trop petite, et c'est de là que date une série de nouvelles constructions. Les parties les plus anciennes de l'édifice sont la tour, la nef et le chœur jusqu'au sanctuaire exclusivement : ils appartiennent au xive siècle. Le double rang de vitraux qui ornent les deux côtés du vaisseau principal faisaient à cette époque un merveilleux effet, décorés qu'ils étaient de riches peintures. Les armoiries, devenues d'un usage général pour la noblesse pendant les guerres de terre sainte, commencent à paraître sur ces fenêtres : c'était le temps des fondations pieuses, et l'église de Saint-Séverin, la première encore, reçut, avec les dons des familles illustres, le devoir d'inscrire sur ses vitraux les insignes de ceux qui les faisaient ériger.

La renommée de Saint-Séverin s'étendait tous les jours. Déjà les trésors de la munificence apostolique s'étaient ouverts pour elle, et en 1347 le pape Clément VI lui avait accordé de nombreuses indulgences. Ces priviléges furent vérifiés en 1458, et confirmés lors de l'agrandissement de l'église. Jamais le zèle de la fabrique de Saint-Séverin n'avait été plus grand et plus efficace. Vers 1445, les marguilliers avaient acheté l'hôtel de

* M. l'abbé de Ravignan.

l'abbé et des moines des Échallis, ordre de Citeaux : ils voulaient construire sur cet emplacement la seconde aile, et les chapelles derrière le sanctuaire : « Le lundy, ive jour de may 1489, on commença les vuidanges pour faire les fondemens de l'accroissement de l'église, et le xiie jour fut assise la première pierre dudit fondement. — Le xive de juillet 1491, fut assise la première pierre de la chapelle Saint-Sébastien. — L'an 1491, le pénultième mars devant Pasques, fut béni l'accroissement de cette église avec le grand autel, l'autel de derrière où est Notre-Dame-de-Pitié, l'autel de la chapelle M. Poignant, fondée de Saint-Pierre et Saint-Paul, l'autel de Saint-Mames et Saint-Sébastien, l'autel de Notre-Dame et de Sainte-Brigide, par révérend père en Dieu, Jean Simon, évêque de Paris. » — Telles sont les indications que présentait le livre de la fabrique, véritable biographie de l'église, tenue selon la coutume avec le plus grand soin; précieux et admirable usage que la piété de nos pères, vigilante gardienne du passé, conservait religieusement, et que nous voyons avec bonheur ressuscitée déjà dans quelques diocèses de France par la sollicitude éclairée de nos évêques.

Mais il n'y avait qu'un côté de l'édifice terminé ; la fabrique ne devait pas s'arrêter là, et « le 12 février 1498, on commença la besongne de mettre les chapelles dehors du côté du cimetierre, par Micheaul-le-Gros. » Chaque paroissien se faisait un honneur et un devoir de contribuer à l'érection de l'église, qui, par la construction des piliers, qui par l'achèvement d'une chapelle. C'est ainsi qu'au deuxième pilier du premier bas-côté ou aile méridionale de la nef, on lisait sur une plaque de cuivre rouge en caractères de petit gothique : « Les exécuteurs de feux Antoine Compaigne, enlumineur de pincel et de Oudère sa femme, ont fait faire ce pilier du résidu des biens desdits défunts, l'an MCCCCXCII. Priez Dieu pour l'ame d'eulx. Amen » Et aujourd'hui encore, le chrétien qui passe sous l'arceau gracieux que soutient ce pilier, accorde avec bonheur une prière et un souvenir à ces pauvres et pieux trépassés. Toute concession qui dépendait de l'église comportait un service à son profit : de cette sorte, les fossoyeurs du cimetière étaient obligés « de nettoyer les voûtes et toute l'église à la Saint-Martin. » Pour que le titre ne se prescrivît et ne se perdît pas, il était gravé sur le pied de la tour du côté de l'entrée.

L'église était complète : restaient seulement à rebâtir le trésor et la sacristie ; ils le furent en 1540, sur la rue.

Telle était l'église de Saint-Séverin ; telle elle aurait dû rester. Mais nous arrivons à la décadence de l'art. Saint-Séverin ne devait pas échapper à la manie de dégradation qui, sous prétexte d'embellissement, ruinait ou déformait les chefs-d'œuvre de l'architecture et de la sculpture catholique. La révolution liturgique et artistique qui se fit au XVIIe et au XVIIIe siècle, n'épargna pas la charmante église de l'Université.

Et puis la plaie hideuse du jansénisme s'y était en quelque sorte intronisée : elle y régnait sans partage et de là comme d'un fort, elle narguait l'autorité pontificale et répandait ses austères calomnies. Comment pouvait-il en être autrement ? Peuplée de parlementaires et de bourgeois entêtés et rigoristes, cette paroisse, qui n'avait gardé de sa jeunesse universitaire que la pédanterie scolastique et l'intraitable manie de l'opposition, se fit remarquer entre toutes par sa persistance à défendre l'hérésie de Jansénius. Ce qui aidait surtout à la propagation traditionnelle de la doctrine condamnée, c'était la vie sévère et retirée que menaient la plupart des magistrats et des bourgeois qui demeuraient sur Saint-Séverin. Là, point de dissipation, point de contact extérieur : renfermés dans la solitude du foyer domestique, les enfans recevaient de leurs pères les premières, les seules leçons ; l'erreur, condensée sous le respect filial, se perpétuait malgré les anathèmes, se glissait dans l'ombre et tyrannisait les esprits à la faveur du vernis de gravité et de piété qu'elle affectait. Soutenue par l'or de la secte et par cette fameuse *boîte à Perrette* qui subsiste encore, elle n'a pas entièrement cédé aux efforts du clergé de la paroisse ; malgré les soins, le zèle, la charité des évêques et des pasteurs, elle a survécu aux orages de la Révolution, et elle vit encore, honteuse et impuissante, mais agissant toujours. Elle conserve encore sur quelques têtes endurcies un certain empire, et la fête du Sacré-Cœur de Jésus ne voit jamais paraître au pied des autels bon nombre de vieux paroissiens qui d'ordinaire assistent à tous les offices. Chaque jour, il est vrai, ce nombre diminue : le temps emporte chaque jour quelqu'un de ces antiques récalcitrans, et le jansénisme ne sera plus bientôt qu'une ombre, qu'un souvenir, qu'un mauvais rêve.

Au xvii⁰ siècle, il était tout-puissant; on ne peut guère douter que ce ne soit sous son inspiration froide, mesquine et de mauvais goût, qu'ait été exécutée la prétendue restauration du chœur. Le jubé, délicieuse tribune, ouvrée avec tout l'art du moyen-âge et d'où l'Evangile se lisait aux fidèles, le jubé fut abattu. Les arêtes délicates des ogives disparurent sous les pièces massives de marbre, l'architecture fut défigurée; un autel d'un style sans grandeur, sans élégance, sans caractère, s'éleva sous un épais baldaquin; de lourdes stalles chargèrent les entrecolonnemens; et lorsqu'après le bruit et les dégâts du marteau les anges revinrent dans le saint lieu, ils ne reconnurent plus le pieux, l'humble, le dévôt sanctuaire où ils se plaisaient à descendre. Ce triste chef-d'œuvre avait coûté des sommes considérables : en vérité on regrette que l'abbé *Fournier*, qui en 1684 consacra 6,000 livres à dégrader le chœur de son église, n'ait pas su trouver de sa fortune un meilleur et un plus intelligent emploi.

La révolution de 1793 n'épargna pas Saint-Séverin : elle ne respecta que les marbres de M. Fournier; mais en revanche, elle brisa les autels, elle enleva les vases sacrés, elle décapita les statues, elle martela les sculptures, elle jeta au vent les reliques des saints. Pauvre église, que sont devenues ses richesses? Que sont devenus les tableaux de *Philippe de Champagne?* qu'est devenue cette petite statue de la Sainte Vierge qui avait été dressée contre le pilier où était l'ancienne chapelle, et où la mère de Dieu était représentée dans une chaire de prédicateur avec une inscription en mémorial du lieu qu'occupait la chapelle primitive? Les cendres des morts ont aussi été dispersées et les tombes d'Etienne Pasquier, des frères de Sainte-Marthe, de Moréri, d'Elie Dupin, de Pierre Grassin, de la famille de Brinon, de la famille Gilbert de Voisins, n'existent plus *. Certes, nous ne sommes pas aveugles sur les défauts et sur les erreurs de ces hommes dont la plupart ont professé des doctrines dont les résultats ont été funestes : mais la paix des tombeaux doit

---

* Etienne Pasquier, avocat-général de la Chambre des comptes, auteur des *Recherches sur l'Histoire de France*, mort en 1615. — Scévole et Louis de Sainte-Marthe, jumeaux, tous deux historiographes de France, morts en 1650 et 1656. — Moréri, auteur du *Dictionnaire*, mort en 1650. — Elie Dupin, docteur de Sorbonne et auteur de plusieurs ouvrages, mort en 1719. — Pierre Grassin, conseiller du roi, fondateur du collége des Grassins. — Les familles de Brinon et de Voisins étaient parlementaires.

être respectée, et les violer est un crime qui souille une nation.

Démantelée, à demi-nue, l'église de Saint-Séverin fut rendue au culte en 1802. Depuis cette époque, elle essaie de réparer ses plaies, de relever ses ruines. Peu à peu elle y parviendra : malheureusement elle est étouffée dans sa circonscription trop étroite : le zèle de ses pasteurs, la charité des fidèles, l'appui de l'Etat suppléeront à cette triste situation jusqu'à ce que la sagesse du prélat qui occupe le siége de Saint-Denys ait remédié par une délimination plus équitable à la souffrance de cette vénérable église.

Aujourd'hui déjà, l'administration municipale a entrepris avec une louable ardeur les travaux de reconstruction nécessaires à la conservation extérieure du monument. Le portail de l'ancienne église de Saint-Pierre-aux Bœufs, située dans la Cité et sur l'emplacement de laquelle on a percé une rue nouvelle, a été transporté à Saint-Séverin. Habilement appliqué sur la façade, il y dresse maintenant ses sveltes colonnes et ses rinceaux délicats, il y ouvre sa gracieuse ogive dont l'angle intérieur est décoré d'un pieux et élégant bas-relief représentant la Sainte Vierge Marie et l'enfant Jésus qui reçoivent les hommages et l'encens des anges. Les murailles consolidées, les fenêtres reconstruites, le perron restauré, tout annonce une résurrection ; et bientôt la sainte et respectable église, revêtue de sa robe nouvelle, reparaîtra blanche et glorieuse comme aux premiers jours de sa naissance.

A l'intérieur, il y a beaucoup à faire : une affligeante nudité désole ses murs : il semble, à l'aspect délabré de quelques chapelles, que les temps mauvais ne sont pas encore passés et que la maison de Dieu est encore, ainsi qu'en 1793, une fabrique de salpêtre ou une fonderie de cloches. Cependant des essais ont été heureusement tentés, et si les autels de Saint-Séverin, abbé d'Agaune, le second patron de la paroisse, de Saint-Paul, de Sainte-Geneviève, et même de Saint-Séverin solitaire, si les chapelles de Saint-Pierre, Saint-Jean et de Saint-Vincent-de-Paul, malgré les tableaux qui les ornent et qui ne sont pas sans mérite, laissent encore dans l'ame du chrétien une triste impression à cause de leur abandon, il faut tenir compte des efforts qui ont été faits pour rendre à la chapelle Saint-Jean l'honneur et le caractère d'un lieu dédié à d'illustres serviteurs du Très-

Haut. Un autel en menuiserie de chêne, dont le dessin pourrait être plus pur et le travail plus fini, est surmonté d'une peinture à fresque représentant la dernière cène où le disciple bien-aimé reposa sur le sein de son divin maître : au-dessus, dans le triangle de l'ogive, le prophète de Pathmos écrit l'apocalypse sous la dictée d'un ange, et le regard plongé dans le ciel entr'ouvert ; en face est le martyre du saint à la porte latine et au-dessus sa vocation, lorsque le Seigneur passant près du pêcheur de Galilée lui dit ; suivez-moi. La voûte est peinte également ou plutôt recouverte d'ornemens qui nous ont paru beaucoup plus byzantins que gothiques, par leur forme d'abord, par leur disposition et par leur ton ensuite. L'écusson de la clé porte les armes de la ville de Paris, non pas ses vieilles et véritables armoiries de gueules à la nef d'argent, et au chef d'azur semé de fleurs de lys d'or ; les lys ont été remplacés par des étoiles qui ne signifient rien. Quand donc saura-t-on, en travaillant pour l'histoire et avec l'histoire, ne pas l'injurier à chaque instant ; quand donc l'artiste et même l'administrateur cesseront-ils de faire aux emblêmes cette guerre de mauvais aloi, et quand aura-t-on le courage de ne plus mutiler la France et ses souvenirs ?

Des arabesques, d'un dessin assez gracieux mais d'une exécution froide et insignifiante, simulent un vitrail : art sublime de nos pères, magnifiques verrières des vieux âges, où êtes-vous ?

Saint-Séverin, nous l'avons dit déjà, est un des sanctuaires les plus favorisés de Marie. Toute l'abside lui est consacrée : d'abord la chapelle de la Sainte-Vierge, sous le titre de Notre-Dame d'Espérance, construction extérieure qui brise l'harmonie du temple ; puis l'autel de Notre-Dame de Pitié ; puis, avancez quelques pas, voyez, vis-à-vis de ce délicieux pilier dont les arêtes en spirales vont s'épanouir à la naissance de la voûte et former une guirlande de ravissantes ogives inclinées, sur ces dalles au-dessous desquelles subsiste encore le puits de saint Séverin, le puits du Solitaire ; voyez : une lampe brûle sans cesse devant une image admirable de l'Immaculée-Conception ; des fleurs sont déposées près du cadre, et bien souvent des pèlerins viennent y verser des larmes et des prières. Or, savez-vous comment ce tableau appartient à l'église, savez-vous qui renouvelle cette lampe, savez-vous quels sont ces hommes à la figure mâle, au teint hâlé, à l'accent étrange, qui s'agenouillent pieusement sur les humides pavés de la chapelle écartée? Ce tableau, il vient de la Pologne ; ces pèlerins sont des proscrits, des Polonais. Pauvres exilés! Quand la cause de la religion et de la liberté eut succombé sous les ruines de Varsovie, quand l'aigle noir de la Russie eut brisé de ses serres cruelles l'aigle sans tache de la noble Pologne, les héros vaincus quittèrent en pleurant les rives adorées de la patrie : ils emportaient leurs drapeaux déchirés, leur sceptre brisé, leurs épées rompues, ils emportaient aussi la croix de leur Dieu et l'image bénie de la Vierge immaculée. La France les accueillit ; mais tandis que cette nation, dont les chefs ont à se reprocher la plupart des désastres de la Pologne au milieu de laquelle ils ont soufflé le venin révolutionnaire, n'a pour les pauvres bannis qu'une pitié dérisoire, l'église leur ouvre les trésors inépuisables de ses consolations et de ses miséricordes : elle les rassemble au pied de ses autels, elle leur enseigne la patience, il en faut tant dans l'exil ! Et par une prophétique inspiration, elle place la vierge de Varsovie sous la garde de Notre-Dame d'Espérance!

Tout en considérant l'avenir, l'Église aussi sait religieusement conserver le passé. Héritiers du zèle de leurs devanciers, les marguilliers actuels de Saint-Séverin mettent un soin au-dessus de tout éloge à rappeler la mémoire des illustrations de leur paroisse. Ainsi, une inscription est consacrée au souvenir de la confrérie si vénérable de l'Immaculée-Conception*; une autre est placée sur le sixième pilier de la grande nef, à gauche, en commémoration de la situation qu'occupait la première chapelle de la Sainte Vierge; et le mémorial, ruiné dans la révolution de 1789, a été remplacé par une délicieuse statue de la Sainte Vierge, donnée par M. Micheli : cette statue, appliquée contre le pilier, appartient au meilleur temps du moyen-âge **. Enfin, une pierre tumulaire sculptée, qui se voyait jadis dans les

---

* Elle est placée au-dessous du tableau des Polonais : la voici : « C'est dans cette église que fut érigée, en 1311, — la première confrérie établie en France, — en l'honneur de la très sainte Vierge, — sous le titre de la Conception immaculée. — Ici était la chapelle, — de cette antique confrérie, — dont l Institution primitive, — eut lieu à Londres, en 1278. — »

** « Devant ceste image, gist noble homme et saige maistre Pierre de Tocuy, avocat en parlement, lequel par son testament a fondé en l'église de céans, une lampe pour ardoir continuellement jour et nuit, en la chapelle Notre-Dame, qui estait en ce lieu; parce que depuis l'église a esté creuc, ladite lampe a esté mise devant le grand autel d'icelle église, lequel deffunct trespassa le lundy, XXVI° jour de febvrier, MCCCCLVII, Priez Dieu pour l'âme de lui, et pour les siens qui cy-devant reposent. »

charniers, a été replacée au-dessus d'une des petites portes. C'est là un bon et utile exemple que toutes les églises de Paris devraient suivre.

Telle est l'église paroissiale de Saint-Séverin, succursale de Saint-Sulpice jusqu'en 1830, depuis cure titulaire de deuxième classe. Avec sa tour et son charmant beffroi, avec ses cinq nefs autour desquelles règne un rang de chapelles, avec sa double et gracieuse architecture, avec ses hautes croisées, avec ses légers contreforts, avec ses clochetons découpés, avec ses dentelles de pierre, ses moulures élégantes, avec sa piété, sa poésie, ses souvenirs, c'est sans contredit une des églises où l'ame reçoit le plus de saintes émotions, le plus d'enseignemens élevés, de recueillement profond, d'intimes et de ravissantes consolations!

Henry de RIANCEY.

SAINT-MÉDARD.

L'église Saint-Médard est fort ancienne : elle a été fondée par le Chapitre de Saint-Pierre et Saint-Paul, dit l'abbaye de Sainte-Geneviève.

On n'a point de date précise sur la première année de son existence. L'historien Sauval la ferait remonter au-delà du xe siècle, et il cite, à l'appui de son origine, les diplômes du roi Robert Ier, Henri Ier et Philippe Ier. Ces diplômes n'en disent pas un mot. Le premier monument qui fasse mention de Saint-Médard comme église, est une bulle du 24 avril 1163, où elle est énoncée comme faisant partie des possessions de l'abbaye Sainte-Geneviève.

Elle était située, en effet, sur un territoire formant un bourg particulier nommé bourg Saint-Médard, lequel avait ses juges et sa police indépendante de celle de Paris; mais ce terrain et ce bourg, qui n'avaient été tout au commencement que des clos, des bois, des jardins et un sol de labour, étaient placés dans la censive de la riche abbaye. On les trouve marqués dans un état des biens de ce chapitre, et cet état, rédigé il y a six cents ans, désigne le bourg Saint Médard comme étant, de ce côté-là, les limites de la juridiction de Sainte-Geneviève.

Nous croyons que cette église a commencé, de même que bien d'autres, par une simple chapelle. Jaillot est de notre avis.

Seulement il prétend, lui, que cette chapelle fut bâtie avant le ixe siècle, par suite de l'éloignement où les habitants du village se trouvaient de l'église Sainte-Geneviève; que cette chapelle fut détruite par les Normands et reconstruite plus tard.—Nous pensons, nous, en l'absence de toute preuve contraire chez les historiens des deux premières races, nous pensons qu'à cette époque la paroisse était trop faiblement peuplée pour avoir une église spéciale; mais qu'après tout vestige effacé de ces farouches et dévastateurs hommes du Nord, le village s'agrandit, et il fut besoin d'une succursale au grand chapitre.

C'est une page bien grande et bien mémorable dans notre histoire, que l'héroïsme avec lequel Gourlin, évêque de Paris, et l'abbé de Saint-Germain-des-Prés défendirent, de concert avec Eudes, comte de Paris, notre intrépide capitale contre les quarante mille lances Neustriennes qui assiégeaient ses portes. La cité garda ses armes hautes et toute la noblesse de son indépendance, elle força ses agresseurs à s'en retourner avec leur honte; mais auparavant, ils pillèrent et brûlèrent Notre-Dame, appelée alors l'Église de Paris, et les monastères de Saint-Germain-des-Prés et de Sainte-Geneviève.—Les chanoines de cette dernière abbaye s'étaient enfuis avec le corps de leur sainte patronne dans le Soissonnais; ils en rapportèrent quelques reliques de Saint-Médard, et de là vient, sans nul doute, le nom donné à cette église.

En 1202, elle fut exemptée par Eudes de Sully, évêque de Paris, de lui payer le droit de procuration. Elle était alors desservie par un chanoine de Sainte-Geneviève, qui signa la transaction concédant ce privilége, et elle demeura toujours à la nomination de l'abbé.

Aux xive et xve siècles, il y avait près de ce temple, comme dans plusieurs autres de Paris, un *reclusoir*, c'est-à-dire une cellule où s'enfermait, pour le reste de ses jours, une femme recluse volontairement. Le nécrologe de Sainte-Geneviève, rédigé sous le règne de Charles VI, désigne au 1er mars l'anniversaire d'*Hermensende, recluse de Saint-Médard*.

Avant d'aller plus loin, nous devons relater ici une scène importante d'un grand drame religieux qui remua le xvie siècle, et dont le monument qui nous occupe fut le fatal et sanglant théâtre.

Rue Mouffetard et dans les environs de l'église Saint-Médard, s'élevait un bâtiment appelé *Maison du Patriarche* parce qu'il avait été bâti jadis par un patriarche de Jérusalem, le cardinal Bertrand. Il avait passé ensuite par acte de donation au collége de Chanac, puis à Simon de Cramault, cardinal et patriarche d'Alexandrie, qui fut, si je ne me trompe, chassé par les Barbares du temps de Charles VI. — Par vente ultérieure et forcée, il avait appartenu à Thibaud Carrache, bourgeois de Paris ; à Étienne Canaye, conseiller au parlement ; et enfin, à l'heure où nous sommes, Jean Canaye le possédait, mais il l'avait affermé à Ange de Caule, marchand lucquois.

Celui-ci le prêta ou donna à bail aux Calvinistes, qui le destinèrent au lieu de leurs assemblées.

L'édit d'Amboise, de mars 1560, ayant éteint les bûchers et ouvert les prisons aux protestans, Charles IX leur avait permis de célébrer leurs exercices de religion dans les faubourgs de Paris. Alors ils choisirent pour leurs réunions un jardin situé hors la porte du temple et appelé la *Çerisaie,* puis au faubourg Saint-Marcel la *Maison du Patriarche.*

Le 27 décembre, jour de Saint-Jean-l'Evangéliste, un certain Jean Malo, ministre hérétique, ci-devant prêtre habitué de la paroisse de Saint-André-des-Arts, faisait le prêche dans cet hôtel. Les assistans étaient au nombre de près de deux mille.

Le ministre, étourdi par le son des cloches de Saint-Médard qui appelait les fidèles aux vêpres, envoya dire au curé de faire cesser de sonner.

Soit que la remontrance fût présentée d'une façon peu révérencieuse, soit par une simple conséquence de l'aigreur réciproque des deux partis en lutte depuis longtemps, la demande fut mal accueillie : ce peu d'égard devint le signal des désordres les plus cruels et les plus scandaleux.

On assaillit et maltraita les deux envoyés. L'un d'eux parvint à s'échapper; l'autre, ayant tiré un couteau pour se défendre, exaspéra encore la violence des agressions, et succomba sous des coups de hallebardes.

Les paroissiens fermèrent les portes de leur église, et se reprirent à sonner plus fort qu'auparavant.

Alors Rouge-Oreille, lieutenant du prévôt des maréchaux, nommé par le gouverneur de Paris pour maintenir l'ordre au prêche des protestans, envoya un de ses archers pour s'opposer à ce bruit.

Le nouveau député fut bien surpris de trouver portes closes, et d'entendre pleuvoir à ses oreilles une grêle de pierres que l'on jetait du haut du clocher.

Il eut beau crier qu'il était officier du roi, on ne l'écouta point, force lui fut de faire retraite.

Aussitôt les calvinistes sortent du prêche en furie, assiégent Saint-Médard, en brisent les portes, se ruent sur le prédicateur Barthélemi Hourdez qui sortait de chaire et sur ses paroissiens, font main-basse sur tout : hommes, femmes et enfans, images, prêtres et autels. Les vîtres sont en lambeaux, la sacristie est au pillage, les saintes statues sont arrachées de leurs niches et lancées sur les fronts, les saintes hosties roulent sous les pieds.

Ce fut un scandale hideux, ce fut un sacrilége horrible ; ce fut le réveil subit et furieux d'une vieille menace volcanique, le fanatisme aux prises avec l'attentat, la rancune et la rage ; ce fut, dans toute sa détestable épouvante, l'abomination de la désolation.

Gabaston, chevalier du guet, entra dans l'église, à cheval ; et au lieu de faire cesser le tumulte, il y donna les mains.

Ceux des catholiques de Saint-Médard qui s'étaient retirés au clocher, redoublaient d'ardeur à sonner. Les religionnaires, irrités d'entendre toujours au-dessus d'eux cette sorte de tocsin, menacèrent de mettre le feu au clocher.

Le sonnerie s'arrêta.

Cinquante défenseurs de l'église furent grièvement blessés, quatorze faits prisonniers. Les huguenots organisèrent une espèce d'entrée triomphale dans la ville, et firent conduire solennellement leurs prisonniers au Châtelet par Gabaston et Rouge-Oreille suivis de trois cents archers, à la vue de tout Paris.

Cette lâcheté excita une indignation générale, chez ceux-là même qui favorisaient la cause de la réforme.

Le lendemain matin, les protestans retournèrent armés dans leur temple, y tinrent leur assemblée ; puis se retirèrent sans bruit.

Mais dans l'après-dînée, le juste ressentiment de la majorité populaire finit par éclater. La maison protestante fut envahie, les bancs rompus, la chaire mise en pièces, et l'édifice livré aux flammes.

Le magistrat y accourut avec main-forte : le calme se rétablit.

Gilles Bourdin, procureur-général du parlement, partit sur-le-champ pour Saint-Germain-en-Laye, où il porta au roi la nouvelle de ces événemens désastreux.

Le conseil ôta la connaissance de cette affaire aux deux lieutenans du prévôt des maréchaux, et la renvoya au parlement qui élut pour les informations Louis Gayant et Antoine Fumée.

Ces deux commissaires étaient de sentimens opposés : l'un favorable aux catholiques, et l'autre aux protestans. Ordre leur fut donné d'entendre les témoins séparément. Ceux qui chargeaient la paroisse de Saint-Médard s'adressaient à Fumée ; ceux qui chargeaient les huguenots s'adressaient à Gayant.

Sur quoi intervint un arrêt du parlement, qui déclara les témoins entendus par Fumée auteurs de la sédition ; et comme tels, ils furent jetés dans les cachots.

Grande rumeur s'ensuivit dans le parti protestant. Des placards injurieux contre le président et les conseillers au parlement furent affichés au coin des rues ; plus de trois cents personnes armées se répandirent par la ville, et tentèrent de soulever la population. Mais ce mouvement n'ayant pas été secondé, les manifestations coupables durent s'en tenir là, et la justice prendre son cours.

Dans les grandes émotions publiques, le premier crime est aux hommes qui, ayant l'autorité en main, s'en servent pour attiser le feu de la dissension. Aussi le chevalier du guet Gabaston ; Pierre Creon dit le Champenois, archer du lieutenant du prévôt des maréchaux ; un autre archer, du nom de Caget-le-Nez-d'Argent, furent condamnés à être pendus.

Faute de preuves suffisantes, Gabaston avait échappé déjà une fois aux rigueurs de la justice ; mais par suite de cette nouvelle accusation, le commissaire de Sens avait reçu ordre de bouleverser la maison du chevalier, où la rumeur publique assurait qu'il y avait eu des corps morts enfouis. On découvrit, entre autres choses, un pot de fer contenant cinq cent dix écus d'or soleil. Il en fut donné cent aux marguilliers de Saint-Médard ; le reste, confisqué au profit du roi.

La potence fut dressée devant l'église même, et le peuple

ajouta encore au supplice infâmant. Il saisit des mains du bourreau les cadavres livides, les traîna ignominieusement par les rues, et les jeta dans la rivière.

Jean Canaye, propriétaire de la *Maison du Patriarche,* n'en était pas moins innocent des désordres qui y avaient pris leur origine. Toutefois, il chargea son frère Jacques Canaye, avocat, de déclarer au parlement que, désireux de voir éteindre à jamais la mémoire de ce lieu réprouvé, il l'abandonnait avec ses dépendances aux pauvres et aux œuvres de piété qui seraient ordonnées par la cour.

Puis, le 24 avril 1562, le Connétable Anne de Montmorency fit détruire l'Hôtel des Patriarches; et deux jours après, le Connétable, à la tête d'une force armée, marcha vers le temple de Popincourt, dernier lieu de refuge des Calvinistes, et le réduisit en un monceau de ruines.

La réparation civile était accomplie, une réparation présentée à Dieu devait avoir son tour. Le 14 juin 1562, une procession solennelle se fit, de l'église de Paris à Sainte-Geneviève, et de Sainte-Geneviève à Saint-Médard.

Messieurs du parlement allèrent à cheval jusqu'à l'église Sainte-Geneviève; les prévôts des marchands et échevins de la ville placèrent un homme bien armé, bien équipé devant chaque maison située sur le chemin du cortége; toutes les rues furent ornées de tentures et de magnifiques tapisseries.

En tête, s'avançaient les quatre ordres mendians; neuf évêques en rochet marchaient devant le poêle, porté par les gens d'église, et entouré des six plus anciens conseillers de la cour.

Venaient ensuite les quatre cardinaux de Bourbon et d'Armagnac, de Lorraine et de Guise, coiffés de leurs grands chapeaux.

Après eux, à cheval, M. de Brissac maréchal de France et lieutenant-général du roi en la ville de Paris.

A droite, les Cours souveraines.

A gauche, les plus anciens conseillers, les prévôts des marchands, échevins et corps de la ville, suivis de :

131 capitaines élus pour la garde et défense de Paris,
Les bourgeois, les marchands,
Et la foule immense.

La sainte hostie était aux mains de l'évêque d'Avranches, qui célébra l'office divin à l'église Saint-Médard.

Pendant cette messe, frère Le Hongre, religieux de l'ordre de Saint-Dominique et docteur en théologie, fit une prédication sur les décombres de la *Maison du patriarche,* où les hérétiques faisaient leurs prêches autrefois.

Il ne resta plus sur la terre vestige de la profanation ; si ce n'est pourtant aux vitres d'une chapelle de Saint-Médard, où on lisait encore il y a un siècle et demi :

« *L'an de grâce* 1561, *le samedi* 27e *jour de décembre, ceste présente église fut prophanée des séditieux, faux seducteurs et malins hérétiques, pour les homicides et meurtres en icelle par eux commis ; et par iceux furent toutes les images brisées, et les verrières rompues et cassées : laquelle par les aumosnes des gens de bien a été réparée, ensemble des deniers provenus des adjudications faites par arrest de la Cour, qui ont été prises sur les biens d'aulcuns d'iceux séditieux exécutés. Et en ladite année, le* 17 *de mars avant Pasques, fut ladite église réconciliée et rebéniste par révérend père en Dieu messire Antoine de Harlay, évêque de Chaalons sur la Saone : pour lors était prieur et curé d'icelle église frère Antoine Despoigny, religieux de Saincte-Geneviefve.* »

Et de là-haut peut-être, Dieu laissa tomber alors un rayon de clémence, de miséricorde sur les sacrilèges, et sa bénédiction sur les pieux expiateurs.

— Les amendes pécuniaires imposées aux coupables furent consacrées à l'agrandissement de l'église Saint-Médard. Elle fut augmentée de la longueur du chœur et des chapelles latérales, et au-dessus de la porte de la sacristie se voyait cette inscription :

« *L'an* 1586, *le jeudi* 18 *septembre, messire Baptiste de Tierselin, évêque de Luçon, bénit le maître-autel et les autels de toutes les chapelles. Alors était prieur et curé de cette église frère Jean de la Rivière, religieux de Sainte-Geneviève.* »

A la même époque, on voulut construire le rond-point : des fondemens furent commencés derrière le chœur et dépassèrent le sol de deux ou trois assises de pierres de taille, mais la pauvreté des paroissiens ne permit alors d'en exécuter qu'une partie.

Plus tard, au dix-septième siècle, s'accomplirent d'importantes réparations.

En 1615, la chapelle de la communion fut rétablie à neuf.

Et cinquante ans après, le chœur fut agrandi, embelli considérablement; des soins furent donnés à plusieurs chapelles situées au côté droit de l'église, et l'on bâtit un maître-autel d'une forme plus gracieuse, dominant quelques marches et enrichi d'un tabernacle de bois doré, d'assez belle invention.

Enfin en 1784, on reconstruisit de nouveau cet autel et la chapelle qui termine le rond-point. Les dessins avaient été donnés par M. Petit-Radel, savant architecte de la ville.

L'église Saint-Médard peut se glorifier d'avoir servi de suprême demeure à plus d'un personnage illustre :

La plus ancienne épitaphe qui y ait été découverte est celle de Pierre Chefdeville, qui passa de vie à trépas le 2 octobre 1753.

Puis, au commencement du quinzième siècle, Clément de Reilhac, avocat du roi au Parlement, avait construit dans l'ancienne église une chapelle où fut enseveli son frère Pierre de Reilhac, conseiller au même parlement. Perrenelle de Magnac, veuve de ce dernier, y fonda en 1411 un chapelain séculier, sous les titres de Notre-Dame-Saint-Nicolas, Sainte-Catherine et Saint-Thomas-d'Aquin. Elle obtint même de François, abbé de Sainte-Geneviève, la faculté de s'en réserver la présentation, à elle et à sa famille. Cette chapelle existait encore sous le nom de Chapelle de Reilhac à la fin du seizième siècle.

Vient ensuite la sépulture de Patru l'avocat, qui mourut le 16 janvier 1681, après avoir été l'une des plus grandes célébrités de son temps. On peut dire de l'éloquence de Patru qu'elle brille plus écrite que parlée. On y trouve quelque politesse et correction de langage ; mais n'allez point y chercher, pas plus que dans toutes les faconde du barreau qui ont précédé le dix-huitième siècle, n'allez point y chercher les grands élans, les puissances de l'entraînement, la véritable éloquence : elle s'était toute réfugiée dans la chaire, elle n'en sortit que pour venir remuer les tribunes nationales, briser un trône, bouleverser la France et fouler aux pieds un passé de quatorze cents ans, au nom d'un seul homme, de Mirabeau.

Dans sa dernière maladie, l'avocat fut visité par le roi des orateurs, par Bossuet. M. des Réaux, un des amis du mourant, a consacré à sa mémoire cette épitaphe, un peu trop louangeuse peut-être :

> Le célèbre Patru sous ce marbre repose.
> Toujours comme un oracle il s'est vu consulter
> Soit sur les vers, soit sur la prose.
> Il sut jeunes et vieux au travail exciter :
> C'est à lui qu'ils devront la gloire
> De voir leurs noms gravés au temple de mémoire.
> Tel esprit qui brille aujourd'hui
> N'eût eu sans ses avis que lumières confuses,
> Et l'on n'aurait besoin d'Apollon ni des muses
> Si l'on avait toujours des hommes comme lui.

Hélas! Patru était mort dans les bras de la plus triste indigence..... Il est bien peu de suaires au monde qui n'ensevelissent avec nous les plus intimes, les plus ardentes sympathies ; bien peu de cœurs qui daignent se souvenir de nous, une fois que notre poitrine a jeté son dernier battement : l'épitaphe de Patru n'a point été gravée ; faute de quelques écus, le couvercle tumulaire est demeuré vide et muet, le pied insoucieux du passant aura plus d'une fois insulté aux cendres nobles et mystérieuses.

Une autre tombe illustre et sans inscription eut sa place dans Saint-Médard : je veux parler d'un profond dialecticien qui eut le grand tort de ne pas naître assez loin de Pascal et de la Rochefoucaud. Frappé d'apoplexie, Pierre Nicole vit assiéger sa retraite par une affluence incroyable de visiteurs désolés. Un homme, empreint de la plus vive et la plus touchante émotion, se détacha de la foule, s'approcha du lit de douleur, donna au malade quelques gouttes d'Angleterre ; le moribond avala en souriant, et s'en trouva si bien, qu'on eût dit une complète résurrection.....

Le docteur improvisé, venu en toute hâte de Versailles, n'était autre chose qu'un ami ; seulement cet ami s'appelait Racine.

Par malheur, l'effet salutaire ne se maintint pas, la résurrection ne fut pas même une convalescence : deux jours plus tard, c'est-à-dire le 16 novembre 1695, le moraliste s'étendait dans son dernier sommeil.

A côté de Nicole, son ancien camarade, s'est également couché un prêtre de Saint-Médard, Jacques-Joseph du Guet, né à Montbrison-en-Forêts, connu par un grand nombre d'ouvrages pieux, mort subitement à l'âge de 84 ans, le 25 octobre 1733, et enseveli le 27 dans son église paroissiale.

Mais la sépulture qui tient la place la plus importante dans les annales de Saint-Médard, est celle du fameux diacre Pâris au petit cimetière de l'église. Nul n'ignore à combien de scènes fanatiques et ridicules cette tombe a donné naissance; nul n'ignore que Saint-Médard a servi longtemps, et de loin en loin sert encore aujourd'hui, de rendez-vous aux jansénistes. Pâris ne s'attendait guère, et n'avait point travaillé durant son existence à la réputation qui lui fut infligée par ses survivans: Pâris était un fils aîné de conseiller au parlement; il avait renoncé à ses droits en faveur de son frère, et il était entré dans les ordres. Lorsque la bulle *Unigenitus* avait donné le signal des dernières et rudes guerres théologiques, il s'était jeté avec ardeur dans le camp de Jansénius, et s'était vu par suite fermer la carrière sacerdotale. Alors, se vouant à la retraite, il visita plusieurs monastères, revint à Paris, s'enferma dans une petite maison dont on montre encore l'entrée au faubourg Saint-Marcel, et il n'en sortit plus que pour secourir la misère, ne consentant à subsister lui-même que d'un travail manuel, des produits d'un métier à bas. La santé de Pâris succomba sous les jeûnes et les veilles; il reçut son Dieu des mains du curé de Saint-Médard, et en 1727, à l'âge de 36 ans, mourut comme il avait vécu, comme un homme ordinaire; si ce n'est qu'il avait passé faisant le bien.

Voilà tout.

Seulement l'effervescence des esprits religieux était alors à son comble; les opposans à la bulle prirent occasion de la mort du diacre pour le traiter de bienheureux et lui accorder le pouvoir des miracles. Ils savaient bien donner ainsi une sorte de force galvanique, un réveil tout au moins factice et illusoire à une cause perdue: aussi les obsèques furent célébrées par une immense foule de magistrats, de prêtres, de grandes dames; puis chaque jour, les restes du bienheureux furent visités par d'interminables pèlerinages. La poussière du lieu était fatiguée d'agenouillemens et de baisers; on en prenait des parcelles qu'on emportait comme des préservatifs, comme d'infaillibles moyens de salut. De la vénération extrême à la superstition, il n'y a qu'un pas; de la superstition à l'extravagance, il y a moins loin encore. Les grimaces et les arlequinades prirent leur tour: des estropiés sortirent au galop, jouant avec leurs béquilles, et les lançant au loin comme du superflu ; des paralytiques s'abandonnèrent aux plus incroyables entre-chats : c'était ravissant ! Il ne manquait plus à tout cela... que la vérité..., puis un tombeau de marbre en l'honneur du saint diacre ; il l'avait bien gagné, j'espère ! L'érection en fut autorisée par le cardinal de Noailles, archevêque de Paris ; et de ce moment eurent beau jeu les secrètes subtilités, les prétendus prodiges, les extases, les transports, les exaltations prophétiques, les convulsions ; enfin, ces mille et une douleurs sans une douleur.

Toutes ces jongleries néanmoins ayant fini par tourner à l'influence sérieuse, tant le merveilleux a d'attrait pour les masses ! le gouvernement fit clore le cimetière, et sur la porte un plaisant écrivit ce distique :

> De par le Roi, défense à Dieu
> De faire miracle en ce lieu.

L'enthousiasme s'évanouit, et l'on ne parla plus des convulsionnaires que dans les chansons de carrefours, et comme on parlerait d'excellens faiseurs de tours de force.

Quant au jansénisme, qui s'est porté lui-même son coup de grâce en abandonnant pour de si chétives manœuvres les armes des Pascal et des Arnaud, il lui reste aujourd'hui encore quelques bien faibles débris de partisans. La plupart se sont établis dans la paroisse de Saint-Médard. Ils se rassemblent de tous les quartiers dans cette église à deux époques de l'année, le jour de la fête de saint Pâris et le jour anniversaire de sa mort, qui est le 1er mai. Ils viennent prier en toute décence, et il faut du reste être assez habitué à ces réunions périodiques pour s'en apercevoir. Les croyans de cette secte peuvent être un peu reconnus néanmoins, en ce que les femmes portent une coiffure très aplatie sur les tempes et les joues, et cachant presque complètement des cheveux tressés en bandeaux. L'extérieur des hommes est empreint d'un puissant caractère de rigidité, leur regard se tient incessamment baissé vers la terre. Au sein de leur intérieur, ils affectent une extrême régularité de vie, une austérité qu'il faut comparer à celle des quakers.

Nous avions oublié de dire que, lors de la construction de la chapelle située au rond-point, un riche propriétaire de la paroisse avait offert de payer tous les travaux, si l'on consentait à les pousser plus avant. La chapelle ayant forme angulaire, on lui proposa d'élargir parallèlement ; ce qui était bien plus conforme aux règles de l'art. Il se refusa toujours à cette objection et préféra se désister de ses offres de bienfaisance. Après quelques informations, l'on apprit que son dessein était de faire entrer et installer dans l'enceinte de l'église les restes du diacre Pâris, qui se trouvent immédiatement au dehors des parois de la chapelle.

Il y a quelques mois seulement, une dame élégamment vêtue se présente à la sacristie et demande au curé actuel de Saint-Médard l'autorisation de pénétrer dans l'enclos de l'ancien cimetière :

— Pourquoi ce désir, madame ?

— Pour aller m'incliner sur les cendres du bienheureux diacre Pâris.

— Il faut le laisser là madame, rien ne vous oblige impérieusement d'ailleurs à...

— Pardon, monsieur, je suis de sa famille.

— Alors vous daignerez, madame, recevoir tous mes regrets ; mais je ne puis malheureusement vous être agréable. Priez pour lui à cet autel, Dieu vous entendra tout aussi bien.

Ce cimetière, toujours fermé, est situé derrière l'église, un peu à droite. Le tombeau de Pâris était une table de marbre noir, élevée de terre d'environ trente centimètres, soutenue par quatre socles de pierre et ornée d'une épitaphe en lettres d'or. Granit, marbre et or, tout a disparu.

A l'intérieur de l'église, on ne retrouve plus nulle trace des tombes que nous avons signalées ; mais nous en avons vu quatre autres qui ne sont pas mentionnées chez les historiens. Toutes les quatre appartiennent à d'anciens desservans de la paroisse. Il y en a trois de front au milieu du chœur. La première est celle d'un curé natif d'Argentan et décédé les jour et fête anniversaires de la dédicace de son église, le 4 septembre 1740, dans la 48e année de son âge et la 11e de son administration sacerdotale.

Le nom de cette première tombe est illisible.

La seconde l'est à peu près complètement.

La troisième est d'Antoine-Nicolas Collet Duquesnay, mort le 4 mai 1742, après 62 ans de vie et 45 de profession.

La quatrième est placée dans une chapelle à gauche du chœur et protége les restes de Pierre Hardy de Levaré, curé de cette paroisse, et mort en décembre 1779, à l'âge de 41 ans.

Ainsi qu'on a pu en juger par les diverses restaurations dont nous avons suivi la chaîne, l'église Saint-Médard présente des échantillons de plusieurs styles d'architecture. Toutefois il n'existe plus rien de ses constructions primitives, et ce que nous avons remarqué de plus ancien dans le bâtiment ne nous semble pas devoir remonter à plus de quatre siècles.

L'extérieur est d'une simplicité extrême, le portail bâti dans l'ordre ionique; aucun monument de Paris ne possède à un tel degré la figure humble et tranquille de nos églises de campagne.

L'enceinte était fort petite autrefois, plus petite d'un tiers; car le maître-autel s'élevait à la place où est le crucifix qui domine la principale porte du chœur.

Le grand-autel d'à présent est disposé à la romaine, et construit en marbre dans la forme d'un V ouvert.

Le sanctuaire est entouré de colonnes cannelées et sans bases, qui supportent des arcades à plein cintre. Ces colonnes et ces arcades sont d'un genre tout différent de celui du reste de l'édifice; mais pour dérober en partie le contraste des deux styles, on a eu soin de masquer avec de la boiserie les piliers de la nef qui sont d'une architecture sarrazine.

La chaire porte sculptés trois sujets en bois : le Bon Pasteur, la sainte Vierge, saint Médard, et à la suite encore les armes de l'évêque de Noyon.

En face, vous distinguez à la hauteur de sept mètres quatre portraits des Evangélistes. Ces tableaux sont d'une trop basse dimension pour l'emplacement qu'ils occupent : entre la fenêtre et leur sommet, se trouve un vide, une fraction de mur, d'un effet disgracieux. Ce sont d'ailleurs des toiles fort remarquables de l'école moderne : elles ont été apposées au mois d'avril 1842.

Si nous redescendons vers la porte d'entrée, nous apercevons au-dessus de l'orgue un Christ, sculpté passablement, et deux anges à ses pieds.

En bas, les fonts baptismaux, ornés d'une peinture représentant deux prêtres en prières devant un autel. Sur les côtés de la croisée, un saint Joseph, une sainte Marie : au plafond, saint Jean-Baptiste versant l'eau régénératrice.

Au plafond de l'église, un travail fort intéressant et d'un arrangement tel que nous n'en avons jamais rencontré de semblable ailleurs : ce sont quatre rayons de granit partant du haut des piliers et convergeant à la voûte. L'aboutissant est surmonté d'une guirlande, surmontée elle-même de sculptures en pierre faites avec une délicatese qu'il est difficile de s'imaginer. Ces charmantes œuvres d'art se renouvellent quatre fois dans l'intervalle de l'orgue au chœur, et s'arrêtent là. Nous avons reconnu dans le premier groupe Adam et Ève devant l'arbre du jardin terrestre; de la seconde couronne s'abaisse un Saint-Esprit.

Douze chapelles sillonnent les côtés de l'édifice :

Dans la première chapelle à droite se trouve une *Descente de croix* fort ancienne, peinte sur bois avec un fond autrefois doré.

Dans la chapelle Saint-Charles, des grisailles imitant le relief représentent Borromée et plusieurs figures de vertus.

La chapelle Saint-Denis possède une page fort précieuse retraçant un *Christ au calvaire*.

Mais la chapelle la plus remarquable de toutes est celle de la Vierge, ajoutée postérieurement. Elle est située au rond-point et offre une imitation des *jours célestes* qu'on admire à Saint-Sulpice et à Saint-Roch. Au fond, est une niche ajoutée à la construction : cette niche assez vaste enferme la Vierge tenant l'enfant Jésus, et ce groupe est éclairé par un jour d'en haut dont on voit l'effet, sans distinguer l'ouverture par laquelle il pénètre.

Cette chapelle est d'un bon style et soigneusement décorée. Un lustre se trouve au milieu; à gauche en entrant, se dresse dans une petite cavité une statue de sainte Philomène, donnée par la ville de Paris en 1837; à droite, une statue de saint Joseph donnée par la ville de Paris en 1828.

Après la sainte Philomène, une belle toile de M. Caminade : *Le Mariage de la Vierge*, donné encore par la ville de Paris en 1824.

Après le saint Joseph, une belle et grande page de M. Dupré, que nous avions remarquée à l'exposition du Louvre en 1837, et qui représente le premier couronnement de la Rosière. Saint Médard avait été, comme on sait, le créateur de cette touchante institution : c'est lui qui devait ce jour-là présider au couronnement, et il se trouva que ce jour-là aussi la reine, la rosière s'appelait... la sœur même du prélat. C'était un prix pour tous les deux.

Si nous venons maintenant à vous dire que Saint-Médard a été succursale de Saint-Etienne-du-Mont jusqu'en 1830, qu'elle est depuis 1830 cure titulaire de seconde classe ; que son clergé se compose aujourd'hui d'un curé, deux vicaires et trois prêtres administrateurs ; que cette église peu fréquentée, il est vrai, ne l'est du moins que par des âmes tout expansivement sincères et fervemment dévouées ; si nous disons enfin que, jetée à travers la région de Paris la plus indigente, elle semble une ancre de salut modeste et consolatrice dans une mer immense d'amertumes... nous aurons accompli notre humble tâche ; il ne nous restera plus qu'à implorer des miséricordes infinies, et pour les tristes délabremens de cette pauvre maison sainte, et pour les innombrables douleurs qui gisent alentour.

C'est que Paris est un concert d'où s'échappent bien des éclats douloureux, bien des notes plaintives et brisées ; mais nulle part l'écho ne vous arrive plus sombre, plus funèbre que de cette fraction fatale du grand orchestre qu'on nomme quartier Saint-Marcel. Paris a ses gémonies de la misère qui sont ses faubourgs; Paris est un océan de mélancolies incroyables, rejetant sur toutes ses berges populeuses des immolés et des martyrs. Mais nulle part dans ce gouffre immense et bruyant, la clameur ne retentit plus aiguë, le flot ne se déroule plus amer et plus secoué, le supplice de la vie ne se dresse plus hideux que dans ce ramas d'indigences qui embrasse les pieds de cette pauvre église, leur mère commune et vénérée.

Ne détournez donc pas un regard terne et froid vers ces lointains et modestes sanctuaires ; si l'or et le marbre ne les habitent pas, la grâce du ciel y réside, et quand Dieu vint sur la terre, il ne voulut point d'un palais pour abri ; si les cloches n'y sonnent point pour fêter les grands de la terre, elles y sonnent au moins pour les grands du paradis ; car les pauvres ne sont-ils pas les biens-aimés du Seigneur?

Lorsque vous dirigerez votre marche vers cette merveille de notre industrie qui avoisine Saint-Médard ; lorsque vous plongerez de loin votre regard dans cette superbe et vraiment royale manufacture des Gobelins, ah! s'il vous arrive à cette heure de sentir votre poitrine battre d'orgueil et d'amour pour une patrie si riche en illustrations, n'oubliez pas aussi les mains amaigries et calleuses qui font chaque jour épancher de l'urne nationale ces mille trésors de l'art ; priez en passant, priez pour les sueurs qui brisent, priez pour les veilles qui tuent. Derrière le luxe qu'elle vous a fait si beau, cherchez et soulagez l'indigence laborieuse.

Aimez avant d'admirer ; avant d'être fiers, soyez compatissans.

Vous qui avez le manteau, plaignez les haillons ; vous qui avez les spendides rayonnemens, pleurez, priez et donnez pour ceux-là que n'enveloppent ni la richesse — soleil de la vie, — ni le bonheur — soleil de l'ame.

Edouard GOUIN.

S.-LOUIS DES INVALIDES.

Chaque église porte son caractère comme son nom. Elle a son patron spécial ; elle a aussi une destination particulière qui se continue à travers son histoire, qui la distingue, qui marque son existence. C'est là ce qui fait en quelque sorte sa personnalité, ce qui lui donne autant d'intérêt que les événemens plus ou moins importans dont elle a été le théâtre. Tantôt ce cachet s'est imprimé successivement sur elle sous la main du temps ; d'autrefois, au contraire, elle a reçu dès le premier jour l'empreinte qui ne s'est point effacée ; beaucoup moins fréquemment, elle a tout-à-fait changé de nature. Il est excessivement rare de voir un temple chrétien subir une véritable transformation, même extérieure : c'est que, quand l'homme consacre son génie à la religion, les monumens qu'il crée participent moins à la faiblesse de leur auteur et davantage à l'immuabilité de Dieu.

Quand on arrive du côté du Nord, c'est-à-dire de la Seine, à l'hôtel royal des Invalides ; quand on a en face de soi cette vaste esplanade si largement, si régulièrement taillée ; quand on aperçoit ces fossés de parade et de défense, ces canons conquis dont les uns semblent dormir à terre, tandis que les autres, montés sur leurs affûts, n'attendent que le signal pour envoyer dans les airs leurs éclatantes volées ; quand, au-delà de la grande cour centrale, le regard s'arrête sur ce dôme, l'une des élévations les plus considérables de la capitale ; alors on se reconnaît sous l'impression d'un sentiment à la fois grave et respectueux ; on a vu le doigt du grand siècle. Partout se présentent des images de combats et de victoires. Sur les pavillons qui défendent les deux côtés de la grille apparaissent des boulets et des armes enchaînés; ailleurs sont des statues de rois captifs; les bâtimens, qui ressemblent à d'immenses casernes, sont revêtus de trophées et d'armures ; enfin le dôme est couvert de pareils ornemens et de tous les attributs de la guerre. Mais le signe sacré de la rédemption surmonte cet appareil militaire. Nouveau Labarum, il domine tout l'ensemble au milieu duquel règne d'ailleurs cet ordre, cette tranquillité, ce calme et cette grandeur qui excluent l'idée de la violence pour ne laisser subsister que celle de la force. On sent là que le génie du dix-septième siècle a voulu montrer à la postérité comment il entendait le repos de la gloire sous la protection de la croix !

L'église est pour ainsi dire le centre de l'édifice ; elle en est l'arête, comme le dôme en est la tête. L'église a précédé les autres constructions, elle est le premier fruit de la pensée de charité chrétienne d'où est sorti ce magnifique asyle. Aussi, ne saurait-elle en être détachée; elle a été faite par lui, pour lui : elle n'existerait pas sans lui. Elle n'a pas d'autre population que les habitans qu'il renferme. Elle est une paroisse, mais une paroisse exclusivement militaire entre les quatre murs de cette paisible citadelle.

Les invalides doivent chérir ce temple qui est leur église, qui leur appartient, qui n'appartient qu'à eux. Ils ont seuls droit de cité sous ces voûtes. Elle les reçoit avec bonheur quand ils apportent sur ses bancs leurs infirmités et leurs cicatrices ; elle adoucit leurs souffrances ; et plus tard, elle les couvre de son ombre dans leur dernier refuge, dans ce quartier général de la mort où les empereurs arrivent comme les simples soldats, après avoir fait sur la terre un peu plus ou un peu moins de bruit. Heureux quand, en se préparant pour cette redoutable étape, ils peuvent eux-mêmes faire placer sur leur tombe, au dessous de leur épée et de la liste de leurs batailles, cette simple et noble inscription que nous avons lue sur celle d'un maréchal de France : Gloire à Dieu !

L'église comme l'hôtel des Invalides vient d'une grande et généreuse pensée. L'Etat doit un asyle à ces fidèles serviteurs que la mitraille a mutilés et qui n'ont pu gagner pendant leur vie qu'une moisson d'honneur pour leur vieillesse. On a bien fait de rassembler dans une demeure hospitalière, avec un gouvernement militaire, sous un régime qui leur rappelle tous leurs souvenirs, et dans une dernière confraternité de discipline et de repos, ces vieux compagnons d'armes qui seraient la proie de la misère, de l'oisiveté et de l'isolement. C'est là une récompense, et une récompense bien choisie ; c'est tout-à-fait une bonne action.

Avant le roi Louis XIV, aucune institution de ce genre n'avait pris naissance ou n'avait pu subsister. L'antiquité n'a presque rien connu d'analogue ; l'Irlande fait seule exception. Non loin du célèbre palais d'Emania, résidence des princes de l'Ulster, se trouvait le siège d'une sorte d'aristocratie héréditaire, d'un ordre de chevalerie (Croïbbe-Ruad) qui, comme son nom l'indique, portait pour insigne le *Rameau rouge*. Antérieurement au christianisme, cet ordre avait institué, en faveur de ses membres vieillis, un *hôtel des affligés*. Chose remarquable, c'est au temps où la chevalerie chrétienne sera le plus en vigueur, c'est le roi chevalier et chrétien par excellence qui, le premier dans l'ère chrétienne et dans ce beau et généreux royaume de France, reproduira de pareils essais ; c'est le siècle des croisades qui préparera le siècle de Louis XIV, c'est saint Louis qui fournira le premier modèle de l'établissement qu'un autre Louis doit placer sous l'invocation de son saint et grand aïeul !

Il y avait dans l'ame du pieux monarque des trésors inépuisables de compassion et de bonté. Au retour de son expédition en Egypte et en Palestine, l'auguste croisé fut pris de pitié pour ceux de ses braves compagnons dont le soleil et la poussière avaient brûlé la vue, et il ouvrit un hospice pour trois cents des plus misérables d'entre ces pauvres chevaliers. C'est l'hospice des Quinze-Vingt. Plus tard, on cessa d'aller en Palestine, mais l'hospice subsista tout en changeant d'hôtes.

Il faut maintenant arriver à Henri IV. Ce n'est pas, sans doute, que d'autres princes ne se soient préoccupés du sort des soldats malheureux ; même avant saint Louis, Philippe-Auguste avait eu la pensée d'établir pour eux un hôpital général, et le pape Innocent III consentit à encourager ce dessein par des concessions. Par malheur, le roi ne put y donner suite; on s'en tint à des mesures qui, pour parer au mal, l'aggravèrent peut-être.

On trouvait alors dans les communautés religieuses des *oblats* de diverses sortes; quelques uns restaient laïques et s'appelaient également *moines lais*. De ceux-là, les uns avaient donné leurs revenus ou leurs biens aux communautés pour s'y assurer une retraite temporaire ou à vie. D'autres, de condition plus basse, se rendaient volontairement serfs et mainmortables d'une église ou d'un couvent; ils lui appartenaient ainsi et jouissaient de ses priviléges et immunités. Ils lui rendaient en retour tous les services dont les religieux avaient besoin. L'autorité royale ne voyait pas sans jalousie ces heureux serfs qui trouvaient la paix et de douces habitudes hors de la société civile, et elle regardait leur bonheur exceptionnel comme un abus. Elle pensa donc à les remplacer par les soldats vieux et invalides, et à charger le clergé régulier de payer les dettes de la patrie.

L'idée paraissait ingénieuse; des inconvéniens graves toutefois ne tardèrent pas à se révéler. Les plaintes vinrent des deux parts; il y avait incompatibilité de caractère, d'humeur, d'habitudes entre les maîtres et les serviteurs. Les pauvres soldats ne se faisaient pas à la vie monastique, ils étouffaient sous la règle du cloître; l'air, le soleil, la liberté leur manquaient. D'ailleurs, cette gêne et cet ennui ne les disposaient pas, sans doute, à l'obéissance et au respect. De là, l'insoumission, l'infidélité, le désordre. Les bas offices dont ils étaient chargés étaient négligés; les mœurs des oblats militaires étaient des occasions de chute, des exemples pernicieux, des sujets de scandale. Tout cela était inévitable. Le mal alla pourtant encore en empirant; par exemple, les *oblats* trafiquèrent à bas prix des places qui leur répugnaient et leurs remplaçans ne furent pas pour les communautés des hôtes plus commodes ni moins dangereux, tandis que les vrais titulaires continuèrent à mourir de faim ou à vivre en demandant misérablement l'aumône.

Henri IV conçut la pensée de porter remède à tant d'abus: il affecta à ses vétérans un hospice fondé dans le faubourg Saint-Marceau, la *Charité chrétienne*. Cette maison, qui date de 1576, fut concédée par un édit de 1597 aux soldats caducs et estropiés. Ceux-ci, en entrant en possession dans le courant de l'année

1603, formèrent comme un ordre de chevaliers ; ils portaient sur leurs manteaux une croix de satin blanc bordé de bleu, au milieu de laquelle se trouvait dans un écusson d'azur une fleur de lys de satin orangé. Mais il fut plus facile de régler les costumes et l'ordonnance de la maison que de la soutenir ; c'est là que le roi échoua.

On trouve plus tard les traces d'une tentative que Richelieu fit pour loger les invalides à Bicêtre, sous le nom de *Commanderie de Saint-Louis*. La *Gazette de France* rapporte à l'année 1634 ce qui suit : « Le 7 août on commença la clôture de la commanderie de Saint-Louis pour le logement et nourriture des capitaines et soldats estropiés, vieux et caducs, au lieu où était le château de Bicêtre, des deniers de quelques particuliers accusés d'avoir judaïsé, dont Sa Majesté avait fait présent à son Eminence. »

Cette fondation avait fait grand bruit en France et au delà ; on en parlait dans toute l'Europe. Soudain, tout disparut de nouveau.

Vint enfin Louis XIV. Dès les premières années de son règne, il commença à adoucir le sort des vieux soldats. Bientôt il développa son plan. Par ordonnance du 24 février 1670, Sa Majesté déclare que désormais la moitié des fonds provenant des pensions des religieux laïs sera employée à l'entretenement des soldats invalides dans l'hôtel qu'elle a résolu de faire construire incessamment. De plus, comme ces fonds n'auraient pas suffi, et qu'il était juste que l'armée active concourût à doter ses anciens, le roi ordonna que, pendant les années 1671, 1672, 1673, 1674 et les six premiers mois de 1675, on retiendrait deux deniers pour livre sur tous les paiemens qui seraient faits par le trésorier de l'ordinaire et de l'extraordinaire des guerres. Du reste, Louis XIV ne voulut pas que d'autres dons que ceux des rois de France pussent jamais contribuer à la dotation de l'hôtel royal. L'armée est un pauvre qui ne peut recevoir convenablement l'aumône que du monarque, parce que cette aumône est la dette du sang.

Divers autres priviléges furent encore concédés par l'édit d'avril 1674. L'établissement ne dépendit d'aucune juridiction ordinaire au spirituel ni au temporel.

Il dut être administré gratuitement par le secrétaire d'Etat au département de la guerre, assisté d'officiers généraux assemblés en conseils. Il y eut des concessions spéciales pour les chirurgiens, médecins, aides, etc. ; les invalides purent choisir et pratiquer le métier qu'ils voulurent en dehors de leurs devoirs militaires, on leur assura la préférence sur tous autres artisans pour les besoins de leur communauté; leur demeure fut déchargée de toute charge, impôts et hypothèques ; enfin, ils jouirent d'une exemption des droit de gabelle pour trente minots de sel, et des droits d'octroi et d'accise pour trois cents muids de vin.

Telle fut l'organisation administrative de ce royal établissement qui, pendant ce temps, s'élevait sur les plans des Bruant et des Mansart, et voyait les Coypel, les Jouvenet, les Girardon, les Coustou, apporter à son ornementation le tribut de leur génie.

Paris, surtout de ce côté de son enceinte, n'était pas encore ce qu'il est devenu depuis. L'emplacement où est situé aujourd'hui l'hôtel royal était une plaine inhabitée, une sorte de désert aride et brûlé. Le roi Louis XIV, en animant cette solitude, plaça une noble sentinelle à la porte de la ville-reine.

Nous n'avons point à nous occuper des autres bâtimens tels qu'ils furent construits sous le grand roi, et augmentés sous Louis XV; ils ne sont que les parties secondaires de l'œuvre, les membres utiles plus que gracieux de l'édifice. L'église en fait toute la beauté.

Elle se divise en deux parties qui forment véritablement deux églises : au fond, l'église du Nord, l'église des soldats, qui est leur chapelle particulière et comme le chœur de l'autre église ; et l'église du Midi, l'église du Dôme qui, autrefois, était seule ouverte au public, et qu'on appelait l'église Royale. Ces deux églises ont été bâties, l'une par Bruant, l'autre par Mansart ; elles se trouvent plutôt réunies que fondues en une seule; mais elles sont également dédiées à la Très-Sainte-Trinité, sous l'invocation de la Sainte Vierge et le patronage de saint Louis.

L'église du Nord a précédé l'autre ; le portail est de deux ordres, ionique et composite, qui symétrisent avec les deux rangs d'arcades et galeries de la cour Royale sur laquelle il donne. Du reste, cette église n'a rien en soi de bien frappant. La nef, ornée de deux bas-côtés, est percée d'arcades à plein cintre, entre lesquelles sont des pilastres d'ordre corinthien; le jour vient par cinquante-quatre croisées. Enfin, au-dessous, on a pratiqué un caveau destiné à la sépulture des prêtres et des principaux supérieurs de l'hôtel. La vraie décoration de ce temple consiste dans ses souvenirs et dans ces drapeaux enlevés à nos rivaux européens et à nos ennemis barbares : précieux trophées qui pendent le long des murs, et rendent hommage à l'empire souverain du Dieu des armées.

N'oublions pas une charmante chapelle de la Sainte Vierge qui est située au milieu du bas-côté, à gauche.

Le chœur, au haut duquel se trouve l'autel, laisse apercevoir, à travers une grande arcade, l'église Royale. Cet autel est double, et composé de deux tables adossées, dont la plus haute regarde le dôme. On circule autour de l'autel au moyen de deux rampes de marbre qui se réunissent aux autres degrés également de marbre.

La place occupée par l'autel, sous un baldaquin, n'est autre chose que l'avant-dôme qui relie l'ancienne église à la nouvelle. Ici, la distinction des deux églises est très sensible, car on n'a pas même pris la peine de faire accorder les dispositions de leur architecture et de régulariser leur alignement.

L'église Royale est un carré parfait qui forme une croix grecque entourée de quatre chapelles. Au centre est le grand dôme, soutenu par quatre piliers qu'on a percés pour établir dans les diagonales les quatre chapelles rondes dédiées à saint Grégoire, à saint Jérôme, à saint Augustin et à saint Ambroise. Chacune a sur ses faces six tableaux, et se termine par une voûte peinte dont la plus grande élévation est d'environ soixante-quatorze pieds et le diamètre de trente-six.

Dans la longueur de la croix, on voit d'une part l'autel en face de la porte; dans la largeur, il y avait autrefois deux chapelles, l'une de la Sainte Vierge, l'autre de Sainte Thérèse. Autrefois aussi, des deux côtés et sur le devant de l'autel, s'élevaient six colonnes torses d'ordre composite, enveloppées de pampres de vigne, d'épis de blé et de feuillage. Leurs chapiteaux de feuilles d'acanthe portaient au-dessus de leur entablement, orné de fleurs de lys et de palmes, un riche baldaquin qu'environnaient des anges et des chérubins, et dont l'un élevait un globe surmonté d'une croix. Presque toutes ces sculptures étaient de la main de Coustou le jeune : quand ont-elles disparu ? Nous le dirons plus tard. Ajoutons seulement qu'à la même époque eurent lieu d'autres dévastations dans cette église dont il est curieux de connaître l'ancienne description. On la comparera avec l'état présent. Nous nous reportons au temps de Louis XIV.

Toute la voûte du grand sanctuaire est peinte et dorée. Cette voûte elle-même est couverte d'un tableau de Noël Coypel qui représente la Très Sainte Trinité; au-dessus, le même peintre a placé une Assomption de la Vierge.

Les voûtes des quatre parties de la nef du dôme forment quatre arcades dont les pendentifs portent les images des quatre Evangélistes. Au-dessus est une attique en mosaïque avec les médaillons de douze rois : Clovis, Dagobert, Childebert II, Charlemagne, Louis-le-Débonnaire, Charles-le-Chauve, Philippe-Auguste, saint Louis, Louis XII, Henri IV, Louis XIII et Louis XIV. C'est pour ainsi dire la ceinture intérieure du dôme. De là partent vingt-quatre pilastres entre lesquels s'ouvrent douze croisées au-dessus desquelles sont douze tableaux, les douze apôtres peints par Jouvenet.

Au milieu, on aperçoit la seconde voûte par une ouverture circulaire. Là est le grand tableau qui couronne toute l'œuvre : Charles de la Fosse y a représenté saint Louis qui, revêtu des ornemens royaux, présente au divin Rédempteur l'épée avec laquelle il a combattu jusque sur les rivages de l'Asie et de l'Afrique les ennemis du nom chrétien.

Tandis que le triomphe du pieux roi domine l'édifice tout entier, à la base, le long des murailles, des bas-reliefs racontent les principaux traits de la vie du héros; belle idée d'avoir rassemblé tous ces titres et toutes ces vertus, touchans degrés par lesquels le religieux monarque est monté à la gloire!

La chapelle du pape saint Grégoire est située à droite du sanctuaire. Les trois statues qu'elle renferme sont celles de saint Grégoire, de sainte Sylvie, sa mère, et de sainte Emiliane, sa tante. Deux médaillons figurent le mariage de saint Louis et saint Louis prenant la croix. Voici les sujets des tableaux : 1º Saint Grégoire distribuant son bien aux pauvres; 2º Eutychès converti par saint Grégoire; 3º Apparition de N.-S à saint Grégoire; 4º Procession dans Rome pour la cessation de la peste; 5º Apparition d'un Ange; 6º Translation du corps de ce saint pape. Sur la voûte, on aperçoit saint Grégoire porté au ciel par les Anges.

La chapelle de saint Jérôme se trouve du même côté près de la porte. Elle renfermait trois statues : celle de saint Jérôme, celle de sainte Paule et celle de sainte Eustochie, fille de sainte Paule ; deux médaillons, Saint Louis pansant les blessés et Saint Louis ensevelissant les morts ; six tableaux, Saint Jérôme visitant les tombeaux des martyrs dans les environs de Rome ; le Baptême de saint Jérôme à Rome; son Ordination; la Réprimande qu'il raconte avoir reçue de N.-S. pour son trop grand attachement aux lettres profanes ; Saint Jérôme dans le désert ; Saint Jérôme au lit de la mort. La voûte représente son entrée dans la béatitude.

La chapelle de saint Ambroise, à gauche près du sanctuaire, contenait les statues du saint, de saint Satyre, son frère, et de sainte Marcelline, sa sœur; des médaillons montrent Saint Louis aux pieds d'un pauvre et la Vision de saint Louis devant l'Eucharistie; pour tableaux, l'Élection de saint Ambroise à l'évêché de Milan, la Pénitence de Théodose, la Conversion d'un arien, Saint Ambroise découvrant le corps de saint Nazaire, martyr, Guérison d'un possédé, Mort de saint Ambroise. A la voûte, on voit saint Ambroise élevé au ciel.

Enfin, la chapelle Saint-Augustin présente la statue du saint, celle de sainte Monique, celle de sainte Alype ; les sujets des médaillons sont : Saint Louis honorant la vraie croix et saint Louis rendant la justice ; les sujets des tableaux : Conversion de saint Augustin, son Baptême, sa Prédication à Hippone, son Sacre, sa Controverse contre les Donatistes, Guérison d'un malade au lit de mort du saint ; enfin, tandis que dans cette peinture il est dépouillé de tout ornement, il reparaît à la voûte resplendissant de tous ses insignes épiscopaux et de la lumière des bienheureux.

A l'extérieur même magnificence. Nous n'avons pas encore vu la véritable façade de l'hôtel royal ; si l'on veut la regarder, il faut entrer du côté du midi. C'est par là que Louis XIV arrivait de Meudon ; là est cette porte qui fait face à l'hôtel et qui ne s'ouvrait que pour lui ; de là apparaît tout entier le dôme lui-même.

Le milieu de la façade est composé de deux ordres différens, l'ordre dorique en bas et l'ordre corinthien au-dessus. Une simple attique, ornée de pilastres, est élevée sur l'ordre dorique des deux côtés et s'étend aux autres faces. On arrive par un grand perron de quinze marches sous le portique orné de six colonnes doriques et d'autant de pilastres. Quatre autres colonnes accompagnent deux niches où l'on voit, à l'occident, saint Louis en habit de guerre avec la croix sur son manteau, s'appuyant d'une main sur son bouclier, de l'autre portant la couronne d'épines et foulant aux pieds le truban ; à l'orient, Charlemagne revêtu de la cuirasse, la couronne sur la tête, une épée nue dans la main droite, la main gauche sur un globe. Le fronton qui portait les armes de France, quand la France avait des armes, soutient une croix, accompagnée de deux figures représentant la Foi et la Charité.

Des deux côtés du fronton, et un peu au-dessous de tout le pourtour de l'église, règne une balustrade de pierre; dans les quatre angles, au-dessus de l'entablement des corniches du second ordre, furent placés quatre groupes chacun de deux personnages, quatre pères de l'église grecque et quatre de l'église latine. Nous n'énumérons pas toutes les autres statues qui ornaient l'édifice et qui n'y sont plus ; c'est tout un monde disparu.

Nous voici enfin aux assises du dôme. Sur un soubassement se groupent quarante colonnes composites au milieu desquelles douze fenêtres. Plus haut, un attique et douze autres croisées. Sur la corniche, des socles pour porter des candelabres, et enfin, derrière ces candelabres, s'élève, en forme de coupe renversée, le cintre même du dôme, qui porte entre ses larges côtes des trophées dont les casques s'ouvrent pour laisser passer le jour. La grande calotte intérieure de ce dôme est toute en pierre de taille, que couvre une admirable charpente revêtue elle-même de plomb doré ; le sommet se termine par une plate-forme circulaire sur laquelle repose une lanterne à jour ; au-dessus de la lanterne on voit un obélisque, puis un globe, enfin la croix.

Il y a plus de trois cents pieds depuis le bas de l'église jusqu'au sommet de cette croix, la plus élevée maintenant de toutes celles qui dominent Paris, depuis qu'on a abattu celle de Sainte-Geneviève, depuis que la patronne de Paris a été chassée de son temple et que cette belle basilique chrétienne est devenue une énigme et un non-sens comme son nom nouveau le Panthéon !

Louis XIV vit ce chef-d'œuvre s'élever pour ainsi dire pierre à pierre. Il avait une affection paternelle pour ses vieux invalides; il les avait provisoirement logés dans une vaste maison de la rue du Cherche-Midi, et il lui tardait de les voir en possession de leur hôtel royal et de cette chapelle plus belle que celle des palais. Un jour, en 1699, il avait dîné à Meudon; il ne fit avertir personne et il arriva incognito. On s'attendait si peu à sa visite qu'il n'y avait à l'hôtel ni gouverneur, ni lieutenant du roi, ni aucun officier de l'état-major. Il ne fut remarqué que par quelques soldats qui, ne voyant ni suite ni cortége, crurent qu'ils se trompaient. Louis resta près d'une heure sous le dôme, et il était déjà remonté dans son carrosse quand un détachement de gardes-du-corps, parti à sa poursuite, le trouva enfin et l'accompagna au retour.

Peu après il revint avec les princes et les princesses de la cour. Cette fois, c'était officiellement; mais il n'en pénétra pas moins dans tous les bâtimens, et inspecta tous les services. Il fit même une réforme dans la boulangerie. Un invalide ayant présenté aux princesses un morceau du pain qui se distribuait aux soldats, elles lui trouvèrent un goût désagréable, et on en changea la qualité.

Pierre Ier se fit remarquer aussi parmi les innombrables visiteurs de l'établissement; il y vint en 1717. Après avoir tout observé avec ce regard scrutateur qui ne laissait rien échapper, il trouva dans un réfectoire des soldats qui faisaient leur repas; prenant un demi-setier sur une table, il but militairement *à même* à leur santé. Ces braves gens se trouvèrent d'autant plus honorés, qu'en ce temps-là on ne voyait pas les princes boire à la bouteille avec la populace.

Nous avons dit la pensée qui éleva l'église des Invalides et son exécution; l'histoire devrait finir là. Quels événemens considérables pouvaient se succéder dans cette noble et paisible retraite? Nous aurions dit seulement qu'à des intervalles plus ou moins éloignés la voûte se tendait de noir, la messe des morts se célébrait avec une pompe inaccoutumée devant un catafalque élevé; puis le caveau, un instant ouvert, se refermait sur le corps d'un vieux capitaine, et un nouveau gouverneur prenait le commandement de la place. Dynastie guerrière qui porte bien aussi sa grandeur, et qui a pour légitimité la vieillesse du courage!

Cette dynastie a cependant subi une interruption violente; la révolution ne s'arrêta pas entre Versailles et Paris devant l'asyle et l'autel de l'armée. La discipline et la religion en souffrirent ensemble.

Les invalides perdirent leurs chefs, et l'esprit d'anarchie avait tellement pénétré partout, que peut-être se réjouirent-ils de la ruine de leurs bienfaiteurs sous le toit même qu'ils en avaient reçu. Cependant, quel que fût l'engouement général pour les formes électives, les clubs et les comités directeurs, il est permis de croire que plus d'un vieux soldat regretta l'ancien régime monarchique et militaire, quand il vit l'hôtel royal arraché au département de la guerre, et tombant comme les autres hospices sous la dépendance de commissaires civils et de représentans du peuple. Quant à la masse, elle se consola facilement de cette humiliation par le désordre. Les défenseurs de la patrie en devinrent la honte; ils rappelaient tous les vices des camps, moins la jeunesse qui les explique et la valeur qui les cache. La paroisse des Invalides n'était plus une maison d'hospitalité généreuse, mais d'ignoble prostitution.

La paroisse! avons-nous besoin de dire qu'il n'y en avait plus. Les prêtres avaient été chassés; ils souffraient dans l'exil, peut-être avaient-ils gagné le martyre sur l'échafaud! L'église elle-même n'échappa que par grâce à la ruine; encore porta-t-elle la trace de la fureur dévastatrice qui rasait les monumens par le marteau, comme les hautes têtes par la hache. Les statues tombèrent du haut du dôme; les niches de l'église, vides, accusent encore, par l'absence des statues qu'elles protégeaient, le vandalisme des démolisseurs; les colonnes qui environnaient l'autel furent brisées; les chapelles de sainte Thérèse et de la sainte Vierge s'écroulèrent; le dôme, enfin, ne fut conservé que parce qu'on en fit un magasin de paille d'abord, puis de vin. La paille couvrit ce beau pavé de marbre et ces fleurs de lys qu'on voit encore; mais les colonnes qui servirent à rouler les tonneaux ne se sont pas relevées, ni les tabernacles consacrés de sainte Thérèse et de sainte Marie non plus. C'est par ces meurtrissures que la république a marqué son passage dans l'église elle-même qu'elle dédia plus tard au dieu Mars! A l'extérieur, elle avait écrit cette double inscription, d'une part sur la façade : unité, indivisibilité de la république; de l'autre : égalité, fraternité ou la mort! La monarchie n'a pas complètement réparé l'intérieur de l'édifice ; elle n'a couvert que d'un mauvais badigeon la hideuse devise, et aujourd'hui on peut la relire sur ces murs où les armes de France ne sont plus *!

Napoléon rétablit l'ordre dans l'hôtel ; il choisit dans ce dessein un homme dont il connaissait l'énergie, et longtemps encore M. de Berruyer ne put surveiller la maison et y maintenir les règlemens qu'en en parcourant lui-même les corridors pendant la nuit et l'épée nue. L'autorité l'emporta enfin, quoique non sans peine. Elle rouvrit aussi l'église ; seulement, à la place des deux chapelles détruites, on se contenta de placer le tombeau fort laid qui porte le nom de Vauban, et le beau tombeau où reposent les restes de Turenne. Le corps de ce grand capitaine, qui avait à Saint-Denis partagé les honneurs et la profanation de la sépulture des rois de France, avait été exposé, comme chose curieuse, d'abord au Cabinet d'histoire naturelle, puis au Musée des monumens. L'Empereur lui donna enfin un asyle plus convenable, et les vétérans de nos victoires peuvent apprendre de lui qu'un grand nom brille d'un double éclat quand la gloire de la religion vient se mêler à la gloire des armes.

Naguère Bonaparte lui-même, revenant de l'exil après sa mort, s'est arrêté sous ce dôme, consacré au saint roi qui l'a précédé de huit siècles sur la terre d'Egypte, et où il avait envoyé, pour préparer la place, un maréchal de France du temps de Louis XIV. Certes, ce n'est pas nous qui disputerons un dernier honneur aux cendres d'un des hommes les plus illustres qui aient paru dans l'histoire. Il est de ces génies extraordinaires qu'il est difficile de juger ; ses contemporains, ceux qui l'ont approché, ont été fascinés par sa grandeur ; d'autres, au contraire, n'ont participé à ses triomphes qu'en payant sans cesse l'impôt du sang ; ils ont porté douloureusement ce joug de fer que la France ne tolérait que parce qu'elle l'étendait sur l'Europe ; ceux-là sont disposés peut-être aussi à méconnaître, devant les crimes et les malheurs de la fin de sa carrière, les services signalés qui en ont marqué le commencement. La postérité sera-t-elle plus impartiale ?

* Notre travail a été facilité par l'obligeance de plusieurs des habitans de l'hôtel. Nous devons spécialement des remercimens à l'un de MM. les aumôniers et à l'un des plus respectables hôtes de ce royal établissement, M. le comte de Grand-Pré.

Quand son enthousiasme fait des héros, rarement elle se rappelle assez par quel bout ces hommes tenaient à la terre. Il est aisé, à la distance des temps, de ne voir que le restaurateur de l'ordre, le conquérant des nations, le demi-dieu enfin, et d'oublier l'oppresseur des peuples et des rois, le meurtrier du duc d'Enghien, le persécuteur de l'église. Mais, on perd ainsi cette grande leçon que Dieu nous a donnée en nous montrant ce fils de la révolution qui tue sa mère, qui reçoit le sceptre pour faire expier à la France ses crimes, qui lui prend ses enfans pour les mener en pompe, à travers toutes les capitales de l'Occident, au grand sacrifice de Moscou, tandis qu'il expie lui-même l'origine et les excès de cette puissance sur le rocher de Sainte-Hélène.

Mais que disons-nous? Hélas! peut-être il aurait mieux valu pour lui qu'il restât perdu au milieu de l'Océan : c'était un tombeau plus digne de lui, digne de sa phénoménale puissance. On dirait qu'on n'a voulu nous montrer de près cette gloire que pour en éteindre l'éclat. On ne savait pas même où déposer ce grand et étrange capitaine. Au fait, pour lui comme pour eux, ce monarque exceptionnel ne pouvait pas dormir à Saint-Denis, avec les héritiers réguliers de l'ancienne monarchie. Un monument triomphal, l'arc de l'Etoile ou la colonne Vendôme, n'était pas mieux approprié à une sépulture catholique. Nous aimons donc cette pensée qui fait que Louis XIV donne l'hospitalité à Napoléon Bonaparte en lui laissant ses vieux guerriers pour sa garde. Mais si l'Empereur est bien placé sous le dôme, il ne doit pas l'occuper tout entier. C'est la maison de Dieu ; qu'il y soit reçu, mais qu'il n'usurpe point ce qui ne lui appartient pas; César ne doit pas s'élever au-dessus de l'autel et dominer la croix. Ah! ne lui donnez pas ce dont sa mémoire n'a nul besoin, cessez plutôt de lui refuser les honneurs et le respect qu'on doit à la mort!

Hommes du pouvoir, vous avez réuni toutes les splendeurs de l'Etat pour l'amener dans cette église, c'est bien. Le char de deuil a déposé son fardeau, la solennité officielle a duré quelques heures; cette foule de grands dignitaires, d'officiers et de serviteurs de l'empire qui était venue là, s'est écoulée; quelques-uns même, assistant à la cérémonie du 15 décembre comme à un spectacle, n'en ont pas attendu la fin pour se couvrir la tête devant Napoléon et devant Dieu! Mais est-ce là tout? Quoi! il y a là, au milieu de la chapelle de Saint-Jérôme tendue de drap violet, un cercueil exposé sans honneur, avec une petite épée et un chapeau sous un verre. Là, pas une lampe funéraire ne brille, pas une fois depuis deux ans le saint-sacrifice n'a été célébré; rien ne rappelle le respect, le recueillement de la mort! Et voilà votre piété pour l'Empereur! Ingrats que vous êtes! vous qui avez grandi sous son soleil, vous parlez d'apothéose pour votre bienfaiteur, et vous ne lui accordez pas ce que nous réclamons pour lui, parce que les inimitiés se taisent devant un cadavre, et que votre maître a voulu terminer ses jours en chrétien : des prières et une tombe.

Ce mépris actuel de la religion suggère de tristes remarques. Il y a plus de rapport qu'on ne croit entre l'esprit militaire et l'esprit religieux, et encore aujourd'hui la masse des vieux soldats de l'hôtel est meilleure au fond qu'elle ne le paraît. Quelques-uns remplissent leur devoir avec un véritable héroïsme ; pour améliorer l'état moral des autres il faudrait peut-être très peu de chose; mais il faudrait au moins l'exemple des chefs : il faudrait que le zèle apostolique ne rencontrât pas d'obstacle contre nature. Aujourd'hui il y a trois prêtres attachés à la paroisse des Invalides ; avant 1830 il y en avait cinq, avant la révolution il y en avait douze. Les bonnes habitudes ont décliné dans la même proportion.

Tout l'ordre de la maison avait été institué de telle façon que l'ame ne fût pas plus oubliée que le corps. A leur entrée les invalides recevaient des instructions particulières. Indépendamment des offices ordinaires, les missionnaires de Saint-Lazare, chargés des fonctions spirituelles, célébraient un salut tous les jeudis. Tous les jours, à cinq heures un quart du matin, la prière; puis des messes d'heure en heure jusqu'à dix heures du matin; trois messes étaient dites aux infirmeries, où chacun des prêtres couchait un mois durant pour être au service des malades. Des conférences, catéchismes et retraites avaient lieu aussi dans quelques pièces chauffées ; une bibliothèque de bons livres était à la disposition de tout le monde. Enfin, on faisait un service pour chaque officier, et on disait une messe basse pour chaque soldat qui mourait. Tant de sollicitude n'était pas perdue, et la piété n'était pas moins traditionnelle que la vertu militaire aux invalides, et un écrivain du siècle dernier assure qu'il y avait entre eux et les prêtres comme une émulation sainte : « On voit, ajoutait-il, dans la plus grande partie de ces soldats, une modestie, un recueillement, une dévotion, dont les spectateurs sont souvent affectés jusqu'à l'attendrissement. »

Nous n'en sommes plus là. Les invalides actuels, enfans de l'empire, devraient pourtant se rappeler que le christianisme n'est pas seulement la religion des anciens temps, et que si saint Louis, Turenne, Catinat, Bayard et tant d'autres ont su la pratiquer toute leur vie, leur Empereur lui a rendu à sa mort un solennel hommage.

Bons et braves paroissiens de l'église militaire de saint Louis, pauvres et vieux invalides, milice d'élite envoyée à ce poste d'honneur par tous nos champs de bataille, vétérans recrutés parmi les privilégiés de la fusillade et des boulets, témoins vivans, débris respectables de ces grandes armées qui ont visité l'Europe, vous avez pu nous raconter vos efforts de géans qui enorgueillissaient vos frères jusque dans les rangs opposés. Vous qui avez suivi au pas de course la fortune de la France, vous avez pu nous redire ces victoires, ces conquêtes et ces revers plus grands que des succès qui ont maintenu, même dans ce triste siècle, la réputation de nos armes. Vous qui laviez aux frontières par votre sang celui dont nos bourreaux souillaient le sein de la patrie, vous qui n'avez pas fait la révolution, mais à qui la révolution a dû sa seule grandeur! allez, nous rendrons justice à vos services. Quelque drapeau qu'elle ait porté, la France pour nous fut toujours la France ; et quoique vos prodiges aient assuré longtemps le pouvoir de nos ennemis intérieurs, nous vous saurons gré éternellement d'avoir à la pointe de votre glaive défendu le nom et l'intégrité de la patrie. Guerriers de la république et de l'empire, nous nous inclinons devant vous; mais vous ne nous rappelez pas seulement votre gloire, nous nous souvenons en vous voyant que vous aussi vous avez eu des maîtres, que ceux-ci vous avaient formés à leur école. Non! ce n'est pas dans cet hôtel qui vous reçoit qu'on peut oublier que la France ne date pas seulement de la fin du dernier siècle, et que longtemps avant cette époque l'antique monarchie avait su faire des héros, leur donner le monde pour carrière, et, après leur fatigue, leur offrir une hospitalité à laquelle on n'a rien ajouté et dont leurs petits-neveux jouissent encore.

CHARLES DE RIANCEY.

N.-DAME-DES-VICTOIRES.

Voici un titre peut-être unique dans toute la chrétienté, parmi les innombrables églises consacrées sous l'invocation de la Mère de Dieu, de la Vierge immaculée dont il a été prophétiquement dit qu'*elle écraserait la tête du serpent*, cause de la chute du premier homme. Cette particularité nous paraît assez remarquable pour mériter qu'on s'y arrête un moment avant de passer outre aux circonstances sous l'influence desquelles fut fondée l'église de Notre-Dame-des-Victoires, vulgairement nommée aussi des *Petits-Pères*.

Lorsque Mahomet II prit Constantinople, en 1453, il y avait, dans la basilique de Notre-Dame-des-Guides, une image célèbre appelée, d'un mot grec, *procurant les victoires*, que l'on plaçait sous forme de bannière sur un char de triomphe qui accompagnait les armées impériales. En Occident, nous ne connaissons que trois églises qui aient été décorées du vocable de Notre-Dame-de-la-Victoire : la cathédrale de Tolède, celle de Tournay, et l'église abbatiale du monastère des Augustins, que Philippe-Auguste fit bâtir dans le diocèse de Senlis, après la fameuse bataille de Bouvines, en reconnaissance de la victoire éclatante qu'il remporta sur l'empereur Othon. Il y a sans doute beaucoup d'analogie entre la dénomination de Notre-Dame-de-la-Victoire et celle de Notre-Dame-des-Victoires ; mais il nous suffit qu'il n'y ait point identité absolue entre ces deux vocables, pour autoriser et même justifier notre assertion que le titre de Notre-Dame-des-Victoires est peut-être unique dans toute la chrétienté.

La réforme de la congrégation des Augustins portugais, par le père Thomas de Jésus, de l'illustre maison d'Andrada, fut portée en Espagne par le père Louis de Léon, en 1588, et en Italie, par le père André Diez, peu d'années après; un bref du pape Paul V, en date du 26 juin 1607, autorisa le père François Amet à la faire recevoir en France. A cette époque, la reine Marguerite de Valois, première femme d'Henri IV, voulait accomplir le vœu qu'elle avait fait de bâtir et de doter un monastère, en reconnaissance de ce qu'étant assiégée dans son château d'Usson, en Auvergne, elle avait échappé d'une manière presque miraculeuse à un péril imminent. La vie sainte et les sermons éloquens du père Amet lui firent concevoir la plus haute estime des religieux de son ordre, connu dès lors sous le nom d'Augustins-Déchaussés. Aussi, après avoir choisi ce père pour son confesseur et son prédicateur ordinaire, le chargea-t-elle d'établir un couvent de la réforme dans une maison contiguë à son palais, rue de Seine, qu'elle donna par acte notarié, avec affectation de six mille livres de rentes perpétuelles, en attendant qu'on pût en bâtir une plus grande sur l'emplacement que nous voyons environné du quai Malaquais, des rues des Petits-Augustins, de Jacob et des Saints-Pères, qui lui appartenait et où se trouve aujourd'hui le palais des Beaux-Arts. Le contrat de cession et de donation fut revêtu de toutes les formes légales du temps, le 1ᵉʳ février 1610. Les Augustins-Déchaussés jouissaient en paix des bienfaits de la reine Marguerite, *lorsque l'inconstance naturelle au sexe*, dit un historien, vint brusquement changer leur destinée. Cette princesse, ajoute-t-il, *piquée de la rigueur évangélique avec laquelle le père Amet la reprenait de ses fautes au tribunal de la pénitence, révoqua la donation irrévocable* qu'elle avait faite au profit de ces moines; elle les expulsa de leur maison, en 1612, pour y substituer les Augustins-Chaussés de la réforme du père Rabache, autrement dite de Bourges. Ces pauvres Augustins, tout étourdis du coup imprévu et soudain qui les frappait, furent contraints de retourner les uns à Villars-Benoît, les autres à Avignon, d'où ils étaient venus. Mais ils revinrent à Paris en 1619 ; une lettre de l'archevêque Henri de Gondy, du 19 juin 1620, leur permit de s'établir dans une petite maison avec jardin qu'ils louèrent dans le faubourg Montmartre, située à côté de l'ancienne chapelle de Saint-Joseph, sur le terrain de laquelle se trouve aujourd'hui le marché de ce nom ; car alors la porte Saint-Eustache, qui fixait les limites de la ville de ce côté, avait été antérieurement reculée jusqu'au lieu où la rue des Fossés-Montmartre a été percée. Là ils formèrent une petite communauté qui, ayant pris une certaine consistance en fort peu de temps, les mit en état de pouvoir louer une autre maison voisine de la première. Ils étaient cependant encore loin de la position aisée que la reine Marguerite leur avait faite. On croit même que c'est à raison de l'exiguité de leurs ressources actuelles qu'ils furent appelés les Petits-Pères. Une autre opinion veut qu'Henri IV, ayant aperçu le père Amet et le père Mathieu de Sainte-Françoise dans son antichambre, lesquels étaient tous les deux d'une taille au-dessous de la moyenne, demanda ce que voulaient ces *petits pères-là*. La communauté des Augustins ayant acquis un assez grand développement, elle acheta, en 1628, deux portions de terrain d'environ six arpens (deux hectares cinq ares treize centiares), l'une située sur le fief de la Grange-Batelière, et l'autre sur le lieu appelé les Burettes, près du carré où l'on jouait au mail, et dans lequel a été ouverte depuis la rue du même nom. La somme de 12,918 livres 2 sols 6 deniers que coûtèrent ces terrains, y compris les droits de lots et vente, peut faire apprécier la différence qui existe entre la valeur de ce genre de propriété à Paris au commencement du xviie siècle, et celle d'aujourd'hui.

Aussitôt après que les Augustins-Déchaussés eurent été mis en possession de leurs terrains, ils résolurent de faire bâtir une maison convenablement appropriée aux besoins de la communauté, et ils firent prier le roi Louis XIII de vouloir bien en devenir le fondateur en titre. Le prince, accédant à leur vœu, posa la première pierre de l'église, bénie par François de Gondy, premier archevêque de Paris, le 8 décembre de l'an 1629, en présence de toute sa cour, du prévôt des marchands et des échevins de la ville. On adapta, aux quatre coins de cette pierre, qui était de marbre noir, des plaques d'argent, où l'on avait gravé : 1° l'image de la sainte Vierge assise tenant d'une main l'enfant

Jésus debout sur ses genoux, et de l'autre, posant sur un L couronné de France, soutenu par un petit ange, une couronne de laurier ; 2° saint Augustin vêtu en moine-déchaussé, portant une église dans la main droite, et dans l'autre un cœur enflammé; 3° Louis XIII revêtu des insignes de la royauté ; 4° les armes de France et de Navarre surmontées de la couronne, entourées des ordres du Saint-Esprit et de Saint-Michel. On avait en outre gravé sur le parement de la table ou pierre de marbre l'inscription suivante, exprimant les motifs qui déterminèrent le pieux monarque à dédier l'église des Petits-Pères sous le vocable de Notre-Dame-des-Victoires.

« Louis XIII, par la grace de Dieu, roi très chrétien de France et de Navarre, vainqueur de l'hérésie * et des ennemis de l'Etat, a voulu élever ce monument à la piété des Augustins-Déchaussés de Paris, et leur ériger un temple sous la protection de la bienheureuse vierge Marie, et sous l'invocation de Notre-Dame-des-Victoires, lequel il dédia l'an du Seigneur 1629, le 9 mai, de son règne le xx_e. »

Cette imposante cérémonie terminée, la messe fut célébrée par l'archevêque, dans une vaste chapelle en bois qu'on avait disposée à cet effet sur les lieux. Après la messe, le roi reçut les hommages des religieux avec bonté, et leur promit sa protection spéciale. Les lettres-patentes qu'il leur fit expédier dans le courant du même mois de mai, leur prouvèrent que ce prince n'avait point oublié ses promesses ; car, non seulement il s'y déclarait le fondateur du monastère dont on commença les travaux en même temps que ceux de l'église, mais il accorda à leur congrégation les mêmes priviléges, droits et franchises qu'aux autres églises et maisons de fondation royale. Ce même roi, par un brevet du 6 janvier 1638, accorda pour armoiries, au couvent des Augustins-Déchaussés, une Notre-Dame-des-Victoires d'argent en champ d'azur, accompagnée de trois fleurs de lys d'or : deux et une, avec écusson soutenu par deux anges, et surmonté d'une couronne royale entourée de deux palmes.

Le premier vaisseau de l'église qui fut construit alors n'avait guère plus d'étendue que l'espace actuellement occupé par la sacristie et ses dépendances. L'affluence des fidèles qui venaient

* Allusion à la soumission récente de la Rochelle, le 28 octobre 1628.

y assister aux offices ne tarda pas à faire reconnaître son insuffisance, et, en 1656, le projet d'en bâtir une plus grande reçut son exécution, sur le dessin de Pierre Lemuet, le même qui acheva le Val-de-Grâce. Après lui, Libéral Bruant et Gabriel Leduc, qui ajouta les tribunes au plan primitif, eurent successivement la direction des travaux. Repris, en 1737, par Cartaud, architecte du roi, ils furent achevés par le portail au commencement de 1740, et le dimanche 13 novembre de la même année, Hyacinthe Leblanc, évêque de Joppé, en fit la consécration dédicatoire et solennelle.

Ce portail, dont l'élévation, y compris le fronton triangulaire, est de vingt mètres soixante-dix centimètres, à partir du perron où il est assis, sur une largeur de vingt-quatre mètres cinquante centimètres, est formé de deux étages ornés de pilastres superposés : ceux du premier, décoré d'un pyramidon à ses deux extrémités, sont d'ordre ionique; et ceux du second, d'ordre corinthien. Une croisée à arcade coupe celui-ci, et la grande porte, l'autre. A la clef de l'imposte se trouve une Gloire composée de Chérubins rayonnans, dans le centre de laquelle on lit le tétragrammaton hébraïque du grand nom de JéHoVaH. Cette combinaison, quoique critiquée par les *puristes* en matière d'ornemens architectoniques, qui prétendent qu'elle est réprouvée par les principes de l'art, n'en est pas moins ici d'un assez bon effet.

A l'intérieur, l'église commencée en 1656, et terminée, ainsi qu'il a été dit, en 1740, se compose d'une seule nef qui a quarante-quatre mètres cinquante centimètres de longueur dans œuvre, y compris le sanctuaire, éclairé par une riche coupole; en largeur environ onze mètres, et quinze mètres en hauteur sous clef. La profondeur des chapelles, qui tiennent lieu de bas côtés, est d'à peu près cinq mètres. L'ordonnance de cette belle nef est ionique; la voûte qui la couvre, et qui se prolonge sur toute la capacité du vaisseau, est à plein cintre. On y a pratiqué des croisées à lunettes, qui sont séparées les unes des autres par des archivoltes tombant à l'aplomb de chaque pilastre, le tout accompagné de tables chantournées d'une exécution parfaitement soignée, etc.

Qu'on veuille bien nous passer les indications peut-être un peu trop sèchement techniques que l'on vient de lire sur les dimensions architecturales de notre église. Mais nous avons cru devoir saisir cette occasion d'à propos pour prouver qu'au point de vue de l'art le monument ne mérite pas le dédain superbe avec lequel certains critiques outre-cuidans en parlent *.

Passons à des détails plus intéressans.

Les chapelles, au nombre de six, sont dédiées ainsi qu'il suit : à droite de l'entrée, à Notre-Dame-de-Pitié, à saint Joseph, au saint cœur de Marie, anciennement à Notre-Dame-de-Savone; à gauche, après les fonts baptismaux, à sainte Geneviève**, à saint Charles Borromée, à saint Augustin.

Plusieurs de ces chapelles avaient reçu les dépouilles mortelles de notables personnages qui avaient là leurs mausolées. Deux seulement ont échappé au vandalisme révolutionnaire. Déposés au musée des Petits-Augustins en janvier 1796, ils ont pu être réintégrés à leur place primitive : le cénotaphe en marbre noir de Jean Vassal, secrétaire du roi, dans la chapelle de saint Joseph; le tombeau de Lully aussi en marbre noir, surmonté de son buste en bronze, dans celle de sainte Geneviève. On lit sur ce monument l'inscription ci-après.

« Ici repose Jean-Baptiste Lully, écuyer, conseiller, secrétaire du roi, maison et couronne de France et de ses finances, surintendant de la musique de la chambre de Sa Majesté, célèbre par le haut degré de perfection où il a porté les beaux chants et la symphonie, qui lui ont fait mériter la bienveillance de Louis-le-Grand, et les applaudissemens de toute l'Europe.

» Dieu, qui l'avait doué de ces talens par-dessus tous les hommes de son siècle, lui donna pour récompense de ses cantiques inimitables, composés à sa louange, une patience vraiment chrétienne dans les douleurs aiguës de la maladie dont il est mort le 22 mars 1687, dans la 54e année de son âge, après avoir reçu tous les Sacremens avec une résignation et une piété édi-

---

* Entre autres, Saint-Victor, auteur estimable sous d'autres rapports, mais aussi arriéré que Dulaure en matière d'art et de goût, et aussi peu apte à en porter un jugement sain.

** Le bénitier fixé contre le pilier qui sépare cette chapelle de celle des fonts n'a de remarquable que l'inscription sur une table de marbre noir placée au dessus, et où sont gravées ces paroles :

Νίψον ανομηματα μη μοναν οψιν.
Ablue peccata non solam faciem.
« Lave tes péchés, et non ta seule figure. »

fiante. » Ce tombeau renferme également les cendres de Michel Lambert, beau-père de Lully, mort en 1696.

Les orgues à trente-deux jeux et à quatre claviers, ouvrage de Selop, facteur renommé de son temps, sont renfermées dans un buffet exécuté par Regnier, et ornées de sculptures fort remarquables, ainsi que la chaire à prêcher du même artiste. Ces deux pièces n'ayant point été déplacées n'ont éprouvé aucun dommage essentiel. Mais les autres objets d'art en marbre, en métaux précieux et en assez grand nombre, tant de l'église que du couvent, tout cela a été enlevé et perdu. Parmi ces objets se trouvaient : 1° un groupe d'argent doré, du poids d'environ cent marcs, qui représentait sainte Thérèse tenant entre ses bras le dauphin et le présentant à la sainte Vierge. C'était un don fait à l'église par la reine Anne d'Autriche et la reine Marie-Thérèse, sa belle-fille et sa nièce, lors de la naissance (1er novembre 1661) du premier fils de Louis XIV. Le piédestal d'ébène était orné des armoiries de ces deux reines et de plaques d'argent où l'on avait gravé leur chiffre. Il renfermait en outre un petit reliquaire composé d'un os de sainte Thérèse dont le roi d'Espagne avait fait présent à sa fille Marie-Thérèse. Ce groupe fut apporté à Notre-Dame-des-Victoires par l'abbé de la Barde, l'un des aumôniers de la Cour, le 15 octobre 1664. 2° Un riche parement d'autel, de brocard d'or et d'argent, accompagné de deux crédences, donné par Marie-Anne-Christine-Victoire de Bavière, femme du même dauphin. 3° Une chasuble de taffetas violet, qui avait servi au célèbre et saint prêtre Bernard, connu sous le nom de *pauvre prêtre*, que le frère Fiacre, son ami, tenait de madame de Lamoignon qui l'avait achetée.

Mais ce qui est surtout à regretter, c'est la magnifique fresque peinte au milieu du plafond de la bibliothèque du couvent, par le napolitain Paul Mattei. Elle représentait allégoriquement la Religion, accompagnée de la Vérité, portant un soleil sur la poitrine, dont les rayons éclatans éclairaient l'Erreur blottie dans un coin du tableau. Un ange, placé à côté de la Vérité, tenait un livre ouvert où se lisaient en gros caractères ces mots tirés de Job et adressés à l'Erreur : *Quare detraxistis sermonibus Veritatis.* Ce travail d'une admirable exécution fut terminé en dix-huit heures de temps. Les pères Augustins en furent tellement satisfaits que, par reconnaissance, ils affilièrent

Mattei, sa femme et ses enfans, à leur congrégation. Ils ajoutèrent à cette faveur celle de les rendre participans les uns et les autres, leur vie durant ainsi qu'après leur mort, du mérite des offices, prières, méditations, prédications, abstinences, jeûnes, pénitences, veilles, pélérinages et généralement de toutes les bonnes œuvres qui se pratiquaient dans leur ordre. Les lettres d'affiliation furent expédiées par le P. Chérubin de Sainte-Elisâbeth, vicaire-général de la congrégation de France, le 13 septembre 1703.

Il est juste néanmoins de reconnaître ici que, malgré ces pertes, notre église n'a pas été sous ce rapport aussi maltraitée que beaucoup d'autres, car elle est rentrée en possession d'une belle série de tableaux, la plus importante de celles de l'ancienne école française qui existent dans les églises de la capitale et que recommande le nom de Carle Vanloo, lorsqu'on rendit Notre-Dame-des-Victoires au culte catholique en janvier 1809. Les sujets de ces tableaux, qu'on voit dans le chœur comme autrefois, sont tirés de la vie de saint Augustin, moins un, et sont placés dans l'ordre suivant : à gauche — saint Augustin, âgé de trente-trois ans et son fils Adéodat, revêtus de la tunique blanche des *compétens,* reçoivent le baptême des mains de saint Ambroise. Alipe, son ami, est à genoux derrière lui, disposé à obtenir la grâce de ce sacrement. Sainte Monique, mère du grand docteur, son frère, plusieurs de ses disciples et de ses parens sont présens à l'auguste cérémonie ; — Conférence à Carthage des catholiques avec les donatistes, en l'an 411 ; deux cent quatre-vingt-six évêques orthodoxes et deux cent soixante-dix hérétiques y assistèrent, sous la présidence du comte Marcellin, tribun. Saint Augustin y pulvérisa tous les argumens de ses adversaires. A partir de ce moment la secte des donatistes perdit tout crédit et ne tarda pas à s'éteindre entièrement. — Translation de ses reliques de la Sardaigne à Pavie. Elles avaient été portées d'Hippone dans cette île, en l'an 506, par les évêques d'Afrique que Trasimond, roi des Vandales, exila dans ce pays. Luitprand, roi des Lombards, les ayant obtenues à prix d'argent des Sarrasins en 712, les fit renfermer dans un tombeau de marbre, à l'église de saint Pierre de sa capitale. — A droite. Prédication de saint Augustin alors simple prêtre, devant Valère, évêque d'Hippone, à la tête de son clergé ; — Valère, accablé de vieillesse, sacré évêque saint Augustin, en l'an 395, après avoir obtenu d'Aurélien, archevêque de Carthage, de le nommer son coadjuteur, afin de pouvoir lui assurer son siége.

Ces circonstances principales de la vie de saint Augustin nous rappellent le grand acte qui vient de s'accomplir en Afrique sa patrie. La France, après y avoir ramené la foi catholique, a vu sceller son œuvre pieuse par la restitution à la ville d'Hippone des dépouilles mortelles de son illustre prélat. Mgr. Dupuch, évêque d'Alger, accompagné de MM. Statem et Magnose, membres du chapitre de sa cathédrale, et de M. Berger, son secrétaire, a reçu à Pavie, le 12 octobre de la présente année 1842, une partie considérable des restes du saint docteur, conformément à l'autorisation que le Souverain Pontife Grégoire XVI, glorieusement régnant, en avait donnée par un bref en date du 20 juillet.

Les plus grands honneurs ont été rendus à ces reliques vénérables, tant à Pavie que sur la route, et à Toulon, où elles sont arrivées le 22 du même mois. Une procession solennelle les a reçues à la porte d'Italie par laquelle elles devaient entrer dans la ville. Cette procession, accompagnée de deux corps de musique et de quatre cents hommes du 32e régiment de ligne, était composée des diverses corporations des métiers, précédées de leurs drapeaux, des confréries de pénitens, ayant à leur tête une croix portée par l'un d'eux, pieds nus, des frères des écoles chrétiennes et de leurs élèves, du clergé des quatre paroisses de Toulon et de leurs fabriciens, des congrégations de Sainte-Marie et de Saint-Maur, et d'un immense concours de fidèles de toutes les classes. Le dépôt sacré dont Mgr. Dupuch était muni fut conduit sous un riche dais et offert à la vénération publique sur l'autel disposé à cet effet au milieu de la vaste place dite du Champ-de-Mars, et de là à Sainte-Marie, ancienne cathédrale, où sept autres prélats étaient présens, savoir : Messeigneurs l'archevêque de Bordeaux, les évêques de Fréjus, de Châlons-sur-Marne, de Marseille, de Digne, de Grenoble, et l'évêque nommé de Nevers. Après la bénédiction du Saint-Sacrement, on annonça l'ordre des cérémonies du lendemain 23. Ce jour-là, une messe chantée en musique fut célébrée par l'évêque de Fréjus, et le panégyrique du saint prononcé par l'évêque d'Alger. La procession générale, composée comme celle de la veille, se mit de nouveau en marche et parcourut la ville avec les saintes reliques, suivant la relation exacte que nous en avons sous les yeux. « Elle présentait un coup-d'œil ravissant pour un chrétien, heureux de voir rendre hommage à la mémoire d'un pontife que quatorze siècles n'ont pu faire oublier, tandis que tant de gloires humaines ont *disparu* et fait naufrage dans l'abîme des temps, ou n'ont laissé que de faibles traces parmi nous. »

Enfin, le 28 octobre, Mgr. Dupuch, entouré des prélats désignés plus haut, a rendu saint Augustin à sa ville natale d'Hippone et rétabli son culte dans une église dédiée sous son invocation. Ainsi cette terre d'Afrique où les Vandales avaient introduisé l'hérésie, et qui devint ensuite la proie des infidèles et de la barbarie; cette terre où Augustin, qui en fut l'une des plus éclatantes lumières, n'avait pu conserver un tombeau, vient de le voir revenir triomphant et accueillir avec transport par les chrétiens qui l'ont reconquise pour la croix et la civilisation *.

Le récit sommaire qu'on vient de lire, outre l'actualité de l'événement auquel il se rapporte, nous a paru d'autant plus digne de trouver place dans l'histoire de Notre-Dame-des-Victoires, que cette église appartenait à un ordre qui se faisait gloire de porter le nom et de suivre la règle du saint évêque africain.

Revenons aux tableaux de Carle Vanloo.

Le père Rivière, ancien augustin-déchaussé, et le premier appelé à exercer les fonctions curiales à Notre-Dame-des-Victoires, érigée en église paroissiale après le concordat de 1801, s'étant aperçu qu'il manquait un septième tableau du même peintre, et tenant à compléter cette précieuse collection, se livra aux plus actives recherches pour le découvrir. Il désespérait d'y parvenir, lorsqu'il apprit enfin qu'il existait dans la cathédrale de Versailles. Il le réclama à l'évêque de ce temps, Mgr. Charrier de LaRoche, qui le renvoya au conseil de fabrique. Le conseil refusa de le lui rendre, même pour une forte somme qu'il offrit en dédommagement. Désolé de ce résultat, M. Rivière demande une audience à Napoléon qui la lui accorde immédiatement aux Tuileries, et lui ayant rendu compte de tout ce qui s'était passé : — *Tranquillisez-vous, M. le curé*, lui répond Napoléon, *vous aurez votre tableau, sans être obligé de le payer*. Le même jour, un peu avant

* L'*Univers* des 30 octobre et 1er novembre 1842.

minuit, un tapissier, accompagné de plusieurs garçons avec lanternes, pinces, échelles et un grand objet enveloppé de toile, se présente à la porte de la cathédrale de Versailles ; on frappe vivement ; le gardien réveillé en sursaut demande ce qu'on veut à une heure aussi indue. — Au nom de l'Empereur, ouvrez-nous la grande porte... On entre, on décroche le tableau, on en replace un autre de la même dimension, dont le sujet est *Jésus ressuscitant le fils de la veuve de Naïm* ; il provenait du musée de Paris et il est aussi l'œuvre d'un grand maître. Le lendemain M. Rivière trouva cette magnifique toile dans sa sacristie, il la fit mettre au fond du chœur, un peu au-dessus du maître autel, au milieu des six autres. Louis XIII y est représenté prosterné devant la sainte Vierge, assise sur un nuage, environnée d'anges et de chérubins, tenant d'une main l'enfant Jésus, et de l'autre présentant une palme au roi, qui lui-même offre à la Mère de Dieu le plan de l'église qu'il dédie sous son invocation : à sa gauche, le cardinal de Richelieu ; et à sa droite, un grand personnage porte au prince les clefs de La Rochelle sur un plat d'argent ; par derrière, des officiers et quelques religieux augustins ; dans le lointain, la ville qui vient d'être soumise.

Parmi les tableaux modernes qui ont remplacé les anciens non recouvrés, on distingue la Conversion de saint Augustin, par M. Gaillot ; Sainte Monique, qui voit en songe la conversion de son fils, par le même artiste. Ils sont aussi dans le chœur, à la suite des précédens, le premier à gauche et l'autre à droite.

Mais des faits non moins dignes d'intérêt appellent notre attention : hâtons-nous de la leur accorder, car ils se rattachent d'une manière intime au culte de la Vierge, culte auquel notre église, dans son origine, avait consacré deux chapelles, l'une sous le titre de Notre-Dame-de-Savone, et l'autre sous celui de Notre-Dame-des-Sept-Douleurs. La dévotion à Notre-Dame de Savone y fut introduite par le frère Fiacre, et voici à quelle occasion. Ce religieux, né à Marly en 1609, d'un pauvre paysan, s'appelait Denis Antheaume, mais n'était connu en religion et dans le monde que sous le nom de frère Fiacre. Il fut admis en 1631 dans la congrégation des Augustins-Déchaussés ou Petits-Pères, après avoir exercé pendant quelques années la profession de potier d'étain. Le frère Fiacre devint bientôt l'un des ornemens de la maison conventuelle par son intelligence, par la tendre douceur de son caractère et de sa piété. Plusieurs auteurs du temps rapportent qu'il avait prédit la grossesse de la reine Anne d'Autriche et la naissance d'un prince. L'événement prouva la réalité du vœu prophétique du frère Fiacre. Ce fait, dont l'authenticité ne saurait être garantie, a néanmoins un fondement incontestable : c'est qu'après la naissance de ce prince, qui régna depuis si glorieusement sur la France, sous le nom de Louis XIV, la reine-mère honora ce bon moine de son estime particulière, ainsi que le roi son fils, comme on le verra bientôt. A l'occasion de cette naissance qui comblait tous leurs vœux, Louis XIII et Anne d'Autriche firent présenter à la célèbre église de Notre-Dame-de-Lorette, nommée par les Italiens la Sainte Maison, *Santa Casa*, deux couronnes d'or enrichies de diamans, l'une pour la Vierge, l'autre pour l'enfant Jésus, plus un ange d'argent, soutenant la figure d'un dauphin d'or massif, couché sur un bassin autour duquel étaient gravés ces mots : *Acceptum à Virgine Delphinum Gallia Virgini reddit*. Ce beau travail, estimé alors cent mille écus, avait été exécuté par l'habile sculpteur Jacques Sarrazin. Vingt ans après, c'est-à-dire en 1659, la même reine et Louis XIV, voulant rendre des actions de grâces à la même Vierge de Lorette de l'heureuse conclusion du traité des Pyrénées, où fut stipulé le mariage du grand roi avec l'infante Marie-Thérèse, se firent représenter en 1660, dans l'accomplissement de ce devoir pieux, par le frère Fiacre. Le bâtiment sur lequel il s'embarqua à Marseille fut obligé de faire relâche dans le port de Savone, île de l'Etat de Gênes, peuplée de dix mille ames, devenue sous l'empire chef-lieu du département de Montenotte. Frappé de la dévotion des habitans de la ville et même de toute la haute Italie, pour Notre-Dame de la Miséricorde (*la Madona di Misericordia*, c'est ainsi qu'on la nomme dans le pays), il résolut de l'introduire à Paris. Le frère Fiacre, à son retour de Lorette, eut l'honneur d'entretenir la reine Anne d'Autriche et la jeune reine Marie-Thérèse de tout ce que produisait de merveilleux la dévotion de la Madone de Savone, et leur exprima le désir de la voir établie dans la capitale. Leurs Majestés s'empressèrent de déférer à son vœu, en l'aidant de leurs libéralités, pour faire sculpter, en marbre de Carrare, la statue de cette Vierge, de même que celle du campagnard Antoine Botta, promoteur de ce culte local. Les deux statues arrivèrent en France l'an

1664. Le frère Fiacre travaillait en ce moment à faire établir une maison de son ordre à Montmartre, dont Notre-Dame-de-Savone aurait été la patronne titulaire. Si ce projet avait réussi, les statues auraient été placées dans l'église du couvent. Mais comme, malgré tout son crédit, il ne put parvenir à vaincre les difficultés qu'il rencontra, il fallut y renoncer *. Ce fut alors que Louis XIV ordonna à Colbert, en sa qualité de surintendant des bâtimens de la Couronne, de faire décorer à Notre-Dame-des-Victoires une chapelle digne du culte qui devait y être exercé lorsqu'elle aurait reçu les deux statues, ce qui eut lieu en 1672.

La seconde chapelle à gauche de l'entrée, actuellement sous l'invocation de saint Charles Borromée, était autrefois consacrée à Notre-Dame-des-Sept-Douleurs, la plus ancienne, assure-t-on, des dévotions à la Reine des Anges. C'est à cette chapelle, et sous cet ancien titre, qu'Anne d'Autriche fonda une confrérie. Elle fut approuvée par un bref du pape Alexandre VII, en date du 26 mai 1656, visé par Alexandre Hodeng, grand-vicaire du cardinal Paul de Gondy, archevêque de Paris, le 24 octobre de la même année. Il y eut aussi des lettres-patentes le 20 décembre suivant, dans lesquelles cette reine était reconnue protectrice spéciale de l'institution, et elle fut reçue à ce titre à l'église, le 24 mars 1657, jour de la fête patronale de la confrérie. La reine Marie-Thérèse, les princesses, les dames, et une foule d'autres personnages qui accompagnaient leurs Majestés, voulurent en faire partie; à cet effet, on inscrivit leurs noms et qualités sur un registre à ce destiné. Cette confrérie n'existe plus : elle a été remplacée, en 1838, par celle du Très saint et immaculé Cœur de Marie à la chapelle de Notre-Dame-de-Savone. Sa Sainteté Grégoire XVI, par un bref du 24 avril de la même année, l'a élevée à la dignité d'archiconfrérie. Notre qualité de pasteur de Notre-Dame-des-Victoires ne nous permet pas de motiver longuement les éloges que mérite cette institution. Nous nous bornons à constater qu'elle compte des membres affiliés dans toutes les parties du monde chrétien, et que le chiffre total de ces membres s'élève à environ trois millions.

* Le frère Fiacre mourut en 1684 et fut inhumé dans l'église des Petits-Pères. Vénéré de toutes les classes de la société, à sa mort le peuple surtout attachait un grand prix à son portrait. On croit même que c'est delà que s'introduisit l'usage d'en placer la gravure dans l'intérieur des voitures de louage, comme un préservatif de malheur : d'où le nom de *fiacre* attribué à ces voitures.

Dès que Louis XIII eut pris sous sa protection la congrégation des Augustins-Déchaussés, ils vécurent sans trouble désormais et se rendirent dignes de celle de Louis XIV, ainsi que nous venons de le voir. C'est alors que plusieurs de ces Pères consacraient à l'étude tous les momens que ne réclamaient pas leurs exercices religieux, et que plusieurs d'entre eux se firent remarquer par leurs travaux scientifiques ou littéraires : nous ne mentionnerons que les plus connus.

Le P. Anselme de la Vierge Marie (Pierre Guibourg, de Paris) publia : 1° Le Palais de l'honneur, 1 volume in-8°; — 2° le Palais de la gloire, 1 volume in-8°; — 3° Histoire généalogique et chronologique de la maison royale de France et des grands officiers de la couronne, 2 volumes in-4°. A peine ce dernier ouvrage avait-il paru que déjà il s'appliquait à le corriger et à l'augmenter, mais la mort l'ayant surpris en 1674, il légua ses manuscrits à son savant ami Honoré Caille, sieur Du Fourni, auditeur à la chambre des Comptes, pour qu'il le continuât. Celui-ci porta l'œuvre à deux volumes in-folio, qui parurent en 1712.

Le P. Ange de Sainte-Rosalie (Pierre Roffard, né à Blois en 1655) est auteur d'un livre assez rare aujourd'hui, intitulé : État de la France, 5 volumes in-12. Il préparait une 3ᵉ édition de l'ouvrage du P. Anselme, continué par Du Fourni, mais étant mort subitement en 1726, le P. Simplicien, son collaborateur, termina ce grand et curieux monument qu'il publia en 9 volumes in-folio.

Le P. Placide de Sainte-Hélène (François Desmarest, né à Paris en 1649) entra en religion à l'âge de dix-sept ans. Fils d'un marchand passementier aisé, il avait fait de bonnes études, et son beau-frère, Pierre Duval, géographe très estimé de son temps, lui ayant donné des leçons de géographie, mit en lui le germe d'un talent qui se développa un peu plus tard. En effet, après s'être consacré à l'état monastique, il partagea ses momens entre la prédication et la culture de cette partie des connaissances humaines dans laquelle il éclipsa tous les géographes de son siècle. Il composa un grand nombre de cartes qu'il eut l'honneur de présenter à Louis XIV. Ce prince, juste appréciateur de tous les genres de mérites, le nomma son géographe ordinaire, par brevet du 20 janvier 1705. Le public partagea cette haute opinion du souverain, car les cartes du P. Placide devinrent classiques et acquirent une valeur supérieure à toutes les autres.

Aux jours mauvais de la révolution, l'église Notre-Dame-des-Victoires servit aux assemblées municipales, aux élections, etc. Puis, un arrêté du directoire exécutif, en date du 18 nivôse an IV (8 janvier 1796) la transforma en Bourse, ou lieu de réunion des banquiers, agens de change, courtiers, négocians et spéculateurs de toutes les sortes. La paix ayant été rendue à l'Église par le concordat de 1801, l'exercice du culte ne fut repris qu'en 1803 aux Petits-Pères, attendu que l'église des Filles-Saint-Thomas l'avait provisoirement remplacée, et à cette époque on rendit seulement l'ancien réfectoire du couvent. Là devait être le berceau de la paroisse de Notre-Dame-des-Victoires. Lorsqu'ensuite on eut divisé l'administration municipale de Paris en douze arrondissemens, la mairie du troisième prit possession des bâtimens de la maison conventuelle. Les offices paroissiaux se célébrèrent alors dans le local qui sert aujourd'hui de sacristie. Mais un décret impérial du 3 janvier 1809, ayant transféré la Bourse au Palais-Royal, rendit en même temps la partie principale de l'édifice à la religion catholique. La remise en fut faite au clergé le 9 novembre de la même année.

Mgr. de Rohan-Chabot, ancien évêque de Saint-Claude et de Mende, en fit la consécration solennelle. Jusque-là les deux églises furent concurremment des succursales de Saint-Eustache. Celle des Filles-Saint-Thomas devant être démolie pour servir d'emplacement au palais de la Bourse actuelle dont on posa la première pierre en mars 1808, sa titularité a été jointe à Notre-Dame-des-Victoires, qui, ainsi qu'on l'a dit, a eu pour premier curé paroissial le père Rivière, au zèle duquel nous devons la restitution des tableaux qui ornent le chœur. Décédé au commencement de 1811, M. Decroix le remplaça le 12 mars de la même année. Celui-ci eut pour successeur M. Fernbach, ancien religieux de l'ordre des Frères-Prêcheurs, en février 1814. A la mort de ce respectable ecclésiastique, survenue en juin 1832, feu Mgr. De Quélen daigna nous confier les fonctions que nous avons l'honneur d'exercer en ce moment, et dans lesquelles nous fûmes installé le 23 août suivant.

Considérée dans son origine, notre église ne compte que deux siècles d'existence; considérée comme édifice, elle est encore moins ancienne. Mais on a pu juger, d'après l'esquisse rapide qui vient d'être donnée de son histoire, qu'elle ne le cède à nulle autre, de son âge, en illustration et en souvenirs glorieux, puisqu'elle a vu dans son enceinte tous les genres de grandeurs humaines venir là baisser leur front devant la suprême majesté du Roi des rois.

DUFRICHE-DESGENETTES,
Curé de Notre-Dame-des-Victoires.

S.-JACQUES-LA-BOUCHERIE

Dans le court espace qui nous est tracé, nous nous proposons moins l'histoire descriptive qu'une sorte d'oraison funèbre de cette église qui brilla parmi tant de rivales et dont il ne reste plus aujourd'hui que la tour, ce grand souvenir de pierre qui seul est resté dans la destruction comme le grand mât d'un vaisseau naufragé, debout au milieu de la grande ville et la dominant de toute sa hauteur, comme pour protester contre la profanation qui a brutalement arraché, de ses flancs séculaires, sa vieille basilique, aux ogives enchantées, aux vitraux étincelans; réunion féerique de tous les ordres d'architecture, travaux immenses, où bien des paroissiens célèbres, dont nous dirons les noms, avaient pour ainsi dire profondément sculpté dans la pierre leur persévérance et leur piété, comme pour la transmettre aux siècles à venir.

Inconstance des hommes et des événemens ! Il n'a fallu que quelques jours pour enlever, au sol de cette patrie délaissée, le temple sacré qui en était l'ame, ce religieux et pénible enfantement de presque tous les siècles chrétiens, et sous les voûtes duquel reposaient en paix, depuis si longtems, ces hommes saints et ces pieux paroissiens qui en furent dans tous les temps la gloire et l'ornement !

A ceux qui nous demanderont la cause de la destruction de

cette église, nous répondrons que la tourmente révolutionnaire a passé par là, qu'elle a soufflé sur les pierres sacrées pour les disperser ; et avec eux alors nous maudirons ce jour à jamais impie, où la statue de saint Jacques, arrachée à la petite tour située à l'angle nord-ouest, et précipitée de son sommet, roula sur le parvis ses membres brisés au milieu des ricanemens d'une populace ameutée et stupidement joyeuse.

Mais laissons de côté ces tristes souvenirs et contentons-nous de nous asseoir tristement sur des ruines pour redire l'histoire abrégée de ce temple détruit, qui, comme la maison paternelle, eut autrefois des enfans pour aimer jusques à ses pierres et à ses murailles. *Placuerunt servis suis lapides ejus.*

L'origine de cette église semble d'abord vouloir échapper à toute investigation et se perdre dans l'obscurité des temps, mais, en consultant avec attention tous les historiens qui se sont occupés de l'époque de sa fondation, nous nous sommes rangés à l'opinion de Sauval, qui pense que Saint-Jacques ne fut anciennement qu'une chapelle bâtie sous le règne de Lothaire 1er, vers l'an 954, et dédiée à sainte Anne.

Elle fut, selon le même auteur, élevée pour l'usage des bouchers et des tanneurs relégués dans ce faubourg, en vertu d'une loi de police romaine qui excluait des villes les artisans dont la profession était sale et infecte ; on ne voulait pas qu'ils fussent pendant la nuit privés des secours spirituels. Il est bon de dire qu'à cette époque la Cité se trouvait entourée de hautes et fortes murailles dont les portes se fermaient à l'heure du couvre-feu.

Ce ne fut guère que vers 1119 que cette église, sous l'invocation de Saint-Jacques-le-Majeur, dut jouir du titre de paroisse, ainsi que l'atteste une bulle du pape Calixte II, du 14 des calendes de décembre 1119, qui s'exprime ainsi : *in suburbio parisiacæ urbis ecclesiam Sti-Jacobi cum parochiâ.* C'est aussi vers cette époque qu'elle reçut le surnom de *Stus-Jacobus in Carnificeriâ*; sans doute à cause de son voisinage de la Grande-Boucherie et aussi peut-être parce que cette antique corporation des bouchers ne contribua pas peu par ses richesses et sa piété à sa haute splendeur.

En effet, nous voyons les bouchers de Saint-Jacques devenir par la suite fort riches et fort puissans. Maîtres héréditaires des étaux de la Grande-Boucherie, et de la boucherie Sainte-Geneviève, ils faisaient passer ces étaux d'hoir en hoir, comme des fiefs, et toujours aux aînés ; les mêmes familles les ont possédés pendant plusieurs siècles : ainsi les Saint-Yon et les Thibert, déjà importans sous Charles v en 1376, subsistaient encore en 1700 ; du reste, gens fort rangés, d'une grande piété et fort affectionnés à leur paroisse. On voit, dans les Actes de saint Jacques, le boucher Allain y acheter une lucarne pour assister, de chez lui, au saint sacrifice de la messe, et le boucher Haussecul, une clef de l'église pour y faire ses dévotions à toute heure.

En l'an 1108, Ponce Archambert, abbé de Cluny, fit don de cette église aux religieux de Saint-Martin, et les prieurs de ce monastère en devinrent naturellement les présentateurs ; c'est un droit qu'ils ont conservé jusqu'à la fin.

Vainement les curés de cette paroisse voulurent se soustraire à cette domination ; tous échouèrent dans leurs projets d'affranchissement.

Dès l'an 1123, l'évêque Étienne avait, à l'exemple de ses prédécesseurs, donné au prieur de Saint-Martin la moitié du casuel de cette cure. Gui, qui au commencement du xiiie siècle était archiprêtre de Paris et curé de Saint-Jacques, se révolta contre ce partage, et demanda justice au pape Innocent iii qui, en 1207, nomma des juges qui donnèrent gain de cause au prieur de Saint-Martin. Gui, ne se regardant pas comme vaincu, recourut encore au pape et en obtint, pour nouveaux juges, le prieur de Saint-Victor, l'archiprêtre de Saint-Séverin et Pierre Pulvereau, chanoine de Notre-Dame, lesquels confirmèrent la décision des premiers juges, et le pape y ajouta la sienne par une bulle du 20 décembre 1209.

Toutes ces décisions n'en imposèrent pas à sept des successeurs du curé Gui, mais ils ne furent pas plus heureux. Enfin cette contestation est portée au concile de Bâle, qui la résout en faveur des religieux de St-Martin. Le parlement de Paris juge de même en 1626, laissant cependant au curé le choix de donner tous les ans cinq cents livres, avec la moitié des cires, ou la moitié du casuel.

De quel côté fut le bon droit ? Nous abandonnerons toute discussion à cet égard, pour revenir à l'origine de notre église, qui d'abord circonscrite et irrégulière, et devenue trop petite pour le grand nombre de ses paroissiens, va s'agrandir successivement pendant le cours des quatorzième et quinzième siècles.

En 1399 s'élève, par les soins et aux frais de Nicolas Flamel, le fameux porche de St-Jacques, qui, selon Sauval, était un lieu de plaidoirie où l'on tenait le plaids de la justice foncière du fief Popin ou Thibaut-Todé ; il y avait en outre une espèce de tribunal soit pour l'official, soit pour le curé, qui, en sa qualité d'archiprêtre, avait le droit d'y prononcer quelques jugemens.

Les différentes chapelles latérales s'élèvent aussi successivement aux frais d'une foule de pieux paroissiens : c'est encore le célèbre Flamel dont nous parlerons plus haut, Nicolas Arrode, bourgeois de Paris, Jacqueline la bourgeoise, Jehan Damiens et Jeanne Taillefer sa femme, Nicolas Boulard, écuyer de cuisine du roi, avec Jeanne Dupuis sa femme, qui firent bâtir la chapelle de St-Nicolas, en s'engageant à la faire *édifier et fonder de leur propre, à leurs coûts et dépens, tant de piliers, de murs, et voirières, comme d'autres choses quelconques* ; viennent ensuite Simon de Dampmartin, valet de chambre du roi notre sire, Changeur et Marguerite sa femme qui, suivant l'exemple de Boulard, firent construire aussi à leurs frais la chapelle dite du Chevet, où ils furent inhumés.

Si nous suivons pas à pas la construction de cette église, nous voyons qu'elle subit une longue interruption pendant les troubles qui désolèrent la ville de Paris sur la fin du règne de Charles vi et sous une partie de celui de Charles vii.

En 1468, Jean Poiseau bâtit la première croisée après le chœur ; cette croisée portait à la clef de voûte l'image de saint Jacques ; il paraît que c'était un magnifique travail.

En 1479, Vanhelot, maçon, construisit le grand portail, qui était aussi fort remarquable ; c'est à partir de cette époque que l'église marcha d'agrandissemens en agrandissemens ; c'est alors que les fidèles se réunirent pour donner à leur église l'éclat et la splendeur des plus beaux monumens religieux de Paris.

Et ce qui ne contribua pas peu à stimuler leur zèle, ce furent deux bulles d'un pape dont nous ignorons le nom, *données en faveur de la fabrique de l'église des bienfaiteurs du salut de Notre-Dame, et autres personnes*, et qui de nouveau mises en évidence en 1426, et traduites du latin en français, *grossoyées en grosses lettres de fourme* (style du temps), furent ornées de verges d'azur et de vermillon, et attachées *à l'endroit du tronc de l'œuvre* pour que chacun pût les lire.

C'est à cette époque qu'une dame Agnès de Dampmartin, bourgeoise de Paris, fit cession à l'Eglise d'une maison à elle, dite maison d'aumône et qui depuis fort longtemps servait, grâce aux soins et aux charités de cette bienfaitrice, à rassembler de pauvres femmes. Les titres d'où je tire ces faits, dit Villain, les appellent *les pauvres femmes veuves, les bonnes pauvres femmes de la rue des Arcis*; et il est à remarquer, ajoute cet auteur, que cette même maison, qui avait autrefois servi à loger J.-C. dans ses membres pauvres, fut consacrée en une chapelle, où l'on conserve le corps même de J.-C. dans l'Eucharistie.

Nous voudrions avoir plus d'espace pour redire ici les noms des paroissiens qui contribuèrent par leurs donations pieuses à l'érection de ce monument détruit.

De constructions en constructions, nous arrivons en l'an 1508 : c'est à cette époque que l'on jeta les fondemens de la tour que nous voyons aujourd'hui et qui seule a survécu.

Elle fut bâtie sur l'emplacement de deux maisons appartenant à *Jacques Thoynes*, natif de St-Leu-Taverni, maître ès arts, curé de Sanois, chanoine de Montmorency, et depuis *maître des écoles* de la paroisse.

Par son testament du 27 août 1505, Thoynes avait donné la plus grande de ses deux maisons à l'église *pour l'honneur de Dieu*, dit-il, *et de M. saint Jacques*; il léguait la seconde à la confrérie de St-Fiacre des bonnetiers.

La fabrique, ayant besoin de l'emplacement des deux maisons pour le grand projet qu'elle avait formé, s'adressa aux bonnetiers, pour la cession de cette maison ; ceux-ci refusèrent, mais les marguilliers eurent recours à la protection des juges du Châtelet, alléguant *que leur étant besoin d'édifier une tour, ils ne pouvaient la faire édifier en un lieu plus convenable* : c'est alors qu'une sentence du Châtelet, rendue le 26 février 1508, obligea les confrères bonnetiers à la cession de leur propriété.

On put alors commencer les travaux qui durèrent quatorze ans, et en 1522 l'ouvrage était complètement terminé. La pierre que l'on employa coûtait 20 sols le chariot, et le moëllon 20 deniers; on acheta 90 pieds de pierre de liais pour les gargouilles, au prix de 3 sols 4 deniers le pied. Ce fut Rault, tailleur d'images, qui fit la statue de saint Jacques, que l'on voyait avant la révolution de 89 sur la calotte de l'escalier, ainsi que les animaux qui sont aux trois angles et qui représentent les symboles évangélistes. Ces quatre pièces ne coûtèrent que 20 livres tournois.

Cette tour est d'une élégance remarquable, elle s'élève gracieuse sur la cité, comme une reine superbe que l'art gothique et l'art de la renaissance semblent se disputer pour l'embellir. L'un se déploie capricieux et léger sur tous les flancs de l'édifice, en s'élançant jusqu'à son sommet; l'autre s'est contenté d'attacher à son front cette belle couronne symbolique, que nous voyons encore pure et intacte, comme au jour où elle sortit de la main du sculpteur.

De tout ce qui embellissait ce splendide édifice, il nous reste à regretter la statue de saint Jacques, qui pendant la révolution fut précipitée de son sommet, et l'harmonie de douze magnifiques cloches qui palpitaient autrefois sous cette belle enveloppe de pierre, et si fort au goût de Sauval, qu'il en trouvait *la sonnerie fort harmonieuse et le carillon fort musical.* Elles ont été en 93 transportées à la Monnaie.

Depuis le rez-de-chaussée jusqu'au sommet de la statue de saint Jacques on comptait cent soixante-treize pieds. Du haut de la tour on voit, dit Sauval, *la distribution et le cours de toutes les rues comme les veines dans le corps humain.*

Nous allons maintenant rapporter ici quelques-uns des faits les plus remarquables dont St-Jacques fut le théâtre.

Le 24 mars 1414, Gérard de Montaigu, évêque de Paris, vint faire la consécration du grand autel élevé dans le chœur nouvellement construit; il fut invité à l'accomplissement de cette sainte cérémonie par Nicolas Baye, *alors curé et greffier au parlement.*

Ce jour-là, les paroissiens eurent l'honneur de traiter leur prélat, et il fut ordonné *qu'à monseigneur l'évêque on donnerait un plat de poisson qui coûta en un gros quarreau 40 sols, en une aloze 18 sols, et pour une quarte d'Hippocras 12 sols, total 70 sols parisis.*

Le 1er août de cette même année, il fut chanté *solennellement une Messe à diacre et sous-diacre, et aux orgues pour le bien, état et santé de la personne du roy notre sire.* C'était pour le roi Charles sixième du nom dont l'état de démence affligeait alors le royaume.

Trois jours auparavant, ce prince était venu visiter St-Jacques. Voici ce que je trouve écrit sur cette solennité, dit Villain dans son histoire de St-Jacques-la-Boucherie; Cette mention mémorable pour les paroissiens mérite, dit-il, d'être rapportée en entier: *Le 25ᵉ jour de juillet 1411, qui fut le jour de la fête de M. saint Jacques, fut le roy notre seigneur en pélérinage en la dite église, et fut donné par icelui seigneur en quatre écus d'or soixante et douze sols parisis*; et les registres qui nous ont conservé ces faits font aussi mémoire de plusieurs tailles imposées sur les habitans de Paris.

La première le fut en 1414, sous Charles vi; et ce qui prouve l'importance de la paroisse, c'est que l'on fut seize jours à en faire l'assiette dans son étendue. Les marguilliers payèrent le 18 avril de cette année 18 livres 15 sols 10 deniers parisis aux officiers du Châtelet qui firent cette assiette de taille, les autres tailles furent imposées en 1427 et 1428; les Anglais alors étaient maîtres de Paris; un commissaire et deux notaires vaquèrent pendant dix jours à l'assiette de la première, celle de 1427.

Comme tant d'autres églises, St-Jacques a joui du droit d'Asyle, droit sacré, inviolable, placé dans la maison du tout-puissant comme un contrepoids naturel à la justice aveugle, expéditive et souvent terrible, de ces époques de féodalité et de barbarie.

Vers l'an 1405, l'église n'étant pas entièrement terminée, on éleva sous ses voûtes une petite chambre, pour servir de lieu de refuge.

A peine achevée, cette chambre fut le théâtre d'un événement assez remarquable. En 1406, un criminel poursuivi par des sergens se précipite dans l'église en criant : Asyle ! asyle! Sans égard pour la sainteté du lieu, les sergens l'en arrachèrent brutalement, et le conduisirent à la Conciergerie. L'évêque d'Orgemont fit aussitôt cesser le service, et ce ne fut qu'après avoir obtenu pleine et entière justice de cette odieuse profanation, qu'à la prière du parlement il leva l'interdit qu'il avait fulminé.

Cette même année, un nommé Valcange, soupçonné de meurtre, fut encore enlevé de St-Jacques et conduit en prison : par arrêt du 8 février, ceux qui l'avaient pris l'y ramenèrent.

Bien avant cette époque, en 1358, le meurtrier de Jean Baillet, trésorier des finances, se réfugia dans St-Jacques ; le dauphin, depuis Charles v, régent du royaume, l'y fit arrêter et pendre. Mais l'évêque de Paris, Jean de Meulan, protesta hautement contre cette usurpation du pouvoir royal, car, ayant fait enlever du gibet le corps de l'assassin, il lui fit rendre dans l'église même tous les honneurs des plus splendides funérailles et il y assista en personne.

Pendant la révolte des Maillotins, un fermier des Aides, poursuivi par la populace, se réfugia également dans l'église ; déjà il avait pénétré jusqu'au grand autel, et là, tenant embrassée l'image de la Vierge, il invoquait à grands cris son droit d'Asyle : mais le peuple fut sans pitié.

Ici, et en présence de ces deux derniers faits, nous remarquerons que ce droit ainsi que tant d'autres ne furent jamais violés que par la royauté abusant de sa puissance, ou par la populace furieuse.

Nous allons rappeler maintenant les noms de quelques uns des principaux donateurs qui contribuèrent à l'embellissement intérieur de St-Jacques. Il fut donné à l'église nouvellement reconstruite cinq magnifiques colonnes de cuivre, dont quatre environnaient le grand autel, la cinquième portait une châsse, où l'on enfermait les reliques, et de cette colonne sortait une crosse qui, suivant l'antique usage, soutenait un St-Ciboire en vermeil, pour la réserve du St-Sacrement, et on y lisait au bas l'inscription suivante : *Ces colonnes ont été données par très révérend père en Dieu Maître Jehan Raulin, évêque et cardinal d'Autun, le quel fut baptisé en icelle église, et assis, la vigile Mgr St. Jacques et St. Christophe, l'an* 1482.

Le don d'un livre était à cette époque chose assez importante, puisque nous voyons qu'on a conservé le souvenir d'une bible donnée à l'église en 1484, le jeudi, veille de l'Assomption, par la veuve de M. Jean de St-Romain.

Cette bible était en latin et imprimée en deux volumes, lesquels *reliés entre deux ais furent enchaînés et attachés, ès chayères du chœur.* C'était probablement dans la crainte qu'ils ne fussent enlevés, c'était aussi pour que certains ecclésiastiques, trop pauvres pour se procurer des livres dont le prix alors était exorbitant, ne fussent point privés des saintes lectures.

La veille des grandes solennités, les paroissiens avaient coutume de faire quelques présens à l'église; ainsi, en 1412, Simon Bureau de la Rivière donna *un joyau d'argent en forme de pellerin*; Jean Bureau de Monglat présenta en 1453, la veille de Noël, *un petit tapis de Turquie*; Franchequin Joan, épicier, avait donné en 1412 *un petit reliquaire en un rondeau de cristal enchâssé d'argent blanc, où il y avait de la jambe et de la côte des Saints Innocens*. En 1450 il fut aussi donné un autre joyau, où était, est-il dit, *enchâssé du fust de la vraie croix*. Flamel fit aussi offrande de deux tableaux destinés à ne paraître que les jours de grande fête. L'un s'appelait *imagerie d'une pitié de N. S.*; l'autre représentait la Passion et la Résurrection. *Jacques Testartd, corratier de sel*, donna aussi, le 10 janvier 1412, 48 livres parisis *pour soutenir et desservir de feu et autres choses une lampe assise en la dite église contre un pilier d'icelle a toujour*.

Nous dépasserions les limites qui nous sont imposées, si nous voulions redire ici tous les noms honorables qui, par leurs largesses et leurs bienfaits, contribuèrent à la magnificence intérieure et extérieure de cet édifice, que tant de souvenirs amoncelés par la piété de nos pères doivent nous rendre aujourd'hui si regrettable. *Multum illic sedimus et flevimus cum recordaremur*.

Sur la fin du règne de Louis XI, pour conjurer la peste, la guerre et la famine, fléaux terribles qui alors pesaient sur le royaume de France, on fit dans Paris un grand nombre de processions générales (c'était aussi en grande partie pour la santé du roi qui touchait à sa fin); Saint-Jacques se distingua des autres paroisses en déployant dans ces cérémonies une pompe et un luxe vraiment remarquables.

Le dimanche 9 janvier 1482, on célébra en grande pompe, à l'occasion de la paix récemment conclue, une cérémonie à laquelle assistaient les ambassadeurs de Flandre.

Une autre procession eut également lieu le dernier jour du mois d'août de cette même année. *L'intention marquée était que l'on priât pour la prospérité du roi, pour son corps et pour son ame*. Louis XI mourut ce même jour,

Citons maintenant quelques usages particuliers à Saint-Jacques. L'hiver, on recouvrait intérieurement toute l'église de *Feurre* ou paille pour la plus grande commodité du peuple; en été, à l'Ascension et à la Pentecôte, on la jonchait d'herbes et de feuillage, et à la fête Patronale on élevait des mays que l'on plaçait dans des pierres creuses et remplies d'eau pour les *héberger*, c'est-à-dire pour les entretenir fraîches.

A la Pentecôte, au moment où l'on chantait le *Veni Creator*, un *coulon blanc*, un pigeon descendait du haut des voûtes; alors on lançait une grande quantité d'oiseaux qui, prenant leur essor au milieu des étoupes enflammées, se répandaient par toute l'église.

Enfin, le jour de Noël, on offrait à la curiosité publique le spectacle de la Gésine-Notre-Dame, c'est-à-dire de l'enfantement de la Vierge Marie. L'enfant Jésus y paraissait coiffé de deux bonnets fourrés d'étoffe d'or, et d'une robe également fourrée et brodée en or.

Voici quels étaient les préparatifs de cette fête. Nous les transcrivons ici tels que nous les donne Villain, qui dit les avoir puisés dans le petit registre de la paroisse, et qui en donne la description suivante.

« Ensuite ce qui appartient pour servir au lieu qu'on dit la Gésine-Notre-Dame, 1° une petite custode de toile azurée. *Item* deux petits bonnets fourrés de létisse, l'un de velours vert et noir, ouvré et broché d'or, dont chacun a un petit bouton de perles en manière de houpe pour servir à l'enfant. *Item* une petite robe de damas noir, brochée d'or, ouvrée à fleurettes blanches et vermeilles, fourrée de menu vair, et bordée de létisse, pour servir au dit enfant. *Item* un contour de soye à oiseaux papegaults, et autres pour servir durant la gésine. *Item* un autre contour de velours vermeil et noir tout autour, et le corps d'autre soye fourré de menu vair pour servir à la dite gésine. »

Dans ces temps de foi simple et naïve, il fallait des représentations frappantes et sensibles, s'harmoniant intimement avec l'idée religieuse, pour remuer l'imagination du peuple, et l'entretenir plus fortement dans sa croyance. De là ces spectacles religieux dont la foule était avide.

Bientôt le profane se mêlant au sacré, les abus commencèrent à déborder de tous côtés, et l'on se vit forcé de suspendre pour toujours ce qui, dans son principe pouvant exercer sur les masses une bonne et salutaire influence, dégénéra par la suite en une affreuse immoralité.

A l'histoire de St-Jacques se rattache le souvenir d'un grand nombre de confréries, ces saintes et pieuses milices dans lesquelles nos pères aimaient à s'enrôler.

La première confrérie qui s'établit dans cette église, fut celle de Ste-Anne sa 1re patronne; la seconde, celle de St-Jacques : c'est à l'occasion de cette confrérie que Gamache, grand-veneur de Charles VI, fait prisonnier à la bataille d'Azincourt, donna en 1413 trente-six sols à l'œuvre en mémoire d'un vœu qu'il avait fait mettre devant l'image de saint Jacques, *et pour laisser ardoir les cierges*.

Vient ensuite la confrérie des maîtres bouchers, appelée, dans les comptes de 1426 à 1432, *la confrérie de la Nativité de Notre-Seigneur aux maîtres bouchers de la ville en la chapelle St-Louis*.

Cette chapelle St-Louis fut bâtie par cette corporation, qui, selon Lebœuf, ne se retira à St-Jacques, pour y fonder cette confrérie, que lorsqu'en 1416 sa boucherie fut abattue en vertu de lettres-patentes, qu'obtinrent du roi le comte d'Armagnac et Tanneguy-Duchâtel, ces fiers et implacables adversaires de la faction Bourguignonne dans laquelle les bouchers avaient pris une part fort active.

Ce fut sans doute pour lutter contre l'injustice et la tyrannie de ces hommes puissans, que les bouchers fondèrent cette confrérie; car il est à remarquer que le résultat de cette sainte association fut tel que, deux ans après, Charles VI leur accorda la permission de rétablir leur boucherie.

Nous citerons également la confrérie de *St-Bernard aux pèlerins*, celle de *St-Jean l'évangéliste* aux peintres et selliers, une de *St-Michel* aux chapeliers et aumussiers de la ville, une autre *de St-Fiacre aux bonnetiers*; les confréries de St-Nicolas, du St-Sacrement; enfin celle de St-Charles Borromée, dans laquelle se firent recevoir saint François de Salle, Anne d'Autriche, épouse de Louis XIII, *Marie Thérèse d'Autriche*, femme de Louis XIV, Charlotte Marguerite de Montmorency, femme d'Henri de Bourbon prince de Condé, enfin Henriette d'Angleterre duchesse d'Orléans.

Nous terminerons cette esquisse historique, en donnant un souvenir à quelques uns des bienfaiteurs de cette paroisse, qui furent inhumés dans l'église : malheureusement la perte de beaucoup de titres ne nous permet pas de remonter plus haut que 1380.

Cette même année 31 juillet mourut Jacqueline la Bourgeoise, teinturière, rue Marivaux. Ses bienfaits se trouvaient énoncés dans une épitaphe en vers français, gravée sur un pilier entre la chapelle de la Vierge et celle de la Communion. Voici le commencement de cette épitaphe; nous regrettons de ne pouvoir la citer en entier :

> Ami qui par cy prenés vo voye
> Cet escrit chacun de vous voye
> Feus Jacqueline la Bourgeoise
> Marchande loyale et courtoise
> Et en Marivaux teinturière
> Jadis comme large aumonière
> A l'œvre de ceans laissa
> Une maison quand trepassa.

Une autre inscription aussi en vers français, sur un autre pilier, faisait mention de plusieurs fondations faites à l'église par Jean Taillefer, et Jeanne Damiens sa femme.

Nicolas Boulard, dont nous avons déjà parlé comme fondateur de la chapelle Saint-Nicolas, fut également inhumé dans l'église, le 28 Juillet 1399. Citoyen aussi zélé que bon paroissien, il rendit aussi, au rapport de Juvénal des Ursins, un service important à l'État. Voilà ce qu'en rapporte cet historien.

« En 1383, Charles VI ayant assemblé ses gens contre les Anglois qui étoient en Flandre, difficulté y eut grande comme un si grand ost pouvoit avoir vivres : et fut mandé un marchand bourgeois de Paris, nommé Nicolas Boulard, le quel se fit fort de trouver du bled, et mener a l'ost pour cent mille hommes quatre mois; et lui fut ordonné afin qu'il le fit, et aussi qu'il seroit bien payé, le quel fit ses diligences. » Le même auteur dit encore qu'en l'année 1388, pour ce qu'on avoit vivres à grande difficulté, Nicolas Boulard marchand à Paris envoya vers le Rhin, et par sa diligence on amenoit et faisoit venir vivres largement.

Boulard demeurait rue de la *Vennerie*, dite Saint-Jacques-de-la-Boucherie, à l'enseigne de la *chaière* chaise.

Jean Bureau, seigneur de Monglat, d'abord receveur ordinaire de Paris, ensuite maître de l'artillerie, chambellan de Charles VI, créé chevalier par Louis xi, fut inhumé dans la chapelle Saint-Simon.

Jean de Saint-Romain, seigneur de Quinci et de Frenir, d'abord procureur au Châtelet, ensuite procureur général de Louis xi et de Charles viii, y fut aussi inhumé.

Le fameux Jean Fernel, médecin de Henri ii, mort en 1558, qui laissa, outre trente mille écus d'or qu'on trouva dans son cabinet, trente-six mille livres de rente à ses deux filles. Catherine de Médicis était, dit-on, si contente de ses soins, qu'elle lui donnait dix mille écus à chaque couche qu'elle faisait.

La famille des Marcel, qui existe encore aujourd'hui à Louviers en Normandie, a rendu d'assez grands services à la paroisse, pour que nous ne les passions point sous silence.

Claude Marcel, fils de Matthieu et de Denise Marest, qui en 1554 fut nommé par le roi pour faire la prisée des pièces d'argenterie que les bourgeois de Paris portaient à la Monnaie pour fabriquer des espèces.

Marcel, devenu échevin en 1557, sut si bien s'insinuer, dit Félibien, dans les bonnes grâces de la reine-mère, qu'elle lui fit l'honneur de tenir un de ses enfans sur les fonts ; ce même jour elle lui donna la recette générale des décimes ; aussi, dans une délibération des notables de la paroisse, faite le 3 juin 1571, est-il qualifié de receveur général du clergé, et en même temps de prévôt des marchands. Ce fut, dit encore Félibien, un homme de haute probité. Il fut inhumé dans la chapelle Saint-Denis.

Enfin le célèbre Nicolas Flamel.

Cet homme extraordinaire a toujours si vivement excité la curiosité publique, et par sa piété et l'utile emploi de ses richesses a, selon nous, tellement mérité de l'estime et de la considération de la postérité, que nous croyons devoir ici consacrer quelques lignes spéciales à sa mémoire.

Flamel, né à Pontoise de parens obscurs, vint s'établir à Paris vers le milieu du quatorzième siècle ; pauvre et n'ayant pour unique ressource que sa plume, nous le voyons s'installer aux flancs de l'église Saint-Jacques, dans une petite échoppe de 5 pieds de long sur 2 de large, pour y exercer sa profession d'écrivain ; profession qui tout d'abord semblerait peu lucrative, si nous la considérions du point de vue de notre époque ; mais qui, au treizième siècle, avant la découverte de l'imprimerie, devait être un excellent véhicule pour arriver à la fortune.

Aussi, à force de travail et d'épargnes, réussit-il en peu de temps à devenir propriétaire de son échoppe et de la maison qu'il tenait à loyer, sise au coin de la rue Marivaux ; de là le commencement de cette fortune fabuleuse, sur laquelle on bâtit tant de contes ridicules et qu'il n'acquit tout simplement, selon nous, qu'en donnant des leçons d'écriture, en copiant ou faisant copier des manuscrits, en un mot en exerçant les fonctions d'un imprimeur de nos jours.

Nous ne réfuterons point les suppositions absurdes de quelques historiens qui, voulant remonter à la source de toutes ces richesses, n'ont pas craint de prononcer les mots de magie, de pierre philosophale, de grand œuvre. Nous nous contenterons seulement de dire que Nicolas Flamel fut un grand citoyen, qu'il eut le secret de faire de l'or avec son travail et sa haute intelligence, et qu'en cela bien différent des spéculateurs et des enrichis de notre époque, il sut en faire un bon usage, en fondant des hôpitaux, des églises, en instituant des écoles et en répandant sur le pauvre toutes les douceurs de la plus sublime charité.

C'est lui qui fit bâtir une grande partie de Ste-Geneviève des Ardens ; on le voyait autrefois représenté en pied au portail de cette église. Nous savons qu'il coopéra non-seulement à tous les travaux qui se firent pendant sa vie au bâtiment de St-Jacques, mais encore qu'une grande quantité d'églises telles que St-Merry, St-Jean-en-Grève, St-Nicolas-des-Champs, St-Côme, St-Eustache, St-Germain-l'Auxerrois, etc., se ressentirent également de ses largesses.

Sa maison se trouvait située rue Marivaux, vis-à-vis du portail de l'église ; on pouvait encore la voir en 1750, toute chargée d'inscriptions et de figures gravées. Flamel s'y trouvait représenté à genoux, avec deux jeunes enfans derrière lui ; on voyait au-dessus la sainte Vierge, et saint Jean assis comme sur le Calvaire, et au-dessous d'une corniche on pouvait lire ces paroles tirées des lamentations : *Mes amis, qui passez la voie, regardez s'il est douleur pareille à la mienne.* Au bas du pilier était un saint Christophe accompagné d'un saint Jacques, patron de la paroisse

Entr'autre inscriptions gravées sur cette maison, on y lisait celle-ci :

> Chacun soit content de ses biens
> Qui n'a suffisance il n'a rien.

Flamel mourut le 22 mars 1417, dix-huit ans après sa femme Pernelle, laissant un testament fort curieux, et une inscription qui fut après sa mort placée sur l'un des piliers de l'église, au-dessous de l'image de la sainte Vierge, et au-dessus du lieu de sa sépulture. Cette inscription portait : « Feu Nicolas Flamel, jadis écrivain, a laissé par son testament à l'œuvre de cette église certaines rentes et maisons qu'il a acquestées et achatées de son vivant pour faire certain service divin et distributions d'argent chacun an par aumône, touchant les Quinze-Vingts, Hôtel-Dieu, et autres églises et hôpitaux de Paris.

« Soit prié pour les trépassés. »

Il y avait un rouleau étendu sur lequel on lisait :

Domine Deus, in tuâ misericordiâ speravi.

Au-dessous était représenté un cadavre rongé par les vers, avec cette inscription :

> De terre suis venu et en terre retourne.
> L'ame rends à toi J. H. V. qui les péchés pardonne.

Les inscriptions, les bas-reliefs, les figures hiéroglyphiques dont Flamel avait décoré les maisons qui lui appartenaient, et en particulier celle de la rue de Marivaux, ont singulièrement surexcité à différentes époques la curiosité des alchimistes; aussi ont-ils fait, à diverses reprises, dans cette dernière maison une foule de recherches, dans l'espoir d'y découvrir le fameux livre d'Abraham le juif, ce dépositaire mystérieux des grands secrets de notre prétendu sectateur de la science hermétique : tous, comme on le pense, ont été trompés dans leurs naïves espérances.

Ici l'espace nous manque, et nous nous voyons forcés de passer sous silence une foule d'inscriptions et d'épitaphes remarquables, qui ont existé dans l'église St-Jacques. Malheureusement de tous ces bas-reliefs, de toutes ces inscriptions profondément gravées comme pour attester du passage éphémère de ces morts illustres, il ne reste plus rien, rien que le souvenir écrit des hautes vertus qu'ils ont pratiquées avec une piété si ferme et si constante, souvenirs plus impérissables encore que la pierre et le marbre de leurs tombeaux. Enfin! les choses de la terre ne sont point éternelles! St-Jacques a subi le sort de bien d'autres églises. La révolution, sous le prétexte de l'assainissement du quartier, a passé comme la tempête sur le vieil édifice, pour en disperser les débris sacrés : chapelles, portails, tombeaux, tout a disparu sous son souffle dévorant ; seulement un magnifique bas-relief de la Vierge, travail fabuleux, un Christ de Pierre Sarrasin, les splendides vitraux de la chapelle St-Denis peints par Pinaigrier, le tableau du Paralytique de Quentin Varin, sauvés comme par miracle, furent transportés au musée des Monumens français par les soins de M. Alexandre Lenoir, que nous rappellerons ici en passant au souvenir de tous les amis des arts et des sciences.

La tour elle-même n'échappa à ce désastre que parce qu'elle fut vendue à un particulier, qui trouva son avantage à la laisser debout, et c'est à lui bien certainement qu'on en doit la conservation.

Un ignoble marché de friperie s'est élevé autour d'elle, et sur l'emplacement même de l'église. Ce n'est que depuis 1838 que la ville a fait l'acquisition de la tour, et nous savons d'une manière positive qu'elle doit, dans le grand projet, occuper le milieu de la rue qui joindra le Louvre à la Bastille.

Espérons donc pour elle un avenir meilleur. Aujourd'hui, et nous le disons avec un profond regret, la cupidité municipale a livré à l'industrie ce monument qui, autrefois fier et superbe, jetait à tous les vents les bruyantes et lointaines volées de ses douze magnifiques cloches, et qui maintenant, vide d'harmonie, n'est plus pour ainsi dire que la pierre tumulaire de la paroisse, et sur laquelle on pourrait graver cette triste et fatale inscription :

« Ici fut Saint-Jacques-de-la-Boucherie. »

Gustave MATHIEU.

LA MADELEINE.

L'église de la *Madeleine* est incontestablement le monument religieux de Paris qui a le plus long-temps occupé la critique. Nous regrettons que les limites qui nous sont imposées ne nous permettent pas de rappeler ici, pour les mettre en regard, quelques-unes des opinions qui sont venues tour-à-tour combler le temple saint de leur admiration sans bornes, ou de leurs incroyables outrages. Il n'est pas une pierre, fouillée par le ciseau de l'artiste, que le regard du critique n'ait à son tour fouillée avec amour ou prévention. Heureusement, il est arrivé, — comme il arrive presque toujours,—qu'après ces luttes interminables, le temps et la fatigue ont étouffé ces cris pour ne plus laisser entendre que la voix de la sagesse et de la raison. Ce moment a été pour les esprits le prélude d'une révolution remarquable. Etourdie et fatiguée de tant de bruit, la foule avait passé jusqu'alors, étonnée mais froide, au pied du monument; elle ne s'était encore rien senti dans l'ame devant ce colosse de pierre. Aussi, quand elle osa, pour la première fois, tourner les yeux sur lui, elle ne comprit rien aux sentimens qui venaient l'agiter. Un jour, cependant, elle hasarda sur le colosse un regard craintif, un regard d'enfant qui a peur, mais qui veut connaître : ce jour-là, le ciel avait des splendeurs qui formaient avec les splendeurs du monument une si merveilleuse harmonie, que ce fut pour la foule une sorte de révélation. Elle se sentit petite, émue, remuée en présence de cette grandeur et de cette magnificence. Sa pensée se porta, avec crainte d'abord, sur tous les points du temple ; bientôt, moins timide, elle gravit résolument ces gigantesques colonnes corinthiennes, dont les lignes sévères ne lui offraient pas, pour s'y reposer, les mille et une broderies de l'art gothique; elle s'attacha long-temps sur les inappréciables richesses des chapitaux. Enfin, elle arriva sur le front large et haut du colosse, et là, pleine d'admiration et d'enthousiasme, elle allait applaudir.... quand elle rencontra ces mots gravés en lettres d'or :

D. O. M. SUB. INVOCATIONE SANCTÆ MAGDALENÆ.

Au Dieu très bon, très grand, sous l'invocation de sainte Madeleine.

L'étonnement qui s'empara d'elle l'arrêta tout-à-coup.

La Madeleine est de style attique, et on en a fait un temple chrétien. Tel est l'éternel reproche encouru par le monument. Engagée de nouveau sur ce terrain, la discussion n'avait plus de limites. Ce n'étaient plus seulement les artistes qui allaient y prendre part; d'autres intérêts, remis en jeu par cette destination inattendue, allaient s'émouvoir; la question religieuse apparaissait encore, elle occupait tous les esprits ; et, chose digne de remarque, le même drapeau réunissait les opinions les plus opposées. Il ne s'agissait plus de savoir si *la Madeleine* était un monument de style grec, romain ou français; ces questions avaient été — nous l'avons déjà dit — longuement et chaudement discutées : chaque opinion s'était, de guerre lasse, soumise à une légère transaction, et il avait été décidé que le monument était à la fois de style français, romain et grec; il ne s'agissait plus de savoir si, en France, au cœur de notre ville de Paris, au milieu de notre civilisation, mesquine par la forme et pourtant sans rivale dans le passé, ce temple n'était pas une absurdité inqualifiable, une monstruosité : il avait encore été convenu que les splendides horizons de la Grèce et les riche campagnes de l'Italie devaient former naguère à ces riches colonnades un cadre qu'elles n'ont pas ici, mais, qu'en définitive, l'œuvre n'en était pas moins belle et la monstruosité moins sublime. La transformation du *Temple de la Gloire* en église éveillait des susceptibilités toutes nouvelles ; et si, d'un côté, tous les hommes religieux s'applaudissaient de leur conquête, un grand nombre d'entre eux, fidèles et fervens admirateurs de nos basiliques du moyen-âge, gémissaient sur cette architecture païenne et cette distribution intérieure, étouffée, lourde, sans air et sans lumière, qui n'allait plus permettre à la pensée de suivre la prière dans les cieux.

Tel est, depuis vingt ans, le terrain de la discussion.

« Vous venez d'élever sous nos yeux, disait, en 1837, un auteur anonyme, une sorte d'église, pour laquelle ni temps, ni matériaux, ni or, ni ouvriers ne vous ont manqué, vous en avez eu vingt millions dans vos coffres, quarante années devant vous, des ouvriers sans nombre sous vos ordres, la faveur du gouvernement et des récompenses flatteuses. Or, que posiez-vous donc pour nous sur le sol, tandis qu'on plaçait pour vous des croix sur vos poitrines? — Vous nous avez donné un grand et long bâtiment, *dont la forme ridicule ne vous a même pas coûté des frais d'invention....* C'est une église, dites-vous; mais où donc est la nef? où est le chœur? où sont les bas-côtés et les chapelles? où est la sacristie? où placerez-vous les confessionnaux? où élèverez-vous la chaire? où est la cloche? avec quoi annoncerez-vous les cérémonies? avec un tambour? est-ce que vous croyez qu'une église c'est le premier monument venu, un théâtre, un bazar, une caserne? est-ce que vous croyez que le christianisme s'accommodera de toutes les architectures, comme vous vous accommodez de toutes les religions? est-ce que vous croyez que l'art catholique c'est une chose vague, flottante et misérable comme vos idées et votre foi? Oh! non, non, détrompez-vous; l'art catholique, c'est une conception unitaire, grandiose et magnifique, qui reproduit une seule et même pensée par son ensemble et par ses détails. Essayez de faire un théâtre, ou un bazar, ou un musée, ou une caserne, d'une église du moyen-âge; il vous faudra abattre, abattre sans cesse, et encore restera-t-il toujours quelque indice qui trahira l'architecture chrétienne : ce sera quelqu'un de ces monstres symboliques qui se dressent et se hérissent comme pour défendre le monument; ce sera quelque apôtre oublié sur sa niche, quelque dentelure suspendue autour des piliers. Avec votre église, au contraire, il n'y a aucune destination forcée; vous avez écrit au bas du fronton : A DIEU TRÈS BON ET TRÈS GRAND, SOUS L'IN-

VOCATION DE SAINTE MARIE-MADELEINE. Effacez cette inscription, et mettez-y : *Théâtre national*, ou *Musée de l'industrie*, ou *Corps-de-garde : liberté , ordre public;* où *Mairie du neuvième arrondissement.* * »

Citons maintenant quelques lignes d'un article publié tout récemment par un journal religieux :

« Sans doute, on n'a point épargné les dorures, ni les revêtemens de marbre. Incrustations rondes, carrées, ovales, exagones, octogones; marbre rouge, vert, rose, bleu; marbre des tons les plus étrangers et les plus discordans; métopes, rosaces, patères, palmettes, attributs profanes, sabliers ailés, faulx du temps, torches renversées; tout cela est prodigué, sans doute, tout cela brille de toutes parts et fatigue les yeux en mécontentant l'esprit. Mais cette profusion d'ornemens, d'un goût médiocre et d'une déplorable uniformité, qui cache au fond une grande pauvreté de pensée, ne constitue point un ensemble convenable de décoration : ce n'est point là la richesse, ce n'est point le goût, c'est encore moins la beauté, et surtout cette beauté sévère, cette austère grandeur, le caractère religieux, en un mot, dont doit être empreinte la demeure du Dieu vivant. ** »

Avant de dire notre propre opinion sur le monument de *la Madeleine,* nous allons jeter un regard rapide sur les principaux événemens de son passé historique.

Vers la fin du quinzième siècle, s'élevait sur les ruines d'une ancienne chapelle, et par les soins du roi Charles VIII, une nouvelle chapelle destinée à la *confrérie de la Madeleine* , qui venait d'être instituée. Cette petite église, dit Jaillot dans ses *Recherches critiques sur Paris,* fut érigée en paroisse en 1639, et reconstruite de nouveau, vingt ans après, par les soins de Marie-Louise d'Orléans de Montpensier, et de M. Sevin, coadjuteur de Sarlat, qui en posèrent la première pierre le 8 juillet 1651.

Piganiol de la Force rapporte que cette érection en paroisse fut l'origine de vives discussions qui s'élevèrent entre le curé de la nouvelle église et celui de la *Ville Levesque,* relativement aux limites des deux paroisses. Ces querelles ne furent terminées

* *La Dominicale.* T. 1er. P. 588.
** *L'Union Catholique.*

que treize ans après, à la suite d'un arrêt du parlement, rendu en 1671.

Pendant un siècle entier, l'église fut assez grande pour recevoir les fidèles; mais, en 1762, cette partie du faubourg Saint-Honoré ayant pris un accroissement assez sensible, on comprit la nécessité de donner plus d'étendue à l'édifice, et le projet d'une nouvelle église fut confié à Contant d'Ivry, architecte du roi, dont les plans avaient été présentés par le marquis de Marigny, frère de madame de Pompadour, et intendant des biens de Sa Majesté.

La première pierre du monument fut posée dans le mois de mars de l'année 1764. Nous voyons que les travaux étaient conduits très lentement, puisque, quinze ans après, à la mort de Contant d'Ivry, c'est-à-dire en 1777, le monument ne s'élevait pas à plus de quinze pieds au-dessus du sol.

Cette partie de Paris, alors presque déserte, si nous la comparons au quartier que nous voyons aujourd'hui, n'était guère habitée que par les grands seigneurs et les gens fortunés. Le commerce et l'industrie, circonscrits dans d'étroites limites, n'avaient pas encore envahi ce point de la capitale, où quelques monumens remarquables et des maisons de plaisance, somptueuses et entourées de jardins magnifiques, s'élevaient de loin en loin. Les habitations de l'homme riche et de l'homme noble n'étaient pas, comme aujourd'hui, resserrées, perdues dans les habitations sales et souvent honteuses de toutes les industries. A tant de luxe, de noblesse et quelquefois de hauteur, un voisinage si plein de misères, une atmosphère si lourde et si infecte, ne pouvaient convenir.

La place Louis xv et *la Madeleine* étaient donc entourées de maisons, dont les plus anciens hôtels du faubourg Saint-Germain, ces habitations princières, peuvent nous donner une idée.

A côté de tant de richesses, on comprit la nécessité de donner à la nouvelle basilique des proportions et une splendeur que n'avaient pas eues les précédentes. « Cette basilique devait surpasser en éclat toutes les églises, ses sœurs. Conçue dans le style de Saint-Sulpice et de Sainte-Geneviève, le génie de l'architecte semblait s'être préoccupé surtout du chef-d'œuvre de Mansard. Dans des proportions plus vastes, avec plus de somptuosité peut-être, mais aussi moins de véritable élégance, les plans de

Contant d'Ivry rappelaient l'église des Invalides. Alors encore nous avions notre école d'Architecture, école française et nationale dont les deux Mansard avaient marqué les glorieuses limites, à cette époque où d'autres génies, leurs contemporains, fondaient les véritables lois des sciences, des lettres et des arts ; où les prosateurs Bossuet, Fénelon, Pascal, Labruyère, à leur tête ; où les poètes, guidés par Corneille, Racine, Molière et Despréaux, arrêtaient les véritables principes de notre langue, lui creusaient son noble lit, et, dans leurs immortels ouvrages, la coulaient en bronze du jet facile et puissant dont les frères Keller fondaient les canons fleurdelysés du grand roi. Seule peut-être, entre tous les arts, l'architecture était restée fidèle aux grands principes ; la sculpture et la peinture, descendues dans le domaine de la fantaisie, humbles esclaves d'un luxe éhonté, ne jetaient plus qu'un misérable et faux éclat. C'est à grand'peine si la coupole de la chapelle de la sainte Vierge, à Saint-Sulpice, et l'ensemble général de cette décoration nous montrent encore qu'on n'avait pas oublié toutes les traditions, et qu'à défaut de la pureté du style subsistait une certaine grandeur et une allure pompeuse dont nous sommes loin aujourd'hui. Mais l'architecture était en pleine vigueur, et c'est, en vérité, grand dommage que cette église de la Madeleine n'ait point été exécutée comme elle avait été primitivement conçue. Au centre d'une croix latine, car on se serait bien gardé d'oublier cette condition première et symbolique de toute église chrétienne, s'élevait un vaste dôme ; à l'abside du monument, deux petites tourelles, dont on peut se faire une idée d'après celles qui surmontent l'église de Saint-Vincent de Paule, étaient destinées à servir de clochers ; la façade, la partie la plus remarquable de l'édifice, était d'un grand et majestueux effet, et rappelait, comme nous l'avons dit, la façade extérieure de l'église des Invalides. * »

A la mort de Contant d'Ivry, la continuation des travaux fut accordée par le roi à M. Couture. M. Couture avait lui-même partagé les travaux de son prédécesseur, cela ne l'empêcha pas de renverser tout ce qu'avait fait Contant d'Ivry. Sur les ordres du nouvel architecte, la décoration intérieure de l'église fut entièrement changée ; l'extérieur du monument lui-même fut tel-

---

* *L'Union Catholique.*

lement défiguré que l'œuvre de Contant d'Ivry ne fut plus reconnaissable.

Les travaux en étaient là, c'est-à-dire que les colonnes s'élevaient à peine aux deux tiers de leur hauteur, quand la révolution, qui grondait sourdement en France, éclata tout-à-coup, et enfanta, pour l'éxécration des siècles, les hordes barbares et trop puissantes des démolisseurs. *Notre-Dame, Saint-Germain-l'Auxerrois, Saint-Sulpice, Saint-Jacques-la-Boucherie,* toutes les églises, dont nous venons de dérouler l'histoire devant les yeux des lecteurs, souffrirent les mutilations les plus déplorables, les profanations les plus honteuses ; beaucoup d'entre elles perdirent dans la tempête leurs plus riches trésors, leurs plus précieuses merveilles ; quelques-unes, bouleversées de fond en comble, ne nous montrent plus que des membres mutilés, dans lesquels toute vie s'est éteinte. Seule, l'église de la Madeleine traversa toutes ces profanations sans en être souillée ; et, qu'on ne s'étonne pas de ce privilège, qu'on n'en ait pas dans l'ame moins de haine et de mépris pour les vandales : nous l'avons dit, l'église n'était pas encore terminée, la maison de Dieu n'était pas encore sanctifiée ; la souillure était impossible ; on ne la tenta pas !

Ce ne fut qu'en 1799, qu'on songea à la Madeleine. Ce portique désert, ces colonnes inachevées, ces jeunes ruines envahies par les herbes, attirèrent enfin l'attention. Plusieurs plans nouveaux furent proposés ; il fut même question de rétablir les anciens. M. de Gisors proposa de faire de la Madeleine une *bibliothèque nationale.* Le projet fut rejeté. Enfin, quatre ans après, M. Vaudoyer, membre de l'Institut et secrétaire du palais des Beaux-Arts, proposa de faire de la *Madeleine* un monument dans le genre du *Panthéon* de Rome. Ce projet fut aussi froidement accueilli que celui de M. de Gisors.

Après le consulat, l'empire nous arrivait avec toutes ses gloires et toutes ses misères. Tant de violentes secousses en si peu d'années avaient fait oublier la première destination du monument. Toutes les églises de Paris sentaient encore l'orgie qui les avait souillées : ce n'était guère le moment de consacrer un nouveau temple au Dieu des chrétiens. Le sabre régnait de par la force. Nos armées se promenaient victorieuses de capitale en capitale ; il fallait un temple à nos armées ; Napoléon pensa à *la Madeleine,* et, en 1807, le projet fut proposé au concours.

Le fronton du temple devait porter pour inscription :

NAPOLÉON AUX SOLDATS DE LA GRANDE ARMÉE.

Sur des tables d'or et d'argent devaient être gravés les noms des combattans d'Ulm, d'Austerlitz, d'Iéna ; ces tables rappelleraient également les noms de tous les contingens fournis à la grande armée par les départemens. Enfin, les statues des maréchaux, les bustes des généraux et des colonels, des trophées d'armes et de drapeaux enlevés à l'ennemi, devaient former la décoration intérieure.

On était alors en 1807. Cent vingt-sept concurrens présentèrent à la commission, composée de la quatrième classe de l'Institut, cent vingt-sept plans différens : l'Académie décerna le prix à M. de Beaumont. Malheureusement le dieu du nouveau temple n'était pas à Paris, et, comme on le comprendra sans peine, sa décision était indispensable. Napoléon reçut à Tilsitt les projets des cent vingt-sept concurrens accompagnés du jugement de la commission. Le plan de Vignon attira l'attention de l'empereur, qui, — sans plus s'arrêter à l'opinion de l'Académie, — lui décerna le prix et lui confia les travaux.

Vignon ne fut pas plus indulgent pour l'œuvre de Couture que celui-ci ne l'avait été pour celle de Contant d'Ivry : encore une fois, les travaux furent détruits, et, sur leurs débris commencèrent à s'élever les bases du *Temple de la Gloire*. Toutefois, le déplorable état de nos finances ne permit aux travaux qu'une marche lente et souvent interrompue ; aussi, le monument était-il encore bien loin d'être terminé, quand arrivèrent les désastres de 1814 et de 1815.

Le Dieu venait de tomber ; les travaux de son temple furent provisoirement suspendus, et, quand on les reprit, un an après, le *Temple de la Gloire* redevenait, par ordonnance royale en date du 14 février 1816, l'*Eglise royale de la Madeleine*, destinée à renfermer les monumens expiatoires de Louis XVI, de Marie-Antoinette, de Louis XVII, de madame Elisabeth et du duc d'Enghien.

Pour expliquer toutes les critiques, et arriver à une opinion raisonnable, il n'est pas inutile de se le rappeler, l'œuvre de Vignon n'avait point été entreprise sous l'inspiration féconde de l'idée chrétienne. *C'était un temple et non pas une église que l'empereur avait voulu;* cette raison lui avait fait préférer le plan de Vignon à ceux de tous ses concurrens *. Après toutes ces ruines, toutes ces déplorables transformations, l'architecte s'était minutieusement conformé au désir du maître. Il nous avait fait un temple octostyle et périptère; un monument dans le goût des monumens d'Athènes. Ce monument, avec ses deux portiques, ses deux frontons, ses hautes et sévères colonnes, ses bas-côtés nus et froids, était bien, sans doute, une œuvre remarquablement grandiose; mais, nous le répétons, c'était un temple, et la volonté humaine était impuissante à en faire une église, une église pour tous, une église devant laquelle l'artiste s'arrête pour admirer, devant laquelle le chrétien s'arrête pour penser à Dieu.

La plus humble église de campagne,—comme la plus orgueilleuse cathédrale gothique, — remue l'ame et la conduit à de saintes contemplations; la forme du monument, une croix qui se détache sur le ciel, une cloche qui tinte, révèlent la présence de Dieu; on se sent ému, le cœur gros d'espérances devant une simplicité qui fait penser à tant de grandeur. En présence de *la Madeleine*, l'esprit s'agite aussi, et la pensée devient active, mais le cœur reste muet et froid; de fécondes et splendides images se déroulent devant vos yeux, mais ces images ne quittent jamais la terre; de nombreux souvenirs se présentent à vous, mais ces souvenirs sont profanes et sans chasteté, comme les temps qu'ils rappellent.

* ..... « Quant au projet qui a obtenu le prix, il n'atteint pas mon but : *c'est le premier que j'ai écarté*. Il est vrai que j'ai donné pour base de conserver la partie des monumens de la Madeleine qui existe aujourd'hui, mais cette expression est une ellipse; il était sous-entendu que l'on conserverait de ce bâtiment le plus possible; autrement, il n'y aurait pas eu besoin de programme, il n'y avait qu'à se borner à suivre le plan primitif. *Mon intention était de n'avoir pas une église, mais un temple,* et je ne voulais ni qu'on rasât, ni qu'on conservât tout. Si les deux propositions étaient incompatibles, savoir : celle d'avoir un temple et celle de conserver les constructions actuelles de la Madeleine, il était simple de s'attacher à la définition d'un temple. Par temple, j'ai entendu un monument tel qu'il y en avait à Athènes et qu'il n'y en a pas à Paris. Il y a beaucoup d'églises à Paris, il y en a dans tous les villages. Je n'aurais assurément pas trouvé mauvais que les architectes l'eussent observé, qu'il y avait contradiction entre l'idée d'avoir un temple et l'intention de conserver les constructions faites pour une église; la première était l'idée principale; la seconde était l'idée accessoire. M. Vignon a donc deviné ce que je voulais. Quant à la dépense fixée à trois millions, je n'en fais pas une condition absolue; j'ai entendu qu'il ne fallait pas un autre *Panthéon* : celui de Sainte-Geneviève a déjà coûté plus de *quinze millions*. Mais, en disant trois millions, je n'ai pas entendu qu'un ou deux millions de plus ou de moins entrassent en concurrence avec la convenance d'avoir un monument plus ou moins beau. Je pourrai, s'il le faut, autoriser une dépense de cinq ou six millions, si elle est nécessaire; et c'est ce que le devis définitif me prouvera. » (Lettre de Napoléon à M. de Champagny, ministre de l'intérieur.)

La haute taille de ce monument allait bien à toutes nos gloires de l'empire. Ce temple païen convenait admirablement à cette époque de doute et de misérables singeries. Les plus vieilles traditions de la Grèce et de Rome venaient d'être ressuscitées et mises en lumière pour l'édification et la grande jubilation des ignorans; les hommes distingués eux-mêmes se laissaient entraîner, par faiblesse d'abord, par flatterie ensuite; chacun jouait son rôle dans cette triste et pourtant sublime comédie, dont chaque entr'acte était un drame sanglant. A la cour, dans les théâtres, aux musées, se montraient le manteau impérial et la toge romaine. La littérature, — cette pauvre littérature de l'empire, — s'évertuait à nous transformer en Brutus; la peinture, — cette pauvre peinture de l'empire, — ne nous fit plus bientôt que des Léonidas; l'architecture seule sommeillait encore; les bulletins de la grande armée vinrent la réveiller, et elle nous fit le *temple de la Victoire*, la *Madeleine* d'aujourd'hui.

Telle est l'histoire du monument dont nous nous occupons. Vignon mourut en 1828. Depuis cette époque jusqu'à l'entier achèvement de l'édifice, c'est M. Huvé qui a dirigé tous les travaux.

Après ce que nous venons de rapporter, il est facile de comprendre l'origine des violentes critiques soulevées par l'église de *la Madeleine*. Sans les partager toutes, nous pensons, nous aussi, après avoir reconnu toutes les beautés du monument, que des prêtres et la foule seront bien mal à l'aise dans cette église sans clocher, pour chanter les grandes fêtes, sans chapelles ni sanctuaire pour recevoir Dieu.

L'extérieur de *la Madeleine* a toute la sévérité et toute la noblesse des temples antiques. Le monument est entièrement entouré de colonnes d'ordre corinthien, placées sur une seule ligne et séparées par des intervalles égaux. Il s'étend du nord au sud, et est orné, à chacune de ses extrémités, de portiques surmontés de frontons. La longueur de l'édifice est de soixante-dix-neuf mètres trente centimètres; sa largeur de vingt-un mètres quarante centimètres, et sa hauteur, prise sous les coupoles, est de trente mètres trente centimètres.

Les bas-côtés des portiques et des galeries, en face des entre-colonnemens, sont percés de niches d'une grande hauteur renfermant les statues de saints, dont nous allons donner les noms. Presque toutes ces statues sont d'une exécution assez médiocre.

Le portique septentrional est décoré de quatre statues :

A droite : *saint Mathieu*, par M. Desprez, et *saint Marc*, par M. Le Maire. A gauche : *saint Jean* et *saint Luc*, par M. Ramey.

Le portique méridional n'en a que deux, ce sont :

A droite : *saint Philippe*, par M. Nanteuil. A gauche : *saint Louis*, par le même.

La galerie de droite, en partant du frontispice, en renferme quatorze :

Saint Gabriel, par M. Duret; *saint Bernard*, par M. Husson ; *sainte Thérèse*, par M. Feuchères ; *saint Hilaire*, par M. Huguenin; *sainte Cécile*, par M. Dumont; *saint Irénée*, par M. Gourdel ; *sainte Adélaïde*, par M. Bosio neveu ; *saint François de Sales*, par M. Molcheneht; *sainte Hélène*, par M. Mercier; *saint Martin de Tours*, par M. Grenevich; *sainte Agathe*, par M. Dantan jeune; *saint Grégoire*, par M. Térasse ; *sainte Agnès*, par M. Duseigneur; *saint Raphaël*, par M. Dantan jeune.

Les quatorze statues de la galerie de gauche, sont :

Saint Michel, par M. Raggi; *saint Denis*, par M. Debay fils ; *sainte Anne*, par M. Desbœuf; *saint Charles-Borromée*, par M. Jouffroy; *sainte Elisabeth*, par M. Caillouette; *saint Ferdinand*, par M. Jallay; *sainte Christine*, par M. Walcher; *saint Jérôme*, par M. Launo ; *sainte Jeanne de Valois*, par M. Guillot; *saint Grégoire-le-Grand*, par M. Maindron; *sainte Geneviève*, par M. Debay père; *saint Chrysostôme*, par M. Gecther; *sainte Marguerite d'Ecosse*, par M. Caunois; *l'Ange Gardien*, par M. Bra.

Nous le répétons, ces trente-quatre statues, qui forment une partie importante de la décoration extérieure de *la Madeleine*, sont, pour la plupart, d'une exécution fort médiocre et d'une pauvre conception. Nous avons remarqué cependant, sous le portique septentrional, le *saint Jean* de M. Ramey, et sous le portique méridional, le *saint Louis* de M. Nanteuil. Dans les deux galeries, les statues les plus remarquables sont celles de Messieurs Duret, Duseigneur, Guillot, Gecther, Raggi, Debay fils et Caillouette. Le *saint Raphaël* de M. Dantan, et le *saint Michel* de M. Raggi, sont les deux statues qui attirent le plus particulièrement l'attention.

On arrive aux deux portes du temple par un magnifique escalier à double repos, formé de trente-deux marches. Les piédestaux des colonnes sont surmontés de chapitaux remarquablement riches, mais entremêlés d'attributs religieux, qui, là comme dans la frise qui règne autour du monument, forment avec le style attique une choquante disparate.

Les côtés Est et Ouest du temple présentent, chacun, une suite de dix-huit colonnes qui viennent se joindre aux huit colonnes formant la façade des deux portiques. L'ornementation de l'entablement est d'une richesse remarquable, quoique mélangée, comme la frise et les chapitaux, d'attributs religieux. Le portique du nord est surmonté d'un fronton laissé sans sculptures, et dans l'intérieur duquel doit être placée la sonnerie. C'est sur le tympan du fronton méridional que se trouve l'inscription, et sur lequel se déroule une des plus grandes pages que la statuaire ait jamais produite. Cette composition n'a pas moins de 38 mètres 350 millimètres de longueur, sur 7 mètres 150 millimètres de hauteur à l'angle. Les trois principales figures du bas-relief, celles qui occupent le milieu du tympan, ont quinze et dix-huit pieds de hauteur.

Cette composition est de M. Le Maire.

Le Christ debout, ayant à ses pieds la Madeleine agenouillée, occupe le milieu du fronton. A la droite du Dieu qui pardonne, l'Ange des miséricordes, et l'Innocence, soutenue par la Foi et l'Espérance, se montrent suivis de la Charité entourée de deux pauvres enfans qu'elle soulage. Dans le coin de l'angle, occupé par un ange qui fait sortir une ame juste du tombeau et lui dévoile les félicités éternelles, on lit ces paroles : *Ecce dies salutis* ! Tous les vices personnifiés, chassés par l'ange des vengeances, occupent la gauche du Christ ; ce côté du bas-relief est terminé par une figure que l'ange des ténèbres précipite dans les flammes, et sous laquelle on lit : *Væ impio* !

Comme on le voit, le sujet de cette large composition ne laissait pas que d'offrir à l'artiste toutes les ressources nécessaires à la statuaire la plus noble, la plus sévère et la plus attachante à la fois. La marge était assez grande pour que rien de pauvre ou de mesquin pût être tenté dans la conception des groupes et l'exécution des figures. A ces vingt-un pieds de hauteur, sous l'angle du milieu, il fallait une figure d'un style large d'effet, simple de détail, et, par-dessus tout, grandiose ; partout il fallait des groupes sévères, mais révélant la pensée, s'harmonisant entre eux pour arriver à cette unité d'action, base de toute œuvre remarquable, et la plus grande beauté de la statuaire antique.

M. le Maire a-t-il su vaincre les difficultés que lui présentait ce triple but ? Quelques critiques ont voulu prouver le contraire. Nous croyons, nous, que, dans cette page immense, M. Le Maire s'est placé au premier rang de nos artistes contemporains. La tête du Christ, le corps de la Madeleine, la figure de la Charité, présentent des beautés peut-être sans rivales dans notre statuaire moderne.

On pénètre dans l'église par une porte ouverte sur le fronton méridional. Cette porte n'a pas moins de 10 mètres 430 millimètres d'élévation, sur 5 mètres 40 millimètres de largeur. Elle a été faite d'après les dessins de M. Triquetti ; elle est en bronze fondu et ciselé. Elle présente, sur les quatre compartimens qui la divisent, des scènes prises dans les commandemens de Dieu. « Leur ornementation, dit M. Luthereau, se compose d'une bordure formée d'oves et d'arabesques fort délicatement travaillées, qui en font une œuvre vraiment remarquable. Nous voudrions avoir le même éloge à adresser à M. de Triquetti pour ses bas-reliefs, mais franchement, son exécution, qui n'est rien moins que sévère, est fort loin d'être en harmonie avec la gravité extérieure du monument. Cet artiste peut être un compositeur habile, mais il n'est, à coup sûr, ni un dessinateur rigide, ni un praticien des plus exercés. Nous croyons donc sincèrement que le genre de talent dont il a fait preuve, n'est pas plus en rapport avec l'édifice, auquel il a été employé, que les deux anges *moyen-âge* des bénitiers de M. Antonin Moine ne s'accordent avec l'architecture grecque dont ils sont entourés. * »

Sans partager cette opinion, nous croyons, nous aussi, que les bas-reliefs de M. Triquetti manquent de sévérité ; mais il ne faut pas oublier qu'ils ne sont pas dans un milieu convenable. Placée dans une église gothique, l'œuvre de M. Triquetti redeviendrait une œuvre remarquable. Nous en dirons autant des deux anges de M. Antonin Moine.

L'intérieur de l'église présente cinq travées, qui toutes, à l'ex-

---

* Notice historique et archéologique sur l'église de la Madeleine.

ception de la première, sont surmontées de coupoles à rosaces entièrement dorées. Les frises, les entablemens, les chapitaux et les nervures des colonnes sont aussi dorés. Les revêtemens des murs, la balustrade du pourtour sont entièrement en marbre. Les colonnes qui soutiennent la galerie des tribunes, celles des petites chapelles, sont d'ordre ionique et également revêtues de marbre et d'or.

Toute cette éblouissante ornementation écrase les chapitaux, rapproche la voûte du sol, et rend encore plus sensible le manque d'étendue de l'église ; nous ne saurions donc trop la condamner.

La peinture concourt pour une part très-large à la décoration intérieure de l'église.

La demi-coupole du chœur, le chevet des six chapelles latérales sont revêtus de peintures plus ou moins remarquables ; quelques-unes sont encore inachevées.

On n'a pas oublié que M. Paul Delaroche avait été, il y a quelques années, exclusivement chargé des peintures de la Madeleine. Sans trop comprendre le choix du gouvernement, nous approuvions cette pensée qui confiait à un seul homme des travaux immenses, dont la beauté principale devait être l'unité. On sait de quelles jalousies cette décision fut l'origine : à son retour d'Italie M. Delaroche trouva les travaux qui lui avaient été promis partagés entre MM. Ziegler, Schnetz, Abel de Pujol, Signol, Léon Coignet, Conder et Bouchot. M. Delaroche refusa une part qui lui avait été conservée, et nous applaudîmes à la noble résolution de l'artiste. Comme on le pense bien, ces travaux, ainsi répartis, n'ont plus rien conservé de cette grande harmonie à laquelle on avait pensé un moment. Chacun conçut et se mit à enfanter à sa guise et en toute liberté. M. Ziegler éleva son immense échafaudage de l'abside, se fit une maison de toile, impénétrable à tous, et décora les murs de son incroyable *Histoire du Christianisme*. MM. Schnetz, Pujol, Signol, Léon Coignet et Bouchot se firent aussi chacun un petit sanctuaire, et se mirent à peindre *la Conversion de la Madeleine, la Madeleine dans le désert, la mort de la Madeleine, la Madeleine apprenant la résurrection de Notre-Seigneur, la Madeleine aux pieds du Christ chez les Pharisiens, la Madeleine au pied de la croix.*

Voici en quels termes, après avoir fait la part du talent de l'artiste, *l'Union catholique* s'exprime sur l'œuvre de M. Ziegler.

« De l'œuvre de M. Ziegler nous ne ferons point une description détaillée. Dire tout ce qui s'y trouve serait malaisé, mais dire ce qui ne s'y trouve pas serait plus difficile encore. C'est un cours d'histoire à la façon de M. Michelet. Il y est question de tout et de quelque chose de plus encore. Le juif errant, le calife Aroun-al-Raschid et son grand visir Giafar, l'empereur Frédéric, Barberousse, Henri IV, Napoléon, y trouvent place tour-à-tour. C'est un véritable panorama qui s'arrête là, nous ne voyons pas trop pourquoi. Est-ce que dans l'esprit de l'artiste la pensée est complète? Mais non, elle n'a jamais existé. Nous l'avons cherchée cette pensée, dont les reflets doivent éclairer l'œuvre jusqu'en ses moindres parties; nous avons vu devant nous une grande page de peinture philosophique, où s'agite une foule immense de personnages, de groupes, de costumes variés; nous avons admiré parfois une certaine beauté dans l'exécution, mais nous n'avons pu trouver ni un sens, ni un nom à cette œuvre étrange. »

Cette opinion est la nôtre. Nous nous empressons de reconnaître, cependant, que nous avons rencontré dans l'œuvre de M. Ziegler des parties nombreuses d'un mérite qui ne saurait loyalement être contesté.

Nous avons nommé les six grands tableaux qui complètent la décoration intérieure de l'église. *La Madeleine dans le désert*, de M. Abel de Pujol; *la Madeleine aux pieds du Christ*, de M. Couder, et *la Mort de la Madeleine*, de M. Signol, sont, sans aucun doute, les œuvres les plus remarquables. Ce n'est pas que les peintures de MM. Schnetz, Coignet et Bouchot manquent de mérite: les deux premières sont d'une excellente exécution. Quant à la troisième, on sait que le malheureux Bouchot n'eut pas le temps de la terminer.

La sculpture occupe, à l'intérieur comme à l'extérieur du temple, une fort large place; mais aussi, à l'intérieur comme à l'extérieur, les œuvres qu'elle nous présente sont assez médiocres. La décoration de l'autel principal a été confiée à M. Marochetti, qui a livré depuis long-temps déjà, aux ateliers du gouvernement, le modèle en plâtre d'un groupe colossal représentant le *Ravissement de la Madeleine*.

La chapelle des mariages renferme un groupe en marbre blanc représentant le *Mariage de la Vierge;* ce travail est de M. Pradier. La chapelle des fonts baptismaux est également décorée d'un groupe en marbre blanc représentant le *Baptême de Jésus-Christ*, dû au ciseau de M. Rude.

Les sculptures des trois chapelles de la travée de droite sont : *sainte Amélie*, par M. Bra; *la sainte Vierge*, par M. Seurre; *sainte Clotilde*, par M. Barrye. Celles de la travée de gauche sont : *saint Vincent de Paule*, par M. Raggi; *le Christ*, par M. Duret; *saint Augustin*, par Etex.

Ces trois dernières sont les seules remarquables.

Enfin, les travaux de Messieurs Guersent, Le Quien, Bresson, Antonin Moine, Caillouette et Marneuf, ont complété la décoration intérieure.

Tel est, après tant de secousses violentes et tant de ruines, le monument que nous avons sous les yeux. *L'Église de la Madeleine* n'est ouverte au public que depuis quelques semaines, cette notice devait donc clore notre travail sur les *Églises de Paris*.

Edouard GOURDON,
Un des Directeurs.

FIN.

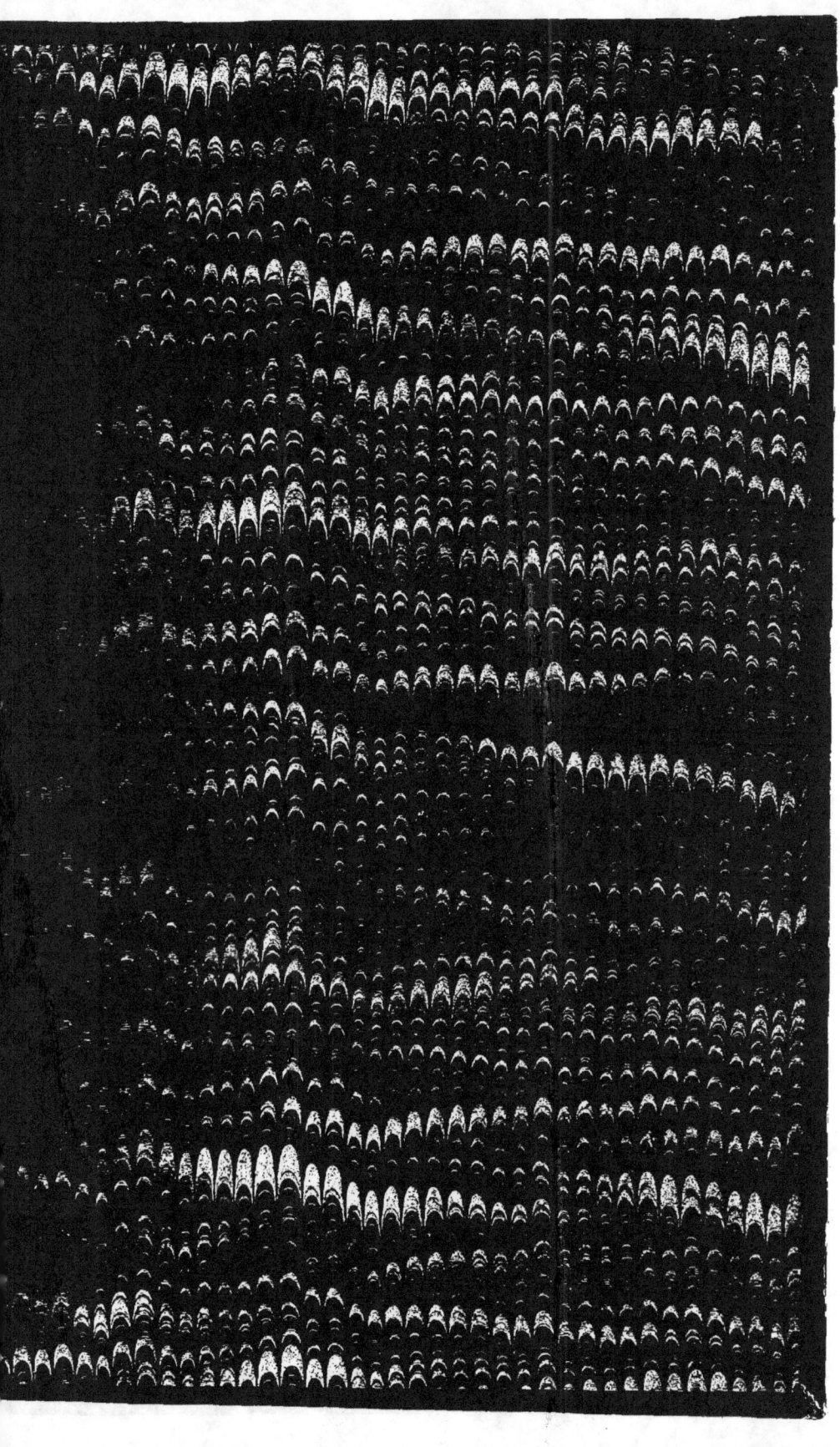

www.ingramcontent.com/pod-product-compliance
Lightning Source LLC
Chambersburg PA
CBHW060545230426
43670CB00011B/1690